Philosophische Grundlagen der Soziologie

AF172884

Reihe herausgegeben von

Peter Gostmann, Universität Frankfurt, Frankfurt, Deutschland

Die Buchreihe zielt darauf, mit den philosophischen Grundlagen der Soziologie vertraut zu machen. Zu diesem Zweck rückt jeder Band der Reihe einzelne Philosoph*innen von exemplarischer Bedeutung für das soziologische Denken (oder in Ausnahmefällen Philosoph*innen-Gruppen) in den Mittelpunkt. Neben Philosoph*innen, deren Schriften zum festen Bestand soziologischer Grundlagenreflexion zählen, sollen dabei auch solche, deren soziologische Relevanz man bisher noch nicht recht erkannt hat, in ein neues Licht gerückt werden.

Das Prinzip der Darstellung, das die Bände der Reihe auszeichnet, ist, die Praxis der Grundlagen*forschung* sichtbar zu machen: Sie vermitteln nicht den Eindruck statischen Wissens, sondern dokumentieren, was Arbeit am und mit Wissen bedeutet; sie leisten im Duktus einer Einführung einen Diskussionsbeitrag zur Frage der soziologischen Potentiale des Philosophierens und wollen auf diese Weise Anregung zu gehaltvollem soziologischen Denken sein. Deswegen geben die Autor*innen der Bände der Originalität und Prägnanz der Auseinandersetzung mit ihrem Gegenstand im Zweifelsfall den Vorrang gegenüber eher buchhalterischen Problemen wie etwa dem der Lückenlosigkeit des Berichts einer Rezeptionsgeschichte. Als Ganzes soll die Reihe ein Bild „tiefen" soziologischen Wissens bieten.

Martin Eldracher · Frank Meyhöfer

Soziologisch denken mit Jacques Derrida

 Springer VS

Martin Eldracher
Goethe-Universität
Frankfurt am Main, Deutschland

Frank Meyhöfer
Universität Bielefeld
Bielefeld, Deutschland

ISSN 2661-8044   ISSN 2661-8052   (electronic)
Philosophische Grundlagen der Soziologie
ISBN 978-3-658-41801-4   ISBN 978-3-658-41802-1   (eBook)
https://doi.org/10.1007/978-3-658-41802-1

Die Deutsche Nationalbibliothek verzeichnet diese Publikation in der Deutschen Nationalbiblio-
grafie; detaillierte bibliografische Daten sind im Internet über http://dnb.d-nb.de abrufbar.

Planung/Lektorat: Cori Antonia Mackrodt
Springer VS ist ein Imprint der eingetragenen Gesellschaft Springer Fachmedien Wiesbaden GmbH
und ist ein Teil von Springer Nature.
Die Anschrift der Gesellschaft ist: Abraham-Lincoln-Str. 46, 65189 Wiesbaden, Germany

Inhaltsverzeichnis

Wie lässt sich die soziale Welt mit der Dekonstruktion erschließen?

Das Denken des französischen Philosophen Jacques Derrida lässt sich auf den ersten Blick schwer als Beitrag zur soziologischen Theoriebildung auslegen. Derridas Zugang zur sozialen Welt erscheint der Soziologie fremdartig, handelt es sich bei der Dekonstruktion doch weniger um eine Auseinandersetzung mit aktuellen gesellschaftlichen Fragestellungen, sondern eher um eine sprachkritische Neulektüre der Philosophiegeschichte. Eine Schwierigkeit liegt höchstwahrscheinlich in der Tatsache begründet, dass Derridas Denken in systematischer Hinsicht derart tief an unserem Existenzverständnis kratzt, dass die gesellschaftstheoretischen Konsequenzen nicht unmittelbar auf der Hand liegen. Die Bewegungen der Dekonstruktion stellen vielmehr eine Provokation für die Geschichte und Gegenwart der Geistes- und Sozialwissenschaften dar. Geschuldet ist das vor allem seinem kompromisslosen – manche seiner Kritiker [sic!] würden meinen: respektlosen – Umgang mit Traditionslinien, Begriffen und Normen des wissenschaftlichen Arbeitens und politischen Handelns.

Dennoch werden die Denkbewegungen der Derrida'schen Dekonstruktion seit gut dreißig Jahren für Fragen fruchtbar gemacht, die sich der Beschreibung und Problematisierung der sozialen Realität zuwenden. Darüber hinaus widmet sich Derrida immer wieder dem Politischen, dem Recht, der Literatur und Kunst, die auch alle Gegenstandsbereiche der Soziologie sind. Literaturwissenschaft und ästhetische Theorie waren dann auch die ersten akademischen Disziplinen, in denen Derridas Philosophie umfassender rezipiert und anschlussfähig gemacht wurde. Zum ersten Mal wurden die Anknüpfungsmöglichkeiten der Dekonstruktion innerhalb der Sozialwissenschaften durch die Arbeiten Judith Butlers zur Kritik an der heterosexuellen Geschlechterordnung und an der Trennung zwischen einem natürlichen und einem sozialen Geschlecht sichtbar gemacht. Damit

© Der/die Autor(en), exklusiv lizenziert an Springer Fachmedien Wiesbaden GmbH, ein Teil von Springer Nature 2023
M. Eldracher and F. Meyhöfer, *Soziologisch denken mit Jacques Derrida*, Philosophische Grundlagen der Soziologie,
https://doi.org/10.1007/978-3-658-41802-1_1

wurde auch klar, was mit der Dekonstruktion auf dem Spiel steht: Die ungeprüfte
Voraussetzung einer sozialen Realität innerhalb einer soziologischen Tradition,
die das Soziale als objektiv und vollumfänglich beschreibbar begreift. Dass es
sich hierbei um eine Prüfung und um keine Zerstörung handelt, veranschaulicht
bereits die Entstehungsgeschichte des Terminus *déconstruction:* Auch wenn das
Wort aus Derridas Versuch resultiert, *Destruktion* ins Französische zu übersetzen,
verwebt der neu entstandene Ausdruck eine destruktive mit einer konstruktiven
Ebene.[1] Die Problematisierung *und* die Eröffnung von Lebens- und Handlungsweisen gehen innerhalb eines dekonstruktiven Verfahrens nämlich Hand in Hand.
Die soziale Welt ist für Derrida etwas Gewordenes und das heißt, sie vermag
auch auf andere Weise möglich zu sein. Wir können unser Leben auf eine andere
Weise führen, eine andere Form der Beziehung mit Anderen eingehen, Menschen können auf eine andere, weniger beherrschende Weise regiert werden und
wir vermögen uns von Normen abzuwenden, die von vornherein strikt zwischen
‚richtig‘ und ‚falsch‘ trennen. Es scheint also andere Möglichkeiten unserer Existenz und des Umgangs mit Menschen zu geben, aber verwirklicht sind diese nicht
unbedingt. Wenn das stimmt, stellt sich die Frage danach, wie diese Möglichkeiten ausgeschlossen oder verwirklicht werden. Warum setzen sich etwa bestimmte
Normen des Zusammenseins durch und warum gelten bestimmte geschlechtliche und ethnische Identitäten als legitim und andere als bedrohlich? Inwiefern
legen wir durch einen sozialen Blick immer schon fest, welche Menschen zu
‚uns‘ gehören und welche ‚fremd‘ sind? Welche sozialen Mechanismen sind hier
genau am Werk? Und wie werden sie verschleiert?

Im Ausgang von diesen Einsichten und Fragen wollen wir in drei Schritten
aufzeigen, wie sich die soziale Welt mit der Dekonstruktion erschließen lässt.
Unser Buch versteht sich dabei weder als umfassende Einführung in Derridas
Werk noch als Forschungsbeitrag zur anhaltenden Diskussion über seine Wirkung
auf die soziologische Theoriebildung. Vielmehr wollen wir aus drei Blickwinkeln
veranschaulichen, wie sich interessierte Leser*innen beim soziologischen Denken
den Schriften Derridas annähern können. Die Dekonstruktion nimmt dabei stets
eine Perspektive auf die soziale Welt ein, die zwei vermeintlich entgegengesetzten
Strategien aus dem Weg zu gehen versucht: Die soziale Welt wird nämlich weder
als unabhängig vom Menschen bestehende objektive Realität noch als ein rein
auf den Menschen rückführbares soziales Konstrukt begriffen. Angesichts dessen
ist die Dekonstruktion nicht einfach eine in Reinheit vorliegende Methode, die

---

[1] Derrida gibt darüber in einem Interview aus dem Jahre 1985 Auskunft (vgl. Derrida, Jacques. 1985. Deconstruction in America: An Interview with Jacques Derrida. In *Society for
Critical Exchange* 17, S. 1–33).

mit dem Fernrohr, also aus der Distanz, auf die soziale Welt blickt: Das dekonstruktive Denken vollzieht sich in der Welt und aus der Welt heraus, es entstammt der Welt und es reagiert auf sie. Derrida begreift die Welt als ein Gefüge, das uns nicht fremd gegenübersteht und von dem wir uns willentlich distanzieren können, sondern in das wir, unsere Art zu denken und zu handeln, tief involviert sind. In dieser Hinsicht versteht die Dekonstruktion die soziale Welt als einen Text, der einen sprachlichen, Bedeutung tragenden und einen materiellen, verkörperten Charakter hat. Die Welt als Text zu lesen klingt zunächst danach, als ob Derrida alles Materielle auf etwas Sprachliches reduziert und damit eine Form des Idealismus vertritt. Dass dem nicht so ist, dass ‚Text' eine Art Beziehungsgefüge darstellt, wollen wir erläutern.

Unser eigenes Vorgehen versucht sich der Arbeitsweise Derridas anzunähern und verfährt zugleich im Modus einer Auswahl. Die Annäherung an das Denken der Dekonstruktion wird in unseren Augen verfehlt, wenn sie in eine feste argumentative Struktur und einen geschlossenen Kategorienapparat gezwängt wird. Deswegen schließen wir unsere jeweiligen Kapitel nicht ab, sondern lassen sie in Schwellen ausgleiten. Derrida entwirft seine Sprache, mit der er die Welt auf ihr Anderes, auf ihre ausgeschlossenen Möglichkeiten hin öffnen möchte, stets in Interaktion mit derjenigen Geschichte, deren Teil er selbst ist und diese Form der Auseinandersetzung möchten wir zunächst einmal nachvollziehen. Seine wichtigen Terminologien, wie ‚Différance', ‚Iterabilität', ‚Gramma', ‚Supplement', ‚Text' oder ‚Ereignis', nehmen alle die Gestalt von Paradoxien an. Sie vereinigen scheinbar widersprüchliche Facetten. Die meisten dieser Terminologien stehen im Mittelpunkt des ersten Teils unseres Buches. Zugleich werden diese Wörter im Dialog mit philosophischen, linguistischen und literaturwissenschaftlichen Theorien entwickelt – sie haben also einen historischen Charakter. In *Gesetzeskraft* bringt Derrida diese beiden gegenläufigen Linien wie folgt auf den Punkt:

> „Im allgemeinen folgt die Ausübung der Dekonstruktion zwei verschiedenen Bahnen oder Stilen, die sie meistens einander aufpfropft. Der eine Stil ist von begründender und dem Anschein nach ungeschichtlicher Art: vorgetragen, vorgeführt werden logisch-formale Paradoxien. Der andere, geschichtlicher und anamnestischer, scheint der eines Lesens von Texten zu sein, einer sorgfältigen Interpretation und eines genealogischen Verfahrens".[2]

---

[2] Derrida, Jacques. 1991. *Gesetzeskraft. Der ‚mystische Grund der Autorität'*. Frankfurt am Main: Suhrkamp, S. 44.

Was Derrida hier als „Ungeschichtliches" bezeichnet und was er zumeist mit Begriffen wie Andersheit, Verschiebung und dem Nicht-Identischen zusammenführt, ist nicht einfach etwas, das keine Geschichte ‚hat', was in einer geschichtslosen Welt existiert. Das „Ungeschichtliche" wird über eine bestimmte Aneignung und Problematisierung der Geschichte entworfen und es ist zugleich dasjenige, was die Struktur einer linearen Geschichte aufbricht. Derrida versucht etwas aus der Geschichte zu lösen, das einerseits ein Teil von ihr ist, andererseits als ein fremdes Element gemeinhin aus der Geschichte ausgeschlossen wird. Die „logisch-formalen Paradoxien" sind diejenigen Stationen, an denen das Denken in seinen gewohnten Bahnen an Grenzen stößt. Dieses zur Grenze kommen und die Öffnung der Grenze auf dasjenige hin, was sie von der anderen Seite her berührt, möchten wir auf unterschiedliche Weise zur Sprache bringen.

Dass wir dabei zur Auswahl gezwungen sind – und darin beruht der zweite Aspekt unseres Vorgehens – ist der schon erwähnten Unmöglichkeit geschuldet, eine Methode der Dekonstruktion von ihrer Anwendung auf die soziale Welt zu trennen. Derrida selbst deutet sein dekonstruktives Verfahren deshalb auch nicht als Methode, sondern als eine Form der Erprobung und damit ist auch der Umstand verbunden, dass seine prominentesten Ausdrücke stets einem Wandel unterworfen sind. Wenn wir im zweiten und dritten Teil unseres Buches auf konkrete soziologische und philosophische Theorien eingehen und die Verbindungslinien zu Derrida knüpfen, so ist das lediglich als eine Auswahl zu verstehen. Andere Anknüpfungslinien sind möglich, wurden und werden bereits in der Soziologie diskutiert. Unsere Intention liegt jedoch darin, Möglichkeiten aufzuzeigen, wie mit Derrida soziologisch gedacht und weitergedacht werden kann, wie sich eine andere Perspektive auf soziale Phänomene und Fragestellungen entwickeln lässt und wie als selbstverständlich und unhintergehbar verstandene politisch-soziale Ordnungen hinterfragt, geöffnet und auf ihre Ausschlussmechanismen und Hierarchien hin problematisiert werden können.

Im *ersten* Teil wollen wir uns den wichtigsten dekonstruktiven Denkbewegungen und den hiermit verbundenen Namen widmen, die Derrida in den 1960er und zu Beginn der 1970er Jahre an die Oberfläche gebracht hat. Es wäre zwar ein Missverständnis zu argumentieren, Derrida habe in diesem Zeitraum eine Art ‚Theorie' der Dekonstruktion ausgearbeitet, die er in den folgenden Jahrzehnten auf andere philosophische und sozialwissenschaftliche Phänomene ausgeweitet hat, jedoch finden sich in diesem Zeitraum so etwas wie die Grundzüge seines Denkens, die uns bei einer Erschließung der sozialen Welt anleiten können. Dabei begleitet den Entwurf dieser Denkbewegungen – und hiermit startet unser Buch – eine Auseinandersetzung mit der Geschichte der westlichen Philosophie, die Derrida als Geschichte der Metaphysik bezeichnet. Die Problematisierung dieser Geschichte schafft für ihn erst Raum für eine andere Form unserer Beziehung zur sozialen Welt. Eine der wesentlichen Thesen Derridas lautet, dass die Welt nicht aus ‚bloßer' Materie besteht, sondern die Form eines *Textes* annimmt. Der hier im Zentrum stehende Textbegriff ist eines der wesentlichen Leitmotive von Derridas frühen Schriften und er wird einen zentralen Stellenwert innerhalb dieses Teils einnehmen. Zwei berühmte Wörter, die mit diesem Unternehmen verbunden sind und denen wir uns ausführlich zuwenden werden, sind *Différance* und *Iterabilität*. Mit *Différance* lässt sich das auf Andersheit ausgerichtete Verfahren der Dekonstruktion, ihre Infragestellung von als selbstverständlich vorausgesetzten Identitäten, am besten markieren. Die Bewegung der Différance produziert erst dasjenige, was wir zu identifizieren vermögen, und durchsetzt es mit Rissen. Derrida vertritt hier die kontraintuitive und mit vielen Konsequenzen versehene These, dass der Einheit und Identität die Differenz und Andersheit vorausgehen. Als *Iterabilität* benennt Derrida hingegen die paradoxe Beziehung zwischen Wiederholung und Verschiebung. Die soziale Realität ist davon abhängig, dass sie wiederholt und das heißt reproduziert wird. Sie determiniert die Handlungen der Akteure nicht, sondern verschafft ihnen verschiedene Möglichkeiten zu handeln oder sich einer Handlung zu entziehen, und sie ist zugleich von der Reproduktion der Menschen abhängig und kann somit verändert werden.

Vor diesem Hintergrund führt Derrida den Begriff des Textes ein, um zu argumentieren, dass die Welt die Form eines verräumlichten und verzeitlichten Gefüges annimmt. ‚Text' wird hier nicht als etwas Ideelles und damit als Gegenpol zum Materiellen verstanden, sondern als eine Verschränkung zwischen etwas Sprachlichem und mit Sinn Aufgeladenem sowie etwas Verkörpertem und Materiellem. Die Welt ist ein Text, der beständig neu gelesen und im Vollzug der Lektüre erst als Realität erzeugt wird. Damit ist impliziert, dass die soziale Welt von der Beziehung der Akteure und ihrer Handlungen abhängig ist und nur so den Status einer Realität erlangt, zu der wir uns als etwas Greifbarem in Beziehung setzen können. Eine Kritik der Machtverhältnisse innerhalb der sozialen Welt, um die es der Soziologie stets ging und geht, setzt dann die Frage voraus, durch welche Prozesse die soziale Welt einen dinghaften Charakter erhält, der ihre Dynamik verdeckt. Der sprachliche, Bedeutung tragende Zugang zur Welt ist selbst etwas Materielles und das Materielle, das zum greifbaren Ding Gewordene, berührt die Welt (auch) in sprachlicher Form. Die Art der Verflechtung, die hier am Werke ist, bezeichnet Derrida auch als ‚Gramma'. Sie ist es wiederum, die Subjekte erzeugt und uns damit zu Wesen macht, die zu Handlungen befähigt sind und sich selbst als handelnde und Verantwortung übernehmende Akteure zu verstehen vermögen.

Im *zweiten* Teil beginnen wir mit einem soziologischen Übersetzungsprozess der Derrida'schen Denkbewegungen. Wir wechseln dabei eine Lektüre Derridas immer wieder mit einer Vorstellung soziologischer und philosophischer Theoriebildung ab, die in Kontakt zu Derridas Perspektive tritt, diese Perspektive weiterentwickelt und transformiert – auch und gerade dann, wenn sich diese Ansätze gar nicht explizit mit Derrida beschäftigen. Wenn wir mit der Dekonstruktion auf die soziale Welt blicken, werden viele der Grundbegriffe der soziologischen Theorie umgekrempelt. Die Dekonstruktion der Trennung zwischen einer unabhängigen materiellen Realität und einem diskursiven, vom menschlichen Akteur geprägten Umgang mit der Welt führt damit zur Überprüfung einer Reihe klassischer soziologischer Begriffe. Ein dekonstruktiver Zugang verwirft diese Begriffe nicht, sondern öffnet sie auf andere soziale Auslegungen hin. Ein wesentliches Element spielt dabei die Dekonstruktion von *Begründungsfiguren:* Als solche werden in den Sozial- und Geisteswissenschaften jene expliziten oder impliziten Ursprungserzählungen bezeichnet, die als Fundament innerhalb von Theorien agieren. Die ursprünglichste und philosophiegeschichtlich folgenreichste Gründungsfigur in diesem Sinne ist diejenige Gottes. Gott vermag als erste Ursache, als unbewegter Beweger, eine Welt zu erschaffen, der er selbst nicht angehört. Der Ursprung der Welt ist in Gott, ein Fragen nach dem Ursprung Gottes gilt innerhalb der Theologie und somit der mittelalterlichen Philosophie als Blasphemie – ein Weiterfragen wird untersagt. Der Figur des Ursprungs ist also selbst eine moralische, normative Forderung eingeschrieben – ihre Theorie entblößt sich als ein Verbot.

Ein wichtiges Argument Derridas lautet, dass trotz der vermeintlichen Überwindung theologischer Argumentationsformen innerhalb der modernen Philosophie und Sozialwissenschaften solche Begründungsfiguren auch weiterhin eine wesentliche Rolle spielen. In der Tradition der Philosophie, auf die sich Derrida primär bezieht, nimmt das Subjekt seit der Neuzeit – genauer: seit René Descartes – strukturell die Rolle Gottes ein. Das Subjekt ist das *begründende* Moment der modernen Philosophie: Die Gewissheit, dass das Subjekt in Form des reinen Denkens existiert, ist die Voraussetzung dafür, die soziale, dem Subjekt äußerliche Realität zu fundieren. Die frühe soziologische Theorie übernimmt von Descartes und damit von der modernen Philosophie diese Begründungsfigur und mit ihnen die Arbeit der Trennung: Die Welt wird stets in zwei Sphären aufgeteilt, eine menschliche und eine nicht-menschliche Welt, eine Welt der (lebendigen) Sprache und der (leblosen) Materie, eine Welt des Geistes und eine Welt des Körpers sowie eine Welt der Rationalität und eine Welt der Emotionen. Das erste Glied dieser Paare gilt hierbei stets als gegenüber dem zweiten höherwertiger. Wir sprechen in diesem Falle von einer dualistischen, hierarchischen Struktur.

Dieser Infragestellung von Begründungsfiguren durch die Dekonstruktion wollen wir nachgehen und dabei zeigen, dass es sich nicht um eine ‚bloß theoretische' Arbeit handelt, sondern an dieser Stelle ganz konkrete machtbesetzte, lebensweltliche Implikationen verborgen sind. Das lässt sich gut illustrieren, wenn wir die geschlechtliche Markierung dieser Dualismen herausarbeiten. Denn stets wurde und wird das Männliche als das Geistige, Sprachliche und Rationale begriffen, während das Weibliche der Sphäre des Körperlichen, Materiellen und Emotionalen zugewiesen wird. Wenn sich die Dekonstruktion mit einer Problematisierung von Begründungsfiguren beschäftigt, dann haben diese beim frühen Derrida gelegentlich höchst abstrakt anmutenden Ausführungen äußerst eindrückliche praktische Folgen: Die Dekonstruktion von Hierarchien des philosophischen und soziologischen Denkens ist aufs Engste mit einer Dekonstruktion von Hierarchien in der sozialen Wirklichkeit verbunden.

Im *dritten* und abschließenden Teil unseres Buches wenden wir uns einer weiteren paradoxen These der Dekonstruktion zu, und zwar dem Begreifen der *Unmöglichkeit als Bedingung der Möglichkeit*. Dieser Paradoxie widmet Derrida insbesondere in seinen späteren Schriften, ab Ende der 1980er Jahre, besondere Aufmerksamkeit. So untersucht er die Beziehung zwischen Möglichkeit und Unmöglichkeit etwa in Auseinandersetzung mit Phänomenen bzw. sozialen Praktiken, die auch für die Soziologie immer wieder Ausgangspunkt oder Bewährungsinstanz ihrer Begriffsarbeit darstellen: Erfindung, Gabe und Gastfreundschaft. Dass die Bedingung der Möglichkeit an die Bedingung der Unmöglichkeit gebunden ist, heißt nicht nur, dass es in einer sozialen Welt letztlich unmöglich ist, im vollen Sinne etwas radikal Neues zu erfinden, etwas vollkommen uneigennützig zu geben oder jemandem gegenüber bedingungslos gastfreundlich zu sein. Die Existenz von so etwas wie Erfindungen, Gaben und Gastfreundschaft ist vielmehr an die Unmöglichkeit ihrer vollständigen Verwirklichung geknüpft. Das erfordert dann auch, den Begriff des *Ereignisses* neu zu befragen, denn die eben erwähnten Phänomene sind keine Dinge, auf die wir mit dem Finger zeigen können, sie sind in ein Beziehungsgefüge eingewoben, das ihre erschöpfende Realisierung blockiert – und diese Blockade ist zugleich die Bedingung der Möglichkeit dafür, dass sich Erfindung, Gabe und Gastfreundschaft ereignen. Auf die soziale Welt bezogen bedeutet dies nun, dass soziale Strukturen stets vor ihrer vollständigen Verwirklichung zurückgehalten werden. Das Soziale ist von Bruchlinien durchzogen, die nicht einfach Fehler in seinem architektonischen Gerüst, sondern unverzichtbar für die relative Stabilität des Gerüstes sind. Das Unmögliche besitzt eine produktive Kraft, welche die Dekonstruktion freizulegen versucht; es zerstört nicht bloß, sondern es vermag auch etwas zu errichten.

Fluchtpunkt unserer Auseinandersetzung mit diesen konkreten sozialen Phänomenen ist letztlich das politische Denken der Dekonstruktion. Derrida erteilt uns
keine Anweisungen, wie korrektes moralisches Handeln oder gerechte politische
Entscheidungen auszusehen haben; er untersucht vielmehr diejenigen Prozesse,
welche von der Norm abweichende Handlungsmöglichkeiten, Lebensformen und
Identitäten ausschließen. Die Dekonstruktion sensibilisiert uns dazu, genauer hin-
zuschauen, sie befragt den Zwischenraum, sie analysiert die Macht derjenigen
Kräfteverhältnisse, die sowohl den sozialen Raum erzeugen als auch die Handlungen der Akteure ermöglichen wie verunmöglichen. Hier gilt es zu fragen, wie
Normen wirken, was sie immer schon als selbstverständlich voraussetzen und
was sie als pathologisch ausschließen. Soziologisch mit Derrida zu denken heißt,
dieses Dazwischen, das Offensein und das Anderssein der sozialen Welt im Blick
zu behalten.

Die Denkbewegungen der Dekonstruktion

Wenn wir in unserer Einleitung davon gesprochen haben, dass Derridas dekonstruktives Verfahren eine Art Provokation darstellt, dann lässt sich diese reaktive Abwehrhaltung vor allem angesichts seiner Texte in den 1960er und frühen 1970er Jahren diagnostizieren. Nachdem sich Derrida in seinen akademischen Qualifikationsarbeiten vor allem mit der Phänomenologie Edmund Husserls beschäftigt hat, erprobt er seine dekonstruktiven Denkbewegungen an den wichtigsten Stationen der Philosophiegeschichte.[1] Derrida setzt sich in seinen Texten durchgängig und umfassend mit der Tradition der philosophischen und literaturwissenschaftlichen Theoriebildung auseinander. So widmen sich seine Texte aus dieser Zeit etwa Platon, Descartes, Immanuel Kant, G.W.F. Hegel, Friedrich Nietzsche und Martin Heidegger, um ein grundsätzliches Problem innerhalb der Geschichte der Philosophie und eine tief verwurzelte Hierarchie innerhalb unseres Denkens und Handelns an die Oberfläche zu bringen. In Hinblick auf den Umfang unseres Buches und unsere soziologische Fragestellung stellt sich damit die Notwendigkeit der Zuspitzung auf einen spezifischen Textkorpus bzw. auf eine bestimmte Traditionslinie. Innerhalb dieses ersten Teils geht es uns um die Vorstellung von Derridas Verständnis von Welt, das er als ‚Text' neu ausrichtet. Eine entscheidende These, die einer systematischen Entfaltung bedarf, lautet, dass in der Tradition des abendländischen Denkens die Schrift durchgängig abgewertet und ein Vorrang der Sprache vor der Schrift begründet wird. Dabei handelt es sich

---

[1] Im Folgenden konzentrieren wir uns darauf, welche Halte- und Kritikpunkte das dekonstruktive Denken Derridas in der Philosophiegeschichte findet. In unserer Werkbiographie (Kap. 5) skizzieren wir, inwieweit den Schriften Husserls für Derridas Denken und seiner Situierung in der zeitgenössischen Philosophie in Frankreich eine besondere Bedeutung zukommt.

M. Eldracher and F. Meyhöfer, *Soziologisch denken mit Jacques Derrida*, Philosophische Grundlagen der Soziologie, https://doi.org/10.1007/978-3-658-41802-1_2

nicht lediglich um einen theoretischen oder historischen Prüfvorgang, den Derrida
an verschiedenen Vertretern dieser Tradition abendländischen Denkens vollzieht;
vielmehr besteht die Brisanz seiner Konzeption von Welt als Text darin, dass er
die sie stützenden Annahmen bereits konsequent im Denken jener Vertreter am
Werke sieht.

Während wir im ersten Abschnitt dieses Kapitels Derridas Neulektüre der Philosophiegeschichte vorstellen und die grundsätzliche Widersprüchlichkeit dieser
Denktradition an die Oberfläche zu bringen versuchen (Abschn. 2.1), zeigen wir
in den daran anschließenden Abschnitten auf, welche Denkbewegungen Derrida
erprobt, um die Risse innerhalb dieser Tradition freizulegen und die soziale Welt
zugleich auf ihr ausgegrenztes Anderes hin zu öffnen. ‚Différance' (Abschn. 2.2),
‚Iterabilität' (Abschn. 2.3) sowie ‚Text' und ‚Gramma' (Abschn. 2.4) stellen für
Derrida Ausdrücke dar, die uns sowohl in *kritischer* als auch in *bejahender* Hinsicht zu einer gelingenderen Auseinandersetzung mit der sozialen Welt anzuleiten
vermögen. ‚Gelingender' ist diese Auseinandersetzung nicht deshalb, weil sie
‚mehr' oder ‚besser' sieht als es die Tradition der sogenannten ‚Metaphysik' zu
leisten vermag. Die Dekonstruktion, so möchten wir illustrieren, verfügt über
eine größere Sensibilität: Sie schaut genauer hin, indem sie ihr Augenmerk auf
dasjenige richtet, was nicht ineinandergreift, was ausschließt, was diesen Ausschluss zugleich verschleiert und was Identitäten als unantastbar begreift, aber
ihre Bruchlinien zu überschreiben versucht.

2.1 Die Abwertung der Schrift in der Geschichte des abendländischen Denkens: Platon, Rousseau, Saussure

Von einer Abwertung der Schrift innerhalb einer Geschichte des westlichen Denkens zu sprechen, mag auf den ersten Blick hochgradig paradox erscheinen, ist
doch die Schrift das einzige Medium, in dem uns die Geschichte des Denkens
überhaupt überliefert ist. Mündliche Rede scheint als Verständigungsform über
philosophische Fragestellungen einen wichtigen Raum einzunehmen, letztlich
liegt es aber auf der Hand, dass die Philosophie im Medium der Schrift verfährt und auch so zu verfahren hat. Dass die Schrift trotz dieser wichtigen Rolle
dennoch eine Abwertung gegenüber der Rede erfährt, dass hier eine wesentliche Hierarchie verankert ist, die unser Denken und unsere Bezugnahme auf die
soziale Welt tief durchzieht, verhandelt Derrida in seinen frühesten Schriften. Das
dort entwickelte Argument lässt sich anhand Derridas Auseinandersetzung mit
Platon, Jean-Jacques Rousseau und Ferdinand de Saussure begreifbar machen.

Sinnvoll scheint uns die Konzentration auf diese drei Autoren deshalb, weil so eine weitumgreifende Linie sichtbar wird, die bei allen argumentativen Unterschiedlichkeiten eine entscheidende metaphysische Prämisse teilt – ihnen allen geht es in einem bestimmten Sinne um eine wissenschaftlich begründete Ausgrenzung der Schrift. Wenden wir uns also zuerst Derridas Perspektive auf Platon unter dem Gesichtspunkt dessen zu, welche Überschneidungen zwischen Platons Konzeptionen von Welt und Schrift bestehen.

Platons Philosophie stellt die Fundierung und Verteidigung einer zweigeteilten Welt dar: Der Welt der Erscheinungen, der sinnlich wahrnehmbaren Menschen, Tiere und Gegenstände, wird eine metaphysische Welt der Ideen gegenübergestellt. So gibt es nach Platon sowohl eine Idee des Menschen, des Pferdes und des Tisches, wie es eine Idee des Feuers, der Tapferkeit oder – als höchster Idee – der Gerechtigkeit gibt. Die Welt der Ideen und die Welt der sinnlichen Erscheinungen stehen dabei in einem hierarchischen Verhältnis: Ziel des Philosophen ist die Erfassung der Ideen, die ewig sind, nicht in der Zeit existieren und dem Denken in der Kontemplation präsent sind. Die Erscheinungen der sichtbaren Welt sind dagegen vergänglich, sie bleiben nicht präsent, sondern verändern ihre Struktur, sie re-präsentieren bloß die Ideen. Für Platon stellen sie lediglich (notwendige) Abbilder der Ideen dar.[2]

Die hierarchische Struktur, durch welche die Beziehung zwischen den beiden Welten gekennzeichnet ist, zeigt bereits an, dass das *metaphysische* Weltbild, das Platon entwirft, nicht bloß für die theoretische Philosophie von Interesse ist, sondern sehr konkrete soziale und politische Konsequenzen beinhaltet. Das wird noch deutlicher, wenn wir uns vor Augen führen, dass sich für Platon die Regierung der Polis an den Ideen zu orientieren hat. Die irdische Regierung muss diejenigen Hierarchien abbilden, durch welche die Beziehung zwischen irdischer und metaphysischer Welt gekennzeichnet ist. An dieser Stelle wird für Platon nun eine weitere wesentliche Unterscheidung relevant, und zwar diejenige zwischen Körper und Seele. Letztere wird nämlich der Sphäre der Ideen zugeordnet, insofern die Seele ewig existiert, ideell und unvergänglich sowie sich selbst präsent ist. Der Körper ist hingegen etwas Materielles und somit Vergängliches, er existiert nicht ewig, sondern verfügt über eine spezifische Verweildauer und ist stets in Veränderungen begriffen. Die Seele gilt somit gegenüber dem Körper als ‚höherwertig', der Körper hat sich der Führung der Seele zu überlassen.

---

[2] Die ausgearbeitetste Form von Platons Ideenlehre findet sich in folgendem berühmten Werk: Platon. 2016. Politeia. Der Staat. In *Werke in acht Bänden. Band 4,* hrsg. Gunther Eigler. Darmstadt: Wissenschaftliche Buchgesellschaft.

Wie lässt sich nun in den soeben skizzierten, von Platon eingeführten meta-physischen Trennungen der bereits erwähnte Vorrang der Sprache vor der Schrift lokalisieren? Und wie rechtfertigt Derrida das Argument, dass diese Trennung einen solch großen Problemhorizont sichtbar macht, der die gesamte westli-che Philosophie umfasst? Derridas These in seinem 1967 erschienenem Werk *Grammatologie* lautet vor diesem Hintergrund: „Die Seele-Körper-Problematik ist zweifellos ein Derivat des Schrift-Problems, dem sie – umgekehrt – ihre Metaphern zu leihen scheint".[3] Innerhalb der platonischen Philosophie wird die Sprache der Welt der Ideen, und damit der Seele, und die Schrift der Welt der Erscheinungen, dem Materiellen und Körperlichen, zugeordnet. Die Sprache ver-mag sich selbst im Sprechen zu vernehmen, das Subjekt in demjenigen Moment zu präsentieren, in dem es spricht. Die Stimme, die sich selbst im Sprechen ver-nimmt, ist dabei das entscheidende Element, sie vermag das Wesen der Dinge zu ergründen: „Sie bezeichnet den ‚Seelenzustand', der seinerseits die Dinge in natürlicher Ähnlichkeit widerspiegelt oder reflektiert".[4] Die Schrift ist hin-gegen eine bloße Repräsentation der Sprache. Sie ist dasjenige Werkzeug, dessen Aufgabe es ist, das gesprochene Wort, das Erklingen der sich selbst präsenten Stimme, festzuhalten. Die Schrift kommt stets nach der Sprache, sie re-präsentiert etwas, das bereits gesprochen ist, das bereits gegenwärtig und damit präsent ist und versucht das Geäußerte festzuhalten, indem es dieses in der Zeit fixiert.

Die Schrift kommt damit innerhalb Platons Philosophie an zweiter Stelle: Sie setzt voraus, dass bereits gesprochen wurde, sie stützt sich auf die Sprache, sie vermag ihr jedoch keine Präsenz widerfahren zu lassen, weil sie diese lediglich abbildet. Wie Derrida festhält, hat die Verschiebung der Schrift in die zweite Reihe für Platon aber keine bloß theoretische Begründung, sondern besitzt eine wesentliche ethische Pointe:

> „Die Stellung der Schrift in der Geschichte der Metaphysik kann umschrieben werden als ein unterdrücktes, beiseite gerücktes, zurückgedrängtes, verschobenes Thema, das jedoch einen anhaltenden Druck von dem Ort ausübt, wo es in Grenzen gehalten wird. Es geht darum, eine gefürchtete Schrift unlesbar zu machen, denn sie ist es, welche die Präsenz des Eigentlichen im gesprochenen Wort durchkreuzt".[5]

Die Schrift wird als Repräsentation, als Nachträgliches gegenüber der Sprache verstanden, aber sie wird zugleich als eine Bedrohung erkannt, die sich nicht damit begnügt, an zweiter Stelle zu stehen. Die Schrift neigt dazu, in die Sprache

---

[3] Derrida, Jacques. 1983. *Grammatologie*. Frankfurt am Main: Suhrkamp, S. 62.
[4] Ebd., S. 24.
[5] Ebd., S. 461.

einzudringen, sie ist dann gefährlich, wenn wir vergessen, dass die Schrift – das Abbildhafte – dem ‚Wahren‘, in der Rede Präsenten, strukturell nachgeordnet ist und wenn sie sich an die Stelle der Sprache setzt und sich selbst den Schleier der Präsenz zu verleihen versucht. Es ist genau diese Gefahr, die nach Platon gebannt werden muss und sie ist es, die für Derrida am Anfang einer metaphysischen ‚Erniedrigung‘ der Schrift steht. Derridas dekonstruktive Befragung setzt also genau dort an, wo Platons Ordnung der Welten sich selbst unterläuft – wo es ein Moment der Korrumpierung und Verunreinigung der klaren Trennung zwischen den beiden Welten gibt.

Liest man Derridas Ausführungen zu Platon in der *Grammatologie* und in *Dissemination*,[6] so mutet das Geschriebene zumeist höchst theoretisch an. Die sozialen Implikationen dieser Ausführungen liegen jedoch gar nicht so fern. Für Platon ist die Erlangung der Erkenntnis über die Ideen nämlich kein rein philosophischer Selbstzweck, sondern hat letztlich die Einrichtung der sozialen Ordnung zum Ziel. Wesentlicher Zweck ist das Zur-Deckung-Bringen der Welt der Ideen mit der Welt der Polis. Die hierarchische Welt der Ideen soll sich in der Polis abbilden. In der *Politeia* entwirft Platon eine hierarchische Ordnung, die von denjenigen angeführt wird, welche befähigt sind, die Ideen zu erblicken und damit zu regieren (die Philosophen), über diejenigen, welche die organisatorischen Tätigkeiten der Polis übernehmen (die freien Männer) bis hin zu denjenigen, die für die reproduktiven Tätigkeiten zuständig sind (Frauen und Sklaven). Zugrunde liegt dieser Ordnung die Trennung zwischen Geist und Körper: Je mehr Materialität im Spiel ist – und das heißt für die platonische Lehre: je mehr der Geist verunreinigt ist –, desto niedriger ist der jeweilige Status des Subjekts innerhalb der Polis. Die Nähe eines Subjekts zu den Ideen und also zu dem sich selbst Präsenten und ewig Herrschenden ist somit das ausschlaggebende Kriterium für seinen Ort innerhalb der Ordnung der Repräsentation. Auch hier wird folglich deutlich, dass die Präsenz die Repräsentation normativ zu leiten hat.

Für Derrida lassen sich in der platonischen Philosophie all diejenigen Trennungen und Hierarchien ausfindig machen, welche die Tradition unserer westlichen Gesellschaften konstitutiv prägen. Der Vorrang der Sprache vor der Schrift ist dabei ein wesentliches strukturelles Moment, das die Hierarchien des Sozialen absichert. Das bedeutet aber nicht, dass sich die späteren, vor allem modernen Gesellschaftsformen rein auf die platonische Ordnung zurückführen lassen. In der historischen Reihung des Problems der Abwertung der Schrift steht Platon am Anfang – nicht im Sinne eines Ursprungs, sondern als Autor, an dem die

---

[6] Derrida, Jacques. 1995. Platons Pharmazie. In *Dissemination*, hrsg. Peter Engelmann. Wien: Passagen Verlag, S. 69–190.

Konturen dieses Problems deutlich hervortreten und zugleich den Kern des metaphysischen Weltbilds darstellen. Rousseau ist der zweite für Derrida wesentliche
Autor, dem der lange zweite Teil der *Grammatologie* gewidmet ist. Denn Derridas
hier entwickelte These lautet, dass Rousseau zwar aus der platonischen Tradition
heraus denkt, indem er den Primat der Sprache vor der Schrift verteidigt;[7] das
metaphysische Substrat, das die Gesellschaft begründen soll, liegt aber nicht mehr
in Form von Ideen *außerhalb* unserer sinnlich wahrnehmbaren Welt, sondern ist
vielmehr in ihrem *Innersten* angesiedelt:

> „Rousseau wiederholt den platonischen Gestus; doch bezieht er sich dabei auf ein
> anderes Modell der Präsenz: auf die Selbstpräsenz im Gefühl, im sinnlichen cogito,
> in das sich gleichzeitig das göttliche Gesetz eingeschrieben findet".[8]

Die außerhalb von uns und tief in unserem Selbst verwurzelte Natur ist es, die
über die normativen Maßstäbe verfügt, auf denen Gesellschaft zu gründen ist.
Rousseau steht vor diesem Hintergrund für eine äußerst wirkmächtige moderne
Umkehrung, die aber dennoch eine Kontinuität zur Antike darstellt, insofern sie
auf Hierarchien beruht. Bei Platon stellen die Ideen das Präsente, Gegenwärtige
dar, sie existieren jedoch außerhalb der Subjekte in einer kosmischen Ordnung.
In der Moderne verlagert sich nun dieses Präsente von außerhalb der Welt in
das Subjekt: So ist für Descartes das denkende Ding (‚res cogitas') das Fundament des Wissens und fungiert als erste, nicht weiter zurückführbare Ursache.[9]
Rousseau lässt sich schließlich innerhalb dieser cartesischen Tradition verorten,
indem er vom fundamentalen Status des Subjekts ausgeht, das von Natur aus
handlungsfähig ist und nicht mehr, wie es in der Antike der Fall war, von einer
außerhalb stammenden Kraft, etwa den Ideen, affiziert wird. Während Platon das
sich selbst Präsente, in der Zeit Verharrende anhand der Ideen darstellt, liegt
bei Rousseau die „Selbstpräsenz des Subjekts im Gewissen oder im Gefühl".[10]
Das Subjekt ist also bereits von Natur aus moralisch gut, die Gesellschaft hat es
jedoch verdorben. Rousseaus schwierige Denkbewegung, die Derrida im zweiten

---

[7] Die Wahl Rousseaus als Vertreter der Moderne mag auf den ersten Blick etwas verwundern,
Derrida gibt jedoch folgenden Grund für seine Entscheidung an: „Aber weder Descartes
noch Hegel haben wirklich mit dem Problem der Schrift gerungen. Der Schauplatz dieser
Auseinandersetzung und dieser Krise ist das ‚18. Jahrhundert'" (Derrida. *Grammatologie*,
S. 175).

[8] Derrida. *Grammatologie*, S. 33.

[9] Wir werden uns dem Subjekt als sogenannter ‚Begründungsfigur' ausführlich in
Abschn. 3.1 zuwenden.

[10] Derrida. *Grammatologie*, S. 175.

Teil der *Grammatologie* rekonstruiert,[11] zielt auf die Beantwortung der Frage, wie eine Gesellschaft eingerichtet werden kann, deren normativer Rahmen auf der *im* Menschen liegenden *Stimme* der Natur gründet.

Für unsere Argumentation ist an dieser Stelle entscheidend, wie Rousseau nach Derrida die soeben erwähnte Bewegung mit dem Vorrang der Sprache vor der Schrift verbindet. Es ist nämlich exakt die Sprache, durch die das Subjekt seine Innerlichkeit ausdrückt und mittels derer es seine Natur präsentiert:

> „Die phonischen Zeichen [...] werden von dem Subjekt, das sie äußert, in der absoluten Nähe ihrer Gegenwart ‚gehört‘ und ‚verstanden‘. Das Subjekt muss nicht aus sich herausgehen, um von seiner Ausdrucksaktivität unmittelbar affiziert zu sein".[12]

Mit dem Sprechen der Sprache drückt das Subjekt seine Natur aus; es ist keine äußere Vermittlungsinstanz vonnöten, um den Sinn der Zeichen zu präsentieren. Die Schrift ist hingegen eine Re-präsentation dieser Natur: Wie auch bei Platon führt die Repräsentation das Moment einer Abweichung in ein ursprünglich mit sich selbst identisches und unschuldiges Phänomen ein. Der Sprache wird ihre Selbstpräsenz geraubt, sie wird gebannt und damit ihrer Natur entrückt. Für Rousseau steht der Eingriff der Schrift für ein moralisches Problem, was seine Rhetorik in höchst pathetischer Weise ausdrückt: Die Schrift ist ein „gefährliches Supplement" und die Rolle des Philosophen besteht darin, diese Gefahr zu bannen, indem die ursprüngliche Kraft der Natur beschworen wird.[13] Derrida rekonstruiert die Argumentation Rousseaus wie folgt:

> „Der Rede, insofern sie natürlich oder zumindest der natürliche Ausdruck des Gedankens, die natürliche Form der Institution oder der Konvention ist, gesellt sich die Schrift bei, fügt sich ihr als ein Bild oder eine Repräsentation hinzu. In diesem Sinne aber ist sie nicht natürlich. In der Einbildung und in der Vorstellung bewirkt sie die Verschiebung einer unmittelbaren Präsenz des Gedankens zum gesprochenen Wort, zur Rede. Dieser Rekurs ist nicht nur ‚bizarr‘, er ist gefährlich. Denn was addiert wird,

---

[11] Derrida stützt sich hierbei vor allem auf einen weniger bekannten Text Rousseaus, und zwar auf Rousseau, Jean-Jacques. 1989. Essay über den Ursprung der Sprachen, worin auch über Melodie und musikalische Nachahmung gesprochen wird. In *Musik und Sprache. Ausgewählte Schriften,* hrsg. Peter Gülke. Leipzig: Reclam, S. 99–168.

[12] Derrida, Jacques. 2003. *Die Stimme und das Phänomen. Einführung in das Problem des Zeichens in der Phänomenologie Husserls.* Frankfurt am Main: Suhrkamp, S. 103.

[13] Den Ausdruck „Dieses gefährliche Supplement ..." wählt Derrida als Titel für das zweite Kapitel des zweiten Teils der *Grammatologie.*

ist eine Technik, eine Art künstlicher und undurchschaubarer List, die die Anwesenheit der Rede bewerkstelligen sollen, während sie in Wahrheit abwesend ist".[14]

Wie sich dem Zitat gut entnehmen lässt, ist für Rousseau die Trennung zwischen Natur und Kunst bzw. Technik von entscheidender Bedeutung. Der „Anwesenheit der Rede", die sich selbst präsent und durchsichtig ist, ist eine „künstliche und undurchschaubare List" der Schrift entgegengesetzt, die sich nicht zu präsentieren vermag, sondern sich der Präsenz entzieht – sie ist abwesend. Sprache und Schrift stehen sich hier aber nicht einfach oppositionell gegenüber: Die Schrift bewerkstelligt eine „Verschiebung" der sich selbst präsenten Sprache und genau das ist es, worin für Rousseau eine Gefahr liegt. Die Schrift *kontaminiert* die Reinheit der Sprache, indem sie diese in der Zeit festhält und das heißt, indem sie ihr ihre Natürlichkeit und Gegenwärtigkeit raubt.

Hier lässt sich nun der Terminus des *Supplements* einführen, der bereits weiter oben Erwähnung fand. Ein Supplement versteht Derrida als eine Art Doppel, als ein Element, das hinzutritt, als etwas Überschüssiges, das einerseits vervollständigt, andererseits aber eine Verunreinigung herbeiführt. Die hierarchischen Gegensatzpaare – wie etwa Geist und Materie, Kultur und Natur, Vernunft und Emotionen –, von denen bereits die Rede war, lassen sich alle innerhalb der Logik des Supplements verorten. Das erste Element des Paares ist stets das natürlich Gegebene und in Reinheit Existierende; das zweite Element stellt sowohl eine Notwendigkeit als auch eine Bedrohung für die Existenz des ersten dar. So ‚benötigt' der Geist den Körper, um existieren zu können, zugleich behindern die körperlichen Bedürfnisse gemäß dieser Logik die Arbeit des Geistes. Für Rousseau ist die Schrift das Supplement der Sprache, weil sie das Gesprochene in Raum und Zeit festhält, es re-präsentiert, es wieder der Vorstellung zugänglich macht, und damit ihren eigenen Eingriff zugleich verschleiert. Die Kunst und Technik der Schrift setzt sich an die Stelle der Natur der Sprache, sie ‚vertritt' die Sprache und imitiert sie, begeht aber gerade damit einen Verrat.

Die Komplexität dieses Gedankengangs wird deutlich, wenn wir uns vergegenwärtigen, dass die Schlussfolgerung Rousseaus nicht lautet, jegliche Form der Schrift und Gesellschaft zu verwerfen. Seine Gedanken hält er schließlich in schriftlicher Form fest. Die entscheidende Ambivalenz, die wir bezüglich des hiermit verknüpften Gesellschaftsverständnisses festhalten wollen, lautet: Gesellschaft ist eine notwendige Einrichtung, um das Zusammenleben der Individuen zu koordinieren, sie birgt jedoch die Gefahr einer Kontaminierung der Natur. Die Gesellschaft ist deshalb notwendig, weil sie selbst eine der Natur entstammende

---

[14] Derrida. *Grammatologie,* S. 249.

Begrenzung der Natur ist. Sie ist eine „natürliche Katastrophe",[15] bricht einerseits mit der Selbstpräsenz und Genügsamkeit der Natur, bannt andererseits aber auch ihre exzessiven Kräfte: „Die Bildung der Gesellschaften hat in der allgemeinen Ökonomie der Welt eine kompensatorische Rolle gespielt. Aus der Katastrophe geboren, befriedet die Gesellschaft die entfesselte Natur".[16] In der Auseinandersetzung mit dem Schrift-Problem wird der Blick unweigerlich auf eine bestimmte Weise gelenkt, die Beziehung von Natur und Gesellschaft zu sehen. Es ist diese Form der Kompensation und Befriedung, deren Zweck die Gesellschaft darstellt, und deren ideale Vorstellung Rousseau in seinem berühmten Werk *Vom Gesellschaftsvertrag* darlegt.[17] Dieses auf der Volkssouveränität, einem gemeinsamen Willen, der nicht die Summe der Einzelwillen ist, beruhende Modell von Sozialität scheint sich auf den ersten Blick recht weit von Platons Entwurf einer Polis entfernt zu haben. Gemeinsam ist beiden philosophischen Entwürfen jedoch die Forderung, dass die Einrichtung der Gesellschaft auf etwas beruhen sollte, das ihr nicht immanent ist, an dem sie sich jedoch zu orientieren habe. Sowohl bei Platon als auch bei Rousseau wird die repräsentierende Rolle der sozialen Welt über etwas mit sich selbst Präsentem und der Welt Äußerlichem abgesichert: Im Falle Platons über die ewigen Ideen und im Falle Rousseaus über die stets bei sich seiende Natur. Ob der Weg also über die Äußerlichkeit einer transzendenten Ideenwelt oder die Innerlichkeit der Natur führt, vorausgesetzt ist für Derrida in beiden Fällen eine tiefgreifende Hierarchie zwischen einer Reinheit, die es zu bewahren, und einer verunreinigenden Abweichung, die es zu bannen gilt.

Die Philosophie Rousseaus ist sowohl mit dem Denken der Aufklärung als auch mit demjenigen der Romantik verbunden, als dessen wichtigster Denker er oft bezeichnet wird. Das neuzeitliche Verständnis von Volkssouveränität geht in entscheidendem Maße auf Rousseau zurück. Innerhalb der historischen Reihung, mithilfe derer sich Derrida dem Problem der Abwertung der Schrift nähert, steht Rousseau indessen für eine Sequenz, in der sich die Konsequenzen für die soziale Welt, die sich aus der Unterordnung der Schrift unter die Sprache ergeben, verschieben: Von Platons Entwurf der Polis als einer Repräsentation der Hierarchie der Ideen führt der Weg zu einer Gesellschaft als supplementärer Hilfskonstruktion der Natur. Die mit der Begründung der Souveränitätslehre verbundene Hierarchie von Sprache und Schrift erfährt allerdings am Anfang des zwanzigsten Jahrhunderts durch den Schweizer Linguisten Saussure eine weitere

---

[15] Ebd., S. 443.

[16] Ebd., S. 445.

[17] Vgl. Rousseau, Jean-Jacques. 2010. *Vom Gesellschaftsvertrag oder die Grundsätze des Staatsrechtes*. Stuttgart: Reclam.

Verfeinerung. Der akademische Kontext, innerhalb dessen Derrida in den 60er
Jahren seine ersten Texte verfasst, ist stark durch die strukturalistischen Theorien
Saussures und Claude Lévi-Strauss' geprägt, weshalb eine Auseinandersetzung
mit den beiden Denkern nahe liegt. Saussures Linguistik, deren Dekonstruktion für Derridas Denken von entscheidender Bedeutung ist, lässt sich aber auch
hervorragend als dritte Position darlegen, anhand derer eine historische Epoche
sichtbar wird, um dessen Problematisierung es Derrida geht. Als Linguist widmet sich Saussure nun jedoch vordergründig nicht wie Platon der Ordnung der
politischen Welt nach ideellem Vorbild oder wie Rousseau der doppelten Rolle
der sozialen Welt als natürlich-selbstpräsent und gesellschaftlich-äußerlich. Mit
anderen Worten: Im Falle Saussures ist etwas Übersetzungsarbeit nötig.

Saussures Linguistik gründet in entscheidender Hinsicht auf dem Begriff des
Zeichens.[18] Jedes Zeichen setzt sich aus einem Signifikat, dem Bezeichneten,
und einem Signifikanten, dem bezeichnenden Träger der Bedeutung, zusammen.
Die Trennung zwischen diesen beiden Elementen ist für Saussures strukturalistischen Ansatz zentral. Es gibt aber auch Zeichen, die ohne einen Signifikanten
auskommen, d. h. deren Bedeutung sich selbst präsentiert: Ein in diesem Sinne
transzendentales Signifikat ist etwa Gott, aber auch die Ideen Platons oder die
Natur Rousseaus. Sie alle werden durch keinen weiteren Träger repräsentiert, sie
schöpfen ihre Kraft vielmehr aus sich selbst. Saussure geht es zunächst darum,
mit einer solchen Vorstellung des transzendentalen Signifikats zu brechen. Zeichen erhalten vielmehr ihre Bedeutung, indem sie sich von anderen Zeichen
abgrenzen. Jedes Zeichen ist Teil eines Netzes aus einer endlichen Anzahl anderer Zeichen: Das Intervall, das ein Zeichen von einem anderen Zeichen trennt, ist
konstitutiv für die Bedeutung, die das Zeichen annimmt. Die Bedeutung liegt nach
diesem Modell also nicht mehr ,im' Zeichen, sondern kommt ihm von ,außer-
halb' zu. Die Differenzierungen zu allen anderen Zeichen laden es mit Bedeutung
auf. Wesentlich für Saussure ist nun, dass das System, innerhalb dessen die Zeichen ihre Bedeutung generieren, geschlossen ist. Es darf daher nur eine endliche
Anzahl an Zeichen geben, die innerhalb einer Struktur fluktuieren – das ist die
wesentliche Bedingung für die Konstitution von Bedeutung.

Derrida entwickelt seine Auseinandersetzung mit der Linguistik Saussures
am systematischsten im zweiten Kapitel des ersten Teils der *Grammatologie*.
Für unsere Thematik ist die Frage relevant, anhand welcher Bewegungen Derrida Saussure in eine Tradition einordnet, die mit Platon beginnt, über Rousseau

---

[18] Das wichtigste Werk für Saussures Lehre ist folgendes postum herausgegebene Buch:
Saussure, Ferdinand de. 2001. *Grundfragen der allgemeinen Sprachwissenschaft*. 3. Auflage.
Berlin: De Gruyter.

fortgeführt wird und der es letztlich um eine Abwertung der Schrift geht. Angesichts dessen lautet das entscheidende von Saussure entwickelte und von Derrida
aufgenommene Argument, dass bereits ein sprachlicher Konstitutionsprozess
stattgefunden hat, bevor die Schrift die Bühne betritt:

> „Nun ist aber das Wort – *vox* – bereits eine Einheit von Sinn und Laut, Vorstel-
> lung und Stimme, oder, wie Saussure es ausdrückt, von Signifikat und Signifikant.
> [...] Das Wort ist also bereits eine konstituierte Einheit [...]. Die Schrift wird ‚pho-
> netisch‘, wird das Draußen sein, die äußerliche Repräsentation der Sprache und des
> ‚Laut-Gedankens‘. Sie wird notwendig von bereits konstituierten Bedeutungseinhei-
> ten ausgehen und mit ihnen arbeiten müssen, doch hat sie an deren Herausbildung
> keinen Anteil gehabt".[19]

Die Begriffe, die Derrida in diesem Zitat zur Sprache bringt, sind freilich andere
als es innerhalb seiner Beschäftigung mit Platon und Rousseau der Fall ist; dass
es sich um eine sehr ähnliche Form der Problematisierung handelt, wird allerdings
schnell deutlich. Die semiologische Komponente der Untersuchungen Saussures,
die sich der Frage der Konstitution der Bedeutung zuwendet, bestimmt das Zeichen als Einheit von Signifikat und Signifikant.[20] Die linguistische Komponente
der Analyse verbindet nun diese zwei Seiten des Zeichens mit der Beziehung zwischen Sinn und Laut. Der Sinn entspricht angesichts dessen dem Signifikat, er
ist die Bedeutung gebende Dimension des Zeichens: Ein Wort besitzt dann Sinn,
wenn es eine Bedeutung in der Sprache hat. Der Signifikant entspricht dem Laut
bzw. der Stimme. Die Stimme ist der ‚Träger‘ des Sinns; im Moment des Aus-
sprechens präsentiert sich die Bedeutung des Wortes. Die Beziehung zwischen
Signifikat und Signifikant stellt sich für Saussure nur im Modus der Sprache ein.
Das Wort ist die *Einheit* zwischen Signifikat und Signifikant bzw. Sinn und Laut.
Die Schrift verfügt hingegen nicht über Laute und über Stimmen und ist somit
nicht befähigt, Worte mit einer Bedeutung aufzuladen. Sie vermag – und hier
kommt derselbe Begriff ins Spiel, den Derrida bereits bei Platon und Rousseau
eingeführt hat – das Wort bloß zu *repräsentieren*. Die Schrift wird angesichts
dessen zu einem ‚Draußen‘ der Sprache, sie ist dem Erzeugungsprozess des Wortes nicht immanent. Sie vermag die Wörter aufzunehmen und festzuhalten, ist
jedoch in ihrer Arbeitsweise davon abhängig, dass bereits ein sprachlicher Konstitutionsprozess abgelaufen ist, innerhalb dessen ihr keine wesentliche Funktion

---

[19] Derrida. *Grammatologie,* S. 55 f.
[20] Die Semiologie lässt sich gemeinhin als ‚Wissenschaft von den Zeichen‘ oder auch als
‚Zeichentheorie‘ benennen. Sie ist von der Linguistik zu unterscheiden, welche die Einsichten der Semiologie aufnimmt, und sie auf die Sprache bezieht.

zukommt. Der Primat der Sprache vor der Schrift lässt sich für Derrida also auch innerhalb der strukturalistischen Linguistik von Saussure beobachten – einer wissenschaftlichen Methode, die laut ihrem Autor ohne metaphysische Prämissen auskommen möchte.

Der Problemkreis, den wir auf den letzten Seiten anhand von Platon, Rousseau und Saussure exemplarisch und schematisch vorgestellt haben, wird von Derrida mit dem Begriff *Logozentrismus* perspektiviert. Diesem Begriff begegnen wir innerhalb der Texte des frühen Derrida immer wieder, bei der Lektüre entsteht jedoch nicht zu Unrecht der Eindruck, dass der Terminus ‚vorübergehend‘ und nicht systematisch eingeführt wird. Basal bezeichnet Logozentrismus zunächst einmal ein Denken, das sich auf einen *logos* gründet, der im Zentrum der Welt steht. Der antike Begriff *logos,* wie er etwa bei Platon und Aristoteles verwendet wird, meint so etwas wie den inneren Kern der Welt, das höchste Sein und die umfassendste Struktur, welche die Philosophie zu erfassen hat. Unser modernes Verständnis von ‚Logik‘ ist damit insofern verwandt, als dass hiermit Urteilsformen gemeint sind, die eine universelle, von historischen und sozialen Kontexten unabhängige Wahrheit beinhalten. Einfacher formuliert ist mit dem *logos* daher so etwas wie die höchste und umfassendste Wahrheit gemeint und ‚Logozentrismus‘ bedeutet vor diesem Hintergrund, dass es die *eine* höchste Wahrheit, das höchste und umfassendste Sein gibt, dem sich das Denken zuzuwenden hat. Die Ideen bei Platon, die Natur bei Rousseau und die Einheit zwischen Sinn und Laut bei Saussure besetzen alle drei gleichermaßen die Position des *logos.* Die Denkansätze aller drei zentrieren sich um ein höchstes Sein und sind für Derrida aus diesem Grund Spielarten des Logozentrismus.

Angesichts der Hierarchie von Sprache und Schrift, auf die wir uns in diesem Abschnitt fokussiert haben, muss der Logozentrismus noch mit einem anderen Begriff in Beziehung gesetzt werden: dem *Phonozentrismus.* Mit diesem Ausdruck, den Derrida nicht scharf von demjenigen des Logozentrismus abgrenzt, ist die Zentrierung des Sinns um die Stimme gemeint, wie wir sie anhand von Platon, Rousseau und Saussure vorgestellt haben. Der Phonozentrismus zentriert sich um die *phoné,* er begreift die Stimme als Ausdrucksinstanz eines inneren Sinns und die Schrift als deren unreine Repräsentation. Das logozentristische Denken ist für Derrida immer schon mit diesem Primat der Stimme und der Abwertung der Schrift verbunden: „Die Epoche des Logos erniedrigt also die Schrift, die als Vermittlung der Vermittlung und als Herausfallen aus der Innerlichkeit des Sinns gedacht wird“.[21] Die Stimme ist ideal dafür geeignet, um die Innerlichkeit des Sinns zu präsentieren und aus diesem Grund ist der Logozentrismus

---

[21] Derrida. *Grammatologie,* S. 27.

in der Geschichte der abendländischen Philosophie immer schon ein Phonozentrismus. Wenn wir im Folgenden den Begriff des Logozentrismus des Öfteren aufgreifen und ihm damit eine größere Relevanz als demjenigen des Phonozentrismus zuerkennen, dann wollen wir damit die tiefliegende Stoßrichtung von Derridas Kritik unterstreichen: Problematisiert wird stets ein Denken, das sich um etwas gruppiert, das den höchsten Rang in einer Hierarchie einnimmt, seien es die Ideen Platons, Gott, das Subjekt, die Natur Rousseaus oder die Einheit zwischen Sinn und Laut. So unterschiedlich die Ideenlehre Platons und die linguistische Theorie Saussures sind, sie gehen gleichermaßen von einem höchsten Sein, einem umfassenden Gut aus, das in seiner unantastbaren Reinheit bereits vorliegt und dessen Erfassung Aufgabe der Philosophie zu sein hat. Die Etablierung einer Hierarchie zwischen Sprache und Schrift ist für Derrida zwar immer wieder mit diesem Unterfangen verbunden, aber uns ist es wichtig zu betonen, dass sich seine Kritik aus einer semiologischen und linguistischen Auseinandersetzung lösen lässt, in die er sie in den 60er und 70er Jahren einbettet, und dass sie sich auf grundlegende soziologische Fragestellungen beziehen lässt.

Nach diesem Einschub zu den für Derridas dekonstruktives Verfahren wichtigen Begriffen ‚Logozentrismus' und ‚Phonozentrismus' lässt sich nun ein erstes Resümee ziehen. Mit der Linguistik Saussures sind wir bei einer wissenschaftlichen Strömung angekommen, die im Frankreich der 60er Jahre eine besonders starke Vorherrschaft entwickelte, und zwar dem Strukturalismus. Neben Saussure als einer Art ‚Gründer' der strukturalistischen Methode lassen sich insbesondere Lévi-Strauss' ethnologische Arbeiten[22] und Jacques Lacans Psychoanalyse[23] dem Strukturalismus zuordnen.[24] Wie weiter oben bereits erwähnt, setzt sich Derrida mit Saussure nicht bloß deshalb auseinander, weil der Schweizer Linguist im

---

[22] Zu nennen sind hier vor allem Lévi-Strauss, Claude. 1981. *Die elementaren Strukturen der Verwandtschaft*. Frankfurt am Main: Suhrkamp; Lévi-Strauss, Claude. 1978. *Traurige Tropen*. Frankfurt am Main: Suhrkamp; Lévi-Strauss, Claude. 1968. *Das wilde Denken*. Frankfurt am Main: Suhrkamp.

[23] Lacan hat seine Lehre vor allem in seinen Seminaren, also in mündlicher Form, entwickelt, deren Aufzeichnungen von seinem Schüler Jacques-Alain Miller herausgegeben wurden. Vgl. insbesondere Lacan, Jacques. 2016. *Die Ethik der Psychoanalyse. Das Seminar, Buch VII*. 3. Auflage. Wien, Berlin: Turia + Kant; Lacan, Jacques. 2015. *Die vier Grundbegriffe der Psychoanalyse. Das Seminar, Buch XI*. Wien, Berlin: Turia + Kant.

[24] Wer sich mit dem frühen Werk Michel Foucaults beschäftigt, wird in dessen ein Jahr vor Derridas *Grammatologie* erschienenem Buch Foucault, Michel. 1974. *Die Ordnung der Dinge. Eine Archäologie der Humanwissenschaften*. Frankfurt am Main: Suhrkamp auf die Zuordnung der drei strukturalistischen Autoren zu einer Epoche stoßen, die den Menschen nicht mehr als Fundament des Wissens betrachtet, sondern die vielmehr diejenigen Strukturen untersucht, die das Menschsein erzeugen. Wie auch Derrida geht es Foucault um

geisteswissenschaftlichen Klima Frankreichs eine wichtige Rolle einnimmt. Vielmehr lassen sich innerhalb von Saussures Theorie starke Ambivalenzen ausfindig machen, die ihn als Mitglied der platonisch-rousseauistischen Tradition entlarven, aber die auch Möglichkeiten der Überschreitung dieser Tradition beherbergen. Es ist exakt die Dekonstruktion Saussures, aus der Derrida in den 60er Jahren die theoretischen Elemente zur Bestimmung seines Text- und Schriftbegriffs entwickelt: Die Linguistik Saussures soll in Hinblick auf eine *Grammatologie* transformiert werden, die einen „grundlegende[n]" Schriftbegriff – die sogenannte ‚Urschrift' – ausarbeitet, der innerhalb des Konstitutionsprozesses des Sinns derart tief verankert ist, dass er sowohl die Sprache als auch die Schrift (im gewöhnlichen Sinne) erzeugt:

> „Alles verhält sich so, als ob der abendländische Begriff der Sprache [...] sich heute als Stellvertretung oder als Verstellung einer ersten Schrift enthüllte. Einer Schrift, die viel grundlegender ist als jene, die vor dieser Wende als das ‚einfache Supplement zum gesprochenen Wort' (Rousseau) galt".[25]

Diesem Unternehmen Derridas, der Freilegung einer „ersten Schrift", wollen wir uns im Folgenden samt seinen soziologischen Implikationen zuwenden.

2.2 Das Spiel der Zeichen: (Ur-)Schrift und Différance

Um präziser nachvollziehen zu können, warum sich Derrida in der programmatischen Entwicklung seiner *Grammatologie* trotz aller Vorbehalte weiterhin am Begriff der *Schrift* orientiert, lässt sich auf einen entscheidenden Gestus in seinen Denkbewegungen hinweisen, der als dekonstruktiv bezeichnet werden kann: Was sich zusammenfassend an Platon, Rousseau und Saussure für Derrida zeigt, ist nicht nur die systematische Abwertung der Schrift in unterschiedlichen Denkgebäuden und philosophischen Weltentwürfen. Vielmehr arbeitet Derrida heraus, dass die Schrift anscheinend das abendländische Denken beunruhigt: Bei Platon

---

eine Radikalisierung der durch den Strukturalismus begonnenen Freilegung von Kräfteverhältnissen, die Subjekte und Gesellschaften produzieren. Während allerdings für Saussure, Lévi-Strauss und Lacan die Strukturen nach außen hin geschlossen sind und somit in unterschiedlichen Sprachsystemen, Gesellschaften oder Psychen stets dieselben unüberschreitbaren Muster der Genese von Bedeutung lokalisieren lassen, dynamisieren Foucault und Derrida den Prozess der Sinngebung: Sie dekonstruieren den Konstitutionsprozess der Strukturen, indem sie das von den Strukturalisten ausgeschlossene Außen befragen, das die Sinngebung immer schon durchdringt.

[25] Derrida. *Grammatologie,* S. 18.

bewahrt die Nachrangigkeit der Schrift die Ordnung der Welt vor der Korruption. Für Rousseau besteht die List der Schrift darin, sich nicht zu präsentieren und damit die reine Anwesenheit der Sprache zu kontaminieren. Und Saussure geht es um die Aussperrung der Schrift aus der Sprache durch den Zeichenbegriff. Scheinbar unter der Oberfläche der Argumente – aber doch für alle Leser*innen deutlich zu sehen, wenn die Zitate nur ins rechte Licht gerückt werden – scheint zugleich etwas nicht zu passen, scheinen die Argumente und Beschreibungen brüchig zu werden.

Diese dekonstruktive Gedankenfigur, die in unterschiedlichen Facetten an unterschiedlichen Sequenzen in Derridas Denkbewegungen immer wieder auftaucht, führt zu dem Versuch, den Schriftbegriff durch mehrere Problematisierungen hindurch anders zu denken. Die Schrift und die ihr eigene Logik stellen die abendländische – und damit auch die alltäglich-selbstverständliche – Vorstellung sozialer Ordnung nicht nur im Sinne eines alternativen Entwurfs infrage, für den wir uns aus guten oder schlechten Gründen entscheiden könnten. Vielmehr weist Derrida darauf hin, dass sich philosophiegeschichtlich letztendlich genau jene Versuche selbst unterlaufen, die sich am ausdrücklichsten um die Fixierung der Schrift als der Sprache gegenüber sekundär bemüht haben. Bei dieser Behauptung handelt es sich aber nicht um einen rein intellektuellen Affront gegen Wissenschaftler*innen, die sich der Wohlgeformtheit ihrer Beschreibungen allzu sicher sind. Sie stellt nämlich grundsätzlich die Möglichkeit zur Debatte, ob sich tatsächlich ein stabiles Fundament ausmachen lässt, von dem aus sich mit Gewissheit Sinn, Erfahrung und andere Phänomene der sozialen Welt vollumfänglich beschreiben lassen.

In dieser Infragestellung zeigt sich, dass dem gesamten Phänomenbereich der sozialen Welt kein sicherer Boden zugrunde liegt, der eine eindeutige Verankerung von Grundbegriffen wie ‚Bedeutung‘, ‚Sinn‘, ‚Intentionalität‘ und ‚Subjektivität‘ zulässt. Ihrer Existenz geht ein in Unruhe befindliches Kräfteverhältnis voraus, dem Derrida den Namen der *Différance* gibt, und wir wollen uns ihr nun annähern, indem wir schrittweise nachverfolgen, wie Derrida sich ihr annähert. Im Folgenden konzentrieren wir uns dafür maßgeblich auf die beiden Aufsätze *Die différance* und *Signatur Ereignis Kontext*.[26] Erstmals 1968 und 1971 veröffentlicht folgen beide Texte werkgeschichtlich auf die *Grammatologie*, die im Zentrum des vorherigen Abschnitts stand. Sie betonen gemeinsam mit den

---

[26] Derrida, Jacques. 1999. Die différance. In *Randgänge der Philosophie*, hrsg. Peter Engelmann. 2. Auflage. Wien: Passagen Verlag, S. 31–56; Derrida, Jacques. 1999. Signatur Ereignis Kontext. In *Randgänge der Philosophie*, hrsg. Peter Engelmann. 2. Auflage. Wien: Passagen Verlag, S. 325–351.

zeitgleich mit der *Grammatologie* veröffentlichten *Die Stimme und das Phänomen* und der Sammlung *Die Schrift und die Differenz* den Zusammenhang, in dem
Derridas Denkbewegungen während der 60er und frühen 70er Jahre stehen.
Einen Einstieg bildet der Problemkreis der *Kommunikation,* der soziologisch interessierten Leser*innen wahrscheinlich nähersteht als die philosophiegeschichtliche Abwertung der Schrift gegenüber der Sprache. Zuerst werden
wir diesen Problemkreis entfalten, der sich ausgehend von den konventionellen
Begriffen der Kommunikation, des Kontextes und der Schrift aufspannt. Insofern
dabei die Konstitution und Übermittlung von Bedeutung auf dem Spiel steht, lässt
sich zweitens darstellen, wie Derrida am Zeichenbegriff ansetzt, um die Bewegung der Différance freizulegen. Dies führt drittens dazu, dem konventionellen
Begriff der Schrift die Différance als *Urschrift* entgegenzuhalten.

2.2.1 Problemkreis Kommunikation, Kontext und Schrift

Derrida problematisiert in *Signatur Ereignis Kontext* das Phänomen *und* den
Begriff der Kommunikation: Wenn gemäß des Alltagsverständnisses ‚Kommunikation‘ als Wort zur Bezeichnung eines Mitteilungs- oder Übermittlungsgesche-
hens von Sinn verwendet wird, eröffnen sich zwei Anschlussfragen. Einerseits
lässt sich danach fragen, ob es sich beim kommunizierten Sinn um einen und
denselben Sinn handelt. Vor diesem Hintergrund kann dann andererseits der
alltägliche Sprachgebrauch selbst in den Blick genommen und danach gefragt
werden, ob und was ‚Kommunikation‘ als in der Kommunikation gebrauchtes
Wort kommuniziert. Welchen Sinn transportiert das Wort ‚Kommunikation‘ in
einer Mitteilung, wenn das Wort das Mitteilungsgeschehen bezeichnen soll?[27]
Diese Fragen stellen sich nochmals in einer anderen Weise, wenn ‚Kommunikation‘ zur Bezeichnung eines Geschehens verwendet wird, das nicht in
erster Linie und nicht eindeutig auf sinnhafte Vollzüge und die Produktion von

---

[27] Diese Frage stellt sich nicht nur für Kommunikation im Allgemeinen, d. h. für alle Situationen, in denen Kommunikation stattfindet und das Wort ‚Kommunikation‘ verwendet wird.
Darüber hinaus adressiert Derrida mit dieser Frage auch insbesondere die fachwissenschaft-
liche Gemeinschaft, vor der er spricht und für die er schreibt. Im Falle von *Signatur Ereignis
Kontext* sind dies explizit die Teilnehmer*innen des „*Kolloquium*[s] der *französischsprachi-
gen Philosophie"* (Derrida. Signatur Ereignis Kontext, S. 326) auf dem *Congrés international
des Sociétés de philosophie de langue française.* Wir können diese Geste verallgemeinern:
Es handelt sich nicht um ein Spezialproblem im Bereich der Sprachphilosophie, sondern
Derridas Aufforderung, sich zuallererst mit diesen Fragen zu beschäftigen, richtet sich an
all jene, die sich gemäß *wissenschaftlicher* Konventionen mit kommunikativen Phänomenen
beschäftigen.

Bedeutung ausgerichtet ist. Als Beispiele für solche Mitteilungsformen, die sich alltäglich auch als Kommunikation bezeichnen lassen, führt Derrida mit Bezug auf die französische Sprache die Mitteilung einer Bewegung, die Übertragung einer Kraft oder die Verbindung zwischen Orten an. Wir können gedanken-experimentell und unter soziologischem Gesichtspunkt diese Liste beliebig um diverse kommunikative Beziehungen in und zwischen Organisationen, Institutionen und technischen Apparaturen erweitern. Als ‚Kommunikation' gilt in diesem Sinne dann etwa auch die Übermittlung einer Messung – beispielsweise einer Geschwindigkeit – an einen Apparat, der die Geschwindigkeit graphisch anzeigt.

Ein begriffstechnischer Schachzug wäre nun, die Mehrdeutigkeit des Begriffs und die Vielfalt der Phänomene von Kommunikation auf einen gemeinsamen Ursprung zu reduzieren, d. h. eine bestimmte Form von Kommunikation als originär und alle anderen Formen als abgeleitet zu behandeln. So würde beispielsweise die Kommunikation in der Interaktion zweier Personen als ideales Modell fungieren und alle anderen Phänomene, die wir als Kommunikation bezeichnen, hätten wir uns mehr oder weniger in ihrem Ablauf gemäß dieses Modells vorzustellen. Trotz allerlei begrifflicher Finessen würden wir etwa die Kommunikation zwischen technischen Apparaten so betrachten, als ob es sich dabei um einen besonderen Fall der Kommunikation zwischen Personen handelt. Ein umgekehrtes Ableitungsverhältnis ist ebenso möglich.

Derrida geht es nun nicht darum, das ‚richtige' Ableitungsverhältnis oder einen angemessenen Begriff von Kommunikation zu entwickeln, sondern die Aufmerksamkeit darauf zu lenken, was in solchen begrifflichen Fragen immer schon vorausgesetzt und auf dem Spiel steht. Vorausgesetzt ist nämlich einerseits der „Wert der *eigentlichen Bedeutung*", welche die Kommunikation kommunizieren soll.[28] Zugänglicher formuliert ist hiermit die Setzung einer selbstverständlichen Identität gemeint. Und andererseits knöpft sich Derrida den „Wert von Verschiebung, Übertragung und so weiter" vor, d. h. die Konsequenzen, die damit einhergehen, Kommunikation als Übertragung oder Vermittlung dieser eigentlichen, mit sich identischen Bedeutung zu verstehen.[29] Dem Wert der Bedeutung entspricht innerhalb dieses Problemkreises der Begriff des *Kontextes* und dem Wert der Übertragung der Begriff der *Schrift*. Worin diese Verknüpfung genau besteht und welches Problem Derrida hier sieht, möchten wir im Folgenden thematisieren.

Zuerst widmen wir uns der Frage der eigentlichen Bedeutung, die mit dem konventionellen Verständnis von Kommunikation als Übertragungsgeschehen

---

[28] Derrida. Signatur Ereignis Kontext, S. 326.
[29] Ebd.

implizit vorausgesetzt wird. Die bereits angedeutete Mehrdeutigkeit von Kommunikation – als Begriff, aber auch als Prozess – wird normalerweise dadurch begrenzt, dass ihr *Kontext* berücksichtigt wird. Die äußeren Bedingungen und die Struktur eines Kontextes, in dem sich Kommunikation ereignet und beobachten lässt, sollen es ermöglichen, die Bedeutung des Kommunikationsgeschehens zu bestimmen. Als Kontext von Kommunikation fungieren beispielsweise die sozialen Situationen, in denen miteinander kommuniziert wird. Dazu gehört auch die zeitliche Ordnung, d. h. das Vorher und Nachher einer einzelnen Sequenz der Kommunikation. Kommunikation und Kontext stehen für die Kommunizierenden ebenso wie für die das Geschehen Beobachtenden in einem sich gegenseitig ausbalancierenden Verhältnis. Die Berücksichtigung des Kontextes soll Aufschluss darüber geben, was tatsächlich kommuniziert wird. Anders formuliert: Um sich präziser dem eigentlichen Sinn der Kommunikation anzunähern, wird der Kontext untersucht. Die tragende Annahme ist hier, dass eine genauere Kenntnis des Kontextes dafür sorgt, den kommunizierten Sinninhalt besser zu verstehen. Um zu verstehen, worum es *eigentlich* geht, verschieben wir unseren Blickwinkel von der Kommunikation auf den Kontext. Weil es um die Bestimmung des Sinns der Kommunikation geht, bestimmen wir den Kontext.

Diese durchaus *soziologisch* intuitive Vorgehensweise problematisiert Derrida nun ebenso, wie er den Begriff der Kommunikation einer Kritik unterzogen hat. Denn die Bestimmbarkeit des Sinns wird in dieser intuitiven Vorgehensweise lediglich um eine weitere Instanz verschoben, nämlich von der Kommunikation an den Kontext delegiert. Die eigentliche Bedeutung einer Äußerung wird – um beispielhaft bei der soziologischen Intuition zu verweilen – auf die *soziale Situation* zurückgerechnet, in der sie geäußert wird. Die Situation lässt sich dann nach und nach bestimmen als Gefüge aus den Beziehungen zwischen den an der Kommunikation Beteiligten, den rollenförmigen Erwartungen, in denen sie sich innerhalb eines institutionellen Settings begegnen, bis hin zu den allgemeinen gesellschaftlichen Konventionen und Gepflogenheiten, denen sie kraft ihrer Sozialisation folgen oder mit denen sie in ihrer Kommunikation zu brechen gedenken. Auch diese Auflistung von Kontextvariablen lässt sich beliebig erweitern. Ebenso soll der Kontext einer schriftlichen Kommunikation die Bestimmbarkeit ihrer Bedeutung verbürgen und die rekonstruktive Ausdeutungsarbeit bewegt sich auch hier von (kleinerem) Kontext zu (größerem) Kontext.[30]

---

[30] An dieser Stelle kommt es weniger darauf an, inwiefern die *empirische* Sozialforschung mit dieser Problematik methodisch umzugehen weiß. Wir könnten der methodologischen Vielfalt, insbesondere den Strängen der interpretativ-rekonstruierenden Sozialforschung hier nicht gerecht werden. Wichtiger ist es festzuhalten, *dass* auch ihr sich die Problematik der Bestimmbarkeit des Kontextes von Kommunikation stellt. Wenn wir im Folgenden von

Der provokative Einwand Derridas gegen dieses ‚konventionelle' Verständnis des Kontextes lautet nun: „Aber sind die Erfordernisse eines Kontextes jemals *absolut* bestimmbar?".[31] Denn über den Kontext einer Kommunikation lässt sich wiederum nur kommunizieren – das Grundproblem bleibt bestehen, während die Kommunikation zurücktritt und hinter dem Sinn, den sie übermitteln soll, und dem Kontext, in den sie eingebettet ist, fast verschwindet. Die vorweggenommene Antwort, um die *Signatur Ereignis Kontext* kreist, lautet nun, dass die Bestimmung von Kontexten „niemals gesichert oder gesättigt ist" und eine solche „strukturelle Ungesättigtheit" jedes Kontextes begrifflich ernst genommen werden muss.[32] Dies bedeutet, dass jeder Versuch ins Leere laufen muss, einen gegebenen Kontext vollumfänglich und abschließend zu bestimmen, zu deuten und zu fixieren. Im empirischen Einzelfall entzieht sich also die Gesamtheit eines Kontexts – letztlich unerheblich von der Genauigkeit von Beobachtungen, der Dichte von Beschreibungen oder der Präzision von rekonstruktiven Darstellungen – einer endgültigen Bestimmung. Derrida spricht von der *strukturellen* Ungesättigtheit, weil dies nicht auf Defizite der einzelnen Annäherungsweisen an Kontexte zurückzuführen ist, sondern die *Unmöglichkeit* der vollumfänglichen und abschließenden Bestimmung für *alle* Kontexte gilt. Das Scheitern einer absoluten Schließung von Kontexten ist also dafür verantwortlich, so lautet Derridas steile These, dass es überhaupt so etwas wie Kontexte gibt.

Derridas Behauptung der strukturellen Ungesättigtheit jedes Kontextes muss ernst genommen werden, weil sie nicht nur die der Alltagslogik folgende Begriffsverwendung von *Kontext* infrage stellt. Sie weist nämlich auf die „theoretische Unzulänglichkeit des *gängigen Begriffs von* (sprachlichem oder nichtsprachlichem) *Kontext,* wie er in zahlreichen Forschungsgebieten üblich ist, samt allen Begriffen, mit denen er in systematische Verbindung gebracht wird", hin.[33] Eingedenk des Status, den der Begriff im Forschungsgebiet der *Soziologie* in ganz unterschiedlichen Theorien und methodischen Paradigmen beansprucht, sollten auch wir das aufgeworfene Problem ernst nehmen. Wie eingangs erwähnt, wird es uns zusammen mit dem Problem der Schrift als Übertragung zur *Différance* als einer der zentralen Denkbewegungen Derridas führen.

Beobachtung, Beschreibung, Darstellung und dergleichen sprechen, dann ist die Vielfalt der Forschungspraktiken und Forschungsstrategien der empirischen Sozialforschung mitgemeint.

[31] Derrida. Signatur Ereignis Kontext, S. 327, Herv. von uns, ME/FM.

[32] Ebd.

[33] Ebd.

Nachdem wir mit Derrida die Beziehung zwischen dem Kontext und der Fixierung der Bedeutung einer Befragung unterzogen haben, möchten wir nun den Wert der Kommunikation als einer *Übertragung* auf die Probe stellen und dazu am Begriff der *Schrift* ansetzen. Die Schrift wird gewöhnlicherweise als ein Kommunikationsmittel unter anderen verstanden, das eine ursprünglichere Form von Kommunikation, und zwar die verbale und/oder non-verbale Kommunikation unter Anwesenheit der Kommunizierenden, *erweitert*. Gemäß dieser Logik würde „die Schrift [...] in derselben Zeit, im selben Raum, die Grenzen erweitern, *dasselbe Feld* für eine sehr große Reichweite öffnen".[34] So verstanden dient die Schrift dazu, die Möglichkeiten des ursprünglichen Kommunikationsgeschehens über Zeit und Raum hinweg *auszudehnen* und in ihrer Effektivität zu *steigern*. Das Gesagte wird verschriftlicht, beispielsweise in Form von Berichten, Verdikten oder Anfragen, um auch räumlich entfernte Adressat*innen zu erreichen und um später auf das Geschriebene zurückkommen zu können.

Die Vorstellung der Schrift als einer solchen Erweiterung der Kommunikation setzt dabei in letzter Konsequenz voraus, dass es eine ursprüngliche Kommunikation, eine originäre Situation der Kommunikation gäbe, deren räumliche und zeitliche Grenzen lediglich erweitert werden würden, ohne dabei die eigentliche Prozesslogik der Kommunikation zu verändern. Verfälschungen und Missverständnisse können auftauchen, werden aber als zufällige oder unwesentliche Abweichungen aufgrund technischer Unzulänglichkeiten registriert.[35] Die technische Weiterentwicklung der Schrift als Kommunikationsmittel, beispielsweise die Steigerung der Reichweite oder der Aufzeichnungsgenauigkeit durch Technologien, wäre demnach der Fortschritt der sprachlichen Kommunikationsmöglichkeiten.

Akzeptieren wir für einen Moment Derridas Charakterisierung unseres Alltagsverständnisses von Schrift als Kommunikationsmittel, um zu ermessen, was dabei auf dem Spiel steht. In der Ableitung der Schrift aus einer ursprünglichen Situation der Kommunikation begegnet uns *erstens* das Motiv der systematischen

---

[34] Ebd., S. 328.

[35] Die hier liegende Logik greift ebenfalls im Falle der verbalen Kommunikation unter Anwesenheit, insofern Missverständnisse davon abgeleitet werden, wie das Kommunikationsgeschehen *eigentlich* hätte verlaufen sollen. In Auseinandersetzung mit der Sprachphilosophie von John L. Austin und John Searle expliziert Derrida, dass diese Perspektivierung des alltäglichen Sprachgebrauchs entlang von Normalität und Abweichung theoriearchitektonisch immer dann verankert ist, wenn explizit oder implizit auf die Werte der eigentlichen Bedeutung und der Übermittlung Bezug genommen wird (vgl. Ebd., S. 340–347). Wir kommen auf dieses Argument ausführlich in unserem Abschnitt zu Iterabilität zurück (vgl. Abschn. 2.3).

Unterordnung der Schrift unter die gesprochene Sprache wieder, das Derrida zufolge die gesamte Geschichte der Philosophie durchzieht. In der Frage nach dem Begriff der Kommunikation steht also möglicherweise mehr auf dem Spiel als lediglich die Suche nach einer angemessenen Begriffstechnik. *Zweitens* wird implizit oder explizit davon ausgegangen, dass es einen reinen Sinn *in* der und *der* Kommunikation gibt, der von einer möglichen Beeinflussung durch die Schrift unberührt bleibt. Beides zusammengenommen führt *drittens* zur Vorstellung, dass die Schrift den ursprünglicheren Kommunikationsvorgang *repräsentiert* und dafür sorgt, dass Kommunikation auch unter Bedingungen der *Abwesenheit* der Adressat*innen gelingt.

Diese letztgenannte Konsequenz gilt es näher zu beleuchten, insofern hier erneut ein zentrales Motiv aus Derridas Metaphysikkritik zur Sprache kommt, der wir uns im vorhergehenden Abschnitt gewidmet haben.[36] Wenn die Schrift lediglich als Kommunikationsmittel gedacht wird, dann repräsentiert sie den ihr vorausgehenden Sinn in einer doppelten Weise. Auf der einen Seite re-*präsentieren* die schriftlichen Zeichen eine ursprüngliche Bedeutung (oder auch andere Zeichen, beispielsweise die Zeichen der verbalen Kommunikation oder die Zeichen, die man sich selbst im inneren Monolog zu verstehen gibt). Die Schrift repräsentiert als Stellvertretung. Auf der anderen Seite kompensiert die Schrift durch diese Stellvertretung die Abwesenheit dessen, was vertreten wird. Die Schrift *re*-präsentiert – sie überbrückt eine fehlende gegenwärtige Anwesenheit. Die Schrift springt dann ein, wenn Kommunikationsteilnehmer*innen in dem Moment abwesend sind, in dem sie ansonsten miteinander gesprochen hätten. Die Schrift überbrückt die Abwesenheit, aufgrund derer man nicht miteinander sprechen kann.

Mit Blick auf die moderne Gesellschaft und die Vielfalt schriftlicher analoger und digitaler Kommunikationsmöglichkeiten scheint Folgendes intuitiv einsichtig zu sein: Die Schrift hat lediglich eine Repräsentationsfunktion, die der „kontinuierliche[n] und homogene[n] Wiederherstellung und Modifikation der Anwesenheit" dient.[37] Die der schriftlichen Kommunikation zugeschriebene Repräsentativität verleitet am ehesten dazu, Kommunikation als Übertragung eines vorausgehenden und äußerlichen Sinns vorzustellen. An ihr wird die „instrumentale Funktion" besonders deutlich, welche die Schrift als „Technik im Dienst der Sprache" auf die „Übersetzung eines erfüllten und in seiner ganzen

---

[36] Vgl. Abschn. 2.1.
[37] Derrida. Signatur Ereignis Kontext, S. 331.

Fülle *präsenten* Wortes" reduziert.[38] Die Bedeutung der schriftlichen Kommunikation läge dann nicht in der schriftlichen Kommunikation selbst, sondern würde
sich aus dem ursprünglicheren Kommunikationsgeschehen ergeben, das durch
die Schrift technisch *nachgeahmt* wird. Die Bedeutung der Schrift ist an jene
des gesprochenen Wortes gebunden. Die Schrift würde diese originäre Bedeutung lediglich technisch angemessen oder unzulänglich übertragen. Und damit ist
die Schrift, wie es Derrida bereits bei Rousseau aufzeigte, das Supplement, das
verunreinigte Doppel der Sprache.

Am Problemkreis von Kommunikation, Kontext und Schrift lässt sich vorläufig
resümieren, dass der konventionelle Begriff ‚Kommunikation' mit einigen Voraussetzungen arbeitet, die sich als problematisch erweisen können. Welchen Sinn
hat Kommunikation, wenn sie lediglich als Vehikel für einen ihr vorgängigen,
eigentlichen Sinn auftritt? Und wie lässt sich dieser eigentliche Sinn bestimmen,
wenn zum präziseren Verständnis der Kommunikation ihr Kontext herangezogen
werden muss, aber auch dieser sich nie abschließend oder vollständig bestimmen
lässt?

Allerdings gibt es gemäß der Logik der abendländischen Metaphysik noch
einen letzten Ausweg, das Ungenügen des konventionellen Kommunikationsbe-
griffs zu bewältigen: Der *eigentliche* Sinn wird in diesem Falle sowohl dem
Kontext der Kommunikation als auch der Kommunikation als Übertragung vorgelagert gedacht. Der eigentliche Sinn wird an ein *Subjekt* gebunden, das seiner
Intention mittels Kommunikation Ausdruck verleihen will. Was eine Kommunikation tatsächlich bedeuten soll, wird in der Intention, der Absicht, dem Wunsch
derjenigen verankert, die kommunizieren. Um es mit dem Vokabular der Soziologie zu formulieren: Gemäß dieser Logik verbürgt der subjektiv gemeinte Sinn
den eigentlichen Sinn der Kommunikation. Damit wird der eigentliche Sinn
letztlich aus dem Kommunikationsgeschehen herausgenommen. Dieser theoretische Schachzug würde dann auch die Schwierigkeiten entschärfen, die mögliche
technische Unzulänglichkeiten der Kommunikation als Kommunikationsmittel
bereiten würden. Die Kommunikation stünde dann in einem ‚reinen' Repräsentationsverhältnis zum ursprünglichen Sinn eines Subjekts, das ihm mithilfe der
Sprache Ausdruck verleihen will. Die Kommunikation würde diesem Sinn lediglich per Zeichen Ausdruck verleihen – zur Anwesenheit verhelfen – ohne ihm
etwas hinzuzufügen, was nicht schon in ihm selbst vorhanden wäre. Gemünzt auf
den Zeichenbegriff wäre die Kommunikation hier also lediglich der Träger der
Bedeutung und als solcher „immer schon ein technischer und repräsentierender,

---

[38] Derrida. *Grammatologie*, S. 19.

[er] wäre *nicht* sinnbildend".[39] Die Kommunikation wird erneut als Instrument verstanden.

Dies ist *nicht* die theoretische Option, die Derrida zulässt. Sie erscheint ihm in ihren Konsequenzen noch unerhörter als die Verkettung von Kommunikation, Kontext und Schrift. Wie wir im Folgenden zeigen wollen, entwickelt er das Motiv der Différance maßgeblich in Abarbeitung an dieser theoretischen Option. In unserem Zusammenhang können wir aber bereits festhalten, dass es darum geht, nicht den Begriff der Kommunikation weiter zu bearbeiten und zu verfeinern, sondern einen anderen und allgemeineren Begriff der *Schrift* ins Spiel zu bringen, der sich nicht mehr von der Kommunikation her bestimmen lässt. Dieser Schriftbegriff

> „wäre nicht mehr unter der *Kategorie von Kommunikation* zu erfassen, zumindest wenn man sie im beschränkten Sinne als Übermittlung von Sinn versteht. Umgekehrt werden sich auf dem allgemeinen Feld der so definierten *Schrift* die *Effekte seman-tischer Kommunikation als besondere, sekundäre, eingeschriebene, supplementäre Effekte* bestimmen lassen".[40]

Derridas Anliegen ist es, den sekundären Status der Schrift radikal anders zu denken. Anstatt die Schrift ‚einfach' supplementär als hinzukommende, stellvertretende und abbildende Repräsentation des Sinns zu verstehen, wird die Schrift aus einem solchen Ableitungsverhältnis befreit. Die Schrift bringt „erst das hervor, von dem es heißt, sie schließe sich ihm an".[41] Um dieses komplexe Verhältnis zu beschreiben, wird der Begriff des *Supplements* von Derrida umbesetzt: Die Schrift ist nicht etwas, das der gesprochenen Sprache und dem eigentlichen Sinn nachträglich und von außen zusätzlich angefügt wird, sondern „im Gegenteil [ihre] interne und positive Möglichkeitsbedingung" und gleichsam als „Äußeres [ihr] Inneres", ferner gar „das Gesetz [ihres] Auftretens selbst".[42] Diese Schrift modifiziert oder erweitert nicht die gesprochene Sprache, sondern erweist sich als ihr Supplement schlichtweg als unabdingbar für ihr Funktionieren.[43] Was Rousseau also als ‚gefährlich' eingestuft hat, insofern es die Reinheit der Sprache und unseren Zugang zu unserer inneren Natur gefährdet, stellt für Derrida die Bedingung der Möglichkeit von Sprache dar. Ohne die Existenz der Schrift ist es unmöglich zu kommunizieren.

---

[39] Derrida. *Grammatologie*, S. 25, Herv. von uns, ME/FM.
[40] Derrida. Signatur Ereignis Kontext, S. 327, Herv. von uns, ME/FM.
[41] Derrida. *Die Stimme und das Phänomen*, S. 119.
[42] Derrida. Signatur Ereignis Kontext, S. 345.
[43] Zur Supplementarität der Schrift vgl. Abschn. 2.1.

Anstatt von der Übertragungsfunktion der Schrift als Kommunikationsmittel auszugehen, die bestenfalls unauffällig gelingt, immer aber der Gefahr technischer Mängel ausgesetzt ist, behebt in dieser Perspektive die Schrift die Mängel der gesprochenen Sprache. Die supplementierende Schrift fügt sich „wie ein Mehr einem zu vervollständigenden Weniger" der Sprache und des Sinns hinzu und springt dadurch „für den Fehler dieser Sache [ein]".[44] Die Schrift von ihrem supplementären Charakter her zu denken verschiebt den Schriftbegriff in eine ganz andere Position innerhalb des Problemkreises von Kommunikation und Kontext. Wie diese Verschiebung genau zu verstehen ist und inwiefern sie die Beschreibung von weiteren Phänomenbereichen der sozialen Welt mitverschiebt, werden wir im Folgenden genauer erläutern.

2.2.2 Problemkreis des Zeichens und der Schrift – Freilegung der Différance

Wie wir bisher gezeigt haben, repräsentiert gemäß dem *konventionellen* Verständnis von Kommunikation die schriftliche Kommunikation die sprachliche über Zeit und Raum hinweg. Die Schrift ist der Umweg, über den sich auch in Abwesenheit eines oder mehrerer der Beteiligten der Sinn übermitteln lässt, der ansonsten in der sprachlichen Kommunikation in der Anwesenheit aller Beteiligten ausgedrückt werden würde. Und auch die sprachliche Kommunikation repräsentiert den eigentlichen Sinn, der gemäß der Intention der Beteiligten jeweils mitgeteilt werden soll. Dieser Repräsentationslogik folgend vollzieht sich jede Kommunikation – schriftlich und sprachlich – über den Umweg von Zeichen, die den ursprünglich intendierten Sinn anzeigen sollen.

Die Struktur des *Zeichens* wird klassischerweise von der Abwesenheit der ursprünglich Anwesenden her gedacht. Das Zeichen repräsentiert ,etwas', das nicht da ist – einen Sachverhalt, ein Objekt oder Phänomen in der Welt. Etwas, was selbst in der Sprache *noch nicht* da ist, wird durch das Zeichen vertreten. Das bezieht sich nicht nur auf zukünftig eintretende Zustände, sondern betrifft alle drei Zeitdimensionen: Vergangenes wird erinnert, das Gegenwärtige in der Sprache benannt und Zukünftiges vorweggenommen. Das Zeichen tritt dann an die Stelle dieser gerade abwesenden Sache und schiebt als dessen Vertretung die gegenwärtige Anwesenheit der Sache auf. Darauf kommen wir noch zurück. Zugleich ist dieser *Aufschub* der gegenwärtigen Anwesenheit nur vorläufig und

---

[44] Derrida. *Grammatologie,* S. 371.

dadurch der Status des Zeichens lediglich ein zweitrangiger. Der Umweg des Zeichens ist, anders formuliert, die Repräsentation von Anwesenheit in einer *anderen* Anwesenheit:

> „Wenn wir die Sache, sagen wir das Gegenwärtige, das gegenwärtig Seiende, nicht fassen oder zeigen können, wenn das Gegenwärtige nicht anwesend ist, bezeichnen wir, gehen wir über den Umweg des Zeichens. Wir empfangen oder senden Zeichen. Wir geben Zeichen. Das Zeichen wäre also die aufgeschobene (*différée*) Gegenwart".[45]

Die gegenwartsaufschiebende Funktion von Zeichen lässt sich an einigen einfachen Beispielen verdeutlichen:[46] Der Briefwechsel, der alltägliche oder biographisch einschneidende Ereignisse mitteilt, führt früher begonnene Gespräche so lange fort, bis man sich wieder begegnet; das Geschriebene kompensiert die momentane Abwesenheit der Adressat*innen im eigenen Leben. Sitzungsprotokolle dokumentieren möglichst inhaltsgetreu für diejenigen, die während der gegenwärtigen Situation abwesend waren, was unter den Anwesenden diskutiert und entschieden wurde. Und unabhängig davon, ob man in der protokollierten Situation anwesend oder abwesend war, lässt sich die unwiederbringlich vergangene Situation durch das Lesen des Protokolls noch einmal vor Augen führen. Die Namen auf den Tischkarten einer Feier verweisen auf die momentan noch oder erneut aufgeschobene Präsenz der Gäste. So springt die Anwesenheit des schriftlichen Namens zeitweise für die momentan abwesende Anwesenheit derjenigen ein, auf die der Name verweisen soll.

Im Ausgang einer solchen, uns vertrauten Logik der Repräsentation schriftlicher Zeichen wird nun von Derrida die Frage aufgeworfen, ob die prinzipielle Lesbarkeit von Zeichen tatsächlich an die Kompensation einer ursprünglichen Gegenwart gebunden ist. Müssen sich Zeichen immer auf eine Anwesenheit beziehen? Muss also eine Person an ihrem Platz gewesen sein, damit eine Tischkarte ihre Anwesenheit zu repräsentieren vermag? An dieser Stelle unseres Buches überrascht es uns wohl nicht mehr, dass Derrida diese beiden Fragen eindeutig mit ‚nein' beantwortet. Die Abwesenheit des Empfangenden in der Gegenwart einer schriftlichen Kommunikation ist in letzter Konsequenz nicht nur

---

[45] Derrida. Die différance, S. 37 f.

[46] Wir lassen hier noch den Fall der sprachlichen Kommunikation vordergründig beiseite, aber registrieren, dass das, was Derrida an der schriftlichen Kommunikation problematisiert, für diesen Fall ebenso zutrifft, insofern die *Sprache* im Allgemeinen „das Medium dieses Spiels von Anwesenheit und Abwesenheit" (Derrida. *Die Stimme und das Phänomen*, S. 18) ist, dem wir uns im Folgenden zuwenden.

eine aufgeschobene, zeitlich verzögerte Anwesenheit. Sie ist gar eine *absolute* Abwesenheit, die strukturell die Schrift ermöglicht:

> „Die *vollständige Abwesenheit* des Subjekts und des Objekts einer Aussage – der Tod des Schreibers oder/und das Verschwinden der Gegenstände, die er hat beschreiben können – hindert einen Text nicht daran zu ‚bedeuten'. Diese Möglichkeit lässt im Gegenteil das *Bedeuten als solches* entstehen, gibt es zu verstehen und zu lesen".[47]

Derrida geht mit dieser Aussage also tatsächlich so weit zu behaupten, dass das schriftliche Zeichen auch in der radikalen Abwesenheit *aller* Lesenden prinzipiell lesbar sein muss. Nicht nur die angesprochenen Adressat*innen können abwesend sein, sondern auch die Adressierenden: Schriftliche Zeichen sind prinzipiell auch nach dem Verschwinden der Schreibenden und unabhängig von ihrer Intention lesbar. Das Namensschild an der Türklingel bleibt auch dann lesbar und in seiner Funktion zu deuten, wenn die Bewohner*innen längst ausgezogen sind. Ein Testament bleibt auch lesbar und potenziell als Testament verstehbar über den Tod der Schreibenden und – um die Radikalität der Abwesenheit zu verdeutlichen – dem Tod *aller* adressierten Erben hinaus. Die Sinngebung der Zeichen funktioniert weiterhin.

Eine so verstandene Abwesenheit verliert dann auch ihren üblichen zeitlichen Status. Sie ist nicht lediglich eine aufgeschobene oder geformte Anwesenheit, sondern sie bricht radikal mit der Anwesenheit, mit der Gegenwart als Ganzem. Derridas Anliegen, den Schriftbegriff zu verschieben, verdeutlicht die Möglichkeit von Zeichen, Sinn auch in solch absoluter Abwesenheit zu produzieren. Die Verschiebung erfolgt zusammenfassend dadurch, die Produktion des Sinns der Zeichen von der Voraussetzung eines ursprünglichen Sinns zu lösen, der durch das Zeichen lediglich repräsentiert wird. Der konventionellen Voraussetzung eines originären Sinns, dessen Anwesenheit im Zeichen repräsentiert wird, setzt Derrida eine Denkbewegung entgegen, die mit der Gegenwart bricht. Denn es hat sich gezeigt, dass nicht der Anwesenheit, sondern paradoxerweise der Abwesenheit so etwas wie ein Primat zukommt. Diese Denkbewegung strikt bis zum Ende durchzuhalten, führt dann dazu, alle Sinnprozesse in ihren Konstitutionsweisen und Abläufen anders zu denken. Die Produktion von Sinn setzt die Möglichkeit der Wiederholung des Zeichens auch in radikaler *Abwesenheit* empirischer Subjekte voraus.[48]

---

[47] Ebd., S. 125, Herv. von uns, ME/FM.

[48] Diese strukturelle Wiederholbarkeit des Zeichens wird von Derrida terminologisch als *Iterabilität* des Zeichens ausgearbeitet (vgl. Abschn. 2.3). An dieser Stelle konzentrieren wir

Dies heißt nun nicht, dass es keine Situationen gäbe, in denen empirische Subjekte tatsächlich anwesend sind oder dass solche Situationen nicht mehr unter den
Schriftbegriff fallen. Es geht stattdessen darum, diese radikale Abwesenheit *als
Möglichkeit* ernst zu nehmen und konsequent bei allen damit verbundenen Begriffen zu berücksichtigen. Die Dringlichkeit dieser Konsequenz zeigt sich besonders
deutlich in folgender Passage, die wir in ganzer Länge zitieren:

> „Wenn man zugesteht, dass die Schrift (und das Zeichen [*marque*] im allgemeinen) in
> Abwesenheit des Senders, des Empfängers, des Kontextes der Produktion und so wei-
> ter funktionieren *können muss*, impliziert dies, dass dieses Vermögen, die Fähigkeit,
> diese *Möglichkeit immer* eingeschrieben ist, daher *notwendigerweise als Möglichkeit*
> in das Funktionieren oder die funktionelle Struktur des Zeichens [*marque*] einge-
> schrieben ist. Sobald das Zeichen [*marque*] funktionieren *kann*, da es ihm möglich ist,
> in Abwesenheit zu funktionieren und so weiter, folgt daraus, dass diese Möglichkeit
> *notwendigerweise* zu seiner Struktur gehört, und dass dieses Zeichen [*marque*] *not-
> wendigerweise so beschaffen* sein muss, dass dieses Funktionieren möglich ist; und
> daher muss man dies berücksichtigen, wenn man eine solche Struktur, in den Termini
> notwendiger Gesetze, analysieren oder beschreiben will".[49]

Wenn die Abwesenheit immer möglich ist, auch wenn sie empirisch selten oder
sogar nie vorkommen mag, dann ist diese Möglichkeit als Möglichkeit *notwendig* der Struktur des Zeichens eingeschrieben. Jede systematische Erklärung
des Funktionierens von Zeichen, d. h. ihrer Lesbarkeit und Bedeutung in diver-
sen Kontexten, muss diese Möglichkeiten berücksichtigen und darf sie nicht als
a-typische oder sonderbare Fälle aus der Erklärung ausschließen.

Aus dieser eher abstrakten Einsicht zieht Derrida vier Konsequenzen in Bezug
auf den Schriftbegriff: Erstens wird *Schrift* begrifflich von *Kommunikation* gelöst,
denn Kommunikation vollzieht sich stets unter Anwesenden *oder* Abwesenden,
die Abwesenheit ist ihr also nicht strukturell eingeschrieben. Zweitens wird, weil
sie nicht mehr an so etwas wie Intention gebunden ist, *Schrift* aus dem Horizont des zu kommunizierenden Sinns herausgetrennt. Drittens lässt sich dadurch
die Vorstellung eines *reinen* Sinns als Inhalt der Kommunikation aufgeben. Und
viertens kann schließlich auch die Vorstellung eines gesättigten Kontextes der
Kommunikation nicht mehr aufrecht erhalten werden.[50] Die Frage, die sich mit
dieser Verschiebung des Schriftbegriffs aufdrängt, lautet nun, wie sich *diese*

---

uns zuerst darauf, wie Derrida die Différance anhand des Verhältnisses von Anwesenheit und
Abwesenheit freilegt.

[49] Derrida, Jacques. 2001. Limited Inc a b c …. In *Limited Inc,* hrsg. Peter Engelmann. Wien:
Passagen Verlag, S. 53–168, hier S. 81 f.

[50] Vgl. Derrida. Signatur Ereignis Kontext, S. 333 f.

Schrift jenseits der Anwesenheit – und ihrer zu kompensierenden Abwesenheit – von Bedeutung denken lässt. Damit wird die Schrift nicht als zweitrangiges
Mitteilungsgeschehen, sondern als die *„Bewegung der Bedeutung im Allgemeinen"*
entworfen.[51]

Wir sind bei der Kommunikation und dem Begriff des Kontexts gestartet und
schließlich bei einem Schriftbegriff gelandet, der demjenigen einer der Sprache nachgeordneten Schrift entgegensteht. Diesem Schriftbegriff kommt eine
völlig andere Rolle zu, als wir und die Gesellschaft, in der wir leben, ihm
gemeinhin zuweisen. Wenn Derridas Verständnis von Schrift nicht als Repräsentation, sondern als Produktionsprozess verstanden wird, und zwar als ein solcher,
der Bedeutung erzeugt, dann müssen wir einen ganz anderen Blick auf diesen Gegenstandsbereich werfen. Bedeutung ist dann nicht mehr einfach in der
Welt und kann rekonstruiert werden, sondern die Möglichkeit, die Bedeutung
von Zeichen zu verstehen, ist einem komplexen Konstitutionsprozess nachgeordnet. Um die hier am Werke befindlichen Kräfte vorzustellen, lässt sich nun einer
der schillerndsten Begriffe Derridas einführen. Was Derrida hier als Ermögli-
chungsbedingung von Bedeutung freizulegen gedenkt, kennzeichnet er nämlich
als *Différance:*

> „Was sich *différance* schreibt, wäre also jene Spielbewegung, welche diese Diffe-
> renzen, diese Effekte der Differenz, durch das ‚produziert‘, was nicht einfach Tätig-
> keit ist. Die *différance*, die diese Differenzen hervorbringt, geht ihnen nicht etwa
> in einer einfachen und an sich unmodifizierten, in-differenten Gegenwart voraus.
> Die *différance* ist der nicht-volle, nicht-einfache Ursprung der Differenzen. Folglich
> kommt ihr der Name ‚Ursprung‘ nicht mehr zu".[52]

Wie und mit welchen Konsequenzen ist das zu verstehen? In Rückgriff auf die
bisher verfolgten Denkbewegungen Derridas, die wesentlich durch aufeinander-
folgende Züge der Problematisierung gekennzeichnet sind, lässt sich zuerst beim
Namen *Différance* ansetzen. Derrida fasst in seinem Text *Die différance* in einem
Rückblick auf verschiedene seiner früheren Arbeiten zusammen, warum er sich
für den „graphische[n] Eingriff" in die herkömmliche französische Schreibweise
(différence) entschieden hat.[53] Das ‚a‘ der Différance markiert ein Motiv, das
alle seine früheren Texte in der einen oder anderen Weise umkreisen, nämlich
den Problemkreis des Verhältnisses zwischen der gesprochenen Sprache und der

---

[51] Derrida. *Die Stimme und das Phänomen*, S. 125, Herv. von uns, ME/FM.
[52] Derrida. Die différance, S. 40.
[53] Ebd., S. 32.

Schrift. Der Unterschied, den das ‚a' setzt, kann nur *gelesen* werden. In der gesprochenen Sprache klingen ‚Différence' und ‚Différance' exakt gleich.

Die Pointe lautet, dass dieser graphische Eingriff in der gesprochenen Sprache immer schon verschwunden ist, aber schriftlich lesbar bleibt. Die damit veranschaulichte Austauschbarkeit zwischen dem ‚e' und ‚a' weist wiederum auf das, was die Bewegung der Différance argumentativ sichtbar machen soll: Die konstitutive Kraft der Différance, die Zeichen erzeugt, indem die Zeichen über die *Beziehung* zu denjenigen Zeichen produziert werden, die sie *nicht* sind.[54] Dem Begriff der Beziehung kommt vor diesem Hintergrund also ein entscheidender Stellenwert zu. Die angezeigte Austauschbarkeit des ‚e' und ‚a' im (Nicht-)Zeichen ‚Différance' verweist folglich auf die Bewegung der Différance. Anders formuliert: Der Term erzeugt vor den Augen der Leser*innen dasjenige Phänomen, zu dessen Beschreibung er gebildet wurde.

Dass die *Différance* damit den Status von Begriffen und die Praktiken der Bildung wissenschaftlicher Begriffe durcheinanderbringt, hängt in erläuterungsbedürftiger Weise erneut mit dem Verhältnis von Anwesenheit und Abwesenheit zusammen, das üblicherweise als Fundament der Begriffsbildung fungiert. Wenn die Différance als eine Bewegung gedacht wird, die der Produktion von Sinn, Präsenz und Erfahrung vorgeordnet ist, dann ermöglicht sie die „Gegenwärtigung des gegenwärtig Seienden" und zählt deswegen nicht zu den Elementen, auf die – als gegenwärtig seiende empirische Gegenstände – gezeigt werden kann.[55] Denn wenn wir die Différance als ein ‚Ding' zu begreifen versuchen, das einen Ort in der Welt einnimmt und das wir wie einen Gegenstand zu beschreiben vermögen, dann kann sie ja nicht mehr als ein paradoxes Kräfteverhältnis verstanden werden, das Dinge erst erscheinen, sie „gegenwärtigen" lässt. Die Différance ist der Ordnung der Präsenz *entzogen,* weil sie selbst diese Ordnung hervorbringt.

---

[54] Derrida setzt sich mit der Différance von Saussures Modell der Differentialität des Zeichens ab, das die Bedeutung eines Zeichens als Einheit von Signifikat und Signifikant auf den Unterschied eines Zeichens gegenüber der endlichen Menge aller anderen Zeichen zurückführt (vgl. Abschn. 2.1). Denn während gemäß Saussures Modell die Differenzen die Zeichen mit Bedeutung versorgen, markiert die Différance die Beweglichkeit der Differenzen und deren Hervorbringung als Effekte anderer Differenzen. Wo Saussure die Möglichkeit einer vollständigen klassifikatorischen Bestandsaufnahme des Systems der Sprache sieht, weist Derrida diese Möglichkeit zurück. Vielmehr steht die Différance für die Bewegung, durch die sich jedes Verweisungssystem als Gewebe von Differenzen erst konstituiert, ohne dass sie in einer einfachen Weise auf diese Bewegung reduziert werden könnte. Während Saussure also die *Schließung* des Zeichensystems als notwendige Bedingung für die Produktion von Bedeutung ansieht, beinhaltet nach Derrida jedes Zeichensystem eine grundsätzliche *Offenheit* und *Unabschließbarkeit.*

[55] Derrida. Die différance, S. 34.

Diese *Entzugsdimension* ist sowohl für die Beschreibung von Phänomenen in
der sozialen Welt als auch für die Begrifflichkeiten, mit denen solche Beschreibungen angefertigt werden, entscheidend. Wir finden hier erneut das Motiv der
Abwesenheit, die zur Struktur lesbarer Zeichen gehört, aber an dieser Stelle der
Argumentation wird auch deutlich, dass Derridas Denkbewegung weit über die
disziplinären Spezialprobleme der Linguistik, Semiologie oder Sprachphilosophie
hinausreicht. Mit anderen Worten geht Derrida so weit zu behaupten, dass wir die
soziale Welt immer nur als Produkt erfahren, also als etwas, das bereits konstituiert ist, und dass alles in ihr von der Spur der Différance durchzogen ist. Wir
wenden uns diesem Punkt noch ausführlicher zu, konzentrieren uns an dieser
Stelle aber auf die Frage, was eigentlich Spuren hinterlässt, d. h. was geschehen
sein muss, damit ‚etwas‘ geschieht, anwesend wird und Bedeutung bekommt. Um
dieser Frage nachzugehen, können wir erneut auf den Namen dieser Bewegung
zurückgreifen, um erste Anhaltspunkte zu erlangen. Denn das ‚a‘ der Différance
betont die zwei Bedeutungen des ‚différer‘, die alltagssprachlich in ‚différence‘
nicht angezeigt werden: aufschieben und unterscheiden.

Zuerst widmen wir uns dem *Aufschub,* der das Aufgeschobene als etwas
Anderes verwirklicht. Zu denken ist hier beispielsweise an den Aufschub einer
Handlung, die in der beabsichtigten Form auf Widerstände stoßen würde, und
deswegen in ihrer ursprünglichen Verwirklichung aufgeschoben wird, um dann
auf andere Weise realisiert zu werden. An diesem Beispiel lässt sich gut illustrieren, inwiefern die Denkfigur des Aufschubs auf die Temporalität verweist. Denn
die Différance setzt auch die *Verzeitlichung* ein: Die Bedeutung von ‚etwas‘ ist
nicht nur daran abzulesen, wie dieses ‚etwas‘ gerade – gegenwärtig – erscheint,
sondern hängt wesentlich von den Bezügen dieses ‚etwas‘ zur Vergangenheit und
Zukunft ab. Ein Wort erhält beim Lesen für uns seine Bedeutung maßgeblich
dadurch, was vor und nach ihm innerhalb eines Satzes geschrieben steht; ebenso
erschließen wir uns den Sinn einer Handlungssequenz maßgeblich dadurch, dass
die Sequenz auf eine vorhergehende folgt und ihr eine spätere nachfolgen wird.
Die Bedeutung von ‚etwas‘ – eines Elements, das gerade jetzt erscheint – ist
angesichts der Verzeitlichung nur möglich, wenn es

„sich auf etwas anderes als sich selbst bezieht, während es das Merkmal (*marque*)
des vergangenen Elementes an sich behält und sich bereits durch das Merkmal seiner
Beziehung zu einem zukünftigen Element aushöhlen lässt“.[56]

---

[56] Ebd., S. 42.

Ein Element existiert für Derrida also in einem Beziehungsgefüge zu anderen Elementen, die wiederum nicht nur gegenwärtig sind, sondern der Vergangenheit entstammen und auf die Zukunft verweisen. Wichtig ist, dass für Derrida das Element damit nicht in der Reinheit seiner Existenz erscheint, sondern diese Reinheit gerade „ausgehöhlt" wird. Dass wir also etwas als Zeichen, als Handlung oder als Subjekt zu identifizieren vermögen, ist davon abhängig, dass dieses ‚etwas' nicht in sich geschlossen vorliegt, sondern vielmehr die Spur eines Aufschubs in sich trägt. Erst durch die „zeitliche und verzögernde Vermittlung eines Umweges" erscheint etwas in seiner gegenwärtigen Identität.[57]

Die zweite Bedeutung des ‚différer' umfasst das *Unterscheiden:* Elemente erhalten ihre Identität nur dadurch, dass sie dauerhaft – in ständiger Wiederholung des Unterscheidens – von anderen Elementen unterschieden werden. ‚Etwas' lässt sich erst nach der Unterscheidung in seiner Identität erkennen. Beispielsweise erkennen wir einen Handlungsablauf gerade dadurch, dass das, was passiert, sich von anderen möglichen Sequenzen unterscheidet. Ein Intervall muss also ‚etwas' „von dem trennen, was es nicht ist, damit es es selbst sein kann".[58] Auch hier findet sich Derridas Argument wieder, dass die Möglichkeit, einen Menschen, ein Zeichen oder eine Handlung zu identifizieren, an einen ‚Umweg' gebunden ist. Und der Umweg fügt logischerweise eine Distanz zum ‚ursprünglich' zu identifizierenden Element ein. Den durch das Intervall eingefügten Abstand, der über den Unterschied zur Identität führt, bezeichnet Derrida als *Verräumlichung.*

Durch das ‚a' der Différance soll die Mehrdeutigkeit bewahrt werden, die sonst im üblichen Begriff der ‚différence' verschwindet. Die Konstitution der Bedeutung über den Aufschub markiert die Verzeitlichung, die Einschreibung des Unterschieds die Verräumlichung. Was sich in Form der Verzeitlichung und Verräumlichung vollzieht ist

> „die Operation des Differierens, die in einem die Gegenwärtigkeit zerspaltet [verräumlicht, ME/FM] und verzögert [verzeitlicht, ME/FM] und sie so im selben Zug der ursprünglichen Teilung und dem ursprünglichen Aufschub unterwirft".[59]

Ins Auge springen in diesem Zitat die für uns ‚negativ' konnotierten Begriffe der „Zerspaltung" und „Verzögerung". Dass die Différance etwas verzögert, einen Umweg einführt, sollte bereits an unseren Ausführungen zum Aufschub deutlich geworden sein. Dass sie jedoch auch zerspaltet, deutet auf ihre die Identität

---

[57] Ebd., S. 36.
[58] Ebd., S. 40.
[59] Derrida. *Die Stimme und das Phänomen,* S. 118.

zersetzende Kraft hin. An genau dieser Stelle wird deutlich, inwiefern Derrida angesichts der Freilegung der Différance produktive und destruktive Kräfte, ‚positive' und ‚negative' Komponenten ineinander fallen lässt. Die Différance erzeugt Zeichen, Sinn und Identität, sie zersetzt aber zugleich ihre Reinheit, sie blockiert ihre reine Präsenz. Wie lässt sich diese paradoxe Beziehung genau verstehen?

Verzeitlichung und Verräumlichung als Ermöglichung von Gegenwart, Identität, Selbstbezug, Bewusstsein und Handlungsfähigkeit zu denken, stellt sich für Derrida als „ein Spiel von Spuren" dar.[60] Die Différance ermöglicht einerseits die Anwesenheit von Elementen und die Identität von Subjekten dadurch, dass in jedem Element und in jeder Identität die Spur anderer Elemente und anderer Identitäten aufblitzt. Andererseits durchziehen Element und Identität in ihrem ‚Inneren' aber auch die Spur einer Trennung von dem, was das Element und die Identität früher gewesen sind oder zukünftig sein werden. Ein ‚einfacher' zeitlicher Bezug wird noch einmal in sich selbst getrennt. Das ist die Spur des verschwindenden Bezugs eines Elements und einer Identität auf ihr Anderes. Dieser Vorgang ereignet sich aber nicht einfach ‚in' der Zeit, sondern muss immer schon stattgefunden haben; die Différance „ist *vor* der Trennung zwischen dem Differieren als Aufschub und dem Differieren als aktiver Arbeit der Differenz zu denken".[61] Deswegen verwendet Derrida die Terminologie von Verzeitlichung und Verräumlichung zur Kennzeichnung zweier *irreduzibler Momente* der Différance. Die soziale Welt ist nicht ‚in' der Zeit, sondern ist verzeitlicht, und sie nimmt auch nicht einen gegebenen Raum ein, sondern ist verräumlicht.

Die Différance hat damit ihren Platz gänzlich außerhalb eines Registers, das auf die Beobachtung und Beschreibung ausschließlich anwesender *oder* abwesender Phänomene ausgerichtet ist. Als Spur durchzieht die Différance jede phänomenale Erfahrung von Anwesenheit und Abwesenheit, deswegen muss sie „der Alternative von Präsenz und Abwesenheit vorausgehend gedacht werden".[62] Die Différance geht der Anwesenheit und Abwesenheit, der Bedeutung und der Erfahrung voraus; als Anfang ist sie aber all dem entzogen. Ein Register, das die Différance eindeutig mithilfe der strikten Trennung von Anwesenheit und Abwesenheit charakterisieren möchte, würde also wieder derselben Logik verfallen, die Derrida mit der Freilegung der Différance zu problematisieren versucht. Die Spuren der Différance durchziehen die Welt und können in ihr abgelesen

---

[60] Derrida. Die différance, S. 45.

[61] Derrida. *Die Stimme und das Phänomen,* S. 118, Herv. von uns, ME/FM.

[62] Derrida, Jacques. 2016. Die Struktur, das Zeichen und das Spiel im Diskurs der Wissenschaften vom Menschen. In *Die Schrift und die Differenz.* 12. Auflage. Frankfurt am Main: Suhrkamp, S. 422–442, hier S. 440.

werden, aber die Différance ist kein Phänomen *in* der Welt. Nachgespürt wird
stattdessen ihrer Spur, „die selbst nie auftreten, erscheinen und sich als solche
in ihrem Phänomen offenbaren kann".[63] Als Strategie bleibt nur, der Différance
in Entzugsmomenten nachzuspüren. Damit ist der Aufruf gemeint, eine Sensibilität für diejenigen Dinge und Vollzüge zu entwickeln, die nicht reibungslos
ineinandergreifen, die eine Abweichung gegenüber dem Erwartbaren wie auch
sozialen Normen darstellen. Die Différance ‚ist' das, was hier für Reibung sorgt,
die sich als Spur in das Erwartbare und Normierte einnistet und sich zugleich
ihrer Lokalisierung entzieht. Der Begriff der Spur soll darauf hinweisen, dass
die Différance nicht eindeutig exponiert, dargestellt oder gezeigt werden kann,
weil sie diese Operationen überhaupt erst ins Werk setzt. Solche Versuche würden sie zwangsweise verfehlen: „In jeder Exposition wäre sie [die Différance,
ME/FM] dazu exponiert, als Verschwinden zu verschwinden. Sie liefe Gefahr zu
erscheinen: zu verschwinden".[64]

Die Frage ‚was *ist* die Différance?' fällt damit wieder hinter die Einsicht in
das zurück, was sich als Bewegung der Différance freilegen lässt. Eine solche
Frage und das Bestreben, die Différance eindeutig in einer Begriffsform festhalten zu wollen, würde die Différance als bestimmbares und in der Gegenwart
anwesendes Phänomen, als einen abgeschlossenen Prozess fixieren und dabei
aus dem Blick verlieren, dass die Konstitution einer Begriffsform selbst erst
durch den Entzug der Différance ermöglicht wird. Kurzum: Die Différance kann
nicht als Différance in die (begriffliche und phänomenale) Ordnung eingeschrieben werden,[65] wenn die Différance als „die Möglichkeit der Begrifflichkeit, des
Begriffsprozesses und -systems überhaupt" gelten soll.[66] Dass die Différance
nicht als Gegenstand oder Phänomen dargestellt werden kann, sprengt in einem
harschen Ausmaß die Konventionen des philosophischen und wissenschaftlichen Diskurses. Die theoretische Argumentation, die diese Aussagen über die
Différance stützen könnte, findet keinen Halt in irgendeinem Anfang, da ein solches Verständnis der Différance jede Art von Ursprungsfiguren, Ableitungen und

---

[63] Derrida. Die différance, S. 52.

[64] Ebd., S. 34.

[65] Der Derrida-Schüler Jean-Luc Nancy bringt das sehr schön auf den Punkt: „Die *différance*
ist kein Begriff, *weil* sie nicht bedeutet, sondern ein Zeichen gibt und macht, weil sie wirkt,
weil sie eine Gebärde ist oder vielmehr macht" (Nancy, Jean-Luc. 2008. *Dekonstruktion des
Christentums*. Zürich, Berlin: Diaphanes, S. 194).

[66] Derrida. Die différance, S. 40.

argumentativer Linearität problematisiert.[67] Sie stellt letztlich unsere gewohnte Form zu denken und uns in der Welt zu orientieren infrage.

Derrida hat aus diesen Gründen die Bewegung der Différance über seine Schriften hinweg und je nach Phänomenbereich im Sinne von „nicht synonymen Substitutionen" herausgearbeitet.[68] Das sind etwa *Urschrift* und *Urspur,* aber auch *Supplement, Gramma, Dissemination* und *Iterabilität.* Was in unterschiedlichen Texten Derridas als die Bewegung ‚der' Différance erscheint, lässt sich also nicht unter *einen* der von Derrida dafür verwendeten Namen subsumieren. In Bezug auf unsere Argumentation in diesem Abschnitt lässt sich anhand der *Urschrift* und *Urspur* jedoch eine bestimmte Dimension der Différance betonen: Das Präfix ‚Ur-' soll die Sinn gebende Spur der Différance kennzeichnen und dabei auf das Paradox hinweisen, dass die Différance dem Sinn immer schon entzogen ist. Jeder Versuch, den *einmaligen* Anfang oder den Ursprung der Hervorbringung des Sinns ausfindig zu machen, muss die Bewegung der Différance verfehlen. Jetzt wird ersichtlich, warum Derrida an einigen Stellen seiner Texte davon spricht, dass die Schrift der Sprache vorausgeht. Gemeint ist hier nämlich die Schrift als *Urschrift,* als verräumlichte und verzeitlichte Bewegung der Différance, die Sprache *und* Schrift im alltagssprachlichen Sinne erst erzeugt. Aus dem Vorhergehenden folgt aber auch, dass die Différance nicht der ‚einfache' Ursprung von Sprache und Schrift sein kann, sondern dass Sprache und Schrift von der Bewegung der Différance durchdrungen und verschoben sind. Um darauf und auf die Unabschließbarkeit jedes sinnhaften Produktionsprozesses hinzuweisen, spricht Derrida von der Différance als *Urspur.*

Der Problemkreis des Zeichens und der Schrift verleitet Derrida dazu, den Schriftbegriff zu verschieben. Die Freilegung der Différance führt hingegen dazu, die damit verbundenen Paradoxien und Komplikationen nicht in einer klassischen philosophischen Operation aufzuheben, miteinander zu versöhnen oder sie als unlösbar zu den Akten zu legen. Durch die Verwendung der Termini *Urschrift* und *Urspur* bleiben das konstitutive Entzugsmoment der Différance und alle damit zusammenhängenden Schwierigkeiten – auf die sich nicht verzichten lässt – angezeigt. Wenn aber alles, was es in der Welt gibt, von den Spuren der Différance durchzogen ist, wie lässt sich dann noch von der Identität sprechen?

---

[67] Der Problematisierung von Ursprungsfiguren widmen wir uns ausführlich in den Abschn. 3.1 und 3.2.

[68] Derrida. Die différance, S. 41.

2.3   Iterabilität

Wenn wir akzeptieren, dass die Différance die immer schon entzogene Ermöglichung der Hervorbringung von Bedeutung sein soll, stellt sich folgende Frage: Wie kann eine solche Bewegung, „die ebensowenig Effekt ist, wie sie eine Ursache hat", letztendlich dazu führen, dass Zeichen eine Bedeutung haben, schriftliche Ausdrücke gelesen und Intentionen sprachlich mitgeteilt werden können?[69] Mit anderen Worten: Wenn Sinn, Bedeutung, Handlungen und Identitäten immer schon verzeitlicht und verräumlicht sind und dies die Einheit des ‚Selben' auftrennt, wie lässt sich dann noch vom ‚Selben' sprechen? Dieser Fragestellung wenden wir uns nun mithilfe des Begriffs der *Iterabilität* zu.

Eine zentrale Denkbewegung, die uns im vorherigen Abschnitt zur Freilegung der *Différance* geführt hat, ist die Abwesenheit, die strukturell in die Anwesenheit von ‚etwas' eingeschrieben ist. Sinnprozesse wie beispielsweise schriftliche oder mündliche Kommunikation, die Erfahrung von Welt, soziale Phänomene und Handlungsvollzüge erlangen gerade dadurch Bedeutung, dass die Abwesenheit von Kommunizierenden und Beobachter*innen *strukturell* möglich ist. Die Abwesenheit gehört als Möglichkeit zur Struktur dieser Phänomene und Derrida plädiert dafür, dass ein angemessener Begriff dieser Phänomene diese Möglichkeit zu berücksichtigen hat. Ausgespart haben wir bis hierhin die Iterabilität – die strukturelle Möglichkeit der Wiederholung von ‚etwas' –, die zusammen mit der Möglichkeit der Abwesenheit allen Sinn und alle Erfahrung der sozialen Welt durchzieht. Mit der Iterabilität betrachten wir nun die paradoxe Verbindung von Wiederholung und Veränderung. Ebenso wie es bei der Différance der Fall ist, erlaubt uns ein präziseres Verständnis dieser Gedankenfigur nachzuvollziehen, wie sich die soziale Welt mit Derridas dekonstruktivem Denken erschließen lässt.

Wir konzentrieren uns im Folgenden maßgeblich auf zwei Texte, in denen sich Derrida um Klarheit in Bezug auf die Iterabilität bemüht: 1972 im französischen Original veröffentlicht, erschien *Signatur Ereignis Kontext* 1977 in englischer Übersetzung und stieß auf harsche Kritik seitens der Vertreter der Sprechakttheorie. Besonders die Gedankenfigur der Iterabilität sorgte für Aufregung. Derrida antwortete umfänglich auf die Kritik von John Searle mit *Limited Inc a b c ...* und reflektierte 1988 in *Unterwegs zu einer Ethik der Diskussion* über die Debatte sowie – das ist für uns hier relevant – begriffliche Schwierigkeiten.[70] Wir lassen

---

[69] Derrida. Die différance, S. 41.

[70] *Unterwegs zu einer Ethik der Diskussion* (Derrida, Jacques. 2001. Nachwort. Unterwegs zu einer Ethik der Diskussion. In *Limited Inc*, hrsg. Peter Engelmann. Wien: Passagen Verlag, S. 171–238) bildet das durch die Rückfragen des Herausgebers angeregte Nachwort zum

die feinen Details bezüglich Derridas Auseinandersetzung mit der Sprechakttheorie beiseite und folgen der Frage, wie sich angesichts der Trennung im Inneren von ‚etwas' durch Verzeitlichung und Verräumlichung noch von dessen Identität sprechen lässt.

2.3.1 Identität durch Wiederholung und Veränderung

Der Term *Iterabilität* bezeichnet die prinzipielle Möglichkeit, dass ‚etwas' wiederholbar ist.[71] Ebenso wie Handlungen können Zeichen wiederholt werden – im Kontext, in dem sie auftauchen, aber auch in ähnlichen oder ganz unterschiedlichen Kontexten. Am deutlichsten wird dies im Falle eines Zeichens, das zitiert wird. Das Zitat wiederholt das Zeichen und kann es in einen anderen Kontext einschreiben. In unterschiedlichen sozialen Situationen lassen sich Handlungsweisen wiederholen und routiniertes Handeln kennzeichnet, dass sich die damit verbundenen Erfahrungen zu wiederholen beginnen. Aber sind es tatsächlich *dieselben* Handlungen und Erfahrungen?

Derrida setzt bei der Zitathaftigkeit des Zeichens an und problematisiert diese Vorstellung einer ‚einfachen' Wiederholung: Phänomenal veranschaulicht Derrida die Zitathaftigkeit als *Aufpfropfung,* als Herauslösen eines Zeichens aus einem Kontext und seine Verschiebung in einen anderen. Damit Zitate funktionieren – selbst grob entfremdete oder aus dem Kontext gerissene Zitate sind lesbar und haben Bedeutung – müssen sie anscheinend wiederholbar sein. Denn die Wiederholbarkeit eines Zeichens erlaubt es ja, das Zeichen

„herauszulösen, ohne dass ihm dabei alle Möglichkeiten des Funktionierens, wenn nicht eben alle Möglichkeiten von ‚Kommunikation', verloren gehen. Man kann ihm

---

Sammelband *Limited Inc,* in dem beide Texte Derridas *(Signatur Ereignis Kontext* und *Limited Inc a b c …)* im Nachgang der in der Zeitschrift *Glyph* stattgefundenen Kontroverse mit John Searle wiederabgedruckt wurden. Searles Kritik an *Signatur Ereignis Kontext* ist im Sammelband nicht enthalten, wird aber wiederum von Derrida in *Limited Inc a b c …* äußerst ausführlich zitiert (vgl. Searle, John. 1977. Reiterating the Differences. A Reply to Derrida. In *Glyph* 1, S. 198–208).

[71] Eine empirisch sich ereignende Wiederholung wollen wir als *Iteration* bezeichnen. Obwohl Derrida in den im Folgenden für uns relevanten Texten nicht trennscharf zwischen Iterabilität und Iteration unterscheidet, ist diese begriffliche Unterscheidung hilfreich, um den Prozess der Hervorbringung von Identität durch Wiederholung und Veränderung zu analysieren. Iterabilität und Iteration fungieren deswegen für dieses und das nächste Unterkapitel als eine terminologische Klammer, auf die wir am Ende nochmal explizit zurückkommen.

eventuell andere zuerkennen, indem man es in andere Ketten einschreibt oder ihnen *aufpfropft*. Kein Kontext kann es einschließen".[72]

Zeichen sind im Sinne des Zitierens unendlich wiederholbar. Auch wenn es Kontexte geben mag, in denen ein Zitat ,schräg' auf uns wirkt, so gewinnt es doch nichtsdestotrotz eine Bedeutung, wenn wir es lesen. Mit Blick auf die soziale Welt können wir die Wiederholung von Verhaltensweisen in unterschiedlichen Kontexten ergänzen, beispielsweise die Wiederholung eines Verhaltens, das von der Situation freundschaftlicher Vertrautheit in die Situation professionellen Klientenkontakts in der Arbeitswelt gepfropft wird. Das mag dann als unangemessen, indiskret oder Grenzen verletzend wahrgenommen werden. Diese Bedeutung bekommt die Handlung aber gerade dadurch, dass sie in einem anderen Kontext wiederholt wird. Der Alltagsintuition nach liegt nun das Argument nahe, dass die Bedeutung des Wiederholten an seine der Wiederholung vorgängige Identität gebunden ist. Ein Zitat erkennen wir als verfremdend, weil wir den zitierten Satz im Original gelesen haben; eine Handlung wirkt unangemessen, weil wir wissen, in welchen Situationen sie eigentlich vollzogen werden müsste.[73] Derrida stellt demgegenüber infrage, ob sich tatsächlich von der Originalität des Zeichens oder der Eigentlichkeit einer Handlung sprechen lässt, wenn die Wiederholung doch prinzipiell, und damit immer und für alle bedeutenden Zeichen, Handlungen und vieles mehr, *möglich* ist. Lässt sich eine vorgängige Identität, die lediglich ,einfach' wiederholt wird, angesichts dieser prinzipiellen Wiederholbarkeit noch konsequent aufrechterhalten?

Die *Iterabilität* impliziert keinesfalls, dass es keine Identität gäbe. Sie stellt aber die Voraussetzung infrage, dass es eine ,einfache' Identität oder einen beständigen Identitätskern gibt, der sich in ,einfacher' Wiederholung reproduzieren ließe. Derrida dreht stattdessen die alltagsintuitive Ableitung herum: Nicht ein beständiger, dauerhafter oder stabiler Identitätskern verbürgt die Tatsache, dass ,etwas' trotz der Wiederholung für uns Bedeutung erlangt. *Dass* ,etwas' Bedeutung erlangt, beruht vielmehr auf seiner Wiederholbarkeit, denn die Wiederholbarkeit gehört zum Funktionieren von Bedeutung dazu – alles, was Bedeutung hat, *kann* wiederholt werden. Die Wiederholung des Zeichens im Zitat ist dadurch gerade „kein Zufall und keine Anomalie", sondern eine Voraussetzung, „ohne welche ein Zeichen *(marque)* sogar nicht mehr auf sogenannte ,normale' Weise

---

[72] Derrida. Signatur Ereignis Kontext, S. 335.

[73] Zugestanden mancher Vereinfachung teilt die klassische Sprachphilosophie, so wie sie Derrida in *Limited Inc* problematisiert und wie sie Searle zu verteidigen versucht, dieses grundlegende Verständnis von Bedeutung und Identität.

funktionieren könnte".[74] Damit ‚etwas' *in der Welt* bedeutet, muss ihm prinzipiell die Möglichkeit endloser Wiederholung eingeschrieben sein. Diese „Struktur einer originären Wiederholung [beherrscht] die Totalität der Bedeutungsakte".[75] Die Wiederholbarkeit bezeichnet Derrida als *strukturell,* da sie sich zwar nicht in der Welt ereignen muss, aber für jedes Element und Zeichen, jede Handlung und jedes Subjekt konstitutiv ist. Es handelt sich um die *Möglichkeit* der Wiederholung, die empirisch oft, selten oder nie eingelöst werden könnte, aber immer möglich ist.

Wenn es aber diesen Identitätskern angesichts der Iterabilität nicht geben kann, dann lässt sich die Wiederholung nicht als exakte Reproduktion *derselben* Identität von ‚etwas' denken. Eine Wiederholung reproduziert das Wiederholte, aber schon allein die Tatsache der Wiederholung verschiebt es – das wiederholte ‚Etwas' ist dadurch, dass es wiederholt wurde, nicht mehr ganz es ‚selbst', nicht mehr das, was es vor der Wiederholung war. Wir werden im Folgenden diese Beziehung zwischen Wiederholung und Veränderung näher betrachten, halten aber bereits an dieser Stelle fest, dass uns die Iterabilität abverlangt, nicht länger von einer ‚einfachen' Wiederholung auszugehen, sondern die Wiederholung mit der Andersheit zu verknüpfen.[76] Die Wiederholung produziert die Identität von ‚etwas' gerade dadurch, dass sie diese verändert.

Die Einsicht in die Iterabilität nötigt also dazu, Identität als Produkt von *Wiederholung und Veränderung* zu denken: „[D]ie Wiederholung verändert und die Veränderung identifiziert".[77] Die Identität, die wir einem Zeichen, einer Handlung oder sogar einem Subjekt zusprechen, stabilisiert sich dieser Denkbewegung Derridas folgend nur im Zuge einer fortwährenden, verändernden Wiederholung. Wiederholung und Veränderung erfolgen zugleich, nicht im Verhältnis einer Vor- oder Nachrangigkeit. Die Iterabilität schreibt „die Veränderung in die Wiederholung (oder in die Identifikation) ein: *a priori,* immer schon, ohne zu warten, *at once,* sogleich [*aussi sec*]".[78]

Konsequenterweise können wir dann nicht mehr von einer gänzlich ‚reinen' oder ‚vollen' Identität im gewöhnlichen Sinne ausgehen, sogar unabhängig von konkreten, empirisch beobachtbaren Wiederholungen. Derrida schildert dies eindrücklich mithilfe des Zeichenbegriffs:

---

[74] Derrida. Signatur Ereignis Kontext, S. 339.

[75] Derrida. *Die Stimme und das Phänomen,* S. 79.

[76] Vgl. Derrida. Limited Inc a b c …, S. 75.

[77] Ebd., S. 107.

[78] Ebd., S. 103.

„Im Augenblick, wo ein Zeichen entsteht, beginnt es damit, sich zu wiederholen. Sonst wäre es kein Zeichen, es wäre nicht, was es ist, das heißt dieser *Mangel an Selbstidentität*, der regelmäßig auf dasselbe verweist. Das heißt auf ein *anderes Zeichen*, das seinerseits aus seiner Aufteilung geboren wird".[79]

Mit der Iterabilität wird eine zentrale Logik der Identitäts- und Bedeutungsgenese beschrieben, weswegen wir wie im Falle von Verzeitlichung und Verräumlichung ganz basal von einem ‚Element' sprechen können. Versuchen wir diese verändernde Wiederholung präzise nachzuvollziehen, welche die Identität eines Elements produziert: Als strukturelle Möglichkeit spaltet die Wiederholung vor jeder ‚einfachen' Wiederholung die Identität eines Elements *in sich selbst*. Die Bestimmtheit der Identität dieses Elements hängt nämlich daran, inwiefern sich das Element von anderen Elementen unterscheidet, d. h. an seinen Differenzen zu anderen Elementen. ‚Dieses' Element wird durch seinen Unterschied zu allen anderen Elementen, die es *nicht* ist, identifiziert und diese Differenzen sind der Identität des Elements eingeschrieben. Aber ein weiterer Unterschied kommt hinzu: Die grundsätzliche Möglichkeit der Wiederholung näht dem Element den Unterschied zu dem ein, was vor der Wiederholung war oder in zukünftiger Wiederholung sein wird.[80]

Die Iterabilität bringt damit „das *Selbe* als *Beziehung zu sich in der Differenz mit sich*, das Selbe als das Nicht-Identische hervor".[81] In jeder Identität ist dieser spaltende Bezug zur Nicht-Identität eingraviert. Diese Einsicht in die Iterabilität, welche die Identität mit der Nicht-Identität verbindet, erfasst alles, was in der sozialen Welt passiert, d. h. alles, was sich in ihr ereignet. Das stellt den Begriff des *Ereignisses* selbst infrage, vor allem, wenn wir damit ein Ereignis bezeichnen, das als neues oder einzigartiges Ereignis auftritt. Ebenso wie wir mittels der Sprache ein Ereignis wiederholen können, indem wir es nacherzählen,

„[…] kann das Ereignis, wenn es erscheint, nur um den Preis erscheinen, dass es bereits in seiner Einzigartigkeit selbst wiederholbar ist. Das ist ein Gedanke, der nicht leicht zu fassen ist – die Einzigartigkeit als unmittelbar iterierbare, die Singularität als unmittelbar der Substitution anheim gegebene".[82]

---

[79] Derrida, Jacques. 2016. Ellipse. In *Die Schrift und die Differenz*. 12. Auflage. Frankfurt am Main: Suhrkamp, S. 443–450, hier S. 446, Herv. von uns, ME/FM.

[80] Wir stoßen hier erneut auf die *Verräumlichung* und *Verzeitlichung*, die wir in Abschn. 2.2.2 als zwei irreduzible Momente der Différance behandelt haben.

[81] Derrida. *Die Stimme und das Phänomen*, S. 112, Herv. von uns, ME/FM.

[82] Derrida, Jacques. 2003. *Eine gewisse unmögliche Möglichkeit, vom Ereignis zu sprechen*. Berlin: Merve, S. 36.

Die Möglichkeit der Wiederholung und der dadurch gesetzte Bezug zur Nicht-
Identität mit sich selbst sind die Bedingungen, unter denen überhaupt etwas in
der Welt passieren kann. Die abstrakte Rede von ‚Elementen' und ‚Ereignissen' zeigt die Tragweite dieses Argumentationsgangs an. Gemeint sind damit
tatsächlich ‚bedeutende' Ereignisse im Sinne historischer Zäsuren, aber auch
alle Ereignisse, die wir alltäglich in der sozialen Welt beobachten: Noch bevor
ein Zeichen geschrieben, eine Handlung vollzogen, eine Absicht kommuniziert
wird, ist deren Identität aufgrund der Iterabilität in sich geteilt. Selbst im Falle
von Ereignissen, von denen wir behaupten würden, sie seien absolut einzigartig – beispielsweise Revolutionen und gesamtgesellschaftliche Krisen, aber auch
biographische Zäsuren – ist die Iterabilität schon am Werk.[83]

Derrida folgt dieser Logik bis hin zur Behauptung, dass es überhaupt erst
durch diese Teilung möglich wird, dass Ereignisse passieren, wir Zeichen lesen,
Handlungen interpretieren und Kommuniziertes verstehen können. Alle Ereignisse sind „durch ihre Iterabilität von vornherein gespalten und zum anderen hin
verschleppt, von vornherein in einem Abstand zu sich selbst. *Dieser Abstand ist
ihre Möglichkeit selbst*".[84] Die Iterabilität lässt die Ereignisse weder ‚einfach'
passieren noch in der Wiederholung dieselben sein. Wenn Ereignisse in der Welt
eintreten, sind sie immer schon von ihrer Wiederholbarkeit versehrt. Wie wir im
Folgenden darstellen, folgt daraus, dass es sich bei der Identität des Wiederholten – oder potenziell Wiederholbaren – nicht um eine ‚reine' Identität handeln
kann.

2.3.2 Iterabilität als kontaminierende Produktion von Identität

Die Iterabilität stellt die Vorstellung einer glatt ablaufenden Reproduktion von
Identität infrage. Derrida führt gegenüber der Reproduktion das sprachliche Bild
des *Risses* ein: Die Iterabilität durchzieht jede Identität mit einem Verweis auf
etwas Anderes, was es nicht ist – *ihr* Anderes. Dieses sprachliche Bild zielt
auf die Behauptung, dass die Identität eines Elements überhaupt erst dadurch
bestimmbar wird, dass das Element seine ‚reine' und ‚volle' Identität verfehlen
muss. Weil es nie ganz mit sich selbst identisch sein kann, hat es eine Identität.
Demzufolge ist die Identität, damit sie als solche bestimmt werden kann, immer

---

[83] Dem Phänomen des Ereignisses werden wir uns in Abschn. 4.1 ausführlich zuwenden.
[84] Derrida. Limited Inc a b c ..., S. 95, Herv. von uns, ME/FM.

schon von Rissen, d. h. kleinen Veränderungen, Abweichungen und Verschiebungen durchzogen. Die Iterabilität als Möglichkeit der Wiederholung bezeichnet
damit nicht einfach die „Wiederholbarkeit des Gleichen",[85] auch „nicht einfach
Wiederholung",[86] sondern – wie wir bereits im vorherigen Abschnitt angedeutet
haben – seine Veränderbarkeit in der Wiederholung. Wir wollen diese Logik der
risshaften Reproduktion von Identität im Folgenden nachvollziehen und zeigen,
wie Derrida angesichts der Iterabilität eine Perspektive entwirft, die das Denken
auf Prozessualität, Dynamik und Andersheit ausrichtet und die nicht mehr von
einer klaren Unterscheidung zwischen Normalität und Anormalität ausgeht.

Wie bereits erläutert, ist die Identität in der verändernden Wiederholung
gespalten. Die Iterabilität ermöglicht die Produktion von Identität durch deren
Wiederholung. In der Wiederholung schreibt sie aber die Veränderung in die
Identität ein. Die Iterabilität erlaubt damit die ‚Idealisierung' von Identität, d. h.
deren wiederholbare, sich von einzelnen Ereignissen ablösende Identität, aber
nur unter der Bedingung der *Kontamination* dieser stabilisierten Identität: „Die
Iterabilität verändert, paratisiert und kontaminiert, was sie identifiziert und zu
wiederholen ermöglicht".[87] Das Wiederholte verfestigt in kontinuierlicher Wiederholung seine Identität, aber weil jede Wiederholung mit einer noch so kleinen
Veränderung einhergeht, ist die Identität rissig und verunreinigt.

Die Reproduktion von Identität funktioniert nie vollständig oder zur reinen
Gänze; jede die Identität produzierende Wiederholung sorgt für kleinere oder größere Abweichungen. Wir verstehen beispielsweise bestimmte soziale Handlungen
gerade dadurch, dass nicht exakt dieselben, aber typische Handlungen in typischen Situationen wiederholt werden. Wir messen ihnen als typische Handlungen
aufgrund ihrer Wiederholung – und prinzipiellen Wiederholbarkeit – Bedeutung
zu, ohne dabei behaupten zu müssen, Handlung und Situation seien in jedem
empirischen Fall exakt dieselben. Kleine Abweichungen in der Art und Weise,
wie die Handlung ausgeführt wird oder in den Parametern, mit denen wir die
Situation bestimmen, hindern uns nicht daran, Handlung und Situation als einen
typischen ‚Fall-von-X' zu erkennen. In der Auseinandersetzung mit typischen
Fällen von Sprechakten, beispielsweise dem Versprechen und der Feststellung,
bringt Derrida dies kompakt auf den Punkt:

> „Die ‚*Standard*'-Fälle von Versprechen oder Feststellungen (*statements*) würden
> nicht als solche stattfinden, mit ihren ‚normalen' Wirkungen, wenn sie nicht von ihrer

---

[85] Derrida. Nachwort, S. 183.
[86] Ebd., S. 200.
[87] Derrida. Limited Inc a b c …, S. 103.

Bildung an parasitiert, *heimgesucht* wären von der Möglichkeit, wiederholt zu werden unter *allen möglichen Arten* [...]".[88]

Die dabei auftretenden Abweichungen können groß oder klein sein, aber sie sind immer die *notwendige* Voraussetzung dafür, dass es das Wiederholte als solches gibt. Einem Versprechen glauben wir, weil wir keinen Anlass haben, es für ein unernstes oder trügerisches Versprechen zu halten. Die Möglichkeit, dass es in diesem Sinne ‚falsche' Versprechen geben *kann,* bildet den Hintergrund dafür, ein konkretes Versprechen als ‚richtiges', in ernster Absicht und strenger Verbindlichkeit gegebenes Versprechen zu bestimmen. Zweifeln wir an seiner Wahrhaftigkeit, kann ein Versprechen zwecks Bekräftigung wiederholt werden. Allerdings ist das bekräftigte Versprechen nicht mehr dasselbe Ereignis. Die Bedeutung als untermauertes Versprechen gewinnt es ja gerade aus der Wiederholung seiner früheren Version. Das trifft sogar für Varianten von Versprechen zu, die wir als einzigartig behandeln. Schwüre und Gelübde sehen wir im empirischen Einzelfall als besonders bedeutend und einmalig an. Ihr besonderer Wert schöpft sich allerdings nicht unerheblich aus dem Umstand, den Unernst und Täuschung in diesen Fällen hätten. Auch wenn wir ‚diesen' Schwur oder ‚dieses' Gelübde als einzigartig behandeln, so sind sie als Gesten doch prinzipiell wiederholbar – und werden gegebenenfalls für uns besonders bedeutungsvoll, wenn ihre empirische Wiederholung ausbleibt.

Zusammenfassend ist also aufgrund der Struktur der Iterabilität die Möglichkeit der Abweichung, Veränderung und damit – gemäß unserer gewohnten Denkform – auch des ‚Falschen' und des Misslingens jeder Wiederholung konstitutiv eingraviert. Die Möglichkeit der Korruption dessen, was als ‚Normalität' von Ereignisvollzügen gilt, muss in jeder Beschreibung ‚normaler', ‚gelungener' oder normativ wünschenswerter Vollzüge berücksichtigt werden, denn sie ist ein irreduzibler Teil ihrer Hervorbringung:

„Man kann diese Möglichkeit nicht als einfachen Zufall/Unfall [*accident*] – sei er marginal oder parasitär – behandeln. Man kann es nicht, daher darf man es auch nicht, und dieser Durchgang vom Können zum Müssen reflektiert die ganze Schwierigkeit. Man kann und darf in aller theoretischen Strenge in der Analyse der sogenannten Normalfälle die Möglichkeit der Überschreitung nicht ausschließen. [...] [D]enn diese Möglichkeit zur Überschreitung gibt uns unmittelbar und unbedingt Aufschluss über die Struktur des normal genannten Aktes, sowie über die Struktur des Gesetzes im allgemeinen".[89]

---

[88] Ebd., S. 143. Das Motiv der „Heimsuchung" spielt innerhalb Derridas Auseinandersetzung mit Marx und dem Marxismus eine wichtige Rolle, der wir uns in Abschn. 4.3.2 zuwenden.
[89] Derrida. Nachwort, S. 206.

Die Iterabilität fordert uns dazu auf, Phänomene in der sozialen Welt etwas komplexer zu beschreiben, als es unsere gewohnte Form des Denkens nahelegt, denn die Phänomene sind von ihrer Andersheit, ihrer Alterität durchzogen, um als ‚normale‘ Phänomene erscheinen zu können. Es gibt für Derrida keinen ursprünglichen Zustand der ‚Normalität‘. Wenn etwas die Position eines ‚Ursprungs‘ – oder vielmehr: einer Urspur – einnimmt, dann ist es das ‚Anormale‘. Die Wiederholbarkeit erlaubt es zwar, zwischen Normalität und Anormalität zu unterscheiden, kontaminiert aber ihre dichotome Trennung, indem sie auf die notwendige Verunreinigung des ‚Normalen‘ verweist: Die Iterabilität macht „*gleichzeitig* die Regel oder die ‚normale‘ Konventionalität *und* ihre Überschreitung, ihre Umwandlung, ihre Fälschung oder ihre Nachahmung möglich".[90] Anstatt von einer ‚grundsätzlichen‘ Unterscheidung zwischen Normalität und Anormalität auszugehen, problematisiert die Iterabilität die Grundsätzlichkeit der Unterscheidung in aller Konsequenz.[91]

Das heißt nun nicht, dass es kein Bestreben zur ‚vollen‘ Identität gäbe. Ganz im Gegenteil: Wenn wir schriftlich oder mündlich kommunizieren, möchten wir unsere Intention möglichst exakt verstanden wissen; die Bedeutung, die wir unseren Handlungen zumessen, soll nicht missverstanden werden; und als Subjekte in der Welt streben wir danach – aus welchen Gründen auch immer – möglichst ‚wir selbst‘ zu sein. Aber diese Begierde nach Identität ist durch die Iterabilität „notwendigerweise doppelt, gespalten, geteilt" und *deswegen* setzt sie sich in Bewegung, deswegen „gibt es gerade in dem Maße Bewegung, Leben, Sprache [*langage*], Intention und so weiter".[92]

Wie ist das zu verstehen? Die Iterabilität *ermöglicht* strukturell Identität, Bedeutung und Anwesenheit *in der Begrenzung* ihrer Reinheit bzw. Fülle. Diese Begrenzung ist die „positive", produktive Ermöglichung von (nicht mehr ganz ‚reiner‘) Identität: Die Iterabilität ist, „was *positiv* die Produktion, die Reproduktion, die Entwicklung erlaubt", sie „begrenzt eben das, was sie erlaubt, ermöglicht das, dessen Strenge oder Reinheit sie unmöglich macht".[93] Weil die Iterabilität sie nicht ganz zur Selbstidentität gelangen lässt, ermöglicht sie überhaupt erst deren Produktion, Reproduktion und Entwicklung – eben unter der Bedingung,

---

[90] Derrida. Limited Inc a b c …, S. 155.

[91] Diese Dekonstruktion von ‚Normalität‘ hat weitreichende Folgen für Derridas anti-normativistische Ethik und politische Philosophie, denen wir uns in den Abschn. 4.2 und 4.3 widmen werden.

[92] Derrida. Nachwort, S. 199.

[93] Derrida. Limited Inc a b c …, S. 99.

dass Produktion, Reproduktion und Entwicklung immer schon kontaminiert, mit Rissen durchzogen sind.

Abschließend lassen sich nun die Konsequenzen abschätzen, die sich insbesondere für die sozialwissenschaftliche, d. h. für die um begriffliche Präzision bemühte Beschreibung der sozialen Welt ergeben. Derridas umständlich anmutende terminologische Einführung der Iterabilität als Möglichkeit – deswegen: Iter*abilität* – soll vermeiden, sie als Substanz und Fundament von Wiederholung und Veränderung zu fixieren. Sie *verursacht nicht* die Wiederholung und Veränderung; Wiederholung und Veränderung sind keine von der Iterabilität ursächlich bedingten Wirkungen. Die Iterabilität als *strukturelle Möglichkeit* affiziert aber Wiederholung und Veränderung und verunreinigt damit ihre klare oder einfache Unterscheidbarkeit:

> „Die Iterabilität ist nicht vor allem eine transzendentale Bedingung der Möglichkeit, die das Zitat und andere Phänomene (die Parasiten zum Beispiel) in die Lage von bedingten Wirkungen versetzt, noch ein Wesen oder eine Substanz, die man nach Phänomenen, Attributen oder Akzidenzien [*accidents*] unterscheiden würde. Eine solche (klassische) Logik ist in ihrem Code durch die Iterabilität gebrochen. Die parasitäre Kontamination bricht einmal mehr in all diese Zusammenhänge ein".[94]

Die Iterabilität ist damit keine Substanz oder Entität, sondern eine *strukturelle Möglichkeit,* die *jeder Operation eingeschrieben ist und dadurch in den operativen Vollzügen insistiert.* Während die Iterabilität also die Möglichkeit der Wiederholung bezeichnet, können wir einzelne, empirisch sich ereignende Wiederholungen als Iterationen bezeichnen. In diesem Sinne ist Iterabilität der Name, den Derrida einer Kraft oder Potenz gibt, die zugleich wiederholt und verschiebt. Auch wenn sich eine Iteration empirisch nicht nur selten, sondern sogar nie ereignet, ist die Iterabilität als strukturelle Möglichkeit einer solchen verändernden Wiederholung bereits am Werk.

Eine soziologische Beschreibung der sozialen Welt muss diese Einsicht berücksichtigen, auch wenn sie sich hauptsächlich für ‚normale' oder typische Ereignisse, Handlungsweisen oder Interpretationsmuster interessiert. Die Denkfigur der Iterabilität verweist darauf, dass ein auf die ‚normalen' Fälle ausgerichtetes Begriffsinstrumentarium notwendig die Veränderung, Abweichung und Kontamination, d. h. die atypischen, marginalen, Rand- und Grenzfälle beachten muss:

---

[94] Ebd., S. 158.

„Eine Theorie der nicht marginalen Fälle ist nur möglich, interessant und konsequent, wenn sie in der Struktur dieser sogenannten nicht marginalen Fälle die wesentliche Möglichkeit von als marginal interpretierten Fällen, von Abweichungen, Parasiten und so weiter berücksichtigt".[95]

Die in der sozialen Welt beobachtbaren Phänomene sind selbst immer schon von den kontaminierenden Rissen der Iterabilität durchzogen. Das ist kein Defizit und keine Leistungsminderung der theoretischen Strenge von Begriffen oder der Präzision einer empirischen Beobachtung. Im Gegenteil: Eine für die Dynamik und Alterität von Identität sensibilisierte Perspektive schärft das Bewusstsein für die Problematik ‚einfacher' Ausschlüsse, Unterscheidungen, Gegensätze und Hierarchien. Soziologisch mit der Iterabilität zu denken, „[stört] jede Ausschließung oder einfache Opposition" und „führt vielmehr zu einer extremen Komplikation, Multiplikation, Explikation der ‚präzisen und strengen Distinktionen'".[96] Einen in diesem Sinne begrifflichen Umgang mit der sozialen Welt vollziehen wir im nächsten Kapitel anhand der Begriffe *Text, Gramma* und *Subjekt* nach.

2.4   Text, Gramma und Subjekt

Bisher haben wir uns in diesem Kapitel Begriffen – oder Nicht-Begriffen – angenähert, die aufs Äußerste von Paradoxien durchzogen sind. Mit der *Différance* führt Derrida eine Differenzierungsbewegung ein, die sich nicht einfach innerhalb der Gegenüberstellung von Identischem und davon Unterschiedenem verorten lässt, sondern vielmehr ein Kräfteverhältnis beschreibt, das jede Möglichkeit der Identifizierung und Abweichung zugleich einsetzt und in ihrem reibungslosen Ablauf stört. Die *Iterabilität* vereinigt in sich die scheinbar widersprüchlichen Phänomene der Wiederholung und Verschiebung. Mithilfe dieser Gedankenfigur lässt sich die soziale Welt als ein Produkt aus stets von Neuem zu wiederholenden Kräfteverhältnissen verstehen. Deren Produktion der sozialen Welt läuft niemals gleich ab, sondern beinhaltet konstitutiv Abweichungen von ihren Zielen und ihren Normen. Und dass die in ihrem gewöhnlichen Verständnis bereits paradoxe *Spur* nicht lokalisierbar ist, dass ihre Tilgung gar zu ihrem Wesen gehört, dass sie nur bruchstückhaft zu verfolgen ist, bedingt die vollkommen widersprüchliche Annahme einer Spur, deren Erscheinen bereits im Verschwinden begriffen ist.

Vergegenwärtigen wir uns die soziologischen Implikationen dieser äußerst basalen philosophischen Denkbewegungen, dann kommen wir zunächst zu dem

---

[95] Derrida. Nachwort, S. 194 f.
[96] Ebd., S. 197.

Schluss, dass die soziale Welt und alles, was ‚in' ihr ist, durch ein Gewebe – oder auch ein Gewirr – an widersprüchlichen Kräfteverhältnissen ausgezeichnet ist, die sich stets im Wandel befinden. Die Konsequenzen für die Soziologie wären so allerdings recht dünn, denn die Welt als paradox, widersprüchlich und im Werden zu verstehen, ist eine Einsicht, die über keine wirkliche soziologische Originalität verfügt, und auf die in der Geschichte soziologischer Theoriebildung auch immer schon mit unterschiedlichen Konsequenzen reagiert wurde. Es hat sich in den vorherigen Abschnitten jedoch auch gezeigt, dass Derrida sein philosophisches Unternehmen mit einer kritischen Geste verbindet: Herausgefordert werden solche metaphysischen wie gesellschaftstheoretischen Sichtweisen, die bestimmte, auf Ausschluss gründende Vorstellungen von Identität und Normalität unbefragt lassen, und die damit eine Form der Herrschaft über die soziale Welt zementieren, die unreflektiert hingenommen wird.

Der Fluchtpunkt dieses letzten, das zweite Kapitel unseres Buches beschließenden Abschnitts wird Derridas Verständnis von Subjektivität sein. Etwas präziser formuliert, werden wir uns den subjektphilosophischen Schlüssen zuwenden, die sich aus Derridas frühen Untersuchungen ziehen lassen und die er selbst nicht immer hinreichend offengelegt hat. Um diesen Fluchtpunkt zu erreichen, werden die bisher ausgeführten Denkbewegungen aufgegriffen, um Derridas Verständnis der Welt, und das heißt freilich immer auch: der sozialen Welt, freizulegen. Und um diesen Schritt vollführen zu können muss zunächst die – jetzt nicht mehr überraschende – paradoxe Struktur der Welt als Text zur Sprache gebracht werden.

2.4.1   Text

Die Welt als Text zu begreifen, macht es notwendig, an einen Strang aus dem ersten Abschnitt dieses Kapitels anzuschließen. In Abschn. 2.1 hat sich ergeben, dass die Schrift in der Geschichte des abendländischen Denkens systematisch abgewertet wurde, indem ein Vorrang der Sprache vor der Schrift metaphysisch begründet wird. Die sich selbst in der Rede verlautende Sprache kommt gegenüber der vermeintlich künstlichen, weil die Sprache re-präsentierenden Schrift, ein Primat zu. Dieses Verständnis der Sprache ist im Kern logozentristisch. Derridas Anspruch ist es, die Schrift aus diesem Ableitungsverhältnis zu befreien. Die irritierende argumentative Geste beruht nun darin, das *Buch* als eine die Schrift ausgrenzende Totalität zu begreifen, wobei mit „Totalität" hier das logozentristische Denkmuster des Abendlandes gemeint ist, wie wir es zu Beginn vorgestellt haben. Die Schrift wird ‚befreit‘, indem sie aus dem Buch herausgelöst und als Text lesbar gemacht wird:

> „Die Idee des Buches, die immer auf eine natürliche Totalität verweist, ist dem Sinn der Schrift zutiefst fremd. Sie schirmt die Theologie und den Logozentrismus enzyklopädisch gegen den sprengenden Einbruch der Schrift ab, gegen ihre aphoristische Energie und, wie wir später sehen werden, gegen die Differenz im allgemeinen. Wenn wir den Text vom Buch abheben, dann wollen wir damit sagen, dass der Untergang des Buches, wie er sich heute in allen Bereichen ankündigt, die Oberfläche des Textes bloßlegt. Diese notwendige Gewalt ist die Antwort auf eine Gewalt, die nicht weniger notwendig war".[97]

Das Buch, so wie Derrida es hier versteht, ist nichts anderes als der Name für eine Welt, die ohne Differenzierungsprozesse, ohne Verschiebungen, Alterationen und Nicht-Identitäten auskommt. Das Buch verfügt in seinem gewöhnlichen Sinne über einen Anfang und ein Ende, es hat eine endliche Anzahl an Seiten, die vollständig durchnummeriert sind und es besitzt einen linearen Verlauf. Ähnlich einer Lesenden, der nach der Lektüre des Buches dessen Inhalt in seiner Gesamtheit präsent ist, geht damit die Vorstellung einer Welt einher, die *abschließend* bestimmt werden kann. Diese Eigenschaften des Buches sind es, die nach Derrida seine Geschlossenheit, seine Totalität auszeichnen. Und sie sind es auch, welche die „aphoristische Energie" der Schrift bannen.

Wenn wir uns an Derridas Verständnis der Urschrift als Différance und also als jede Einheit unterlaufenden Differenzierungsprozess erinnern, dann verfügt die Schrift über eine Energie, die jede Einheit, Identität und Totalität sprengt. Buch und Schrift stehen sich damit, so wie Derrida die beiden Begriffe hier versteht, in einem gewissen Sinne antagonistisch gegenüber: Das Buch versucht die Schrift zu bannen, indem es sie in seine Ordnung eingliedert und in eine lineare Form integriert. Die Schrift wiederum vermag mit ihrer zersetzenden Energie die Totalität des Buches zu überschreiten und zu spalten. Derridas historische These, die sich mit diesen systematischen Überlegungen verbindet, lautet, dass bis ins 20. Jahrhundert hinein dieser Konflikt zugunsten des Buches ausgegangen ist. Seit den 60er Jahren des letzten Jahrhunderts bahnt sich nun aber ein „Untergang des Buches" an.[98] Dieser ist so zu verstehen, dass das vorherrschende – logozentristische und phonozentristische – Denkmuster seine Vorherrschaft einbüßt. Am Sockel dieses Denkmusters rütteln nicht nur philosophische ‚Gegenentwürfe‘, die sich um die Namen Karl Marx, Nietzsche und Heidegger gruppieren und in

---

[97] Derrida. *Grammatologie,* S. 35.
[98] Ebd.

der zweiten Hälfte des 20. Jahrhunderts immer mehr von ihrer Energie freiset-
zen. Es sind auch die Psychoanalyse Sigmund Freuds und Jacques Lacans, die
Ethnologie Lévi-Strauss', die Linguistik Émile Benvenistes,[99] neue Formen der
Kritik politischer Herrschaft wie die Kritische Theorie Theodor W. Adornos und
Max Horkheimers[100] sowie die Geburt der feministischen Theorie durch Simone
de Beauvoir,[101] die massiv die Traditionslinie des modernen Denkens samt ihrer
westlichen, eurozentristischen und patriarchalen Implikationen herausfordern. Mit
diesem Untergang eines logozentristischen Denkmusters, das Derrida als „Untergang des Buches" beschreibt, wird die Energie der Schrift freigesetzt und der Text
an die „Oberfläche" entlassen.[102] Aber was ist mit diesem Verständnis des Textes
genau gemeint und inwiefern lässt sich hierüber die soziale Welt erschließen?

Wenn sich Buch und Schrift in einem antagonistischen Verhältnis zueinander
befinden, das Buch gegenwärtig seinen Untergang erlebt und diese Beziehung
unsere Kultur auf eine bestimmte Art durchzieht, dann sagt uns das neue Hervortreten des Textes etwas über unsere soziale Welt. Beziehen wir die bisherigen
Charakterisierungen des Buches und der Schrift auf das damit verbundene Verständnis der Gesellschaft, dann ist eine Gesellschaft im Sinne des Buches eine
Totalität, die über feste Grenzen, eine stark institutionalisierte politische Ordnung und eine klare Identität ihrer politischen Subjekte verfügt. Die Ordnung
der Gesellschaft ist etwas ,Festes' im Sinne von etwas durch Gott, willkürli-
che Besitzergreifung, Vernunft oder politische Aushandlungsprozesse Gegebenes.
Auch wenn diese vier Komponenten in ganz unterschiedliche Begründungszu-
sammenhänge eingebunden sind, haben sie als Gemeinsamkeit die Fundierung
einer in sich geschlossenen Gesellschaftsform: Sie verweisen auf ein religiöses
oder säkulares Fundament (Vernunft, intersubjektive Kommunikation, der Größte
Nutzen für die größte Zahl), auf dem die Gesellschaft und ihre Herrschaftsform
errichtet wird. Die Metapher des Fundaments verdeutlicht den Zustand der Festigkeit, der zur Errichtung einer solchen, in sich geschlossenen sozialen Welt
notwendig ist.

Wenn die Schrift jene aphoristische Energie ist, von der Derrida in obigem
Zitat spricht, und die Schrift nun die Totalität des Buches durchbricht, dann

---

[99] Vgl. insbesondere Benveniste, Émile. 1974. *Probleme der allgemeinen Sprachwissenschaft.* München: List.

[100] Vgl. vor allem Adorno, Theodor W. und Horkheimer, Max. 1988. *Dialektik der Aufklärung. Philosophische Fragmente.* Frankfurt am Main: Fischer.

[101] Als Geburtsstunde feministischer Theoriebildung lässt sich bezeichnen: Beauvoir,
Simone de. 2019. *Das andere Geschlecht. Sitte und Sexus der Frau.* 20. Auflage. Reinbek
bei Hamburg: Rowohlt.

[102] Derrida. *Grammatologie,* S. 35.

gelangt hiermit ein ‚Text' an die Oberfläche, der die Geschlossenheit der sozialen Welt aufbricht. Das heißt dann nicht bloß, dass religiöse Rechtfertigungserzählungen von Herrschaft durch säkularisierte und damit ‚vernünftigere' abgelöst werden, sondern dass die Funktion von letztgültigen Rechtfertigungen selbst in eine dramatische Krise gerät.

Bereits im 18. Jahrhundert setzt dieser Verlust an selbstverständlich akzeptierter Herrschaft ein: Die gesellschaftliche Ordnung wird begründungsbedürftig, weil sie als kontingent erlebt wird. Die selbstverständliche Hinnahme einer durch Gott begründeten Regierungsform, in der bestimmten Menschen aufgrund ihrer Position innerhalb einer sozialen Hierarchie Macht und Besitz zukommt, funktioniert nicht mehr. In der Politischen Theorie sind es die sogenannten Vertragstheorien von Thomas Hobbes, John Locke, Rousseau und Kant, die in unterschiedlicher Weise auf dieses Problem reagieren und Vorschläge vorlegen, wie Herrschaft legitimerweise – und das heißt aufgrund der Zustimmung Aller – begründet werden kann. Im 20. Jahrhundert setzt sich die Kritik an Herrschaftsformen in Philosophie und Soziologie fort und radikalisiert sich: Problematisiert wird das als natürlicher- oder vernünftigerweise geltende Verständnis einer sozialen Welt als einer von Grenzen durchzogenen Welt. Verbunden ist das mit der Trennung zwischen Gemeinschaftsmitgliedern, denen aufgrund einer bestimmten Staatsangehörigkeit und einer eindeutig eingrenzbaren kulturellen Identität Rechte zukommen, und solchen politischen Subjekten bzw. Nicht-Subjekten, die angesichts ihrer ‚Fremdheit' keine Rechte erhalten.

Dass die Energie der Schrift das Buch untergehen lässt, hat also keine bloß literatur- oder sprachphilosophische Pointe, sondern artikuliert eine historische Verschiebung innerhalb der sozialen Welt. Jetzt lässt sich leichter plausibilisieren, inwiefern Derrida mit „Text" nicht einfach das Produkt eines Schreibprozesses meint, sondern auf umfassende soziale Strukturen verweist:

> „Was ich ‚Text' nenne, beinhaltet alle sogenannten ‚realen', ‚ökonomischen', ‚historischen', gesellschaftlich-institutionellen Strukturen, kurz alle möglichen Referenten. Mit anderen Worten erinnere ich nochmals daran, dass es kein Außerhalb des Textes gibt. […] Es bedeutet aber, dass jeder Referent, jede Realität, die Struktur einer durch *différance* gekennzeichneten Spur aufweist und dass man sich auf dieses Reale nur in der Praxis der Interpretation beziehen kann".[103]

Die These von einem fehlenden Außerhalb des Textes lässt sich nicht als Totalität des Textes verstehen, sondern bedeutet – auf triviale Weise gelesen –, dass es keine Welt außerhalb der Welt gibt. Wird die Welt als Text ausgelegt und somit

---

[103] Derrida. Nachwort, S. 228 f.

als Struktur „einer durch *différance* gekennzeichneten Spur", dann heißt dies, dass die Welt eben keine in sich geschlossene Entität, sondern ein von Rissen durchzogenes Gebilde ist.[104] Die Realität verfügt demnach über keine letztgültige Ordnung und endgültig gezogenen Grenzen. Was ‚in' ihr passiert und damit als ökonomische, historische, soziale oder auch technische Realität gilt, ist nicht ein für alle Mal gegeben, sondern in sich porös und veränderbar, weil es das Produkt einer errichtenden und zersetzenden Energie ist, die Derrida als Urschrift und also als Différance bezeichnet. Die Différance als „Gewebe von Differenzen" *ist* in diesem Sinne der Text und somit die Welt; sie *ist* die Welt, weil die Welt kein Einheitsprodukt ist, sondern ein Gewebe aus unterschiedlichen Elementen, die sich stets in Differenzierungsprozessen zueinander und damit im Werden befinden.[105]

Wenn die Welt ein Text ist und jeder Text geschrieben und gelesen werden muss, dann ist daraus nicht zu folgern, dass es ‚den' einen Autor der Welt und eine richtige Lektüre gibt, die den geheimen Sinn der Welt entziffert. Das wäre ein theologisches Verständnis der Welt – und zugleich ein patriarchales. Es bedeutet, gemäß Derridas Verständnis der Schrift, dass die Welt und also die Realität stets von Neuem geschrieben, d. h. produziert werden müssen, und dass jede Lektüre der Welt stets wieder zu einem neuen Verweben der Differenzen und damit zu einem Schreiben der Welt beiträgt. Wenn Derrida in obigem Zitat schreibt, „dass man sich auf dieses Reale nur in der Praxis der Interpretation beziehen kann", dann meint er damit *nicht,* dass sich die Welt im Geist der Subjekte als von der Welt getrennte Akteure repräsentieren lässt, sondern dass die Welt im Prozess eines Tuns stets wieder mit-erzeugt wird.[106]

Dieser Gedanke lässt sich soziologisch klarer fassen, wenn wir ihn am Phänomen von Herrschaft veranschaulichen. Herrschaft ist in diesem Sinne nichts, was ausschließlich im Besitz der Herrschenden liegt, sondern impliziert eine Ausübung, die im Falle eines Widerstands von Seiten der Beherrschten herausgefordert werden kann. Was eine soziale Realität ‚ist', ist deshalb davon abhängig, inwiefern die soziale Welt von den Subjekten, die Teil dieser Welt sind, reproduziert wird. Hier lässt sich jetzt auch der Begriff der Iterabilität verorten: Die Stabilität der sozialen Welt ist davon abhängig, dass sie wiederholt, stabil gehalten wird; die entscheidende Frage ist dann, wie Butler es formuliert, „nicht: ob,

---

[104] Wir knüpfen hier an das sprachliche Bild des Risses im Zusammenhang mit der kontaminierenden Hervorbringung von Identität an (vgl. Abschn. 2.3.2).

[105] Derrida. Die différance, S. 41.

[106] Derrida. Nachwort, S. 228 f.

sondern wie wiederholen".[107] Subjekte können Herrschaft hinnehmen, indem sie
an deren Reproduktion teilhaben, sie können sie aber auch herausfordern, indem
sie ihre Teilhabe an der sozialen Welt auf eine andere Art und Weise wiederholen
und ihre Rolle als Gesellschaftsmitglieder auf eine abweichende Art inszenieren.
Weil wir Teil der sozialen Welt sind, können wir mit ihren Herrschaftsformen
brechen; wir vermögen die soziale Welt anders zu lesen und zu schreiben, indem
wir eine andere Rolle in ihrem Gewebe spielen.

2.4.2 Gramma

Noch aufgedeckt werden muss, was es mit der Rede von der Schrift als *Gramma*
und der Wissenschaft von der Schrift als *Grammatologie* auf sich hat. Derrida versucht sich in der *Grammatologie* an der äußerst paradoxen Begründung
einer Wissenschaft von der Schrift, die sowohl der Schrift als auch der Wissenschaft im gewöhnlichen Sinne vorausgehen und deren reibungslosen Ablauf
unterbrechen soll. Wir haben bereits gezeigt, inwiefern die aus dem Buch gelöste
Schrift ihre Energie freisetzt und als Urschrift sowohl die Sprache als auch die
Schrift im gewöhnlichen Sinne begründet. Die Welt als Text und also als Gewebe
von verzeitlichten und verräumlichten Differenzen muss gelesen und wieder-
geschrieben werden und die Bewegungen, die hier am Werke sind, rechtfertigen
es für Derrida, den Schriftbegriff innerhalb seiner dekonstruktiven Arbeit neu
zu bestimmen. Der neue Schriftbegriff, die „Gramma als *différance*", ist nichts
anderes als die Welt produzierende und zugleich ihre Totalität aufsprengende
Urschrift.[108]
    Möglicherweise wird jetzt etwas deutlicher, inwiefern Derrida Wörter wie
Urschrift, Spur, Gramma und Supplement zwar einerseits als Synonyme der
Différance einsetzt, diese Wörter aber jeweils unterschiedliche Aspekte der
Différance belichten, ohne ‚die' Différance erschöpfend zu fassen. Denn es sei
hier daran erinnert, dass die Différance eben auch nur ein Name für ein Phä-
nomen ist, deren Benennung ihr ‚Wesen' verfehlt. Das ‚Wesen' der Différance
als deckungsgleich mit ihrem Namen zu begreifen, würde einen Rückfall in die
Struktur der Metaphysik bedeuten, denn in diesem Falle würde fälschlicherweise

---

[107] Butler, Judith. 1991. *Das Unbehagen der Geschlechter*. Frankfurt am Main: Suhrkamp,
S. 217.
[108] Derrida, Jacques. 2009. Semiologie und Grammatologie. Gespräch mit Julia Kristeva.
In *Positionen. Gespräche mit Henri Ronse, Julia Kristeva, Jean-Louis Houdebine, Guy
Scarpetta*, hrsg. Peter Engelmann. 2. Auflage. Wien: Passagen Verlag, S. 39–61, hier S. 50 f.

erneut der Versuch unternommen, die Différance als *greifbares Ding zu identifizieren*. Mit dem Wort ‚Gramma' versucht Derrida allerdings noch etwas ganz Bestimmtes zu bezwecken und gegenüber den anderen aspektbezogenen Bezeichnungen der Différance hervorzuheben: Er möchte das Problem lösen bzw. den Problemhorizont offenlegen, innerhalb dessen die Begriffe des Individuums und des Individuellen eine Klärung erfahren können. Beide Begriffe sind nämlich aufgrund der von ihnen mitgetragenen Voraussetzungen alles andere als unschuldige Wörter. Innerhalb unseres modernen Denkens existiert die Vorstellung, dass ein Individuum ein einzelner Akteur ist, der über bestimmte kognitive Fähigkeiten verfügt, autonom zu handeln und sich von dem sozialen Kontext, innerhalb dessen er existiert, zurückzuziehen. Die Grammatologie als Wissenschaft, wie sie Derrida umreißt, distanziert sich von dieser modernen Vorstellung des Individuums und sie grenzt sich damit auch von den sogenannten „Wissenschaften vom Menschen" ab, die das menschliche Individuum in das Zentrum ihrer Untersuchungen rücken:

> „Sie [die Grammatologie] kann nicht *eine der Wissenschaften vom Menschen* sein, weil sie von Anfang an die für sie grundlegende Frage nach dem Namen des Menschen stellt. Mit der Preisgabe des einheitlichen Begriffs des Menschen verzichtet man auch auf die alte Vorstellung von den sogenannten ‚schrift-' und ‚geschichtslosen' Völkern".[109]

Für Derrida gibt es nicht ‚den' Menschen und ‚das' Individuum, genauso wie es nicht ‚das' Individuelle und ‚die' Individualität gibt. Solche Vorstellungen des Individuums und des Individuellen sind für ihn auf der Grundlage seiner bisher vorgestellten Denkbewegungen nicht akzeptabel, und zwar aus zwei Gründen. *Erstens* ist alles, was es gibt, ein Produkt der in sich brüchigen Kraft der Différance. Das Individuum und ‚seine' Individualität werden durch ein Beziehungsgefüge erzeugt, dessen Teil sie sind, und in Auseinandersetzung mit diesem Gefüge erhält ein Individuum erst die Möglichkeit, sich auf sich selbst zu beziehen und seine Individualität als einzigartig zu erfahren.[110] *Zweitens* demonstriert Derridas Verständnis der Welt als Text, dass alle Wesen – oder genauer: alle Elemente – ein Teil des Gewebes der Welt sind, deren nie auf Dauer gestellte Stabilität von einer stetigen Wiederholung abhängt. Ein Individuum oder ein individuelles Element lassen sich also nicht einfach aus diesem Gewebe lösen. Mit dem Versuch, es dennoch zu tun, wird unweigerlich der Raum der Theologie betreten: Gott ist nämlich das einzige Wesen, dessen Existenz in keinerlei

---

[109] Derrida. *Grammatologie*, S. 148.

[110] Auf diesen Gedanken gehen wir in Abschn. 2.4.3 noch ausführlicher ein.

Beziehungsgefüge eingebunden ist, das Handlungen in der Welt zu verursachen vermag, ohne selbst ein Teil der Welt zu sein, und dessen fortwährende Existenz nicht auf den Prozess der Wiederholung angewiesen ist. Der Begriff ‚Gott' bezeichnet ein mit sich selbst identisches Wesen, das sich niemals im Werden befindet, sondern immer schon so ist, wie es ist, und das nur die Zeit der reinen Präsenz, der Gegenwart kennt. Ein Abdriften in die Theologie, das sollte bis hierher klar geworden sein, wäre für Derrida der größtmögliche Rückfall in eine Tradition, deren Problematisierung im Zentrum seines Schaffens steht.

Mit der Einführung des Worts ‚Gramma' soll also der theologischen Falle entgangen werden, die eine Klärung des Sinns von Individuum und Individuiertem mit sich bringen könnte. Und hiermit ist auch zugleich die nächste steile These des dekonstruktiven Denkens angedeutet: Für Derrida gibt es keinen Vorrang des Individuums vor dem Individuierten, d. h. dem Menschen kommt innerhalb der Welt kein *grundsätzlicher* Primat gegenüber anderen lebendigen und ‚leblosen' Wesen in der Welt zu. Das folgende Zitat aus der *Grammatologie* bringt diesen Gedanken anhand der Gramma sehr schön zum Ausdruck:

> „Noch bevor man es als human (mit allen dem Menschen seit je zugesprochenen Unterscheidungsmerkmalen und dem ganzen System von Bedeutungen, das sie implizieren) oder als a-human bestimmte, wäre *Gramma* – oder *Graphem* – der Name für das Element. Dieses Element wäre kein einfaches: wäre, ob als Mittelpunkt oder unteilbares Atom verstanden, Element der Ur-Synthese im allgemeinen, dessen, was innerhalb des metaphysischen Systems von Gegensätzen zu definieren man sich untersagen müsste, was man folglich nicht einmal *Erfahrung* im allgemeinen, geschweige denn Ursprung des *Sinns* im allgemeinen nennen dürfte".[111]

Die Gramma ist also der Name für Wesen, die innerhalb der Welt existieren, unabhängig davon, ob sie menschliche Wesen oder nicht-menschlichen Wesen sind. Diese Aussage Derridas kann uns an dieser Stelle aber nicht mehr allzu sehr überraschen, geht es doch bereits die ganze Zeit um Phänomene und Denkbewegungen, die sich der Einteilung in strikte, meist ungeprüft vorausgesetzte Dualismen entziehen. Die *prinzipielle* Unterscheidung zwischen ‚menschlich' und ‚nicht-menschlich' ist ein weiterer die Welt aufteilender Dualismus, der durch den herkömmlichen Begriffsgebrauch von Individuum mitgesetzt wird. Derrida setzt mit der Gramma genau am Ort des Individuums und des Individuierten an. Das Element als den Namen für menschliche wie auch nicht-menschliche Wesen zu begreifen, bedeutet zunächst einmal, die Trennung zwischen human und a-human

---

[111] Derrida. *Grammatologie*, S. 21 f.

nicht als ursprünglich gegeben, sondern als Produkt eines Differenzierungsprozes-
ses, der Arbeit der Différance zu denken.

Wenn Derrida nun schreibt, dass die Gramma kein „unteilbares Atom"[112] und
auch nichts Ursprüngliches ist, dann möchte er gerade die metaphysischen – und
damit theologischen – Schwierigkeiten vermeiden, welche die Begriffe des Individuums und des Individuierten nach sich ziehen. Die Gramma ist deshalb kein
ursprünglich gegebenes Element, weil sie Teil der Welt, des Textes, des Beziehungsgefüges ist, deren Freilegung sich Derrida verschreibt. Sie ist nicht ‚die'
entscheidende Erfahrung und nicht der „Ursprung des *Sinns*", weil sie keine religiöse Quelle ist, aus welcher der Sinn strömt, und durch die Menschen ihre
vermeintlich besonderen Fähigkeiten erhalten, die sie über alle anderen Wesen der
Welt erheben.[113] Menschen sind keine Atome, die sich in der Welt tummeln, und
nicht-menschliche Wesen sind keine vereinzelt in der Welt vorkommenden Tiere,
Pflanzen und Gegenstände; sie sind vielmehr alle so etwas wie Knotenpunkte
innerhalb der Welt.

Derridas These von der Vor-Ursprünglichkeit der Gramma ist deshalb derart steil, weil sie nicht bloß behauptet, dass Menschen in einer sozialen Welt
existieren, die ihnen vorausgeht, sondern weil sie diejenigen Lebewesen und
Gegenstände, mit denen Menschen in der Welt existieren, in einen Konstitutionsprozess einbindet, der auch menschliche Wesen erst in die Existenz treten lässt.[114]
Menschliche und nicht-menschliche Wesen befinden sich in keiner natürlichen
Hierarchie, sie sind – so trocken und abstrakt es Derrida ausdrückt – gleichermaßen Elemente, die in ein äußerst dynamisches Beziehungsgefüge, in einen
sich in Wiederholung befindlichen Produktionsprozess eingebunden sind. Konkret bedeutet dies, dass etwa innerhalb der naturwissenschaftlichen Arbeit die
beobachtenden Wissenschaftler*innen und die beobachteten wissenschaftlichen
Objekte nicht zwei unterschiedlichen Sphären angehören. Nähert man sich der
Analyse einer wissenschaftlichen Praxis mit Derrida, dann trennt man von vornherein nicht zwischen Wissenschaftler*innen einerseits, die über umfassendes

---

[112] Ebd., S. 21 f.

[113] Ebd., S. 22.

[114] Die Gramma als etwas ‚Vor-Ursprüngliches' zu denken, bedeutet, dass sie der Metaphysik des Ursprungs vorausgeht. Der Ursprung ist ein lokalisierter Ort, an dem sich eine Entstehung ereignet, auf die gezeigt und die objektiv beschrieben werden kann. Weil die Gramma
jedoch verzeitlicht und verräumlicht ist, kann von ihr nicht im Sinne eines Ursprungs
gesprochen werden. Ihre Kraft macht es erst möglich, dass Ereignisse als etwas vermeintlich Ursprüngliches lesbar sind. ‚Vermeintlich' sind sie es deshalb, weil die Gramma dem
Ursprung als das Vor-Ursprüngliche vorausgeht.

wissenschaftliches Wissen verfügen und den Objekten bestimmte Dinge zu ent-
locken versuchen, und passiven nicht-menschlichen Objekten andererseits, die
bereits in ihrer ganzen Materialität in der Welt vorliegen und nur noch darauf
warten, entdeckt zu werden. Anstatt eine solche, dem Logozentrismus angehörige
Trennung anzunehmen, werden die wissenschaftlichen Subjekte und die beobachteten Objekte als miteinander verschränkt angenommen – sie intraagieren auf eine
bestimmte Weise miteinander, die auch etwas mit denjenigen Menschen ‚macht',
die an einer wissenschaftlichen Praxis beteiligt sind.[115]

Die feministische Philosophin Karen Barad, die sich in ihren Texten immer
wieder auf Derrida bezieht, argumentiert etwa für die Unmöglichkeit einer Trennung in ‚harte' wissenschaftliche Fakten, welche die Natur so beschreiben, wie
sie unabhängig von den Menschen ist, und in soziale Praktiken, die grundsätzlich
über nichts Naturhaftes verfügen. Mit Bezug auf das ‚Stern-Gerlach-Experiment',
das im Jahre 1922 den Elektronenspin bewies, legt Barad dar, dass das Rauchen
einer „billigen Zigarre" von Otto Stern letztlich konstitutiv für den Erfolg dieses
Experiments war.[116] Erst der schweflige Atem von Stern machte die Silbera-
tome sichtbar, deren Nachweis sich die beiden Wissenschaftler zum Ziel gesetzt
hatten. Ein sozial weniger prekärer Status von Stern hätte das Rauchen einer teu-
reren, weniger schwefelhaltigen Zigarre und damit die Unsichtbarkeit der Atome
nach sich gezogen. Barad folgert daraus: „Klasse, Staatszugehörigkeit, soziales
Geschlecht und die Politik des Nationalismus sind neben anderen Variablen alle
Teil dieses Apparats".[117] Ihre Pointe lautet, dass die beiden Wissenschaftler als
soziale Akteure keinen Ort außerhalb des Experiments einnehmen und einen
‚rein' materiellen Apparat die Arbeit machen lassen. Ihre Subjektivität und die
sozialen Praktiken sind vielmehr immer schon mit dem wissenschaftlichen Apparat verbunden, sie *sind* Teile des Apparats und nur *aufgrund* dieser Verbindung
gibt es wissenschaftliches Wissen.[118]

---

[115] Diese Implikationen angesichts des Begriffs des Gramma und der Grammatologie als
Wissenschaft von der Schrift hat die australische Philosophin Vicki Kirby für einen femi-
nistischen Materialismus auszuloten versucht. Im Gegensatz zu Derrida selbst versucht sie
die Grammatologie allerdings naturalistisch zu wenden: Alles, was es gibt, ist dann nicht
Text, sondern Natur. Die Natur ist für Kirby dann aber etwas Dynamisches und im Werden
Begriffenes, und nichts Determiniertes und von uns Distanziertes. Vgl. Kirby, Vicki. 2011.
Quantum Anthropologies. Life at Large. Durham: Duke University Press.

[116] Das Experiment wird vorgestellt in Barad, Karen. 2017. *Agentieller Realismus. Über die
Bedeutung materiell-diskursiver Praktiken.* 2. Auflage. Berlin: Suhrkamp, S. 58–70.

[117] Ebd., S. 64.

[118] Wir werden auf Barads Bezugnahme auf Derrida innerhalb einer feministischen Auseinandersetzung noch ausführlicher in Abschn. 3.3 angesichts einer Kritik an Hierarchien

Das alles bedeutet nun allerdings nicht, dass es keinerlei Unterschiede zwischen menschlichen und nicht-menschlichen Wesen gibt, aber es wirft die Frage auf, *wo* diese Unterschiede genau auftreten und *wie* sie eingeführt und gerechtfertigt werden. Derrida bestreitet nicht, dass menschliche Wesen über Handlungsmöglichkeiten verfügen, die sich von Tieren und Pflanzen unterscheiden, aber er dekonstruiert die Vorstellung, dass sich menschliche und nicht-menschliche Wesen in einer ursprünglichen Hierarchie befinden und dass diese Hierarchie anhand der Trennung zwischen Gesellschaft und Natur darstellbar ist.[119] Wenn alles, was es in der Welt gibt, die Form einer Gramma annimmt, eines von Rissen durchzogenen und im Werden begriffenen Elements, dann lassen sich Subjekte nicht mehr als ursprünglich von nicht-menschlichen Wesen unterschiedene Individuen begreifen, die sich von der ‚natürlichen' Welt zu distanzieren vermögen. Der Begriff des Subjekts muss folglich einer Neubestimmung unterzogen werden, denn er darf nach Derrida nicht als aktiver Akteur in Opposition zu einer passiven Welt verstanden werden.

2.4.3 Subjektivität

Mit dem Thema des Subjekts und der Subjektivität nehmen wir uns nun zwei Grundbegriffe der neuzeitlichen Philosophie und natürlich auch der Sozialwissenschaften vor. Die moderne Philosophie ist seit Descartes wesentlich Subjektphilosophie, weil sie das Subjekt zum Zentrum des Wissens, des moralischen Handelns und der politischen Ordnung macht. Das Subjekt fungiert von nun an als Begründungsmoment des Wissens, weil der Zugang zum Wissen über die Welt, zu moralischen Urteilen und politischen Herrschaftsformen stets im Ausgang vom menschlichen Subjekt als ausgezeichnetem Akteur zu entwerfen ist.[120] Dieses sogenannte subjektzentrierte Denken wird erstmals im 19. Jahrhundert herausgefordert und hier ist es Marx, der für die Sozialwissenschaften eine Analyseform vorschlägt, die nicht das Subjekt, sondern die Produktionsverhältnisse in den Mittelpunkt der Theorie rückt. Die gegen Ende des 19. Jahrhunderts in der Entstehung begriffene Soziologie baut hierauf auf, indem sie von den Beziehungen *zwischen* Menschen ausgeht und nicht den einzelnen Menschen aus der

---

eingehen.

[119] Vgl. dazu auch das späte Werk: Derrida, Jacques. 2016. *Das Tier, das ich also bin,* hrsg. Peter Engelmann. 2. Auflage. Wien: Passagen Verlag.

[120] Wir werden uns dieser modernen Begründungsfigur und Derridas Dekonstruktion seiner unterschiedlichen Ausgestaltungen ausführlich in Abschn. 3.1 zuwenden.

sozialen Welt, in der er existiert, herauslöst. Das Subjekt steht jetzt nicht mehr im Mittelpunkt der Welt, es ist von Kräften umströmt, die es nicht zu kontrollieren vermag, und die zugleich für seine Existenzweise notwendig sind.[121]

Derridas Arbeiten lassen sich im Horizont einer solchen Dezentrierung des Subjekts verorten. Sie wenden sich den sozialen, kulturellen oder ökonomischen Kräfteverhältnissen zu, in die Subjekte eingebettet sind. Zugleich geht Derrida über eine Untersuchung dieser *einzelnen* Kontexte hinaus, indem er auf radikale Weise den Produktionsprozess freizulegen versucht, der Subjekte als handlungsfähige und sich als ein Selbst verstehende Wesen erzeugt. Anstatt also einem der Kontexte – beispielsweise Ökonomie, Politik, geschlechtliche Verkörperung oder ästhetische Erfahrung – den Primat für die Hervorbringung von Subjektivität zuzusprechen, widmet sich Derrida ganz tiefschürfend den Rahmungen von Subjekten. Dadurch ergeben sich vollkommen neue Perspektiven auf Phänomene wie Identität, Selbstbezug und Handlungsfähigkeit.

In der *Grammatologie* schweigt sich Derrida über die subjektphilosophischen Konsequenzen seiner dekonstruktiven Arbeit weitgehend aus, doch in *Die Stimme und das Phänomen* findet sich der folgende Passus:

> „Diese Bewegung der *différance* überfällt nicht unvermutet ein transzendentales Subjekt. Sie bringt es hervor. Die Selbstaffektion ist keine Modalität einer Erfahrung, die bezeichnend wäre für ein Seiendes, das bereits es selbst (*autos*) wäre. Sie bringt das Selbe als Beziehung zu sich in der Differenz mit sich, das Selbe als das Nicht-Identische hervor".[122]

Genauso wie es kein Individuum und kein individuiertes Ding gibt, die außerhalb der Welt existieren und somit dem Konstitutionsprozess der Différance entgehen, gibt es kein Subjekt, das gegeben ist und von vornherein *es selbst* ist. Mit dem Ausdruck des „transzendentalen Subjekts" spielt Derrida auf die für die moderne Philosophiegeschichte folgenreiche Vorstellung des Subjekts bei Kant an. Denn Kant geht bekanntlich davon aus, dass Subjekte die Welt transzendieren: Sie stehen außerhalb der Welt, ihre Verstandestätigkeit ist die Bedingung der Möglichkeit von Erfahrung und ihr Vermögen des reflexiven Denkens kommt ihnen von Natur aus immer schon zu. Subjekte übersteigen die Welt, sie sind angesichts der Autonomie ihres Denkens und Handelns Gott gleichgestellt und damit nicht Teil der Welt. Das Subjekt wird von Kant folglich als mit sich selbst identischer Akteur vorausgesetzt und seine Setzung soll erklären, wie wahre Erkenntnis und

---

[121] Vgl. Tenbruck, Friedrich H. 1981. Emile Durkheim oder die Geburt der Gesellschaft aus dem Geist der Soziologie. In *Zeitschrift für Soziologie* 10 (4), S. 333–350, hier S. 338–342.

[122] Derrida. *Die Stimme und das Phänomen*, S. 112.

richtiges moralisches Handeln möglich sind – der Terminus des transzendentalen Subjekts meint genau das.[123]

Derrida nimmt nun nicht an, dass ein Subjekt bereits existiert, das dann von der Energie der Différance affiziert wird und sich durch diese Berührung in ein komplexeres Subjekt verwandelt; er geht vielmehr davon aus, dass die Différance das Subjekt „hervorbringt".[124] Ohne die Arbeit der Différance gibt es überhaupt keine Subjektivität. Wenn Derrida in obigem Zitat schreibt, dass die Différance „das Selbe als das Nicht-Identische" erzeugt, dann ist daraus nicht zu schließen, dass das Subjekt immer schon verloren ist, weil es von der Nicht-Identität kontaminiert ist. Verloren ist nur – wobei dies kein wirklicher Verlust ist – die Vorstellung eines autonomen, außerhalb der Welt befindlichen Subjekts, das in keiner Beziehung zu anderen Subjekten und zur Welt steht. Diese subjektphilosophische Vorstellung abstrahiert jedoch von denjenigen Kräften, die Subjekte berühren und damit erst in die Existenz setzen. Das Subjekt als etwas Nicht-Identisches zu denken, bedeutet hingegen, die Möglichkeiten seines Selbstbezuges zu analysieren. Subjekte können nur dadurch einen Bezug zu sich herstellen, indem sie gespalten werden, sie vermögen nur in Kontakt zu sich zu treten, indem sie außerhalb von sich treten. Dieses Ins-Außerhalb-Treten vollzieht sich nicht, nachdem Subjekte bereits als handlungsfähige Wesen produziert sind; die Entäußerung des Subjekts ist vielmehr die entscheidende Bewegung, die erst seine Existenz bedingt. Das Subjekt ist sich nur deshalb seiner selbst bewusst und es ist nur deshalb sprach- und handlungsfähig, weil es von etwas abhängig ist, das es nicht selbst ist:

> „Er [der ökonomische Gesichtspunkt der Différance] bestätigt, dass das Subjekt, und in erster Linie das bewusste und sprechende Subjekt, von dem System der Differenzen und der Bewegung der *différance* abhängig ist, dass es vor der *différance* weder gegenwärtig noch vor allem selbstgegenwärtig ist; es schafft sich seinen Platz in ihr erst, indem es sich spaltet, sich verräumlicht, sich ‚verzeitlicht‘, sich differiert".[125]

Das Sich-Spalten des Subjekts bedeutet – das scheint die Quintessenz von Derridas Zitat zu sein –, dass das Subjekt verräumlicht und verzeitlicht ist. Dadurch wird die Behauptung, dass Subjekte durch die Kraft der Différance

---

[123] Kant entwirft seine Vorstellung menschlicher Erkenntnisfähigkeit und Autonomie in seinen beiden berühmten ‚Kritiken‘: Kant, Immanuel. 1974. *Kritik der reinen Vernunft*. Frankfurt am Main: Suhrkamp; Kant, Immanuel. 2000. *Kritik der praktischen Vernunft. Werkausgabe Band 7*. Frankfurt am Main: Suhrkamp.

[124] Derrida. *Die Stimme und das Phänomen*, S. 112.

[125] Derrida. Semiologie und Grammatologie. Gespräch mit Julia Kristeva, S. 53.

erzeugt werden, vielleicht etwas deutlicher. Die von uns in den beiden vorherigen Abschnitten herausgearbeitete These Derridas lautet ja, dass die Différance
bestimmte Elemente produziert, indem sie diese Elemente in Abstand zu allen
anderen Elementen setzt; die Intervalle, die das Element von allen anderen
Elementen trennen, sind notwendig, damit das Element als ein Individuiertes
identifiziert werden kann. Die Identifizierung ist also abhängig davon, dass sich
ein Element von denjenigen Elementen abgrenzt, die nicht es selbst sind. Ohne
diesen Vorgang der Differenzierung von anderen Elementen gibt es kein Element, das als einzelnes zählbar ist. Und dass diese Abgrenzungsbewegung stets
wiederholt werden muss, zieht als Konsequenz nach sich, dass jedes Element
verzeitlicht ist: Es existiert nicht nur in der Gegenwart, sondern hat die Abgren-
zungsbewegungen, die es bereits vollzogen hat und die es noch tätigen wird, in
sich eingeschrieben. Es ist also ein verräumlichtes und verzeitlichtes Element.

Diese hochabstrakten Ausführungen lassen sich bezüglich Derridas Verständnis von Subjektivität konkretisieren, indem das Subjekt als etwas bezeichnet wird,
dessen Existenz von Kräften abhängig ist, die ‚es‘ nicht ist. Das Subjekt steht in
einer Abhängigkeitsbeziehung, aber diese Abhängigkeit ist nicht diejenige einer
lokalisierbaren äußeren Macht, wie es bei Gott, einer politischen Herrschaftsform oder konkreten anderen Subjekten der Fall ist, die das Subjekt *beherrschen*.
Die Abhängigkeitsbeziehung, um die es Derrida geht, ist zugleich eine Ermög-
lichungsbedingung; und sie ist wesentlich subtiler und ambivalenter, denn hier
handelt es sich um eine Berührung von ‚außen‘, die nicht den Willen des Subjekts
beugt, weil so etwas wie ein Wille vor der Berührung noch gar nicht existiert.
Damit das Subjekt etwas wollen kann, muss es erst ein Subjekt sein, das sich
selbst als Subjekt zu identifizieren vermag, und dieser Prozess der Identifizierung,
so zeigt es sich auch in dieser Denkbewegung Derridas, ist nur über den Weg
einer Differenzierung möglich. Und weil dieser Differenzierungsprozess etwas
verräumlichtes und verzeitlichtes ist, nisten sich Verräumlichung und Verzeitlichung in das ‚Innere‘ des Subjekts ein. Das Subjekt ist gespalten, es ist von sich
selbst „differiert“, aber Spaltung und Differenzierung sind die Bedingungen dafür,
dass es überhaupt ein Subjekt gibt, das sich selbst gegenwärtig *ist*.[126]

Um dieses Verständnis von Subjektivität vollumfänglich zur Sprache zu bringen, muss jedoch noch das Phänomen der Iterabilität Berücksichtigung finden.
Die Affizierung durch eine Nicht-Identität bedingt eine permanente Neubestimmung des Selbstverständnisses von Subjekten. Die Grenze zwischen dem ‚Innen‘
des Subjekts und seinem konstitutiven Außen ist einer nicht endenden Neu-
aushandlung unterworfen. Jede Wiederholung der Grenzziehung bewirkt eine

---

[126] Ebd. S. 53.

Verschiebung des ‚Innen' und zeigt die Unmöglichkeit einer endgültigen Sta-
bilisierung der Identität an. Die Iteration ist in diesem Sinne die „Silhouette der
Idealität", weil sie die Idealität nur in einem ungreifbaren Schimmer erfahrbar
macht.[127] Der Schein, Subjekte verfügen über ein festes, geschlossenes und autonomes Innen, ist für Derrida nichts anderes als ein Effekt des immer wieder neu
ablaufenden Konstitutionsprozesses. Dass sich Subjekte als dieselben zu identifizieren vermögen, verweist auf die *gründende* Kraft der Différance, die sich stets
in Wiederholung befindet.

Was bedeuten diese Thesen über die Erzeugung des Subjekts nun aber für das
Phänomen der Handlungsfähigkeit? Wenn das Subjekt nur deshalb Subjekt sein
kann, weil es ein mit sich nicht identisches Subjekt ist, wie ist dann zu erklären,
dass Subjekte in der Welt handeln und Widerstand gegen die Handlungen Anderer
ausüben können? Wenn Subjekte durch die Berührung der und die Ausgesetztheit
gegenüber der Différance hervorgebracht werden, so liegt es auch auf der Hand,
dass Handlungsfähigkeit auf dem Differenzierungsprozess der Différance gründet.
Eine solche Antwort würde es sich jedoch zu einfach machen, sie würde sich
nämlich um die Frage drücken, wie denn Entscheidungen möglich sind, die zu
Handlungen führen. Folgendes Zitat aus *Unterwegs zu einer Ethik der Diskussion*
liefert einen ersten Anhaltspunkt für eine überzeugendere Antwort:

> „Damit Strukturen der Unentscheidbarkeit möglich sind (und *daher* Entscheidungen
> und *daher* Verantwortung), bedarf es freilich eines Spielraums oder der *différance*,
> der Nicht-Identität. Nicht der Unbestimmtheit, sondern der *différance* oder der Nicht-
> Identität mit sich selbst in der Determinierung selbst. Die *différance* ist nicht die
> *indeterminacy*. Sie macht die *determinacy* möglich und notwendig".[128]

Genau wie der Weg zur Beantwortung der Frage nach der Möglichkeit der Identität von Subjekten über die Nicht-Identität erfolgt, ist die *Unentscheidbarkeit*
für Derrida die Bedingung der Möglichkeit von *Entscheidungen*. Diese Annahme
führt ins Herz der Dekonstruktion, denn sie deutet auf eine wesentliche dekonstruktive Paradoxie hin, und zwar auf die von der Unmöglichkeit als Bedingung
der Möglichkeit. Was hier infrage gestellt wird ist die Prämisse, dass Entscheidungen auf einer Kausalität beruhen, auf einer Determination, die durch den Willen
des Subjekts bewirkt werden.

Auch dieser Punkt lässt sich besser illustrieren, wenn er mit Kants Theorie des
Willens in Beziehung gesetzt wird. Für Kant und die auf Kant gründende Moral-
theorie sind Subjekte nur dann frei, wenn ihre Handlungen auf einer Kausalität

---

[127] Derrida. Nachwort, S. 184.
[128] Ebd., S. 229 f.

durch vernünftige Gründe beruhen. Der kategorische Imperativ ist für Kant diejenige Prüfinstanz, die moralische Fragen letztgültig zu klären vermag, und die Einsicht in die Gültigkeit eines moralischen Urteils fungiert als Impuls des Handelns. Eine solche Kausalität durch Gründe anzunehmen ist für Kant deshalb notwendig, weil nur sie eine Alternative zur Naturkausalität zu bieten vermag. Die Herausforderung für Kant besteht nämlich am Ende des 18. Jahrhunderts darin, vor dem Hintergrund einer natürlichen Welt, die mittels der Newton'schen Physik erschöpfend beschrieben werden kann, eine ‚Welt der Freiheit‘ zu postulieren, innerhalb derer die Gesetze der Physik nicht wirken. Menschen kommt das besondere Vermögen zu, mittels der Kraft ihres Willens Handlungen in der Welt zu verursachen. Diese Handlungen vollziehen sich zwar in einer physikalisch beschreibbaren Welt, die Quelle der Handlungen liegt allerdings in einer anderen, von der Vernunft beherrschten Welt, die zwar auch von Kausalität durchzogen ist, der Ursache-Wirkung-Mechanismus jedoch von der menschlichen Vernunft bedient wird. Die Einsicht in die moralische Richtigkeit einer Handlung vermag nach Kant die Handlung in einer von der Natur beherrschten Welt zu verursachen. Und nur wenn dies geschieht, handelt ein Subjekt nach seinem freien Willen.[129]

Was Derrida nun mit seiner Perspektivierung der Handlungsfähigkeit angreift, ist die Voraussetzung von Kausalität als Bedingung von Handlungen. Mit anderen Worten, er hinterfragt erneut den Primat der Identität und der festen Beziehung, die zwischen zwei Elementen herrscht. Die Différance ist nicht die „Unbestimmtheit", sie ist der „Spielraum", der sich eröffnet und der es möglich macht, eine bestimmte Handlung zu vollziehen *oder* es zu unterlassen.[130] Sie ist nicht der feste Boden, auf dem eine Handlung gründet und der die Handlung determiniert, sondern sie setzt die Determination aus. Damit ist die Différance die Durchkreuzung der Kausalität, aber diese Verhinderung ist, genau wie es bei der Nicht-Identität der Fall ist, zugleich die Bedingung der Möglichkeit von Handlungen. Nur weil es einen Bereich gibt, in dem weder Bestimmtheit noch Unbestimmtheit herrschen, sich vielmehr ein Kräftefeld eröffnet, das Subjekte auf eine kontroverse Weise durchzieht, ist es möglich, dass sich Subjekte zu sich selbst verhalten und damit etwas in der Welt bewegen können, das als Handlungen für Andere und für sie selbst lesbar ist.

Der mögliche, von Seiten der kantischen Theorie kommende Einwand lautet schließlich, dass Handlungen, die nicht auf der Determination des Willens gründen, als kontingent und damit als überhaupt nicht auf Subjekte zurechenbare

---

[129] Diese Argumentation Kants findet sich ausführlich in: Kant. *Kritik der praktischen Vernunft.*

[130] Derrida. Nachwort, S. 229 f.

Handlungen angesehen werden müssen. Auch wenn der durch die Différance eröffnete Raum nicht derjenige einer vollständigen Unbestimmtheit ist, fehlt, so der Einwand, das entscheidende Kriterium, um die Zurechenbarkeit von Handlungen zu bestimmen. Hier lässt sich nun die enorme Fruchtbarkeit von Derridas Konzept der Iterabilität aufzeigen, denn das Unternehmen, durch dieses Konzept zwei scheinbar unvereinbare Phänomene – die Wiederholung und die Veränderung – zusammenzuziehen, hat entscheidende Auswirkungen auf eine Neubestimmung von Handlungsfähigkeit. Diesen expliziten Schritt vollzieht Derrida jedoch nicht selbst, er lässt sich vielmehr bei Theoretiker*innen aufspüren, die ab den 90er Jahren an Derrida anschließen. Hier lassen sich als Erstes die Arbeiten Judith Butlers nennen: Berühmt geworden ist Butler für ihre in *Das Unbehagen der Geschlechter* durchgeführte Dekonstruktion der Trennung zwischen einem natürlichen und einem sozialen Geschlecht.[131] Butler erschließt sich Denkbewegungen Derridas für die feministische Theorie, im Mittelpunkt ihrer Schriften steht jedoch auch die Frage nach der Handlungsfähigkeit von Subjekten, die nicht über ihre eigene Identität verfügen und in ihrer Selbstwerdung stets schon den Affizierungen Anderer ausgesetzt sind. Butler verortet dabei die Möglichkeit der Handlungsfähigkeit wie folgt:

> „Das Subjekt wird von den Regeln, durch die es erzeugt wird, nicht *determiniert*, weil die Bezeichnung kein *fundierender Akt*, sondern eher ein *regulierter Wiederholungsprozess* ist, der sich gerade durch die Produktion substantialisierter Effekte verschleiert und zugleich seine Regeln aufzwingt. In bestimmter Hinsicht steht jede Bezeichnung im Horizont des Wiederholungszwangs; daher ist die ‚Handlungsmöglichkeit' in der Möglichkeit anzusiedeln, diese Wiederholung zu variieren".[132]

Die Lösung des Problems, Handlungsfähigkeit im Anschluss an die Dekonstruktion des autonomen Subjekts zu bestimmen, lautet also, sowohl in denjenigen Prozess, der Subjekte erzeugt, als auch in denjenigen, der die Handlungen von Subjekten umfasst, die Bewegung der Wiederholung einzuschreiben. Auf diese Weise lässt sich der Herausforderung des Determinismus begegnen, ohne Handlungen als rein unbegründet zu begreifen. Diejenigen Kräfte, die Subjekte erzeugen, seien es „Regeln", Machtverhältnisse oder die Affizierungen Anderer, determinieren Subjekte nicht, weil sie keine ‚festen', identifizierbaren und lokalisierbaren Kräfte sind, auf die man mit dem Finger zeigen könnte. Sie sind allesamt von der Kraft der Différance durchzogen, sie berühren Subjekte und versetzen sie in die Existenz, aber sie sind *keine kausalen Kräfte,* die sich klar

---

[131] Butler. *Das Unbehagen der Geschlechter.*
[132] Ebd., S. 213.

umgrenzen und bestimmen lassen. Die Subjekte konstituierenden Kräfte müssen wiederholt werden, damit sie Subjekte bestimmen können, aber weil es sich eben um poröse und instabile Kräfte handelt, verschieben sie sich in dem Moment, in dem sie von Subjekten erschlossen werden. Genauer formuliert: Subjekte begegnen diesen Kräften nicht mit einer ihnen innewohnenden ‚eigenen‘ Kraft, die kausal von Wille oder Vernunft verursacht wird. Subjekte sind selbst ein Teil des Gewebes der Welt; ihre Form des Selbstbezugs resultiert aus denjenigen Affizierungen, die sie durchziehen.

Die Herausforderung für das Denken besteht darin, keine zwei unterschiedlichen Seinsarten bzw. Welten einzuführen – wie Kant das tut –, die zwischen dem Tun der Subjekte und denjenigen Kräften hierarchisch trennen, denen Subjekte ausgesetzt sind. In der Soziologie Pierre Bourdieus wird dieser Herausforderung etwa dadurch begegnet, dass sowohl auf der Mikroebene des Handelns als auch auf der Makroebene der Gesellschaft mit demselben kategorialen Apparat gearbeitet wird.[133] Den ‚Habitus‘ begreift Bourdieu als zugleich strukturierte und strukturierende Struktur. Was auf den Habitus einwirkt und wie der Habitus Handlungen in der Welt bewirkt, sind keine zwei unterschiedlichen Paar Schuhe, sondern müssen soziologisch in einem Zug erklärt werden. Derrida löst die eben erwähnte Herausforderung hingegen, indem er das Tun der Subjekte als Biegung der Kräfte, als „Variieren“ der Wiederholung versteht, wie Butler oben schreibt. Am eindrücklichsten lässt sich dieser Sachverhalt vielleicht angesichts der Sprache demonstrieren. Um überhaupt sprechen zu können, müssen Subjekte in einem bestimmten Sinne von der Sprache überwältigt werden. Wir wiederholen bestimmte Wörter, dann ganze Sätze und lernen so die Bedeutung der Wörter und der Grammatik, auf der eine Sprache fußt. Dies vollzieht sich im Falle des Erlernens der Muttersprache ohne Beteiligung des Willens und der Vernunft. Es handelt sich um ein einfaches Wiederholen der Sprache, aber dieses Wiederholen erzeugt erst die Möglichkeit, sich in der Sprache zu orientieren, über die Sprache zu reflektieren, eine neue Sprache zu erlernen und auch mit der Sprache zu spielen. Die Affizierung der Sprache, das Unterwerfen des Subjekts unter die Sprache, sind dem bewussten Orientieren in der Sprache *vorgängig*. Und trotzdem wäre es widersinnig von einer Determination des Subjekts durch die Kraft der Sprache zu sprechen: Die Sprache eröffnet vielmehr ein Handlungsfeld, das Subjekten die Möglichkeit gibt, die Sprache zu variieren, zu verändern oder es eben zu unterlassen.

---

[133] Vgl. zum Konzept des Habitus: Bourdieu, Pierre und Wacquant, Loïc. 1996. *Reflexive Anthropologie*. Frankfurt am Main: Suhrkamp; Bourdieu, Pierre. 1993. *Sozialer Sinn. Kritik der theoretischen Vernunft*. Frankfurt am Main: Suhrkamp.

Es ist exakt diese Beziehung zwischen einer Kraft von außen, die Subjekte wiederholend affiziert, und der Handlungsfähigkeit, die ein Produkt dieser Affizierung ist und die nicht im Modus der Kausalität fixiert werden kann. Vor diesem Hintergrund schreibt Butler: „Der Zwischenraum zwischen Redundanz und Wiederholung ist der Raum der Handlungsmacht".[134] Die entscheidende Frage lautet somit, *auf welche Weise* wiederholt wird, ob eine sprachliche Bezeichnung, eine Geschlechtsidentität, eine von Anderen erlittene Gewalt ,einfach' wiederholt wird, oder ob das Subjekt sich auf eine andere Weise zu ihnen verhält und diese Einwirkungen damit variiert. Wichtig ist, dass sich diese Handlungsmacht nicht einfach der Macht, die auf das Subjekt einwirkt, ablöst, sondern dass sie stets mit dieser Macht intraagiert und gerade damit auch diejenigen Kräfte zu verändern vermag, die das Subjekt berühren. Auch die Handlungsfähigkeit ist damit ein paradoxes Phänomen. Sie speist ihre Kraft nicht aus einem inneren Vermögen des Subjekts, sie verweist vielmehr stets, wie Werner Hamacher in seiner Derrida-Lektüre herausstreicht, auf ein grundsätzliches Scheitern: „Noch dieses Können, Vermögen und Mögen wird strukturell von einem Nicht-Können, einem Unvermögen und Un-möglichen konterkariert".[135] Auch hier ist es die Différance, welche die Möglichkeit eines reinen Vermögens verstellt und dem Subjekt zugleich die Möglichkeit verschafft, Handlungen zu vollziehen. Auch hier ist es die Verabschiedung einer Reinheit, die Derridas Blick auf die soziale Welt prägt. Die Bewegungen der Verschiebung, Durchkreuzung, Verhinderung und Verunmöglichung sind allesamt zentral für ein Verständnis sowohl der sozialen Welt als auch der Subjekte, die nicht nur die Welt besiedeln, sondern ein Teil der Welt sind. Eine soziologische Analyse, die sich diese Weltsicht zu eigen macht, steht also vor der Herausforderung, mit äußerst paradoxen Begriffen arbeiten zu müssen. Die etwas lapidar anmutende, aber nach Derrida absolut präzise Antwort auf die klassische soziologische Frage: „Wie ist Gesellschaft möglich?" muss dann notwendigerweise lauten: „Weil sie unmöglich ist".[136]

---

[134] Butler, Judith. 2006. *Haß spricht. Zur Politik des Performativen*. Berlin: Suhrkamp, S. 201.

[135] Hamacher, Werner. 2021. Le Sans de l'Etre (ad Derrida). In *Mit ohne Mit*. Zürich: Diaphanes, S. 89–154, hier S. 132.

[136] Inwiefern sich aus der dekonstruktiven Einsicht in die Unmöglichkeit einer reinen und mit sich selbst identischen Subjektivität auch gesellschaftstheoretische Konsequenzen ergeben, betrachten wir in Abschn. 3.2.2.

2.5   Schwelle

Ein soziologisches Denken *mit* Derrida, so hat sich im Schritt durch die unterschiedlichen Stationen der Texte der 60er und 70er Jahre immer wieder gezeigt, ist an Umwege gebunden. Die Tatsache, dass Derridas Denkbewegungen erst in den letzten Jahrzehnten eine Aufmerksamkeit erfahren, die über ihre ursprünglichen Fragestellungen hinausgeht, und die Diskurse von Literaturwissenschaften, Linguistik und Ästhetik überschreitet, macht ersichtlich, wie viel Aneignungs- und Transformationsarbeit vonnöten ist, um Derrida soziologisch anschlussfähig zu machen.[137] Wir haben uns in diesem ersten Teil unseres Buches zunächst auf die Grundzüge dekonstruktiven Denkens konzentriert und dessen historischen Blickwinkel freizulegen versucht. Dabei ging es immer wieder um Elemente, Zeichen, Intervalle, Differenzierungen und Wiederholungen, also um Begriffe, die erst einmal über keinerlei soziologische oder politische Färbung zu verfügen scheinen, sondern Grundbegriffe einer theoretischen Philosophie sind. An ihnen lässt sich aber ersichtlich machen, inwiefern Derrida der Strömung des Poststrukturalismus[138] zuzurechnen ist: Seine Texte gelten der Artikulation einer äußerst grundsätzlichen Struktur, die Sinn, Sprache, Schrift, Subjekte, Identifizierungsprozesse und Handlungsvermögen erst ermöglicht; diese Struktur ist jedoch immer schon eine Post-Struktur, eine aufgeschobene Struktur, denn sie ist stets verräumlicht und verzeitlicht. Alle terminologischen Wörter, die wir in diesem Teil unseres Buches eingeführt haben und die in Derridas Werk seine gesamte Schaffenszeit hindurch eine wesentliche Rolle spielen, sind durch diese Verräumlichung und Verzeitlichung ausgezeichnet. Sie sind allesamt dynamische Begriffe,

---

[137] Eine Ausnahme stellt, wie im vorherigen Abschnitt erwähnt, Butler dar, die Derridas Figur der Iterabilität bereits im Jahr 1990 für die feministische Theorie fruchtbar machte. Vgl. Butler. *Das Unbehagen der Geschlechter.*

[138] Neben Derrida gelten in Frankreich Gilles Deleuze, Michel Foucault, Julia Kristeva und Jean-François Lyotard als die wichtigsten Vertreter dieser Strömung. Auf je unterschiedliche Weise und in je verschiedenem Bezug auf Einzelwissenschaften geht es all diesen Philosoph*innen um ein Denken der Differenz, das Strukturen, Subjektivitäten und Identitäten als Produkt komplexer Konstitutionsprozesse begreift. Auf besonders fruchtbaren Boden ist die poststrukturalistische Theoriebildung in der feministischen Theorie gestoßen, insbesondere Luce Irigaray und Butler haben die patriarchale Struktur der sozialen Welt unter Rückgriff, Weiterentwicklung und Transformation dieser Theorien problematisiert. Auch in den *Science and Technology Studies,* worunter Donna Haraway und Bruno Latour zu rechnen sind, und in den *Neuen Materialismen* mit den Vertreterinnen Karen Barad, Jane Bennett, Rosi Braidotti, Elizabeth Grosz und Elizabeth A. Wilson wird das poststrukturalistische Denken aufgegriffen und weiterentwickelt (vgl. dazu Abschn. 3.3).

die nicht einfach eine Position im Raum und im Denken einnehmen, sondern sich
einer begrifflichen Lokalisierung entziehen.

Das fängt damit an, dass Derrida Wörter wie Différance, Spur, Urschrift, Iterabilität, Text und Gramma nicht als Begriffe verstanden haben möchte, denen sich
Eigenschaften zuweisen und die sich also definieren lassen. Ihnen können wir uns
nach Derrida nur in zirkulären Bewegungen nähern, durch das Anlegen anderer
Wörter, die auch wiederum keine klassischen Begriffe sind. Eine Herausforderung
für das Denken ergibt sich dadurch, dass Derrida nicht bloß die Unzureichbar-
keit dieser Wörter für die Charakterisierung eines zugrunde legenden Phänomens
behaupten möchte. Eine solche Annahme würde erneut ein logozentristisches
Urteil bestätigen, würde doch so das Zugrundeliegende als eine geheimnisvolle
Substanz ausgezeichnet werden, die sich nicht letztmöglich enthüllen lässt. Genau
deshalb ist die Struktur stets schon eine Post-Struktur: Die Differenzierungsbewe-
gungen, Wiederholungsschleifen, Möglichkeits- und Unmöglichkeitsbedingungen
sind keine greifbaren physikalischen oder metaphysischen Kräfte, sondern Ent-
zugsmomente. Sie entziehen sich dem Zugriff des Denkens, aber sie tun das
nicht deshalb, weil sie einer anderen Welt als das Denken angehören, sondern
weil das Denken selbst durch jene dynamischen Kräfte gekennzeichnet ist. Auch
für Derridas eigenes Schreiben gilt, was er über den Text und die Gramma formuliert: Das philosophische Denken findet nicht nur in einer Welt statt, sondern *ist*
selbst *Teil* des Gewebes der Welt. Derridas Versuch, dem Logozentrismus zu ent-
kommen, besteht vor diesem Hintergrund auch darin, diese Einsicht selbst noch
einmal in sein Denken einzuschreiben. Insofern sind seine Bücher und Texte
nicht linear angeordnet, sondern variieren eine Thematik auf unterschiedliche
Weise, und diese Varianz im Lichte der Wiederholung lässt den zu Beginn stehen-
den Gedanken nicht unberührt. Ein solches Denken muss sich notwendigerweise
einer Aufgliederung in ein Gefüge von Prämissen, Schlüssen und Konklusionen
verweigern.

Diese hochabstrakten, gegen die abendländische philosophische Tradition
gekehrten Denkbewegungen lassen sich nicht nur soziologisch erschließen und
fruchtbar machen, sie tragen bereits selbst schon soziologische Grundannah-
men in sich. So lässt sich mit der Dekonstruktion die Welt nicht als äußerer
Raum begreifen, der unabhängig voneinander existierende Individuen versammelt, sondern als Beziehungsnetz, das Subjekte konstitutiv miteinander verbindet.
Soziologische Theorien, die dem nahestehen, sind dann beispielsweise die

Habitustheorie Bourdieus,[139] die Systemtheorie Niklas Luhmanns[140] oder die Resonanztheorie Hartmut Rosas.[141] Sie alle gehen davon aus, dass sich die Soziologie nicht ‚der' Gesellschaft als einer feststehenden Entität widmen sollte, die in der Welt vorliegt, sondern, dass das Auge für die feinen und stets im Werden befindlichen Beziehungen geschärft werden sollte, die Subjekte umströmen. Bei Bourdieu sind das etwa die Geschmacksurteile, bei Luhmann Kommunikation und bei Rosa die Resonanz zwischen Subjekt und Welt. Diese soziologischen Theorien denken Gesellschaft nicht von den Polen her, also nicht im Ausgang der Individuen oder umfassender Makrostrukturen, wie Ökonomie, politische Institutionen oder Klassen. Sie begreifen Gesellschaft von den brüchigen Kräften her, die Subjekte berühren und die wiederum aufgrund dieser Berührungen zu Handlungen und Haltungen verleitet werden.

Was sich nun mit Derridas Dekonstruktion noch stärker in den Blick rücken lässt, sind die porösen Mechanismen, die das Zusammensein zwischen Menschen gleichermaßen ermöglichen wie verunmöglichen. Wenn die Soziologie die Frage nach der Möglichkeit der Gesellschaft und der wechselseitigen Interaktion stellt, dann vermag die Dekonstruktion aufzudecken, welche dynamischen Kräfte hier alle am Werk sind, damit das gelingt. Wenn wir zum Ende des letzten Abschnitts davon gesprochen haben, dass die Gesellschaft nach Derrida nur deshalb möglich ist, weil sie unmöglich ist, dann bedeutet das nicht, dass sich die Dekonstruktion nur für diese Bedingungen der Unmöglichkeit interessiert.[142] Es heißt aber, dass Möglichkeit und Unmöglichkeit genauso wie die Bindung und Entbindung der Menschen an Andere und an das strukturelle Gefüge der Gesellschaft in Kontakt miteinander stehen und dieser Kontakt für unauflösbare Vibrationen sorgt. Das Gespür für diese Vibrationen ist eines der herausragendsten Leistungen von Derridas Denken und macht es für eine soziologische Perspektivierung so spannend.

---

[139] Vgl. vor allem Bourdieu, Pierre. 1998. *Die feinen Unterschiede. Kritik der gesellschaftlichen Urteilskraft.* 10. Auflage. Frankfurt am Main: Suhrkamp.

[140] Vgl. Luhmann, Niklas. 1987. *Soziale Systeme. Grundriß einer allgemeinen Theorie.* Frankfurt am Main: Suhrkamp.

[141] Vgl. Rosa, Hartmut. 2016. *Resonanz. Eine Soziologie der Weltbeziehung.* 4. Auflage. Berlin: Suhrkamp.

[142] Allerdings gibt es sehr wohl Vertreter der Dekonstruktion, insbesondere Werner Hamacher, die ihr Augenmerk vorrangig auf Unmöglichkeitsbedingungen, Absetzungsbewegungen und Unvermögen richten. Vgl. vor allem Hamacher. Le Sans de l'Etre (ad Derrida).

Die dekonstruktive Kritik an Begründungsfiguren und Hierarchien

Wir haben bereits zu Beginn unserer Arbeit herausgestellt, inwiefern die Einnahme eines historischen Blickwinkels wichtig für Derridas dekonstruktives Verfahren ist. Sehr weit gefasst ist dabei die historische Spannbreite, denn Derrida betrachtet eine strukturelle Bewegung von der Antike bis in die Gegenwart und bis in den unmittelbaren akademischen Kontext Frankreichs hinein. Vor diesem Hintergrund haben wir uns zunächst mit der Frage beschäftigt, inwiefern die Schrift durch die Sprache abgewertet wurde. Aufgefächert hat sich dabei eine Vielzahl an Denkbewegungen, die allesamt quer zur vertrauten Form unseres Denkens und Existierens liegen, die uns aber zu einem sensibleren Blick verleiten sollen. Möglich wurde das dadurch, indem Derrida den Primat der Sprache problematisiert und einen neuen Schriftbegriff vorgeschlagen hat, der stärker von Differenzen und Verräumlichungen durchdrungen ist.

In diesem Kapitel wollen wir uns nun einem anderen Untersuchungsgegenstand zuwenden, der auch mit der Beziehung zwischen Sprache und Schrift verbunden ist, seine philosophische Verortung jedoch vor allem in der Neuzeit erfährt: Es geht um sogenannte ‚Begründungsfiguren', welche für die Arbeit der Geistes-, Sozial- und Naturwissenschaften sowie für die Politik der Moderne von entscheidender Bedeutung sind. Der Lektüreweg, den wir vorschlagen, führt uns zuerst zur Freilegung philosophischer Begründungsfiguren in Derridas Texten. Hier wollen wir aufzeigen, wie sich anhand eines einzigen Zitats aus der *Grammatologie* ein wilder Ritt durch die Philosophiegeschichte verfolgen lässt, der anhand von Platon, Aristoteles, der mittelalterlichen Scholastik, Descartes, Kant und schließlich Habermas die ungedeckte Voraussetzung eines Fundaments an die Oberfläche bringt (Abschn. 3.1). Daran anschließend möchten wir die Funktionsweise solcher Begründungsfiguren von der Philosophie

M. Eldracher and F. Meyhöfer, *Soziologisch denken mit Jacques Derrida*, Philosophische Grundlagen der Soziologie, https://doi.org/10.1007/978-3-658-41802-1_3

in die Soziologie übersetzen und an konkreten Beispielen der soziologischen (Gesellschafts-)Theorie veranschaulichen und durchspielen. Die Frage, inwiefern die moderne Gesellschaft begründungsbedürftig (geworden) ist, steht hier im Zentrum. Unser Vorgehen führt also von einer theoretischen Perspektivierung hin zu einer soziologischen Betrachtung, welche auch die praktisch-politischen Konsequenzen von Derridas Arbeit ersichtlich machen möchte. Während sich Derrida an der Geschichte der Philosophie abarbeitet, überführen wir diese Abarbeitung auf unsere Auseinandersetzung mit der Geschichte der Soziologie (Abschn. 3.2). Das Kapitel schließt mit einer Vorstellung feministischer Materialismen, die auf Derrida zurückgreifen, um die Stabilität hierarchischer Denk- und Praxisformen anzugreifen und für eine „horizontalere" soziale Welt einzutreten.[1] Wir möchten mit dieser Bezugnahme verdeutlichen, welches Potenzial ein dekonstruktives Durchdenken von konkreten, gegenwärtigen politischen Problemstellungen birgt: Die Ungleichheit einer geschlechtlich markierten Welt lässt sich mit Derridas tief ansetzender Kritik besonders gut entblößen, weil sie die politischen Ausschlussmechanismen vermeintlich neutraler Strukturen aufdeckt. Das impliziert den Übergang von einer hierarchisch fundierten hin zu einer ‚verschränkten' sozialen Welt (Abschn. 3.3).

3.1   Die philosophischen Begründungsfiguren der Moderne

Um die dekonstruktive Kritik an sozialen Hierarchien nachvollziehbar zu machen, wollen wir uns zunächst der Frage zuwenden, was genau unter einer ‚Begründungsfigur' bzw. einer ‚Ursprungsfigur' zu verstehen ist und warum Gesellschaften, ihre Teilbereiche oder Funktionssysteme in der Moderne auf solche Figuren angewiesen sind. Um eine Antwort auf diese Frage zu geben, können wir bei dem Begriff des Phonozentrismus ansetzen, den wir in Abschn. 2.1 vorgestellt haben. Wir erinnern uns: Unter Phonozentrismus versteht Derrida die Zentrierung des Sinns auf die *phoné,* d. h. auf Sprache. Der Phonozentrismus bezeichnet eine Denkform, welche die Sprache als der Schrift vorausgehend begreift, insofern sich dem sprechenden Subjekt der Sinn *unmittelbar präsentiert,* während die Schrift die Sprache bloß re-präsentiert. Derridas These war es im Lichte dessen, dass die abendländische Philosophie auf einem Phonozentrismus beruht: Sie rückt

---

[1] Dieser Ausdruck, auf den wir noch ausführlicher zurückkommen werden, wird etwa von Jane Bennett verwendet (vgl. Bennett, Jane. 2020. *Lebhafte Materie. Eine politische Ökologie der Dinge.* 2. Auflage. Berlin: Matthes & Seitz, S. 40).

die Sprache in den Mittelpunkt ihrer Bedeutungstheorien, weil die Laute den Sinn vermeintlich unmittelbar transportieren. Dieses spezifische Verständnis der Sprache hat nun aber nicht nur eine linguistische Pointe und stellt eine Konsequenz für die Sprachphilosophie dar, sondern ist in eine umfassende Welterfahrung einbezogen. Wenn die Sprache den Sinn präsentiert und wenn die Aufdeckung dieser Präsenz am *Anfang* jeder philosophischen Arbeit stehen muss, so bedeutet das nämlich, dass alles, was es in der Welt gibt, von der Präsenz her gedacht werden muss. Philosoph*innen *gründen,* wenn sie gemäß des Phonozentrismus verfahren, ihre Beschreibung der Welt in der Präsenz des Sinns. Anders formuliert ist die Präsenz des Sinns eine Gründungsszene der philosophischen Beschreibung der Welt.

Exakt an dieser Stelle fällt eine sprachphilosophische These mit einer umfassenden Betrachtung über die ontologische Struktur der Welt zusammen und es ist die Beziehung zwischen diesen beiden Ebenen, die Derrida ins Auge zu fassen versucht.[2] Was jetzt als Präsenz gedacht wird, lässt sich historisch in unterschiedlicher Weise auslegen:

> „Man ahnt bereits, dass der Phonozentrismus mit der historischen Sinn-Bestimmung des Seins überhaupt als *Präsenz* verschmilzt, im Verein mit all den Unterbestimmungen, die von dieser allgemeinen Form abhängen und darin ihr System und ihren historischen Zusammenhang organisieren (Präsenz des betrachteten Dinges als *eidos,* Präsenz als Substanz/Essenz/Existenz [*ousia*], Präsenz als Punkt [*stigme*] des Jetzt oder des Augenblicks [*nun*], Selbstpräsenz des cogito, Bewusstsein, Subjektivität, gemeinsame Präsenz von und mit dem anderen, Intersubjektivität als intentionales Phänomen des Ego usw.)".[3]

---

[2] Die Ontologie ist diejenige philosophische Disziplin, die sich seit Aristoteles dem ‚Sein' widmet. In der Antike ist damit zunächst die Substanz der Wirklichkeit bzw. des Kosmos gemeint, wie sie unabhängig von der menschlichen Perspektive besteht. In der Philosophie hat sich inzwischen die These durchgesetzt, der antiken und mittelalterlichen Philosophie gehe es im Kern um ontologische Fragen, die sich neben der Einheit der Welt und des Kosmos mit der Existenz von Seele und Gott beschäftigen. Demgegenüber setzt das neuzeitliche Denken seit Descartes einen Primat der Epistemologie voraus. Bei dieser philosophischen Disziplin stehen erkenntnistheoretische Probleme im Vordergrund, und zwar die Frage, wie ein Subjekt eine ihm gegenüberstehende Welt als Objekt zu erkennen vermag. Die ontologische Frage nach der Beschaffenheit des Objekts unabhängig von der Perspektive des Subjekts hat ihre Geltung verloren, weil die Philosophie nun stets von der Struktur des Subjekts ausgeht. Wie es zu einem solchen Übergang gekommen ist, wollen wir in diesem Kapitel untersuchen.

[3] Derrida. *Grammatologie,* S. 26.

Derrida rauscht innerhalb der Klammer dieses Zitats aus der *Grammatologie* in schwindelerregendem Tempo durch die Geschichte der Philosophie. Eine Auffächerung der unterschiedlichen Begriffe, die mit dem Terminus „Präsenz" verbunden sind, sollte es ermöglichen, die Funktion einer Begründungsfigur innerhalb der Philosophie und damit auch innerhalb unserer gewohnten Denkstruktur an die Oberfläche zu bringen. Es gilt nun also zu zeigen, inwiefern sich ein Denken der Präsenz mit dem Entwurf von Begründungsfiguren verbindet und welch ein umspannendes Netz dadurch ausgeworfen wird.

3.1.1   Die Funktion von Begründungsfiguren in der Geschichte der Philosophie

Wie es auch bei der Abwertung der Schrift und bei dem Vorrang der Sprache der Fall ist, liegt der historische Startpunkt eines Denkens der Präsenz bei Platon. *Eidos* ist nämlich der altgriechische Begriff für ‚Idee‘. Wir erinnern uns, dass Platon die Welt als zweigeteilt betrachtet: Der irdischen Welt der Erscheinungen steht eine übersinnliche Welt der Ideen gegenüber. Die Welt, wie wir sie wahrnehmen, ist das Abbild der ‚wirklichen‘ Welt der Ideen. Wir existieren beispielsweise nur deshalb als Menschen, weil es die Idee des Menschen gibt, die ‚Form‘ des Menschen, die jedem einzelnen Menschen seine Materialität verleiht.[4] Die Erkenntnis dieser ‚wirklichen‘ Welt ist für Platon das Ziel der Philosophie. Wenn Derrida nun von der „Präsenz des betrachtenden Dings als *eidos*" spricht, dann bezieht er sich darauf, dass nach Platon die Präsenz, die reine Existenz in der Gegenwart, primär den Ideen zukommt und nicht der Welt der Erscheinungen.[5] Die Ideen sind deshalb präsent, weil sie *nicht* der Welt der Erscheinungen angehören. Sie sind zeitlos, haben keine Vergangenheit und verändern sich nicht in der Zukunft. Ihre Form ist immer schon so gewesen, wie sie ist, und wird auch stets so sein. Die Ideen existieren damit im zeitlichen Modus der reinen Gegenwart. Menschen verändern ihre Materialität, sie altern und sterben, den Ideen kommt jedoch keine solche Veränderlichkeit zu, da sie nichts Materielles sind. Weil sie stets präsent sind, nur in einer einzigen, ewig andauernden Gegenwart existieren, bilden sie in Platons ontologischer Beschreibung der Welt das Fundament des Wissens. Die Ideen fungieren deshalb als Fundament, weil sie über größtmögliche Festigkeit verfügen, sie sind stets mit sich identisch und nicht in

---

[4] Hier wird eine wesentliche Hierarchie sichtbar, der wir uns in Abschn. 3.3 zuwenden, und zwar diejenige zwischen Form und Materie.

[5] Derrida. *Grammatologie,* S. 26.

Bewegung, sie sind etwas Übersinnliches. Sie vermögen als Begründungsfigur des Wissens zu funktionieren, weil sich jedes Wissen über die irdische Welt auf die Ideenwelt zu beziehen hat. Die Mathematik ist für Platon die höchste Wissenschaft, weil sie sich rein auf unveränderliche Formen[6] bezieht: Die Aussage ‚2 + 3 = 5‘ ist unabhängig von der empirischen Erscheinung von Elementen in der Welt gültig.[7] Aber auch die Politik muss sich auf die Ideen, etwa auf die Idee der Gerechtigkeit gründen, um ihren tagespolitischen Betrieb legitimieren zu können. Ohne eine Orientierung an der Ideenwelt mündet die Politik für Platon in Chaos und Anarchie.

Der zweite altgriechische Begriff, den Derrida im herausgestellten Zitat mit der Präsenz in Verbindung bringt, lautet *ousia*. Aristoteles gebraucht dieses Wort innerhalb seiner metaphysischen Schriften in prominenter Weise, gemeinhin wird es als ‚Substanz‘ übersetzt und meint das ‚Zugrundeliegende‘. Die Substanz existiert für Aristoteles nun aber nicht jenseits der Welt der Erscheinungen, wie es bei Platon der Fall ist. Vielmehr *sind* die Einzeldinge innerhalb der Welt Substanz. Ein Mensch, ein Pferd und ein Tisch sind damit gleichermaßen Substanzen; das ‚Zugrundeliegende‘ ist stets ein einzelnes Seiendes und keine Form, die unterschiedlichen Seienden gemeinsam ist. Die entscheidende Diskrepanz, die zwischen Platon und Aristoteles herrscht, beruht aus diesem Grund in der Frage, ob dasjenige, was den *Kern* der Dinge ausmacht, innerhalb oder außerhalb der Welt existiert. Die Essenz des Menschen gehört für Aristoteles nicht einer Welt jenseits der irdischen an, sondern *ist* der einzelne Mensch. Analoges gilt für Tiere, Pflanzen und dem, was wir gemeinhin als ‚Dinge‘, als ‚leblose Gegenstände‘ bezeichnen.[8] Allerdings bedeutet das nicht, dass alle Wesen in der

---

[6] Auch innerhalb der gegenwärtigen Philosophie gibt es Anschlüsse an die platonische Philosophie. Hier ist insbesondere Alain Badiou zu nennen, der sich neben der platonischen Metaphysik vor allem auf die Mengenlehre Georg Cantors bezieht, um einen starken Wahrheitsbegriff innerhalb der Philosophie zu etablieren (vgl. Badiou, Alain. 2005. *Das Sein und das Ereignis*. Berlin: Diaphanes; Badiou, Alain. 2010. *Logiken der Welten. Das Sein und das Ereignis 2*. Berlin: Diaphanes). Damit zeigt sich, dass eine Auslegung der Präsenz als *eidos* nicht obsolet geworden, sondern in der gegenwärtigen Philosophie nach wie vor vertreten ist. Für Badiou ist dabei die Abgrenzung zu Derridas Dekonstruktion elementar.

[7] Dieses Verständnis der Mathematik als eine auf reine, transzendentale Formen sich beziehende Wissenschaft wurde im 20. Jahrhundert jedoch beispielsweise von Foucault ins Wanken gebracht, der Materialität und Historizität als konstitutive Elemente der Mathematik ausgewiesen hat. Vgl. Foucault, Michel. 1981. *Archäologie des Wissens*. Frankfurt am Main: Suhrkamp.

[8] Aristoteles schreibt in seiner Kategorien-Schrift: „Substanz, um es im Umriß (nur allgemein) zu erklären, ist z. B. ein Mensch, ein Pferd" (Aristoteles. 2019. *Kategorien*. Hamburg: Meiner, 4 1b, S. 3).

Wertigkeit ihrer Existenz gleich sind. Für Aristoteles besteht sehr wohl eine *Hierarchie* zwischen den einzelnen Wesen, die er mit seiner dreiteiligen Seelenlehre zu *begründen* versucht: Während ‚Dingen', wie einem Tisch, keine Seele zukommt, haben Pflanzen an der ersten Komponente der Seele, dem vegetativen Leben, teil. Sie vermögen sich etwa der Sonne auszurichten, mit den Wurzeln nach Wasser zu suchen und chemische Prozesse, wie die Photosynthese, durchzuführen. Tiere haben zusätzlich am sensitiven Leben teil, sie sind dazu befähigt, Handlungen wie Nahrungssuche und Jagen auszuüben und sich mit anderen Tieren mittels Lauten und Gesten zu verständigen. Menschen schließlich partizipieren zusätzlich an der dritten Komponente der Seele, dem *logos*. *Logos* lässt sich als ‚Vernunft' übersetzen, bezeichnet in der antiken Philosophie allerdings auch so etwas wie die kosmische, vernünftige Ordnung, deren Teil wir alle sind und die uns durchdringt. Eine strikte Trennung zwischen einem Innen des Subjekts und einer äußeren Welt gibt es somit in der Antike nicht. Als Wesen, die über den *logos* verfügen, besitzen wir als höchste Fähigkeit das Vermögen zur Kontemplation, zur theoretischen Betrachtung der Welt, die für Aristoteles das philosophische Leben ausmacht.[9]

Wie es auch bei den ethischen und politischen Urteilen der Fall ist, die sich nach Platon aus der Betrachtung der Ideen ableiten lassen, besitzen die vernünftigen Urteile bei Aristoteles Allgemeingültigkeit: Sie gelten unabhängig von dem sozialen und historischen Kontext, innerhalb dessen ein Subjekt existiert. Auch wenn sie sich angesichts der Frage nach der Herkunft des Wissens uneinig sind, setzen beide Philosophen die unwandelbare Existenz dessen voraus, was den Kern der Welt in ihrem Inneren ausmacht. Dieser Gedanke lässt sich wiederum sehr schön mit dem Primat der Sprache zusammenführen, denn *eidos* und *ousia* schließen gleichermaßen die Schrift aus, weil diese die Reinheit von Ideen und Substanz zu kontaminieren vermag. Die Quelle des Wissens muss für Platon und Aristoteles klar identifizierbar sein, sie muss an einem lokalisierbaren, einheitlichen Ort, an einem Punkt konzentriert sein, sie darf sich nicht im Werden befinden und muss also in Präsenz vorliegen:

> „Wenn das nicht-phonetische Moment die Geschichte und das Geistesleben als Selbstpräsenz im Atem bedroht, dann deshalb, weil sie die Substantialität, den anderen metaphysischen Namen für die Präsenz, die *Ousia*, bedroht".[10]

---

[9] Diese dreigliedrige Seelenlehre entwirft Aristoteles vor allem in: Aristoteles. 2017. *Über die Seele. De anima*. Hamburg: Meiner.

[10] Derrida. *Grammatologie,* S. 47.

Die temporalisierte und verräumlichte Struktur der Schrift sprengt die Einheit der *ousia* auf, sie verzeitlicht die Gegenwart und versetzt die Präsenz in einen Strudel der Wiederholung, der Re-Präsentation. Die Uneinigkeit zwischen Platon und Aristoteles verdeckt nur scheinbar die entscheidende philosophische Prämisse, die beide Philosophen teilen: Die Philosophie muss sich in der Begründung von theoretischen, ethischen und politischen Urteilen auf ein Fundament berufen, das als Begründung von Wissen zu fungieren vermag. Dieses Fundament darf sich keinesfalls verschieben, es muss klare Kriterien für die Bestimmung von Wissen, Urteilen und politischen Regierungsformen liefern und damit muss es sich als ein mit sich identisches, präsentes und nicht von Anderem kontaminiertes Fundament erweisen. Ideen und Substanz als Begründungsfiguren des Wissens sind nicht von der Kraft der Différance und der Iterabilität durchdrungen, um zwei Begriffe aufzugreifen, die wir in den Abschn. 2.2 und 2.3 eingeführt haben. *Eidos* und *ousia* erwehren sich diesen Kräften, insofern sie als von Differenzierungs-, Verschiebungs- und Wiederholungsprozessen immunisiert betrachtet werden. Die Spur der Différance und die Struktur der Iterabilität müssen ferngehalten werden, um Begründungsfiguren in ihrer reinen Präsenz zu denken.

Die Begründungsfiguren, die Platon und Aristoteles ausgearbeitet haben, sind uns in einem gewissen Sinne fremd geworden und das hat seine guten Gründe: Sie greifen auf das zurück, was wir in einem alltagssprachlichen Sinne als ‚metaphysisch‘ bezeichnen, indem sie sich auf Formen jenseits unserer Welt (im Falle Platons) und auf eine Seelenlehre (im Falle Aristoteles‘) beziehen.[11] Beide Argumentationsformen haben zu Beginn der Moderne an Legitimation eingebüßt. Wir verstehen solche Figuren als theologische Gedankenfiguren, welche die Ordnung einer modernen politischen Gemeinschaft nicht mehr zu begründen vermögen – und es auch nicht sollten. Derridas entscheidendes Argument lautet nun jedoch, dass sich die Begründungsfiguren der Moderne *grundsätzlich nicht* von denjenigen der antiken Philosophie unterscheiden. Die Art und Weise, *wie* etwas begründet wird, ist die Gleiche: Der Weg muss stets über ein Element führen, das im höchsten Maße als Präsenz fungiert. Dieses Element muss

---

[11] Der Begriff der Metaphysik wurde durch Aristoteles in die Philosophie eingeführt. Dabei hat Aristoteles selbst diesen Namen nicht verwendet, er wurde mit aller Wahrscheinlichkeit von Andronikos von Rhodos geprägt, als dieser eine Ansammlung von 14 Büchern in das Gesamtwerk von Aristoteles einordnete. ‚Metaphysik‘ deutet vor diesem Hintergrund lediglich auf den Ort hin, welchen diese Bücher in der Reihenfolge des Werkes einnahmen: Sie wurden nämlich hinter die Physik einsortiert. Durch dieses Vorgehen wurde schließlich unser vertrautes Verständnis von der Metaphysik als einer Disziplin gegründet, die ‚nach‘ der Physik kommt, die sich dem widmet, was ‚jenseits‘ der physischen Welt liegt (vgl. Aristoteles. 1995. *Metaphysik*. Hamburg: Meiner).

sich selbst präsentieren und darf nicht von etwas anderem repräsentiert werden, insofern es in der Gegenwart zu erscheinen hat, über keine Vergangenheit und Zukunft verfügen und nicht der irdischen Welt angehören darf. Die Kontinuität zwischen dem antiken Logos und dem modernen Subjekt wird ersichtlich, wenn wir uns der Bedeutung der mittelalterlichen Scholastik zuwenden: „In der mittelalterlichen Theologie war dieser absolute Logos ein unendliches, schöpferisches Subjekt: die intelligible Seite des Zeichens bleibt dem Wort und dem Antlitz Gottes zugewandt".[12]

Im Mittelalter gehört das entscheidende Begründungsmoment des Wissens nicht mehr einem Logos oder Ideenhimmel an, sondern ist in der Person, der Subjektivität Gottes konzentriert. Die ‚lebendige' Kraft, die alles beseelt, liegt nach wie vor außerhalb der (irdischen) Welt, sie ist jetzt aber an einem Punkt, an einem Ort kondensiert. Dass Gott die Rolle des transzendentalen Signifikats einnimmt, macht es erst möglich, dass eine Ursprungsfigur einen einzigen Ort einnimmt.[13] Gott stellt im Mittelalter das Begründungsmoment des Wissens dar, weil er der Ursprung der Welt ist und sich alles Wissen notwendigerweise auf ihn zu beziehen hat. In der Moderne ist schließlich das Subjekt dasjenige Element, welches als Begründungsfigur des Wissens fungiert. Was in der Antike noch in der ‚äußeren Welt' liegt, sei es als *eidos* oder als *logos,* wandert jetzt in das Innere des Subjekts.[14] Was damit genau gemeint ist, werden wir im Folgenden unter die Lupe nehmen.

Die eben skizzierte Wanderbewegung lässt sich wohl am eindrücklichsten anhand der Philosophie Descartes' demonstrieren, die gemeinhin als Startpunkt der modernen Philosophie und als Begründung des Rationalismus angesehen wird. An ihr macht Derrida eine wesentliche Verschiebung von der Präsenz zur Selbstpräsenz aus:

---

[12] Derrida. *Grammatologie,* S. 28.

[13] Die Funktion des transzendentalen Signifikats innerhalb des Logo- und Phonozentrismus wurde ausführlicher in Abschn. 2.1 behandelt.

[14] Charles Taylor, dessen historische Argumentation derjenigen Derridas sehr ähnlich ist, hat in Augustinus den wesentlichen Umschlagspunkt dieser Entwicklung identifiziert. Taylor argumentiert, dass Augustinus' Gottesbegriff den Übergang des Fundaments des Wissens von etwas Äußerlichem in das Innere des Subjekts vorbereitet hat. Nach Augustinus erfährt man Gott nicht, indem man seine Sinne nach Außen richtet, man muss vielmehr Gottes Stimme in seinem *Inneren* aufspüren. Das Subjekt erfährt die Präsenz Gottes, indem es in sich hineinhorcht, seinen Blick in sein Inneres wendet. Hier wird auch wieder ersichtlich, welch starke Rolle die Stimme angesichts von Begründungsfiguren spielt. Vgl. dazu Taylor, Charles. 1996. *Quellen des Selbst. Die Entstehung der neuzeitlichen Identität.* Frankfurt am Main: Suhrkamp, S. 235–261.

„Der gewichtigste Einschnitt in der Geschichte dieses Umgangs vollzieht sich in dem Augenblick, wo sich gleichzeitig mit der Naturwissenschaft die Bestimmung der absoluten Präsenz als Selbstpräsenz, als Subjektivität durchsetzt, also zur Zeit der großen Rationalismen des 17. Jahrhunderts".[15]

Im Eingangszitat, mit dessen Hilfe wir in die Frage nach der Präsenz als Gründungsfigur eingestiegen sind, weist Derrida mit dem Ausdruck von der „Selbstpräsenz des cogito" auf Descartes hin.[16] Das ,Cogito' ist die Spezifizierung von Descartes' Subjektbegriff und wird als ,Ich denke' übersetzt. Für Descartes stellt der Beweis des denkenden Ich den Beginn der Begründung seines philosophischen Systems dar. Mittels des berühmten ,methodischen Zweifels' verwirft Descartes alles, was anzweifelbar ist, und dazu gehört die gesamte sinnlich erfahrbare Welt. Übrig bleibt letztlich nur noch das denkende Subjekt, denn dass ich zweifle, kann ich schließlich nicht mehr bezweifeln, weil die Bezweiflung selbst ein zweifelndes ,Ding' voraussetzt. So beweist Descartes die Existenz einer Substanz, die etwas denkend vollzieht und die er aus diesem Grund als ,res cogito', als ,denkende Sache' bezeichnet. Diese denkende Sache ist, wie Derrida schreibt, *sich selbst präsent,* weil sie auf keine Vermittlungsinstanz mehr angewiesen ist, um sich zu erfahren. Alles, was dem Ich äußerlich ist, wurde ja mittels der Zweifelsoperation als nicht eindeutig erkennbar bestimmt. Nur die Selbsterfahrung ist von dieser Unsicherheit ausgenommen und damit vermag nur sie als Fundament des Wissens zu agieren. Lediglich im Ausgang vom denkenden Subjekt lässt sich aus diesem Grund die Existenz der materiellen Welt bestimmen, die im Gegensatz zum Subjekt ,weniger' präsent ist. Das Subjekt ist der Ort, der Punkt, der für Descartes als Quelle des Wissens zu fungieren vermag.[17]

Diese enorme Verschiebung innerhalb der Geschichte der Philosophie kann für Derrida die Bewegung der Präsenz und die Rolle einer zentralen Begründungsfigur des Wissens nicht unkenntlich machen. Ganz im Gegenteil: Einzelne Subjekte sind freilich auch für Descartes sterblich und damit endlich und in der Zeit existierend; die *Struktur* der Subjektivität ist jedoch nicht von dieser Endlichkeit gekennzeichnet. Das Subjekt ist Substanz, insofern es ein denkendes Ding ist, das als Fundament des Wissens agieren kann. Es verfügt über einen Kern in seinem Inneren, der unangreifbar gegenüber Affizierungen von außen ist und der sich stets dem sozialen und historischen Kontext entzieht, innerhalb dessen ein

---

[15] Derrida. *Grammatologie*, S. 32 f.

[16] Ebd., S. 26.

[17] Diese Argumentation entfaltet Descartes insbesondere in seinen ersten beiden ,Meditationen': Descartes, René. 1993. *Meditationen über die Grundlagen der Philosophie*. Hamburg: Meiner.

Subjekt existiert. Wir denken zwar in unterschiedlichen Sprachen, aber die *Form* des Denkens ist für Descartes stets die Gleiche. Jetzt wird ersichtlich, welche Gedankenfigur Descartes mit Platon teilt: In beiden Fällen existiert nämlich ein Primat der Form gegenüber der Materie. Während bei Platon die Ideen die reinen Formen sind, die von Materialität und also Veränderbarkeit nicht kontaminiert sind, ist das denkende Subjekt Descartes' die reine Form, dessen Materialität – sein Körper – erst in einem zweiten Schritt, im Ausgang von der Innerlichkeit des Subjekts bewiesen werden kann. Das Denken selbst ist vom Körper abtrennbar, die 'res extensa', die ausgedehnte Sache, ist eine vom Denken fundamental unterschiedene Substanz.[18]

Die Gleichsetzung von Subjekt und denkender Substanz ist eine charakteristische Geste von Descartes' Denken und bestimmt von nun an die Funktion von *Begründungsfiguren* in der Moderne. Das Subjekt ist zum Fundament des Wissens geworden und die Philosophie ist in entscheidender Hinsicht Subjektphilosophie. Während in Antike und Mittelalter die das Wissen initiierende Quelle dem Subjekt äußerlich war – so etwas wie ein Begriff des Subjekts existierte noch gar nicht – müssen Wissen, moralische Urteile und politische Herrschaft nun im Ausgang vom Subjekt begründet werden.

Die prominenteste und tiefgreifendste Begründung der Subjektphilosophie ist diejenige Immanuel Kants. Innerhalb Descartes' erkenntnistheoretischen Untersuchungen kommt Gott noch eine entscheidende Stellung zu, auch wenn die Existenz Gottes erst im Anschluss an die Existenz des Subjekts als denkendes Ding bewiesen werden kann. Kants Philosophie radikalisiert die Denkbewegung Descartes', indem sie gar nicht mehr die Frage stellt, inwiefern unumstößliches Wissen über die Welt gewonnen werden kann, sondern die äußere Welt als ein Gefüge von Erscheinungen begreift, das auf Subjekte einwirkt. Wie Dinge in der Welt *unabhängig* von Subjekten beschaffen sind, ist keine Frage mehr, derer sich die Philosophie annehmen sollte. Vielmehr muss es ihr nach Kant um die Bestimmung der *Grenzen* menschlicher Erkenntnis gehen. Die Philosophie muss sich deshalb als 'Epistemologie' begreifen: Sie darf keine ontologischen Annahmen mehr über die Beschaffenheit der Welt unabhängig von Subjekten aufstellen,

---

[18] In der Unterscheidung zwischen Denken und Körper schreibt sich auch die Trennung zwischen dem Belebten und Unbelebten ein, weshalb Descartes folglich den Körper „als eine Art von Maschine" begreift (ebd., S. 75). Diese ontologische Deklassifizierung des Körperlichen wird für die politische Ordnung der Moderne entscheidend, denn politische Partizipation wird über die Fähigkeit zum Vernunftgebrauch hergestellt. Eine dekonstruktive Kritik des Ausschlusses derjenigen Subjekte, die nicht über eine bestimmte Norm der Rationalität verfügen, muss sich dann notwendigerweise einer Zersetzung der Trennung von Denken und Körper widmen (vgl. auch Abschn. 3.3).

sondern muss sich auf die Frage konzentrieren, wie Erkenntnisse in einer Welt möglich sind, die Subjekten radikal äußerlich ist. So ist etwa Kausalität für Kant nichts mehr, was sich in der Welt vollzieht, sondern eine ‚Kategorie' von Subjektivität: Subjekte vermögen einen Prozess in der Welt als kausal zu betrachten, weil die Beziehung zwischen Ursache und Wirkung eine Kategorie des menschlichen Verstandes ist; sie ‚gehört' Subjekten und ist nicht Teil der Welt. Erkenntnis stellt sich dann ein, wenn Phänomene in der Welt auf Subjekte einwirken und Subjekte diese zugleich mittels eines umfassenden Kategorienapparats betrachten, zu dem auch die Kategorie der Kausalität zählt. Die Bedingungen der Möglichkeit von Erkenntnis sind damit in irreduzibler Hinsicht an die Perspektive des Subjekts gebunden. Weil aber alle Subjekte über dieselbe Struktur der Subjektivität verfügen, also ihnen derselbe Kategorienapparat zur Verfügung steht, kann Erkenntnis eine Allgemeingültigkeit zugeschrieben werden.[19] Traditionelle metaphysische Fragen, zu denen nach Kant die Frage nach der Existenz der Seele, Freiheit und Gottes zählen, überschreiten die Grenzen der Vernunft und sollten als nicht mehr wissenschaftlich beantwortbar ausgewiesen werden. In praktischer Hinsicht muss ihre Existenz jedoch postuliert werden, da andernfalls moralische Handlungen nicht möglich sind. Dem Subjekt kommt innerhalb der Philosophie Kants die Rolle einer Begründungsfigur zu, weil das Subjekt über fundamentale Strukturen verfügt, aufgrund derer Wissen über die Welt erst möglich ist. Wenn Kants Philosophie als ‚kopernikanische Wende' charakterisiert wird, dann ist damit gerade die Hinwendung zum Subjekt als Mittelpunkt des philosophischen Systems gemeint. Während sich Kopernikus' revolutionäre Einsicht dadurch auszeichnet, die Erde nicht mehr als Mittelpunkt des Universums zu verstehen, rückt Kant den Menschen in das Zentrum der Philosophie.

Wenn Derrida nun im obigen langen Zitat von der Präsenz als „Subjektivität" spricht, dann meint er genau diese Struktur der Subjektphilosophie.[20] Genau wie es bei Descartes der Fall ist, ist das Subjekt bei Kant keinem Werdensprozess unterworfen. Es verfügt stets über den gleichen Kategorienapparat und ist durch den freien Willen, dessen Existenz theoretisch nicht bewiesen, aber praktisch vorausgesetzt werden sollte, zum moralischen Handeln befähigt. Das Subjekt ist ein radikal individuiertes Subjekt, es existiert außerhalb jeglichen Beziehungsgefüges und seine Subjektivität ist auf einen Punkt konzentriert, der keiner Veränderung unterliegt. Die Struktur der Subjektivität liegt damit in reiner Präsenz vor, sie

---

[19] Kant entwickelt den Kategorienapparat des Subjekts in der *Kritik der reinen Vernunft*, und zwar im Kapitel „Analytik der Begriffe"; eine „Tafel der Kategorien" findet sich in: Kant. *Kritik der reinen Vernunft*, S. 118 f.

[20] Derrida. *Grammatologie*, S. 33.

hat keine Vergangenheit und keine Zukunft, sondern existiert in einer ewigen Gegenwart. Auch wenn sich Kant strikt von der Theologie abgrenzt und keine klassischen metaphysischen Prämissen voraussetzen möchte, wohnt dem Subjekt in einem bestimmten Sinne eine göttliche Kraft inne: Es vermag sich selbst das Gesetz seines Handelns zu geben und wirkt so außerhalb der Natur, als ein ‚unbewegter Beweger‘, dessen Kausalursache Teil seiner Verstandes- und Vernunfttätigkeit ist. Der berühmte Kategorische Imperativ ist diejenige Prüfinstanz, mittels derer Subjekte nach Kant frei von jeglichen materiellen Einflüssen und nur in Bezug auf ihr Urteilsvermögen die Form moralischer Handlungsanweisungen überprüfen können.[21]

Indem Derrida danach fragt, wie die Präsenz des Sinns als *Begründung* des Wissens über die Welt fungiert, lässt sich zusammenfassend eine weitläufige philosophiegeschichtliche Linie verfolgen – von Platon zu Aristoteles, dann zu Descartes und zu Kant. Derrida betrachtet also von der Antike über das Mittelalter bis zur Moderne eine Zeitspanne von über 2000 Jahren unter einem bestimmten philosophischen Gesichtspunkt. Mit der Präsenz als Begründungsfigur steht aber nicht nur das Wissen über die Welt auf dem Spiel, sondern auch die Art und Weise, wie sich Subjekte zur und in der Welt faktisch verhalten und verhalten sollten. Denn insbesondere wenn das Subjekt bzw. die Subjektivität als Begründungsfigur fungiert, wird dies nicht nur zu einer *wissenschaftlichen,* sondern auch zu einer *moralisch-politischen* Frage.

Um Derridas dekonstruktive Herausarbeitung dieser Implikationen zu verfolgen, können wir erneut bei Kants Kategorischem Imperativ ansetzen. Diese etwa 230 Jahre alte, aber für unser heutiges Verständnis von Subjektivität immer noch enorm einflussreiche Vorstellung von moralischem Handeln beruht für Derrida aufgrund ihrer Angewiesenheit auf die Präsenz auf den gleichen metaphysischen Prämissen, wie es bei Platon und Aristoteles der Fall ist. Die Tatsache, dass für uns die Vorstellung individuierter Subjekte, die der erkenntnistheoretische Nabel der Welt sind und als autonome Akteure außerhalb der Welt stehen und sich damit

---

[21] Kant entwirft in seinen moralphilosophischen Schriften insgesamt vier Formulierungen des Kategorischen Imperativs, von denen die wohl berühmteste lautet: „Handle so, dass die Maxime deines Willens jederzeit zugleich als Prinzip einer allgemeinen Gesetzgebung gelten könne" (Kant. *Kritik der praktischen Vernunft,* S. 140). Wenn eine Handlung nicht verallgemeinerungsfähig ist, das heißt, wenn sie einer Prüfung durch den Kategorischen Imperativ nicht standhält, so ist sie für Kant keine moralische Handlung und sollte unterlassen werden. Das formale Kriterium der Widerspruchsfreiheit ist also das *einzige* Kriterium, das die Moralität einer Handlung begründet. Ihre Anwendung kann nach Kant jeder Mensch unabhängig seiner sozialen und kulturellen Herkunft vollziehen und angesichts dessen fungiert der Kategorische Imperativ als *universalistische* Norm.

das Gesetz ihres Handelns zu geben vermögen, so vertraut ist, macht ihre Dekonstruktion umso notwendiger. Denn im Anschluss an Kant werden nun weitere Begriffe wie ,Bewusstsein' und ,Wille' mit der Struktur von Subjektivität in Verbindung gebracht, deren Evidenz und deren Brauchbarkeit für die Beschreibung der sozialen Welt uns unmittelbar einleuchten.

Am Begriff des Bewusstseins lässt sich das Denken der Präsenz schnell einsichtig machen: Bewusstsein ist bewusstes Sein oder Sein, das sich selbst seines Seins bewusst ist. Wenn wir sagen, dass wir uns eines bestimmten Sachverhalts bewusst sind, dann meinen wir damit, dass wir uns diesen klar vor Augen führen, ihn festhalten und fixieren können. Alle diese Wörter deuten darauf hin, dass wir etwas in der Gegenwart halten: Wir halten etwas an einem Punkt, in einem bestimmten Augenblick fest – geht der Augenblick vorüber, dann zerfließt auch das Bewusstsein. Dass menschliche Subjekte über so etwas wie Selbstbewusstsein verfügen, unterscheidet sie gemeinhin von anderen Wesen, wie etwa Tieren. Hier steht die moderne Vorstellung im Hintergrund, Subjekte seien sich selbst, dem Kern ihrer ausgezeichneten Identität, bewusst. Unter ,selbstbewusstem Auftreten' verstehen wir darüber hinaus Handlungsweisen, die von einem besonderen Maß an Entschlossenheit gekennzeichnet sind. Menschen, die unsicher agieren, wird hingegen oft ein Mangel an Selbstbewusstsein zugeschrieben. Die Begriffe des Bewusstseins und des Selbstbewusstseins, die einer theoretischen, neutralen Auseinandersetzung zu entstammen scheinen, sind also in starkem Maße *normativ* aufgeladen, um Subjekte einer moralischen Beurteilung zu unterziehen. Ein gewisses Maß an Selbstbewusstsein, das mit einer bestimmten Form an Unabhängigkeit verbunden ist, gilt als ,gut'. Subjekte, die ihr Selbst nicht auf eine solche Weise zu fixieren vermögen, es nicht in Präsenz halten und also kontrollieren können, erfahren eine moralische Abwertung.

Das Gleiche gilt für den Begriff des Willens, der ebenso wie das Phänomen des Bewusstseins und Selbstbewusstseins eine spezifisch moderne Vorstellung ist. Mit ,Willen' wird philosophisch und alltagssprachlich die Fähigkeit von Subjekten bezeichnet, sich einen bestimmten Gegenstand oder eine Handlung nicht nur vorzustellen, sondern in der Welt zu realisieren. Wenn wir einen materiellen Gegenstand wollen, dann bedeutet dies, dass wir anstreben, ihn in unseren Besitz zu nehmen. Wenn wir sagen, dass wir ein bestimmtes Ziel erreichen wollen, dann meinen wir damit, dass wir das in unserer Macht Stehende tun, um das Ziel unserem Willen anzugleichen. In allen diesen Fällen geht es um Kontrolle, Besitz und Herrschaft. Ein Subjekt, das etwas will, möchte also, dass sich die Welt seinem Willen anpasst oder – anders formuliert –, dass der Abstand zwischen dem inneren Willen und der äußeren Wirklichkeit verschwindet.[22] Hier liegt die Annahme zugrunde, dass Subjekte über eine besondere Kraft verfügen, die nicht-menschlichen Wesen nicht zukommt: Ihnen wohnt dank ihres Willens die Fähigkeit inne, eine Handlung in der Welt auszulösen, deren Ursprung nur in ihnen selbst liegt. Der Wille ist im innersten Kern des Subjekts angesiedelt, er ist von den äußeren Kräften, die das Subjekt affizieren, unabhängig und macht die spezifische Subjektivität des Subjekts aus. Die wohlvertraute Vorstellung, dass es *ausschließlich* der Wille des Subjekts ist, der sich durch äußere Gewalteinwirkung nicht brechen lässt, geht auf diese Subjektkonzeption zurück.

Es ist letztlich der Wille, der die Befolgung des Kategorischen Imperativs für Kant erst möglich macht, weil er seine Kraft und damit moralische Reinheit nur sich selbst verdankt, und es ist der Wille, welcher der neoliberalen Idee zugrunde liegt, dass jeder seines Glückes Schmied ist. Sowohl die kantische Moralphilosophie als auch die neoliberale Wirtschaftstheorie gehen davon aus, dass Subjekte radikal individuiert sind und in ihnen eine geheimnisvolle Kraft vorliegt, mittels derer sie das verwirklichen können, was sie wirklich wollen. Was Aristoteles als Definition Gottes gewählt hat, nämlich als ,unbewegter Beweger' zu agieren, als Bewegungsursache, die selbst durch nichts anderes als sich selbst in Bewegung gesetzt wird, überträgt die neuzeitliche Philosophie und mit ihr die Kultur der Neuzeit auf das Subjekt: Der Wille ist diese magische, göttliche Kraft, aber sein theologischer Ursprung ist weitgehend verschüttet geworden. Er ist reine Präsenz, weil er keinerlei Transformationsprozess unterworfen ist; das, was der Wille begehrt, ändert sich, aber die Struktur des Willens selbst ist keinen Verschiebungen in Raum und Zeit unterworfen. Er ist genauso ewig und unveränderlich, wie es der platonische Ideenhimmel ist – aber die Vorstellung des Willens ist uns wesentlich vertrauter, als es Platons Kosmologie ist.

---

[22] Die Notwendigkeit einer Verringerung dieses Abstandes zwischen Innen und Außen ist es, womit Theorien des Willens immer wieder zu kämpfen haben und wodurch ihr theologisches Substrat sichtbar wird. Es scheint unklar zu sein, wie etwas Intelligibles mit etwas Materiellem verbunden werden kann und wie die Form dieser Beziehung aussieht. Kant sah sich hier vor die Unmöglichkeit gestellt, das Wesen der Beziehung zu denken und schloss daraus, dass die Existenz des Willens lediglich postuliert werden kann, dies in praktischer Hinsicht jedoch auch muss, weil wir uns sonst nicht als moralische und also freie Wesen begreifen können (vgl. Kant. *Kritik der praktischen Vernunft*, S. 243–249).

3.1.2 Das Subjekt als Begründungsfigur von Herrschaft

Wird das *Subjekt* als *Begründungsfigur des Wissens* verstanden, ist die theoretische Geste dieser Begründung also mit einer *politischen* Komponente verbunden, welche die Herrschaft des Subjekts absichern soll. Gemein ist ihnen allen stets die Angewiesenheit auf die Präsenz. Subjekte leben in einer Welt, die sich zeitlich verändert und auch das Alter eines Subjekts ändert sich im Laufe des Lebens; der Kern der Subjektivität, die Fähigkeit, sich seines in der Zeit unveränderlichen Selbst bewusst zu sein und willentlich etwas in der Welt zu bewegen, ist jedoch unveränderlich. Wäre sie es nicht, könnte sie nicht als Begründungsfigur fungieren. Nicht nur die theoretische Philosophie hätte dann Schwierigkeiten, erkenntnistheoretische Fragen nach dem Status von Objekten zu beantworten, sondern auch die politische Theorie hätte ein wesentliches Moment ihrer Rechtfertigung von Herrschaft eingebüßt. Das wird evident, wenn wir uns nun den Status des präsenten Subjekts innerhalb der klassischen neuzeitlichen Vertragstheorien zu Gemüte führen.

In der Moderne ist die Ausübung von Herrschaft rechtfertigungsbedürftig geworden, weil der Verweis auf eine vermeintlich natürliche kosmische und göttliche Ordnung nicht mehr von allen Gesellschaftsmitgliedern Anerkennung erfährt.[23] Wenn Kosmos und Gott nicht mehr als Begründungsfiguren funktionieren, weil das Subjekt deren Rolle eingenommen hat, dann bedarf es zeitgemäßer Rechtfertigungen von Herrschaft. Die Gesellschaftsvertragstheorien, deren berühmteste Vertreter Hobbes, Locke, Rousseau und Kant sind, versuchen auf dieses Problem zu antworten, indem sie die Notwendigkeit politischer Herrschaft ausgehend vom Subjekt zu begründen versuchen. In diesem Moment entsteht eine neue wissenschaftliche Disziplin der Moderne, und zwar die *Anthropologie*. Die politische Philosophie muss nun mit der Anthropologie als derjenigen Disziplin in Kontakt treten, deren Kernanliegen die Beantwortung der Frage „Was ist der Mensch?" ist.[24] Die Antwort auf die Frage nach der Essenz des Menschen ist eine notwendige Bedingung, um den Aufgabenbereich der Politik zu bestimmen. Der Bezug auf die Innerlichkeit des Subjekts ist irreduzibel, um die Grenzen seiner äußeren Beherrschung festzulegen.

---

[23] Die Entstehung der Soziologie ist eng mit dem Verschwinden dieser selbstverständlichen Legitimation von Herrschaft verbunden. Sie entsteht in dem historischen Moment, in dem die Begründung der Gesellschaft legitimationsbedürftig geworden ist (vgl. Abschn. 3.2).

[24] Diese Frage macht die letzte der vier berühmten Fragen Kants aus, welche die *Kritik der reinen Vernunft* beschließen. Die drei übrigen lauten: „Was kann ich wissen?", „Wie soll ich handeln?" und „Was darf ich hoffen?". Die Beantwortung der ersten drei Fragen setzt eine Explikation der letzten voraus. Vgl. Kant. *Kritik der reinen Vernunft*, S. 676–687.

In der Frage nach dem Wesen des Menschen unterscheiden sich die einzelnen Theoretiker des Gesellschaftsvertrags, nicht aber in dem Entwurf der Beziehung zwischen Anthropologie und Politik. So differieren Hobbes und Rousseau stark darin, ob der Mensch von Natur aus gut oder böse ist: Während Hobbes davon ausgeht, dass der Mensch im Naturzustand den einzelnen Menschen feindlich gesinnt ist,[25] setzt Rousseau eine natürliche Sympathie zwischen den Menschen voraus.[26] Wesentlich ist für beide jedoch, dass der Mensch ein von Natur aus vereinzeltes Individuum ist; er ist sich selbst präsent und erst aufgrund der Tatsache, dass er mit anderen Individuen in Kontakt tritt, entsteht ein politisches Problem. Gesellschaftsvertragstheorien gehen grundsätzlich davon aus, dass die Rechte von Individuen nur dann beschnitten werden dürfen, wenn sich aus dieser Beschränkung für sie selbst ein Vorteil ergibt. Der Leviathan im Falle Hobbes', ein absoluter Herrscher über Staat und Kirche, wird eingesetzt, indem jedes Individuum mit jedem anderen Individuum einen Vertrag abschließt, in deren Folge die Ausübung von Gewalt allein dem Leviathan zugewiesen wird. Und im Falle Rousseaus soll der Gesellschaftsvertrag einen gemeinsamen Willen im Gegensatz zur Summe der einzelnen Willen repräsentieren und antwortet damit auf das Problem der Entstehung von ungeordneten Proto-Gesellschaften. In allen diesen Fällen ist Herrschaft *begründungsbedürftig:* Sie ist es deshalb, weil die Rechte des Individuums grundsätzlich über allem stehen und der Eingriff in den unbeschränkten Willen des Subjekts nur dann gerechtfertigt ist, wenn der einzelne Mensch einen Nutzen daraus zieht.

Das sich selbst präsente vereinzelte Subjekt ist also die Begründungsfigur der modernen politischen Herrschaft. Die Gesellschaftsvertragstheorien verlieren jedoch um das 19. Jahrhundert herum entscheidend an Legitimation. Das Ereignis der Französischen Revolution sorgt nicht nur für einen Umsturz innerhalb der französischen Gesellschaft, die politisch-sozialen Transformationsprozesse im Zeitalter der Revolutionen lassen die Selbstverständlichkeit absoluter Herrschaft darüber hinaus fraglich werden.[27] Das Individuum verliert in demjenigen Moment als Begründungsfigur innerhalb der politischen Theorie an Legitimität, in dem das ,Volk', oder die ,Masse', an Macht gewinnen. Nun rückt nach Derrida jedoch nicht das Kollektiv an die Stelle des Individuums – oder anders

---

[25] Vgl. Hobbes, Thomas. 1966. *Leviathan. Oder Stoff, Form und Gewalt eines kirchlichen und bürgerlichen Staates.* Frankfurt am Main: Suhrkamp.

[26] Vgl. Rousseau. *Vom Gesellschaftsvertrag oder die Grundsätze des Staatsrechtes.*

[27] Vgl. Hobsbawm, Eric J. 1988. *The Age of Revolution. Europe 1789–1848.* London: Abacus.

formuliert: das Beziehungsgefüge, innerhalb dessen Subjekte existieren –, sondern die *Intersubjektivität*. Greifen wir ein letztes Mal auf das obige lange Zitat Derridas zurück, denn auch anhand des Terminus der Intersubjektivität lässt sich der Primat der Präsenz verdeutlichen. Die „gemeinsame Präsenz von und mit dem anderen, Intersubjektivität als intentionales Phänomen des Ego" sind Teil derselben logozentristischen Struktur, die sich seit Platon in der abendländischen Philosophie aufspüren lässt.[28] Das Phänomen der Intersubjektivität ist für Derrida an den Horizont der Subjektphilosophie gebunden, deren Startpunkt Descartes ist. ‚Intersubjektivität' meint zwar, dass Subjekte miteinander verbunden sind, allerdings ist die Beziehung der Existenz der Subjekte *nachgeordnet*. Die Quintessenz lautet, dass zwei (oder mehr) Subjekte interagieren, die *bereits* als Subjekte *konstituiert* sind und also selbst nicht die Produkte der Interaktion sind.[29] Die Subjekte beziehen sich aufeinander, nachdem sie bereits als Subjekte mit bestimmten Fähigkeiten, etwa Sprach- und Urteilsvermögen, Rationalität und freiem Willen ausgestattet sind. Die metaphysischen Substrate der Neuzeit, die den Kern der Subjektivität besetzen und Subjekte in fundamentaler Weise von Nicht-Subjekten, also Nicht-Menschen unterscheiden, haben auch in Theorien der Intersubjektivität ihren Ort.

Das lässt sich etwa für die Philosophie des späten 20. Jahrhunderts, für unsere Zwecke anhand der Diskurstheorie von Jürgen Habermas verdeutlichen.[30] Am Ort, an dem Subjekte zusammenkommen, um gemeinsam basale Fragen der Herrschaft zu verhandeln, erscheinen sie im Zustand reiner Rationalität. Politische Fragen lassen sich für Habermas nur dann legitimerweise beantworten, wenn allein das bessere Argument zählt. Die *Form* des Denkens, das Geben und Nehmen von Gründen, wird von ihrer *Materialität*, etwa der Körperlichkeit der Subjekte oder emotionalen ‚Einflüssen', abgetrennt.[31] Von Subjekten wird

---

[28] Derrida. *Grammatologie*, S. 26.

[29] Anders im Falle von Intraaktionen, innerhalb derer – ganz im Sinne einer dekonstruktiven Geste – dieses Voraussetzungsverhältnis umgekehrt wird (vgl. Abschn. 3.3).

[30] Vgl. Habermas, Jürgen. 1981. *Theorie des kommunikativen Handelns*. Frankfurt am Main: Suhrkamp.

[31] Das Wort ‚Einfluss' muss hier in Anführungszeichen gesetzt werden, weil Habermas der metaphysischen – und letztlich: patriarchalen – Annahme unterliegt, argumentatives Denken laufe ohne die Affizierung durch Gefühle ab. Zwei Texte, die diese Annahme auseinandernehmen, indem sie plausibilisieren, inwiefern jede Form des Denkens und Erkennens als emotionales Involviertsein zu begreifen ist, sind: Heller, Ágnes. 1980. *Theorie der Gefühle*. Hamburg: VSA-Verlag; Jaggar, Alison M. 1989. Love and knowledge: Emotion in feminist epistemology. In *Inquiry* 32 (2), S. 151–176.

verlangt, all ihre ‚vermeintlichen Attribute' – wie Geschlechtlichkeit, Rasse, ethnische Herkunft, Klassenzugehörigkeit und Alter – abzulegen, um vorurteilsfrei am politischen Diskurs partizipieren zu können. Habermas erkennt zwar an, dass Kommunikation und also intersubjektiver Austausch ein wesentliches Element darstellt; den am Diskurs Teilnehmenden liegt allerdings die Struktur des kantischen Subjekts zugrunde.[32] Subjekte vermögen von ihren jeweiligen Attributen zu abstrahieren: Sie können ‚ihr' Geschlecht, ‚ihre' Rasse, ‚ihre' ethnische Herkunft, ‚ihre' Klassenzugehörigkeit und ‚ihr' Alter als etwas begreifen, das im Kern nicht zu ihnen gehört, das sie ausblenden können, wenn es um wesentliche politische Fragen geht.[33] Das Vermögen, dies tun zu können, ist eine Grundkraft ihrer Subjektivität. Wir stoßen an dieser Stelle also erneut auf die Struktur der Präsenz, denn das Urteilen und Handeln nach Gründen – das Abstrahieren von allem, was nicht der rationalen Einsicht entspricht – setzt nichts anderes als eine sich ewig gegenwärtige Instanz der Subjektivität voraus. Die Struktur des Subjekts unterliegt keiner zeitlichen Veränderung, sie liegt im Kern stets so vor und das Vermögen zur nur durch den *logos* gesteuerten Argumentation ist keinen historischen und sozialen Wechselfällen unterworfen. Subjekte müssen über dieses Grundvermögen verfügen, sonst können sie nicht am Diskurs politischer Argumentation teilhaben, können keine von allen akzeptierbaren politischen Regeln ausgestalten.[34]

---

[32] Habermas verortet sich selbst in der Tradition Kants, indem er Subjektivität wesentlich auf einen Kern von Innerlichkeit reduziert, der sich durch Rationalität, den freien Willen und Autonomie auszeichnet. Affektivität und Körperlichkeit sind nicht Teil dieses inneren Kerns des Subjekts.

[33] Dass die Vorstellung dieser Abtrennbarkeit von Attributen eine zutiefst patriarchale Vorstellung ist, die mit einer dekonstruktiv problematisierbaren Abwertung von Körperlichkeit verbunden ist, werden wir in Abschn. 3.3 zeigen.

[34] Ein weiteres Beispiel für eine auf Kant zurückreichende liberale politische Theorie, die das sich selbst präsente Subjekt voraussetzt, ist die Vertragstheorie von John Rawls. Für Rawls werden die Grundpfeiler der politischen Herrschaft in einem fiktiven *Ur*zustand beschlossen, in dem Subjekte versammelt sind, die nicht wissen, welche Position sie später einmal in der Gesellschaft besetzen, und die auch nicht wissen, welches Geschlecht und welche ethnische Herkunft sie haben, über welches Einkommen sie verfügen, usw. Die Subjekte begegnen sich in diesem Gedankenexperiment also im Modus *reiner* Rationalität. Theorien wie denjenigen von Rawls und Habermas liegt die Vorstellung zugrunde, dass Subjekte von ihrem Körper abtrennbar sind; Rationalität ist eine geistige, intelligible Kraft, die über keine materielle Komponente verfügt. Vgl. Rawls, John. 1979. *Eine Theorie der Gerechtigkeit*. Frankfurt am Main: Suhrkamp. Vor dem Hintergrund der Différance als Nicht-Ursprung (vgl. Abschn. 2.2.2) und der Iterabilität als unvermeidbare Kontamination von Identität (vgl. Abschn. 2.3) können wir registrieren, dass sich politische Theorien einer dekonstruktiven

Wenn wir nun all diese unterschiedlichen Varianten moderner Begründungsfiguren auf ihre wesentlichen Momente hin abgleichen, dann haben wir es
mit folgenden Überschneidungen zu tun: Sowohl Erkenntnistheorie als auch
Moralphilosophie, politische Theorie und Sozialphilosophie kommen nicht darum
herum, das Subjekt als *die* Begründungsfigur des Wissens auszuweisen. Subjekte sind in substanzieller Hinsicht von Objekten unterschieden und der Mensch
ist ein Wesen, dessen Existenzweise sich in fundamentaler Hinsicht von nicht-
menschlichen Wesen unterscheidet.[35] Wenn wir an dieser Stelle noch einmal
Derridas Begriff der *Spur* aufgreifen, wie wir ihn in Abschn. 2.2.2 eingeführt
haben, dann wird deutlicher, was der Fluchtpunkt eines Denkens ist, das sich der
Zersetzung von solchen Begründungsmomenten verschreibt:

> „Alle Dualismen, alle Theorien der Unsterblichkeit der Seele oder des Geistes, wie
> auch die spiritualistischen oder materialistischen, dialektischen oder vulgären Monis-
> men, bilden *das* Thema einer Metaphysik, deren ganze Geschichte notwendig auf die
> Reduktion der Spur ausgerichtet war".[36]

Die Spur ist ja für Derrida ein Synonym für ‚Différance', denn die Différance
zieht eine Spur durch alles, was es gibt, sie verräumlicht und verzeitlicht Subjekte
und Objekte gleichermaßen und sprengt damit ihre vermeintliche Selbstidentität auf. Theorien, die mit einer vorgängigen Trennung zwischen Subjekt und
Objekt, Seele und Körper sowie Form und Materie arbeiten, müssen aus diesem

---

Befragung nicht nur dann anbieten, wenn sie das Subjekt und die Intersubjektivität als Gründungsfiguren einführen, sondern dabei auch von Ursprüngen und Reinheiten die Rede ist.

[35] In starker, aber verleugneter Nähe zu Derrida hat Bruno Latour in *Wir sind nie modern
gewesen* die Pointe dieser spezifisch modernen Konstellation eindrucksvoll und originell auf
den Punkt gebracht. Latour verbildlicht, nachdem er die Trennung zwischen Subjekt und
Objekt anhand der Theorien Hobbes', Kants, Hegels, Husserls und Habermas' zur Sprache
gebracht hat, seine Resultate anhand eines nach oben geöffneten Dreiecks: Während Subjekt
und Objekt ursprünglich – das heißt zu Beginn der Philosophie – eng miteinander verbunden sind, treten sie zu Beginn der Moderne in eine immer größere, einem nicht mehr zu
überbrückenden Abgrund gleichende Distanz zueinander. Der Versuch, Subjekt und Objekt
wieder miteinander zu verbinden, resultiert paradoxerweise darin, dass sich die Länge ihres
Abstands stets vergrößert. Die „Postmoderne", für Latour vor allem durch Jean-François
Lyotard repräsentiert, konstatiert schließlich nur noch eine „Hyper-Inkommensurabilität"
von Subjekt und Objekt, ohne sich auch nur im Entferntesten an einer Überbrückung des
Abgrunds zu versuchen. Zur Darstellung dieses Dreiecks vgl. Latour, Bruno. 2015. *Wir sind
nie modern gewesen. Versuch einer symmetrischen Anthropologie*. Frankfurt am Main:
Suhrkamp, S. 79.

[36] Derrida. *Grammatologie,* S. 124.

Grund notwendigerweise die Spur ‚reduzieren'. Sie müssen ihre Kraft unkenntlich machen, denn die Spur hat den Effekt, die Präsenz aufzuschieben, sie zu verzeitlichen und es also unmöglich zu machen, die Gegenwart als Ausgangspunkt zu bestimmen. Dass dualistische Theorien die Spur notwendigerweise ausschließen müssen, haben wir bereits zu Beginn unseres Buches gezeigt: Jeder Dualismus basiert darauf, ein Glied seines Paares als ursprünglich, mit sich identisch und präsent zu setzen, und das zweite Glied als verunreinigtes, repräsentierendes Doppel zu diskreditieren, das ausgeschlossen werden muss.[37] Innerhalb dualistischer Theorien sind beispielsweise Sprache, Form, Geist oder Rationalität die Begründungsmomente und Schrift, Materie, Körper und Affektivität ihre kontaminierten Doppel: Sie sind das, was außerhalb der Präsenz in einer unreinen Welt liegt und deren Erkenntnis stets ein Problem darstellt.

Aber nicht nur dualistische, sondern auch monistische Theorien verschreiben sich nach Derrida einem Ausschluss der Spur. Ein materialistischer Monismus etwa vertritt die Prämisse, dass alles in der Welt materiell ist und damit einem Determinismus unterliegt, der sich naturwissenschaftlich erfassen lässt. Materie ist dabei grundsätzlich passiv und hat keine Geschichte, sie liegt in reiner Präsenz vor und ‚wartet' darauf, von wissenschaftlichen Verfahren ‚entdeckt' zu werden. Traditionelle materialistische Theorien antworten damit auf die Schwierigkeiten, die sich aus der Überbrückung einer Trennung zwischen Form und Materie, Geist und Körper sowie Subjekt und Objekt ergeben, indem sie alles auf das zweite Glied dieser Dualismen reduzieren. Es gibt nur Materie, Körper sowie Objekte und keinerlei spezifisch ‚menschliche' oder ‚subjektive' Kräfte, wie Rationalität, Intentionalität und freien Willen. Solche Theorien erkennen die Probleme, die mit den Voraussetzungen des sich selbstpräsenten Subjekts und nicht-materialistischer Eigenschaften von Subjektivität verbunden sind; sie ziehen daraus nach Derrida jedoch die falschen Schlüsse, indem sie das Subjekt als Begründungsmoment des Wissens und der politischen Herrschaft verwerfen, aber die logozentristische Struktur, die mit ihr vernabelt ist, unangetastet lassen. Gleiches gilt dann auch für die „spiritualistischen" Monismen, welche die Welt auf etwas Geistiges oder Mentales reduzieren.[38] In diesen Fällen wird die theoretische Geste wiederholt: Die Welt wird in zwei Hälften, in eine ‚wirkliche' und eine ‚unwirkliche' Hälfte zerschnitten.[39]

---

[37] Vgl. Abschn. 2.1.

[38] Derrida. *Grammatologie*, S. 124.

[39] Es lassen sich innerhalb der Geschichte der Philosophie jedoch auch monistische Theorien finden, die sich der hegemonialen Struktur der Metaphysik, um deren Problematisierung es Derrida geht, entziehen. Das prominenteste Beispiel ist hierbei Baruch de Spinoza, dessen

Die dekonstruktive Arbeit, mittels derer Derrida die Porosität der modernen Begründungsfiguren aufzeigt, verweist jedoch selbst auf eine monistische Theorie. Dieser Schluss liegt nicht allzu fern, wenn wir uns die Ressourcen der dekonstruktiven Theoriearbeit in Erinnerung rufen, wie wir sie im ersten Teil unseres Buches freigelegt haben. Différance, Iterabilität, Spur und Urschrift sind alle Namen für basale Kräfteverhältnisse, welche die Welt durchziehen. Subjekte, Objekte, Sprache, Schrift, Identitäten und politische Institutionen werden gleichermaßen von der Kraft der Differenzierung, Verzeitlichung, Verräumlichung und Wiederholung hervorgebracht. Hier gibt es keine unterschiedlichen Grade an Realität, kein Wesen und keine Entität, dem mehr oder ein höheres Sein zukommt als es bei anderen Wesen oder Entitäten der Fall ist. Der Mensch nimmt keinen höheren Rang innerhalb der Schöpfung aufgrund ‚vermeintlicher' Eigenschaften wie Rationalität, Autonomie und freiem Willen ein;[40] er ist, wie es auch bei Tieren, Pflanzen und ‚materiellen' Gegenständen der Fall ist, Teil eines materiellen und zugleich mit Bedeutung aufgeladenen Beziehungsgefüges der Welt.[41] Das heißt nicht, dass es keine Unterschiede mehr zwischen menschlichen und nicht-menschlichen Wesen gibt; es impliziert jedoch, dass diese Unterschiede etwas

---

Philosophie nur *eine* Art von Substanz kennt und gemeinhin in der Formel zusammengefasst wird: ‚Gott oder Natur' (vgl. Spinoza, Baruch de. 2006. *Ethik in geometrischer Ordnung dargestellt*. Hamburg: Meiner). Spinoza gebraucht den Substanzbegriff anders als Aristoteles; er behauptet, dass alles, was es gibt, sowohl etwas Göttliches als auch etwas Natürliches darstellt, und zwar als Verschränkung zwischen Geistigem und Natürlichem. Für Spinoza existiert nichts unabhängig voneinander, kein Element liegt in Präsenz vor, sondern affiziert stets andere Elemente und wird von ihnen affiziert. Im 20. Jahrhundert hat vor allem Gilles Deleuze an Spinozas monistische Theorie angeschlossen und sie politisch radikalisiert (vgl. Deleuze, Gilles. 1993. *Spinoza und das Problem des Ausdrucks in der Philosophie*. München: Fink). Wir werden uns in Abschn. 3.3.1 mit Theorien auseinandersetzen, die auch an Spinoza anschließen und deren Potenzial für eine Kritik an Hierarchien offenlegen.

[40] ‚Vermeintlich' sind diese Eigenschaften deshalb, weil sie wiederum nichts anderes als Begründungsfiguren darstellen, welche die Beziehungshaftigkeit von menschlichen Wesen verstellen.

[41] Der Terminus der Materialität muss hier in Anführungszeichen gesetzt werden, weil nach Derrida ‚Materialität' gerade nicht mehr anhand der Achse zwischen menschlichen und nicht-menschlichen Wesen verteilt werden kann. Keinem Wesen kommt ein Mehr oder ein Weniger an Materialität zu, alle sind gleichermaßen jenem materiell-diskursiven Produktionsprozess unterworfen. Im Anschluss an Derrida hat vor allem Karen Barad die ontologische Tragweite dieser Annahme ausgearbeitet (vgl. Barad. *Agentieller Realismus;* Barad, Karen. 2010. Quantum Entanglements and Hauntological Relations of Inheritance. Dis/continuities, SpaceTime Enfoldings, and Justice-to-Come. In *Derrida Today* 3 (2), S. 240–268).

Produziertes und nicht etwas Ursprüngliches sind. Keinem menschlichen Vermögen kommt von Natur aus Präsenz zu, kein Vermögen ist mit sich identisch und sich selbst gegenwärtig, indem es sich seiner Einspannung zwischen Vergangenheit und Zukunft entzieht. Dass die Welt monistisch und nicht dualistisch eingerichtet ist, heißt vor diesem Hintergrund, dass es *keine natürliche hierarchische Ordnung* innerhalb der Welt gibt, dass der Mensch nicht das Maß aller Dinge und die Krönung der Schöpfung ist. Diesen, im Ausgang von Derrida möglichen Konsequenzen bezüglich einer Problematisierung von Hierarchien werden wir uns in Abschn. 3.3 weiter zuwenden. Nun gilt es jedoch erst einmal den Begründungsfiguren in den klassischen soziologischen Theorien nachzuspüren.

3.2   Begründungsfiguren in soziologischen Theorien

Wir wollen in diesem Abschnitt der von Derrida freigelegten Funktionsweise von Begründungsfiguren in der Soziologie folgen und dabei zugleich zu einem präziseren Verständnis von Derridas Hierarchiekritik gelangen. In einem ersten Schritt übersetzen wir die Problematisierung von Begründungsfiguren auf soziologische Theorien der modernen Gesellschaft, die sich dadurch auszeichnen, ein bestimmtes Prinzip zum Grund und Wesen der Moderne zu erheben. Während soziologische Theorien der modernen Gesellschaft mit Derrida daraufhin zu befragen sind, inwiefern sie mit der Voraussetzung eines festen Grundes der modernen Gesellschaft arbeiten, wollen wir in einem abschließenden Schritt beispielhaft diskutieren, wie an den Rändern soziologischer Theoriebildung Begründungsfiguren in Szene gesetzt werden.

   Bisher haben wir uns den Begründungsfiguren in der Philosophiegeschichte – von der Antike über die Neuzeit bis ins 20. Jahrhundert hinein – zugewendet und vermerkt, dass unter anderem das ‚Subjekt‘ als Begründungsfigur für Fragen der *modernen* Wissenschaft und Politik gleichermaßen fungiert. Die in ihrem Kern präsente, selbstidentische und historisch invariante *Struktur* der (Inter-)Subjektivität verbürgt das vermeintlich feste Fundament, von dem aus die soziale Welt erkannt und Herrschaftsverhältnisse moralisch-politisch gerechtfertigt werden. Die Rechtfertigungsbedürftigkeit von Herrschaftsverhältnissen wird insbesondere zwischen dem 18. und 19. Jahrhundert in einer historischen Konstellation offenbar, die sich ideengeschichtlich mit der europäischen Aufklärung und sozialgeschichtlich mit gesamtgesellschaftlichen Transformationen als Folge

politischer, ökonomischer und kultureller Revolutionen beschreiben lässt.[42] Zeit-
genössisch wird diese Entwicklung in der Neuzeit als epochaler Bruch mit
der Vergangenheit erlebt und als ein Eintritt in die *Moderne* auf den Begriff
gebracht.[43] Eng damit verwickelt ist die Herausbildung der modernen Sozialwissenschaften, die sich die *Gesellschaft* als eigenständiges, autonomes und
irreduzibles Objekt vorlegen.[44] Die Sozialwissenschaften des frühen 19. Jahrhunderts setzen es sich zum Ziel, die *moderne Gesellschaft* in ihrer Eigenheit und
ihren inneren Bewegungsgesetzen zu erkennen. Die moderne Gesellschaft wird
so zu einem erklärungsbedürftigen Objekt – nicht zuletzt auch, um auf Grundlage wissenschaftlicher Erkenntnis drängende soziale und kulturelle Fragen der
Gegenwart zu beantworten.[45]

Im Unterschied zum Staat und der Natur wird die moderne Gesellschaft
im 18. und 19. Jahrhundert ein eigenständig zu beforschendes Objekt in einer
historischen Situation, in der nicht nur spezifische Herrschaftsverhältnisse, sondern die politische und soziale Ordnung insgesamt fraglich geworden ist.[46]
Die moderne Gesellschaft wird zum sozialwissenschaftlichen Objekt, weil sie
begründungsbedürftig geworden ist. Insbesondere die klassischen soziologischen
Theorien der Moderne lassen sich dahingehend befragen, welche *Begründungsfiguren* sie zur Beantwortung dieser Begründungsbedürftigkeit einsetzen. Aus dem

---

[42] Vgl. Stollberg-Rilinger, Barbara. 2011. *Die Aufklärung. Europa im 18. Jahrhundert*.
2. Auflage. Stuttgart: Reclam.

[43] Vgl. Koselleck, Reinhart. 2015. Vergangene Zukunft der frühen Neuzeit. In *Vergangene
Zukunft. Zur Semantik geschichtlicher Zeiten*. 9. Auflage. Frankfurt am Main: Suhrkamp,
S. 17–37; Koselleck, Reinhart. 2015. Wie neu ist die Neuzeit? In *Zeitschichten. Studien zur
Historik*. 4. Auflage. Frankfurt am Main: Suhrkamp, S. 225–239; Gumbrecht, Hans Ulrich.
2006. Modern, Modernität, Methode. In *Dimensionen und Grenzen der Begriffsgeschichte*.
München: Fink, S. 37–80.

[44] Vgl. Wittrock, Björn; Heilbron, Johan und Magnusson, Lars. 1998. The Rise of the Social
Sciences and the Formation of Modernity. In *The Rise of the Social Sciences and the Forma-
tion of Modernity. Conceptual Change in Context, 1750–1850*, hrsg. Johan Heilbron, Lars
Magnusson und Björn Wittrock. Dordrecht: Springer Netherlands, S. 1–33; Porter, Theo-
dore M. 2003. Genres and Objects of Social Inquiry, from the Enlightenment to 1890. In *The
Modern Social Sciences. Band 7*, hrsg. Theodore M. Porter und Dorothy Ross. Cambridge:
Cambridge University Press, S. 13–39.

[45] Vgl. Wagner, Peter. 2021. *Sozialwissenschaften und Staat. Frankreich, Italien, Deutschland 1870–1980*. 2. Auflage. Frankfurt am Main, New York: Campus; Tenbruck. Emile
Durkheim oder die Geburt der Gesellschaft aus dem Geist der Soziologie.

[46] Vgl. Wagner, Peter. 1998. Certainty and Order, Liberty and Contingency. The Birth of
Social Science as Empirical Political Philosophy. In *The Rise of the Social Sciences and the
Formation of Modernity. Conceptual Change in Context, 1750–1850*, hrsg. Johan Heilbron,
Lars Magnusson und Björn Wittrock. Dordrecht: Springer Netherlands, S. 241–263.

Blickwinkel der Dekonstruktion lässt sich diese Begründungsbedürftigkeit der Gesellschaft nicht nur als historische Zäsur, sondern für die Gesellschaft konstitutiv aufgreifen. Bevor wir diesem Argument nachgehen, widmen wir uns zuerst den Begründungsfiguren der klassischen soziologischen Theorien der modernen Gesellschaft und kommen dabei wiederholt auf Derridas Problematisierung der Begründungsfiguren zurück.

3.2.1 Begründungsfiguren in soziologischen Theorien der Moderne

Derridas Kritik an Ursprungsfiguren haben wir bisher in Form eines Durchgangs durch die Philosophiegeschichte behandelt. Seine Problematisierungsgeste darf aber nicht beim philosophischen Diskurs und seinen Texten stehen bleiben, sondern sie zielt auf potenziell *alle* Begründungsfiguren, die ausgehend vom Wert der Präsenz ein stabiles und selbstidentisches Fundament der sozialen Welt einzusetzen versuchen:

> „Man muss im Gegenteil bei der Schwierigkeit dieses Durchgangs verweilen, ihn in der rigorosen Lektüre der Metaphysik, wo immer sie den abendländlichen Diskurs normiert und nicht nur in den Texten der ‚Philosophiegeschichte' wiederholen".[47]

Dagegen ließe sich einwenden, dass sich die Soziologie als moderne Wissenschaft gerade dadurch auszeichne, sich metaphysischer Spekulation zu verwehren, sich – abseits allgemeiner erkenntnistheoretischer Fragen – nicht mit der ontologischen Beschaffenheit der sozialen Welt zu beschäftigen und allenfalls ideengeschichtliche Reste der von Derrida kritisierten Denktradition mitzuschleppen. Wenn aber das Spiel der Différance die soziale Welt und sämtliche ihrer Phänomene durchzieht, können wir davon ausgehen, dass die dekonstruktive Kritik der logozentrischen Begründungsfiguren von der Antike bis zur Neuzeit nicht nur in historischer, sondern auch in systematischer Hinsicht für *soziologische* Beschreibungen der sozialen Welt hochrelevant ist.

In einem Aufsatz über *die Struktur, das Zeichen und das Spiel im Diskurs der Wissenschaften vom Menschen* vollzieht Derrida in Auseinandersetzung mit den Arbeiten von Lévi-Strauss eine explizite Ausweitung seiner Kritik

---

[47] Derrida. Die différance, S. 52.

an Ursprungsfiguren.[48] Lévi-Strauss' anthropologisch-ethnologische Strukturanalysen der sozialen Welt sind unter dem Label des Strukturalismus in den Argumentationshaushalt der soziologischen Theorie eingegangen. Gleichermaßen für die Philosophiegeschichte wie auch für die Geschichte des Abendlandes könne man

> „[…] zeigen, dass alle Namen für *Begründung, Prinzip oder Zentrum* immer nur die Invariante einer Präsenz (*eidos, arche, telos energia, ousia* [Essenz, Existenz, Substanz, Subjekt], *alethia*, Transzendentalität, Bewusstsein, Gott, Mensch usw.) bezeichnet haben".[49]

Einige der philosophischen Terme haben wir im vorangegangenen Abschnitt anlässlich eines ebenso beladenen Zitats aus der *Grammatologie* behandelt.[50] Bemerkenswert ist mit Blick auf soziologische Theorien, dass wir neben „Mensch" Derridas Hinweis auf Ergänzungsmöglichkeiten („usw.") ernst nehmen und die Reihe um ‚Moderne' und ‚Gesellschaft' ergänzen können. Darüber hinaus bietet sich Derridas Problematisierung der Begründungsfiguren in den *Wissenschaften vom Menschen* für eine Übersetzung in die Soziologie gerade deshalb an, weil es wesentlich um den Begriff der ‚Struktur' geht. Seine Analyse dreht sich genauer darum, inwiefern die ‚Struktur' selbst eine Begründungsfigur darstellt und welche begrifflichen Verschiebungen eine nicht-gründende Beschreibung der sozialen Welt initiieren könnten. Einerseits wird an der ‚Struktur' als Begründungsfigur Derridas Problematisierungsgeste deutlicher. Andererseits haben wir es mit einem Grundbegriff der soziologischen Theoriebildung zu tun, der die Fachgeschichte bis heute durchzieht und immer wieder in Relation mit anderen Grundbegriffen gesetzt wurde – wenn nicht sogar die moderne Gesellschaft selbst als Struktur begriffen wird.[51]

---

[48] Derrida bezieht sich im hier interessierenden Aufsatz vorwiegend auf Lévi-Strauss. *Das wilde Denken;* Lévi-Strauss. *Die elementaren Strukturen der Verwandtschaft* und Lévi-Strauss, Claude. 2000. *Mythologica I. Das Rohe und das Gekochte.* Frankfurt am Main: Suhrkamp.

[49] Derrida. Die Struktur, das Zeichen und das Spiel im Diskurs der Wissenschaften vom Menschen, S. 424, erste Herv. von uns, ME/FM.

[50] Vgl. Derrida. *Grammatologie,* S. 26.

[51] Das Bestreben, die moderne Gesellschaft in ihrer *Grundstruktur* begreifen zu wollen, hält sich durch alle Debatten- und Reflexionslagen der soziologischen Gesellschaftstheoriebildung bis mindestens in das letzte Drittel des 20. Jahrhunderts hinein durch. Als plakatives Beispiel vgl. nur Münch, Richard. 1984. *Die Struktur der Moderne. Grundmuster und differentielle Gestaltung des institutionellen Aufbaus der modernen Gesellschaften.* Frankfurt am Main: Suhrkamp. Einen beispielhaften Debattenüberblick über Differenzierung oder

Derrida problematisiert die Verwendung des Begriffs der Struktur in den Humanwissenschaften und der neuzeitlichen Philosophie hinsichtlich der mit dem Begriff üblicherweise verbundenen Voraussetzung, dass der Struktur ein Zentrum zugrunde liegt. Untersucht wird also, inwiefern sich die Struktur auf einen eindeutigen und stabilen Ursprung bezieht, den sie als festes Fundament organisiert. Die Vorstellung einer nicht-zentrierten Struktur, d. h. einer Struktur *ohne* Zentrum und Fundament, sei bisher – wir können sagen: bis zur zeitgenössischen Philosophie der späten 60er Jahre – nicht denkbar gewesen.[52] Wenn eine Struktur aus den Verbindungen verschiedener Elemente (oder Phänomene) besteht, dann regelt das Zentrum deren Austauschbarkeit und Variabilität; das Zentrum selbst ist aber unveränderlich, muss konstant gehalten werden und bleibt als „begründend[e] Unbeweglichkeit" trotz aller Vielfalt der strukturell verbundenen Elemente mit sich selbst identisch.[53] Das gründende *Zentrum* einer Struktur organisiert und sichert die Kohärenz der miteinander verbundenen Elemente, regelt ihre Formen und grenzt ab, welche Phänomene als Elemente der Struktur berücksichtigt werden können. Das Zentrum ist also genauso unveränderlich und sich selbst präsent, wie es der Ideenhimmel Platons, die Substanz Aristoteles' und das Cogito Descartes' sind.

Frei übersetzt: Indem die soziale Welt ausgehend von einer ihr zugrunde gelegten Struktur beobachtet wird, erscheinen alle beobachtbaren Phänomene als Ausdruck oder Wirkungseffekt der Struktur. Die beispielsweise in den gesellschaftlichen Funktionssystemen oder Feldern der Wissenschaft und der Kunst beobachtbaren Phänomene sind höchst unterschiedlich; aber die soziale Logik ihrer Kommunikationsformen oder der in ihnen stattfindenden Deutungs- und Positionskämpfe ist ihrem *Prinzip* nach für soziologische Beobachter*innen dieselbe.[54] Was in der sozialen Welt passiert – und was überhaupt von Soziolog*innen beobachtet wird – wird in Verbindung mit der Struktur gesetzt und

---

Ungleichheit als ‚eigentlichere' Grundstruktur gibt Schroer, Markus. 2010. Funktionale Differenzierung versus soziale Ungleichheit. Ein Beitrag zur Debatte über die Grundstruktur der modernen Gesellschaft. In *Soziologische Kontroversen. Beiträge zu einer anderen Geschichte der Wissenschaft vom Sozialen,* hrsg. Georg Kneer und Stephan Moebius. Berlin: Suhrkamp, S. 291–313.

[52] Vgl. Derrida. Die Struktur, das Zeichen und das Spiel im Diskurs der Wissenschaften vom Menschen, S. 422.

[53] Ebd., S. 423.

[54] Vgl. Luhmann, Niklas. 1998. *Die Wissenschaft der Gesellschaft.* 3. Auflage. Frankfurt am Main: Suhrkamp; Luhmann, Niklas. 1997. *Die Kunst der Gesellschaft.* Frankfurt am Main: Suhrkamp; Bourdieu, Pierre. 1992. *Homo academicus.* Frankfurt am Main: Suhrkamp; Bourdieu, Pierre. 2001. *Die Regeln der Kunst. Genese und Struktur des literarischen Feldes.* Frankfurt am Main: Suhrkamp.

dahingehend befragt, ob dieses Phänomen ‚näher' am Zentrum der Struktur angesiedelt ist und damit deutlicher Ausdruck ihres Wirkungsprinzips ist. Ist es hingegen aufgrund seiner ‚Ferne' weniger relevant, gar eine zu vernachlässigende Randerscheinung, so wird ihm auch weniger Aufmerksamkeit geschenkt. In zentrierten Strukturen zu denken, hierarchisiert die soziale Welt und die in ihr beobachtbaren Phänomene gemäß ihrer Nähe zum Zentrum. Wir kommen darauf zurück. Derrida geht es in der Auseinandersetzung mit dem Begriff der Struktur hier aber erst einmal um den Hinweis, dass das Zentrum einer Struktur das *Prinzip* der Struktur und der Phänomene der sozialen Welt bildet, die mit der Struktur und an ihr beobachtet werden können.

Mit dieser eher begriffstechnisch-logisch anmutenden Problematisierung möchte Derrida die Aufmerksamkeit darauf lenken, dass die Verwendung einer Denkfigur wie die der ‚Struktur' in der theoretischen oder empirischen Forschungspraxis anscheinend damit einhergeht, einen fundierenden Ursprung der Struktur *vorauszusetzen*. Phänomene in der sozialen Welt als strukturell miteinander verbunden, strukturell verursacht oder als Ausdruck von Struktureffekten zu betrachten nötigt dazu, die Struktur in einem Zentrum – einem Konzept, einem Prinzip oder einer übergreifenden sozialen Logik – zu gründen. Die Fundierung der Struktur in einem vorausgesetzten Zentrum hat, so können wir Derrida paraphrasieren, gewisse theoretische Nebenwirkungen, die sich nicht mehr ganz einholen lassen: „Der Begriff der zentrierten Struktur ist in der Tat der Begriff eines *begründeten* Spiels, das von einer […] versichernden Gewissheit, die selber dem Spiel entzogen [ist], ausgeht".[55] Gründungsgesten begrenzen also *prinzipiell* das, was strukturell verbunden, verursacht oder hervorgebracht werden kann, ebenso, wie sie das gründende Zentrum der Struktur diesen *Prinzipien* entziehen. So wird die Struktur auf ein Zentrum bezogen, das als „Organisationsprinzip" der strukturell miteinander verbundenen Elemente ‚rein' oder mit sich selbst identisch gehalten wird.[56]

Zusammenfassend begegnet uns hier auf dem Feld der Humanwissenschaften, zu denen auch die Soziologie zu zählen ist, die Bewegung der Différance, und zwar die Hervorbringung einer scheinbar stabilen und im Kern reinen Identität durch die Abgrenzung von einem (konstitutiven) Außen wieder.[57] Wie lässt sich nun diese dekonstruktive Problematisierung der Implikationen, die

---

[55] Derrida. Die Struktur, das Zeichen und das Spiel im Diskurs der Wissenschaften vom Menschen, S. 423.

[56] Ebd., S. 422.

[57] Vgl. zur Iterabilität im Allgemeinen Abschn. 2.3.2 und für die hervorbringende Kraft des konstitutiven Außen im Falle der Subjektivität im Besonderen Abschn. 2.4.3.

mit dem Begriff der ‚Struktur' einhergehen, auf das Feld der soziologischen (Gesellschafts-)Theorie bzw. soziologischen Theorien der modernen Gesellschaft übertragen? Und wie funktioniert das, wenn Derrida selbst nicht explizit eine Theorie ‚der' Moderne oder ‚der' Gesellschaft aufgestellt hat?

Zuallererst lässt sich danach fragen, ob soziologische Theorien der modernen Gesellschaft ebenso wie die Philosophie bestimmte Begründungsfiguren einsetzen, um Beschreibungen der begründungsbedürftig gewordenen sozialen Welt anzufertigen. Wenn wir die mit jedem theoriegeschichtlichen Überblick einhergehende Unschärfe zugestehen, lässt sich für diesen Zweck an Andreas Reckwitz' poststrukturalistisch sensibilisierte Bestandsaufnahme der klassischen soziologischen Theorien der Moderne anschließen. Die Soziologie ist für Reckwitz sowohl im Hinblick auf die wissenschaftsgeschichtlichen Bedingungen ihrer Herausbildung im 19. Jahrhundert als auch in Anbetracht der seitdem das Fach prägenden Begriffsklaviatur eine „Wissenschaft der Moderne".[58] Als eine solche Wissenschaft lassen sich die Klassiker der soziologischen Gesellschaftstheorie um drei zentrale Konzepte herum kartieren: Die Moderne wird als *Kapitalisierung, als Rationalisierung* oder als *Prozess funktionaler Differenzierung* beschrieben.[59] Die klassischen soziologischen Theorien der Moderne *gründen* in ihren Erzählungen die moderne Gesellschaft auf diesen Prinzipien. Und einmal gegründet ist die Geschichte der Moderne bis in die Gegenwart im Wesentlichen ein Prozess der Steigerung und Intensivierung des gewählten Prinzips:

> „Die klassischen soziologischen Theorien der Moderne sind damit Theorien der ‚Modernisierung', die von einer Ausbreitung und Steigerung der als modern anerkannten gesellschaftlichen *Strukturprinzipien* in Raum und Zeit ausgehen".[60]

Es lässt sich freilich trefflich darüber streiten, ob es diese oder andere Strukturprinzipien sind, die den Kern der verschiedenen klassischen soziologischen

---

[58] Reckwitz, Andreas. 2013. Moderne. Der Kampf um die Öffnung und Schließung von Kontingenzen. In *Poststrukturalistische Sozialwissenschaften*, hrsg. Stephan Moebius und Andreas Reckwitz. 2. Aufl. Frankfurt am Main: Suhrkamp, S. 226–244, hier S. 226.

[59] Vgl. Marx, Karl. 1982. *Das Kapital. Kritik der politischen Ökonomie*. Berlin: Dietz; Weber, Max. 1988. Die protestantische Ethik und der Geist des Kapitalismus. In *Gesammelte Aufsätze zur Religionssoziologie 1*. 9. Auflage. Tübingen: UTB, S. 17–206; Durkheim, Émile. 1992. *Über soziale Arbeitsteilung. Studie über die Organisation höherer Gesellschaften*. Frankfurt am Main: Suhrkamp.

[60] Reckwitz. Moderne, S. 226 f., Herv. von uns, ME/FM.

Theorien der Moderne ausmachen.[61] Mit Reckwitz' Darstellung lässt sich aber die Aufmerksamkeit darauf lenken, dass diese Theorien trotz aller Eigenheiten einem Strukturprinzip folgen, das der modernen Gesellschaft zugrunde liegt und das – einmal theoretisch gefasst und in empirischen Phänomen beobachtet – sich im Verlauf der Geschichte entfaltet. Mit Derrida formuliert handelt es sich um Begründungsfiguren, die gleichzeitig den Kern oder das Wesen ,der' modernen Gesellschaft bezeichnen und dabei ein theoretisches Zentrum bilden, das die Beschreibungen der modernen Gesellschaft organisiert.

Ist das Organisationsprinzip der Struktur erst einmal „durch einen Gestus, der der Struktur ein Zentrum geben und sie auf einen Punkt der Präsenz, einen festen Ursprung beziehen wollte" fixiert, dann lassen sich weitere Begriffe, Kategorien und Unterscheidungen, mit denen Phänomene in der sozialen Welt beschrieben werden, an dieses Zentrum binden.[62] Der historischen Entwicklung der modernen Gesellschaft mit ,Kapitalisierung', ,Rationalisierung' oder ,funktionaler Differenzierung' ein Entwicklungsprinzip zugrunde zu legen, zentriert die theoretische Optik dergestalt, dass von diesem ,Grundkonzept' weitere Verästelungen von Begriffen, Kategorien und Unterscheidungen ausgehen können.[63] Sie

---

[61] So schlagen beispielsweise Rosa et al. in einer einführenden Bestandsaufnahme vor, soziologische Theorien historisch und systematisch danach zu unterscheiden, ob sie die *Domestizierung* der Naturverhältnisse, die *Rationalisierung* aller gesellschaftlichen Teilbereiche, deren *Differenzierung* oder die *Individualisierung* als das entscheidende Merkmal der mit der Moderne einsetzenden gesellschaftlichen Transformationsprozesse schwerpunktmäßig betonen (vgl. Rosa, Hartmut; Strecker, David und Kottmann, Andrea. 2007. *Soziologische Theorien*. Konstanz: UVK, S. 19–22). Müller hingegen kartiert klassische Gesellschaftstheorien dahingehend, auf welche ökonomischen, politischen und kulturellen Transformationen der modernen Gesellschaft sie zeitdiagnostisch reagiert haben und unterscheidet dadurch *Industrialisierung, Demokratisierung* und *Individualisierung* als ihre grundlegenden Themenbezüge (Müller, Hans-Peter. 2021. *Krise und Kritik. Klassiker der soziologischen Zeitdiagnose*. Berlin: Suhrkamp, S. 18–24). Die Liste an Beispielen ließe sich beliebig erweitern. Entscheidend ist für unsere Belange, *dass* sich klassische Theorien der modernen Gesellschaft nach den Strukturprinzipien ordnen lassen, die sie für die moderne Gesellschaft als wesentlich bescheinigen.

[62] Derrida. Die Struktur, das Zeichen und das Spiel im Diskurs der Wissenschaften vom Menschen, S. 422.

[63] Mit anderen Worten und auf die logisch-textförmige Gestalt von Gesellschaftstheorien fokussierend können wir davon ausgehen, dass Begründungsfiguren in Gesellschaftstheorien als „theoretische[r] beziehungsweise argumentative[r] Kern" fungieren, von dem dann ein „abstraktes Kräftefeld konzeptueller und argumentativer Ressourcen, ein Gravitationsfeld von Begriffsformen" ausgeht (Stamm, Marcelo. 2005. Konstellationsforschung – Ein Methodenprofil: Motive und Perspektiven. In *Konstellationsforschung*, hrsg. Martin Mulsow und Marcelo Stamm. Frankfurt am Main: Suhrkamp, S. 31–73, hier S. 35 f.).

müssen freilich zur Begründungsfigur passen, um plausibel zu sein und die Kohärenz der Beschreibung der modernen Gesellschaft nicht zu verletzen. Vergleicht man unterschiedliche klassische soziologische Theorien der Moderne hinsichtlich dieser vom Zentrum ausgehenden Begriffsnetze, dann fallen vor allem *Differenzen* ins Auge, welche die Gesellschaftstheorien grundbegrifflich durchdringen: Das sind etwa die Dualismen von Tradition und Moderne, von (relativ stabiler) Gesellschaftsstruktur und (relativ variablen) kulturell-symbolischen Formen, von (moderner) Rationalität und (vormoderner) Irrationalität bis hin zu Natur (im Sinne überzeitlich-anthropologischer Konstanten) und (historisch wandelbarer) Kultur. Um dafür nur drei Beispiele aus den Anfängen der Soziologie in Europa zu geben, lassen sich Herbert Spencers Unterscheidung von militärischer versus industrieller Selbstorganisation der modernen Gesellschaft, Emile Durkheims Unterscheidung von mechanischer und organischer Formen der Arbeitsteilung und Ferdinand Tönnies' Unterscheidung von Gemeinschaft und Gesellschaft als dem menschlichen Zusammenleben zugrunde liegende Willensformen nennen.[64]

Zwar ließe sich nun leicht einwenden, dass eine solche vergleichende Gegenüberstellung gesellschaftstheoretischer Entwürfe ihrer jeweiligen begrifflichen Komplexität nicht gerecht wird. Aber so wird besonders deutlich, dass die soziologischen Theorien der Moderne mit Begründungsfiguren arbeiten – in den drei genannten Fällen mit ‚Selbstorganisation‘, ‚Arbeitsteilung‘ und ‚Willen‘. Sie erlauben es, die historische Zäsur der Moderne und die Transformationsprozesse der modernen Gesellschaft im Sinne eines geschichtlichen Übergangs zu fassen. Auch wenn die Begriffe und Unterscheidungen mittels erkenntnistheoretischer Vorkehrungen als Abstraktionen oder Idealtypen entworfen werden – die moderne Gesellschaft lässt sich beschreiben, als *wäre* sie ihrem Wesen nach der Übergang von militärischer hin zur industriellen Selbstorganisation, von mechanischer zur organischen Arbeitsteilung und von Gemeinschaft zu Gesellschaft. Diese um eine Begründungsfigur herum zentrierten Differenzen dienen nicht lediglich der „Darstellung historischer Phasen der gesellschaftlichen Entwicklung", es handelt sich bei ihnen vielmehr „zugleich um Modelle der Autogenese sozialer Ordnung, die auch zeitgleich am Werk sind".[65] Was die historische Herausbildung der modernen Gesellschaft prozesshaft beschreibt, *begründet* ihr Wesen. Die

---

[64] Spencer, Herbert. 1898. The Principles of Sociology. Volume 2. In *The Principles of Sociology. In three Volumes.* New York: Appleton and Company, hier S. 568–642; Durkheim. *Über soziale Arbeitsteilung;* Tönnies, Ferdinand. 2005. *Gemeinschaft und Gesellschaft. Grundbegriffe der reinen Soziologie.* 4. Auflage. Darmstadt: Wissenschaftliche Buchgesellschaft.

[65] Srubar, Ilja. 2015. Wozu Geschichte der Soziologie? Die Soziologiegeschichte als historische Wissenssoziologie. In *Soziologiegeschichte. Wege und Ziele,* hrsg. Christian Dayé und Stephan Moebius. Berlin: Suhrkamp, S. 465–487, hier S. 474.

moderne Gesellschaft *ist* und *bleibt* in räumlicher und zeitlicher Ausdehnung im Wesentlichen das, was ihr Prinzip ausmacht.

Dieses meist implizite Zusammenfallen von historischer Beschreibung und gesellschaftstheoretisch gesetztem Zentrum der modernen Gesellschaft begründet also nicht nur, sondern begrenzt auch, *inwiefern* ,die' Moderne und ,die' Gesellschaft zu Gegenständen der Soziologie gemacht werden – und inwiefern nicht. Begründungsfiguren bringen nicht nur ,die' Moderne und ,die' moderne Gesellschaft als beschreibbare Objekte der Gesellschaftstheorie hervor, an denen sich dann beliebig historische Entwicklungen ablesen und Begriffe erproben lassen. Eine Begründungsfigur als Zentrum der soziologischen Beschreibung der modernen Gesellschaft hat

> „nicht nur die Aufgabe, die Struktur zu orientieren, ins Gleichgewicht zu bringen und zu organisieren […], sondern [sie soll] vor allem dafür Sorge tragen, dass das Organisationsprinzip der Struktur dasjenige in Grenzen [hält], was wir das Spiel der Struktur nennen könnten".[66]

Mit geschärfter Aufmerksamkeit für die Begründungsfigur fällt uns dann zusätzlich auf, dass „die modernisierungstheoretische Version des soziologischen Diskurses […] darauf hinaus [läuft], der Moderne eine *geschlossene,* sich selbst reproduzierende Struktur zuzuschreiben".[67] Mit anderen Worten erlauben es Begründungsfiguren, die Moderne von der Nicht-Moderne abzugrenzen. So lässt sich etwa die vom Kapitalismus gänzlich erfasste moderne Gesellschaft von einer nicht-kapitalistisch, sondern agrarwirtschaftlich-korporativ organisierten Vormoderne oder die primär in verschiedene gesellschaftliche Funktionssysteme differenzierte moderne Gesellschaft von der maßgeblich stratifiziert-ständischen Gesellschaft unterscheiden. Auf Begründungsfiguren geht damit eine Grenzziehung zurück, die *erstens* die moderne Gesellschaft mit denjenigen Strukturprinzipien identisch setzt, die zu ihrer historischen Herausbildung geführt haben sollen, und die sie gegenüber anderen Beschreibungsmöglichkeiten zumindest partiell abschließt. Und *zweitens* wird eine allgemeine historische Grenze zwischen einem modernen ,Innen' und einem nicht-modernen ,Außen' gezogen – als das Äußerliche oder Andere der modernen Gesellschaft.[68] Das ,Außen' der modernen Gesellschaft ist dann ein verunreinigtes Anderes, das es aus der Gesellschaft

---

[66] Derrida. Die Struktur, das Zeichen und das Spiel im Diskurs der Wissenschaften vom Menschen, S. 422.

[67] Reckwitz. Moderne, S. 229, Herv. von uns, ME/FM.

[68] Vgl. Ebd.

auszugrenzen gilt, um das ‚fortschrittliche' und ‚rationale' Innen gegenüber dem ‚rückständigen' und ‚irrationalen' Außen zu schützen.

Dieser Aspekt der Problematisierung der Struktur als Begründungsfigur ähnelt der Denkbewegung, mit der Derrida die Différance freilegt. Was die Moderne und die moderne Gesellschaft ausmachen, lässt sich genau besehen nur über eine Beziehung zu dem bestimmen, was sie *nicht* sind: Paradoxerweise liegt das gründende Zentrum „sowohl *innerhalb* der Struktur als *auch außerhalb* der Struktur [...]. Es liegt im Zentrum der Totalität, und dennoch hat die Totalität *ihr Zentrum anderswo*, weil es ihr nicht angehört".[69] Wir haben es also mit einer Verdopplung der Begründungsfigur zu tun und das macht die Untersuchung kompliziert. Als Zentrum sind Begründungsfiguren im *Inneren* und bilden als Organisationsprinzip der gesellschaftstheoretischen Beschreibung das Innerste der modernen Gesellschaft. Diesen Platz können Begründungsfiguren aber nur durch einen Bezug zu ihrem *Außen* einnehmen. Auch wenn diese abstrakt formulierte Einsicht eher danach klingt, mehr an Theoriearchitektur als an ‚der' Gesellschaft interessiert zu sein, lassen sich von ihr ausgehend prägnante Schließungsbewegungen der klassischen soziologischen Theorien der modernen Gesellschaft sichtbar machen: Der begründende Identitätskern der modernen Gesellschaft lässt sich nämlich nur deshalb fixieren, weil diese Theorien die Bewegungen der *Verzeitlichung* und *Verräumlichung* stets schon ausschließen. So arbeiten klassische Theorien der modernen Gesellschaft zur Abgrenzung dessen, was die moderne Gesellschaft sowohl historisch als auch systematisch ihrem Kern nach ausmacht, mit räumlichen und zeitlichen Grenzziehungen, die mit der gesellschaftstheoretischen Rahmung eng verwoben sind. Diese Grenzziehungen versuchen die Kraft der Différance rauszudrängen, indem sie Zeit auf Präsenz und Räumlichkeit auf einen stabilen, begrenzten Ort reduzieren. Weil sich die verzeitlichte und verräumlichte Arbeit der Différance allerdings nicht stillstellen, sondern nur verleugnen lässt, ist die Fixierung des Kerns an eine Ignoranz – oder schlimmer: an eine Bekämpfung – dessen gebunden, was jenseits der Grenze liegt. Es gibt nach Derrida keine Bewahrung des Identitätskerns ohne einen Ausschluss anderer Identitäten.

Unter dem Gesichtspunkt der *Verräumlichung* spielt beispielsweise die Rede vom ‚Okzident' nicht nur eine entscheidende Rolle in der geografischen Kartierung gesamtgesellschaftlicher Transformationsprozesse, sondern ist fachgeschichtlich – ähnlich eines Supplements – tief in dem eingelagert, was ‚die' Moderne als Gegenstand der Soziologie ausmacht. So ist beispielsweise im Falle Max Webers der Durchbruch der Moderne im Okzident durch Prozesse

---

[69] Derrida. Die Struktur, das Zeichen und das Spiel im Diskurs der Wissenschaften vom Menschen, S. 423.

gesellschaftlicher Rationalisierung gekennzeichnet, die mit der Entzauberung der sozialen Welt sowie der Herausbildung der bürokratischen Herrschaftsform einhergehen. Rationalisierungstendenzen entdeckt er maßgeblich in der protestantischen Berufsethik, die zur Entstehung des modernen Kapitalismus beiträgt, während ihm in der *Wirtschaftsethik der Weltreligionen* der ,Orient' vorwiegend zur Kontrastierung der okzidentalen Rationalität dient.[70] Obwohl Weber dem Orient durchaus eigene Formen der Rationalität abgewinnt, fundiert die Dichotomie von Okzident und Orient dennoch seine universalhistorisch-vergleichende Betrachtung der Moderne: Die Herausbildung des abendländischen Bürgertums stellt angesichts der Rationalisierung des Okzidents das Zentrum der Aufmerksamkeit dar.[71] Die unterschiedlichen Kritiken des Eurozentrismus und des methodologischen Nationalismus machen allesamt darauf aufmerksam, dass quer durch die Fachgeschichte der Soziologie die moderne Gesellschaft und ,Modernität' wenn nicht explizit, dann implizit mit westlichen Gesellschaften, dem ,Westen' oder dem Wert der ,Westlichkeit' gleichgesetzt wurden und werden.[72] Damit werden nicht nur ganze Regionen, sondern auch Menschen und Subjektivierungsformen aus der gesellschaftstheoretischen Optik als das Andere moderner Lebensführung ausgeschlossen und diskreditiert.[73] Globalgeschichtliche Beschreibungen der Herausbildung der modernen Welt zeigen eindrücklich,

---

[70] Weber. Die protestantische Ethik und der Geist des Kapitalismus; Weber, Max. 1988. Die Wirtschaftsethik der Weltreligionen. In *Gesammelte Aufsätze zur Religionssoziologie 1.* 9. Auflage. Tübingen: UTB, S. 237–573.

[71] Weber, Max. 1988. Vorbemerkung. In *Gesammelte Aufsätze zur Religionssoziologie 1.* 9. Auflage. Tübingen: UTB, S. 1–16, hier S. 10. Vgl. Schwinn, Thomas. 2004. Von der historischen Entstehung zur aktuellen Ausbreitung der Moderne. Max Webers Soziologie im 21. Jahrhundert. In *Berliner Journal für Soziologie* 14, S. 527–544.

[72] Vgl. Hall, Stuart. 1996. The West and the Rest: Discourse and Power. In *Modernity. An introduction to modern societies.* Malden, Mass.: Blackwell, S. 184–227. So fällt bereits bei Auguste Comte die Begründung der Soziologie als eigenständiger Wissenschaft der Gesellschaft mit der Idee des Westens bzw. Europas zusammen, vgl. Varouxakis, Georgios. 2019. The Godfather of „Occidentality". Auguste Comte and the Idea of „The West". In *Modern Intellectual History* 16 (02), S. 411–441. Auf diesen (post-)kolonialistischen Gestus Europas kommen wir in Abschn. 4.3.3 zu sprechen. Für einen kompakten Überblick über die Kritik der postkolonialen Theorie bzw. der *postcolonial studies* an diesen Begründungs- und Gleichsetzungsgesten vgl. Reuter, Julia und Villa, Paula-Irene. 2009. Provincializing Soziologie. Postkoloniale Theorie als Herausforderung. In *Postkoloniale Soziologie. Empirische Befunde, theoretische Anschlüsse, politische Intervention,* hrsg. Julia Reuter und Paula-Irene Villa. Bielefeld: Transcript, S. 11–46.

[73] Im unmittelbaren Anschluss an Derridas Kritik des Logozentrismus vgl. Spivak, Gayatri Chakravorty. 2011. *Can the subaltern speak? Postkolonialität und subalterne Artikulation.* Wien: Turia + Kant.

dass die vermeintlichen geografischen (und ideellen) Zentren der modernen Gesellschaften des Westens immer schon mit ihren vermeintlichen Rändern verwoben waren.[74] Ein durch Derridas Problematisierung geschärfter Blick auf Begründungsfiguren kann dabei helfen, ihre räumlichen Bezüge und die damit hergestellten Grenzziehungen nicht als zu vernachlässigende Nebenprodukte der Begriffsbildung, sondern vielmehr als mit der gesellschaftstheoretischen Begriffsklaviatur konstitutiv verbunden zu denken. Die uns so vertrauten Grenzziehungen werden dann weniger klar, sie verlieren an Dichte und es zeigt sich, dass sie niemals so undurchlässig waren, wie wir es angenommen haben.

Hinsichtlich der *Verzeitlichung* lässt sich bemerken, dass soziologische Theorien der modernen Gesellschaft eine zeitliche Grenze ziehen müssen, wenn sie von der modernen Gesellschaft im Unterschied zu früheren, etwa archaischen, antiken, mittelalterlichen bis zu vor- und frühmodernen Gesellschaftsformationen sprechen wollen. Die Schwierigkeiten, die mit einer in diesem Sinne verzeitlichten Begründung der Moderne einhergehen können, sind weniger offensichtlich als jene der Verräumlichung. Angelehnt an Derridas recht offensive Betonung der Historizität jeder Begründungsfigur gleich zu Beginn von *Die Struktur, das Zeichen und das Spiel im Diskurs der Wissenschaften vom Menschen* möchten wir einige davon beispielhaft behandeln. Ausgehend von der konstitutiven Beziehung zwischen Begründungsfiguren und ihrem Außen schreibt Derrida:

> „Von dem also ausgehend, was wir das Zentrum nennen und das, sofern es ebensowohl draußen als drinnen sein kann, ohne Unterschied den Namen des Ursprungs oder des Endes, der *arche* oder des *telos* erhält, sind Wiederholungen, die Substitutionen, die Transformationen und die Permutationen immer wieder in eine *Geschichte* des Sinns – das heißt kurzweg *in eine Geschichte* – verstrickt, deren Ursprung stets neu belebt oder deren Ende immer wieder in der Gestalt der Präsenz antizipiert wird. […] Das Zentrum erhält nacheinander und in geregelter Abfolge verschiedene Formen oder Namen".[75]

Derrida weist in diesem längeren Zitat darauf hin, dass das Zentrum einer Struktur immer wieder neu gegründet werden muss, wenn damit die soziale Welt beschrieben wird, und dass jede Beschreibung in eine historische Reihe solcher Beschreibungen eingebettet ist. Eingedenk Derridas Kritik am Logozentrismus

---

[74] Vgl. Bayly, Christopher Alan. 2009. *The birth of the modern world 1780–1914. Global connections and comparisons.* *15.* Auflage. Malden, Mass.: Blackwell; Osterhammel, Jürgen. 2020. *Die Verwandlung der Welt. Eine Geschichte des 19. Jahrhunderts.* 3. Auflage. München: C.H. Beck.

[75] Derrida. Die Struktur, das Zeichen und das Spiel im Diskurs der Wissenschaften vom Menschen, S. 423, letzte Herv. von uns, ME/FM.

ist damit die gesamte Geschichte der Metaphysik der Präsenz im abendländischen Denken, d. h. die gesamte Philosophiegeschichte aufgerufen. Das Zitat verweist uns aber zugleich auch darauf, dass jede Begründungsfigur, die auf die erfüllte und selbstidentische Präsenz als ihr Zentrum zielt, immer schon historisch ist. Begründungsfiguren, welche die soziale Welt in einem allgemeingültigen und damit überzeitlich geltenden Prinzip verankern sollen, haben immer einen geschichtlichen Ort, von dem aus sie zu befragen sind. Auch hier haben wir es also mit einer Geste der Verleugnung zu tun: Die Geschichtlichkeit der Begründungsfiguren wird unsichtbar gemacht, indem sie als überhistorisch, als absolut gesetzt wird.

Übersetzt in die soziologische Theoriebildung lässt sich festhalten, dass die zeitliche Abgrenzung zwischen der Moderne und der Nicht-Moderne im Sinne einer Epochenzäsur nicht nur in der Abfolge verschiedenster Gesellschaftstheorien beibehalten wird. Diese Geste wird vielmehr in der zeitlichen Abgrenzung des Kerns der jeweils gegenwärtigen Beschaffenheit ‚der‘ Moderne noch einmal in der Moderne selbst wiederholt – beispielsweise durch die Abgrenzung des Kapitalismus vom Hoch- oder Spätkapitalismus sowie der Moderne von der Spätmoderne.[76] Anders formuliert sind die gesellschaftstheoretischen Angebote, ‚die‘ Moderne begrifflich zu packen, mit der Präsenz verstrickt: Heute ist das, was die Moderne im Grunde ausmacht, vielleicht bereits etwas anderes, als es noch vor ein paar Jahrzehnten der Fall war. Wir befinden uns immer noch in der Moderne und sind Teil der modernen Gesellschaft, aber beide haben sich derart signifikant verändert, dass eine neue gesellschaftstheoretische Optik nötig ist, um sie grundlegend zu erfassen. Dieser ‚Grund‘ der Moderne wird dabei erst durch die punktuellen Abgrenzungen der gegenwärtigen Moderne von ihrer Vergangenheit identifiziert. Eine zweite Spielart der Verzeitlichung, welche die Problematik nochmals verkompliziert, aber auch verdeutlicht, lässt sich im Genre soziologischer Gegenwartsdiagnostik ausmachen: Ähnlich der Gesellschaftstheorie arbeiten Gegenwartsdiagnosen mit einer historischen Zäsur, welche die Gesellschaft der Gegenwart grundlegend, d. h. einem für das ‚Ganze‘ der

---

[76] Vgl. Sombart, Werner. 1987. *Der moderne Kapitalismus. Dritter Band. Das Wirtschaftsleben im Zeitalter des Hochkapitalismus.* München: Deutscher Taschenbuch Verlag; Habermas, Jürgen. 2015. *Legitimationsprobleme im Spätkapitalismus.* 13. Auflage. Frankfurt am Main: Suhrkamp; Giddens, Anthony. 1992. *Kritische Theorie der Spätmoderne.* Wien: Passagen Verlag.; Reckwitz, Andreas. 2019. *Das Ende der Illusionen. Politik, Ökonomie und Kultur in der Spätmoderne.* Berlin: Suhrkamp.

Gesellschaft wesentlichen Aspekt nach, von ihrer vergangenen Gestalt unterscheiden soll.[77] Mit einer Geste, die Derridas Beschreibung der Problematik von Begründungsfiguren sehr nahe kommt, gründen solche Momentaufnahmen ‚die' Gesellschaft in einem Strukturprinzip, das die gegenwärtige Gesellschaft von vergangenen Formen radikal abhebt:

> „Beschrieben wird in der Regel ein bestimmtes *Prinzip sozialer Organisation*, das mit einem oder mehreren *Ursprungsereignissen* einsetzt und dann Schritt für Schritt seine Wirkung auf andere gesellschaftliche Ordnungsstrukturen entfaltet".[78]

Dabei werden nicht selten die verzeitlichenden Trennungsgesten früherer Gesellschaftstheorien als Abgrenzungsfolie übernommen, so *als ob* es sich bei diesen Beschreibungen um historische Zustandsbeschreibungen handelt. Gründende Beschreibungen früherer Gegenwarten verhärten sich in aktuelleren Beschreibungen der modernen Gesellschaft als realistische, d. h. für die Vergangenheit im Ganzen repräsentative Darstellungen. Was seinerzeit klassische Gesellschaftstheorien als Grundlage der Modernität ihrer eigenen Zeit identifizierten, wird von späteren soziologischen Gegenwartsdiagnosen als Wesenskern ‚der' vergangenen Moderne aufgegriffen, auf die jetzt die Post- oder Spätmoderne folgt.[79] Rückwirkend wird so etwas gesetzt, was zur damaligen Zeit gar nicht ‚Realität' war. In Form eines „retrospektiven Realismus" schreibt sich, zugespitzt formuliert, die verzeitlichende Grenzziehung von Begründungsfigur zu Begründungsfigur und von Gegenwart zu Gegenwart in der Soziologie in ständiger Wiederholung fort.[80]

---

[77] Vgl. Osrecki, Fran. 2019. Zeitdiagnosen. Funktionen und Krisen eines Genres. In *Deutungsmacht von Zeitdiagnosen. Interdisziplinäre Perspektiven,* hrsg. Heiner Hastedt. Bielefeld: Transcript, S. 35–47, hier S. 35–41.

[78] Dimbath, Oliver. 2016. *Soziologische Zeitdiagnostik.* Stuttgart: UTB, S. 84, Herv. von uns, ME/FM.

[79] So folgt beispielsweise in Ulrich Becks *Risikogesellschaft,* eine der wohl prominentesten deutschen soziologischen Gegenwartsdiagnosen, verzeitlichend der ‚ersten' Moderne eine ‚zweite' Moderne. Ganz im Sinne eines gründenden Strukturprinzips wird das Wesen der ersten Moderne an der Industrialisierung, das Wesen der zweiten Moderne hingegen an den Folgerisiken der Individualisierung festgemacht. Und im Sinne der Verräumlichung kennzeichnet diese zweite Moderne letztendlich ihre nationalstaatliche Grenzen überschreitende Ausdehnung hin zur *Weltrisikogesellschaft.* Vgl. Beck, Ulrich. 1986. *Risikogesellschaft. Auf dem Weg in eine andere Moderne.* Frankfurt am Main: Suhrkamp; Beck, Ulrich. 2007. *Weltrisikogesellschaft. Auf der Suche nach der verlorenen Sicherheit.* Frankfurt am Main: Suhrkamp.

[80] Osrecki, Fran. 2015. Constructing Epochs: The Argumentative Structures of Sociological Epochalisms. In *Cultural Sociology* 9 (2), S. 131–146.

Gemeinsam ist diesen verzeitlichenden Begründungsgesten, dass die Abgrenzung zwischen der Moderne und der Nicht-Moderne selbst, wie Derrida im obigen Zitat schreibt, in eine Geschichte verwickelt ist: Sie entspricht einem an der Schwelle zur Moderne einsetzenden Verständnis der eigenen Gegenwart als ‚neuer Zeit' und einem mit diesem Zeitverständnis verbundenen Begriff von Geschichte als Fortschritt.[81] Damit ist dann auch die geschichtsphilosophische Annahme angesprochen, der historischen Entwicklung der modernen Gesellschaft das *telos* einer Entfaltung ihres Grundprinzips zugrunde zu legen. Eine solche geschichtsphilosophische Einfärbung ihrer Gründungsgesten kennzeichnet nicht nur implizit oder explizit die Frühgeschichte der Soziologie und die klassischen soziologischen Theorien der modernen Gesellschaft.[82] Sie tritt beispielsweise auch – und eng verwickelt mit dem unter dem Gesichtspunkt der Verräumlichung angesprochenen Eurozentrismus – in den sozialwissenschaftlichen Modernisierungstheorien in der zweiten Hälfte des 20. Jahrhunderts in Form einer Universalisierung und Idealisierung ‚der' Modernität offen zutage.[83] Ganz im Sinne des modernen Zeit- und Geschichtsverständnisses entfaltet sich die Moderne – einerlei ob beispielsweise als Kapitalisierung, Rationalisierung oder Differenzierung – von ihrem geschichtlichen Beginn an in die Zukunft hinein. Gesellschaftstheoretiker*innen ebenso wie Gegenwartsdiagnostiker*innen mögen diesen Prozess ausgehend von ihrer Gegenwart positiv oder negativ beurteilen; gemeinsam ist ihnen, dass die Moderne seit ihrem Ursprung unaufhaltbar in der Geschichte auf ein Ziel hin fortschreitet, sich kontinuierlich ausbreitet und steigert.

Freilich wissen viele ältere wie neuere Gesellschaftstheorien um die Historizität des modernen Zeitverständnisses und damit der eigenen Optik, von der aus sie die moderne Gesellschaft ihrer Gegenwart zu bestimmen versuchen. Aber Derridas Problematisierung zu folgen veranschaulicht, inwiefern die harte Abgrenzung der Begründungsfiguren ‚der' Moderne zu ihrem Außen nicht vollumfänglich funktioniert. Das Außen überschreitet immer wieder die Grenze und macht damit fragwürdig, was als Identität und Reinheit ‚der' Moderne gilt.

---

[81] Vgl. Meier, Christian und Koselleck, Reinhart. 1975. Fortschritt. In *Geschichtliche Grundbegriffe. Historisches Lexikon zur politisch-sozialen Sprache in Deutschland. Band 2*, hrsg. Otto Brunner, Werner Conze und Reinhart Koselleck. Stuttgart: Klett-Cotta, S. 351–423; Koselleck. Vergangene Zukunft der frühen Neuzeit.

[82] Vgl. Salomon, Albert. 1955. *The tyranny of progress. Reflections on the origin of sociology.* New York: Noonday Press.

[83] Vgl. Alexander, Jeffrey C. 1994. Modern, Anti, Post, and Neo. How Social Theories Have Tried to Understand the „New World" of „Our Time". In *Zeitschrift für Soziologie* 23 (3), S. 165–197, hier S. 168–175.

3.2.2 Die Gründungsbedürftigkeit der modernen Gesellschaft dekonstruktiv denken

Wenn Derridas Problematisierung der Funktionsweise von Begründungsfiguren zutrifft, dann stellt das nicht nur die klassischen soziologischen Theorien der modernen Gesellschaft infrage, sondern jede Gesellschaftstheorie vor ernsthafte Schwierigkeiten. Wie ist dann aber mit soziologischen Theorien der modernen Gesellschaft umzugehen? Gehören die Klassiker von der Bibliothek ins Archiv verbannt und sollten wir es prinzipiell ablehnen, uns die moderne Gesellschaft zum Gegenstand zu machen und auf den *einen* Begriff bringen zu wollen? Im Folgenden werden wir ausloten, welche Bewältigungsstrategien der Problematik von Begründungsfiguren Derrida selbst aufzeigt und mit einer systematischen Fassung des Problems schließen.

Im Aufsatz über *die Wissenschaften vom Menschen* identifiziert Derrida zwei Strategien, wie der mit dem Logozentrismus verwickelte Anspruch kritisiert werden kann, die Beschreibung der sozialen Welt in Gründen, Prinzipien oder einem Zentrum zu verankern. Die *erste* Strategie der Kritik folgt dem ‚klassischen Stil‘ und weist jenen Anspruch mit einem Verweis darauf zurück, dass nicht die tatsächliche Gesamtheit der beobachtbaren Phänomene erfasst oder nicht das volle Potenzial theoretischer Begriffsarbeit ausgeschöpft wurde. Dahinter steht die unausgesprochene Annahme, dass es *prinzipiell* immer mehr zu beobachten und begrifflich zu fassen gäbe, als eine einzelne Forschungsarbeit bewältigen könnte. Die soziale Welt ist immer reicher als ihre Beschreibungen, denn es gibt schlicht „zu Vieles und immer mehr, als man zu sagen vermag".[84] Diese Strategie setzt nach Derrida aber weiterhin voraus, dass in diesem Sinne unzulängliche Beschreibungen deshalb unzulänglich sind, weil es *theoretisch* möglich sein könnte, zu einer vollen, die Gesamtheit der sozialen Welt berücksichtigenden Perspektive zu kommen. Die berücksichtigten Phänomene können immer weiter addiert und das Begriffsvokabular immer weiter ausgedehnt und spezialisiert werden. Selbst die harte Ablehnung der *praktischen* Möglichkeit eines solchen Vorgehens setzt den Wert der Fülle, Ganzheit und Abgeschlossenheit der Perspektive als regulatives Prinzip voraus oder trägt ihn mit. So bleibt in der Theorie die umfassende Beschreibung *möglich,* die jedoch aufgrund praktischer, kontingenter Hindernisse scheitert.

Die *zweite* Strategie dagegen folgt nicht dem Wert der Ganzheit und Fülle. Vielmehr nimmt sie die in der gesamten Geschichte der Philosophie beobachtbare

---

[84] Derrida. Die Struktur, das Zeichen und das Spiel im Diskurs der Wissenschaften vom Menschen, S. 436.

Abfolge und Wiederholung von Begründungsfiguren als Indiz dafür, dass sich die soziale Welt und die moderne Gesellschaft *nicht* gründen lässt, d. h. nicht mittels eines festen Grunds oder Prinzips in ihrer reinen Totalität erfasst werden kann:

> „Die Unmöglichkeit der Totalisierung kann aber auch anders definiert werden: nicht länger mit Hilfe des Begriffs der Endlichkeit, als Angewiesensein auf die Empirizität, sondern mit Hilfe des Begriffs des *Spiels*. Wenn sich die Totalisierung alsdann als sinnlos herausstellt, so nicht, weil sich die Unendlichkeit eines Feldes nicht mit einem Blick oder einem endlichen Diskurs erfassen lässt, sondern weil die Beschaffenheit dieses Feldes – eine Sprache, und zwar eine endliche Sprache – die Totalisierung ausschließt: dieses Feld ist in der Tat das eines *Spiels*, das heißt unendlicher Substitutionen in der Abgeschlossenheit (*clôture*) eines begrenzten Ganzen".[85]

Die von Derrida thematisierte Spannung zwischen Endlichkeit und Unendlichkeit prägt nicht nur das Terrain der Metaphysik, sondern lässt sich auf die Soziologie als Spannung übersetzen, die aus dem Anspruch entsteht, partikulare und kontingente soziale Phänomene aus einer ganzheitlichen, auf die Totalität ‚der' Gesellschaft zielenden Perspektive erfassen zu wollen. Die Einsicht in die Unmöglichkeit eines eindeutigen Zentrums der empirisch oder theoretisch orientierten Optik einerseits und der sozialen Welt andererseits führt dazu, die Abwesenheit eines Zentrums in der Forschungsarbeit mitzutragen und bewusst zu halten. Das bedeutet, jeden Abschluss einer empirischen Studie oder theoretischen Arbeit als nur vorläufig zu begreifen. Dieser Schluss ergibt sich nach Derrida aber nicht deshalb, weil es prinzipiell immer noch mehr und genauer zu forschen gäbe, sondern weil die Forschungsgegenstände selbst und der Diskurs, den die Sozialwissenschaften darüber entfalten, ein *Spiel* in und über ein begrenztes Ganzes sind, das sich nie abschließend und vollumfänglich ausschöpfen lässt. Aus dieser Perspektive laufen Theorien der modernen Gesellschaft nicht ins Leere, weil sie einen insuffizienten oder gar den falschen Begriff ‚der' Gesellschaft hätten. Vielmehr macht ein dekonstruktiver Blick sichtbar, dass jede Begründungsfigur nie ‚die' Gesellschaft als Ganze, in ihrer reinen Identität oder der Fülle ihres Zentrums erfassen kann:

> „Man kann das Zentrum nicht bestimmen und die Totalisierung nicht ausschöpfen, weil das Zeichen, welches das Zentrum ersetzt, es *supplementiert*, in seiner Abwesenheit seinen Platz hält, – weil dieses Zeichen sich als *Supplement* noch hinzufügt.

---

[85] Ebd., S. 436 f.

Die Bewegung des Bezeichnens fügt etwas hinzu, so dass immer ein Mehr vorhanden ist; diese Zutat aber bleibt flottierend, weil sie die Funktion der Stellvertretung, der Supplementierung eines Mangels auf Seiten des Signifikats erfüllt".[86]

Unter Rückgriff auf die Denkbewegung der Différance und die damit verbundene Logik des Supplements und der Iterabilität weist Derrida darauf hin, dass ein solches Zentrum konstitutiv nicht mit sich selbst identisch ist und keinen dauerhaften Kern hat.[87] Das Fundament oder Zentrum der Gesellschaft ‚ist' nichts anderes als die anhaltende, immer wieder verschiebende Wiederholung von Gründungsgesten, die der Gesellschaft ein solches Zentrum geben. Derridas Argument darf nun nicht nur im Sinne eines historischen Einwands verstanden werden: Ein solcher Einwand würde darauf hinweisen, dass sich ‚die' moderne Gesellschaft als dynamisches Objekt in der Geschichte wandelt und beispielsweise die Strukturprinzipien, die sie vor dieser oder jener Zäsur auszeichneten, jetzt in einer anderen Form oder gar nicht mehr zutreffen. Dabei würde man zwar die notwendigerweise eintretende Unbrauchbarkeit von Gesellschaftstheorien auf der Grundlage behaupten, dass es immer noch prinzipiell möglich ist, ‚die' gegenwärtige Gesellschaft oder moderne Gesellschaft auf der Höhe der Gegenwart in ihrem Wesen beschreiben zu können. Der im obigen Zitat angesprochene Mangel des Signifikats ist vielmehr als *konstitutive Gründungsbedürftigkeit* der Gesellschaft zu verstehen, den als Begründungsfiguren funktionierende Signifikanten zu supplementieren versuchen, ohne dabei je zur Ruhe kommen zu können. Wenn Derrida im selben Satz schreibt, „dass immer ein Mehr vorhanden ist", dann deutet er an, dass jede Gründung zugleich zu viel und zu wenig macht: Sie macht zu wenig, weil sie ihrem Anspruch nie genügen kann und sie produziert zugleich ein Supplement, ein unreines Doppel, das ihren eigenen Anspruch durchzieht und herausfordert. Lapidar formuliert, passt die Gründung einfach nicht in ihre eigene Form.

Derridas Einsicht in die konstitutive, aber nie ganz zu bewältigende Gründungsbedürftigkeit der Gesellschaft stellt die soziologische Gesellschaftstheorie auf radikale Weise infrage. An der Vehemenz der Einwände, die gegen eine dekonstruktive Perspektive eingebracht wurden und werden, lässt sich die Erschütterung der abendländischen Denktradition ablesen. Diese Einwände werden aus einer, so könnte man mit Niklas Luhmann sagen, ‚alteuropäischen' Perspektive formuliert, die auf einen im Zentrum ‚der' Gesellschaft liegenden Referenzpunkt ihrer Begriffe beharren:

---

[86] Ebd., S. 437.
[87] Vgl. Abschn. 2.1 und 2.3.

„Die Formel ‚Referenzverlust' – manche sagen ‚Erfahrungsverlust' oder noch drastischer ‚Sinnverlust', und einige glauben sogar, dass andere nicht mehr an ihren Körper glauben – die Formel Referenzverlust fasst wie in einem Brennspiegel das zusammen, was die Distanz zur alteuropäischen Tradition ausmacht".[88]

Solche alteuropäischen – wir können sagen: abendländisch-metaphysischen oder logozentristischen – Kritiken bemängeln einen Referenzverlust soziologischer Beschreibungen der sozialen Welt ganz im Sinne der von Derrida so charakterisierten ‚klassischen' Strategie im Umgang mit Begründungsfiguren. Unzulänglichkeiten der theoretischen Begriffsbildung und empirischen Forschungspraxis resultieren in dieser Perspektive – in idealtypischer Zuspitzung – im ungenügenden Repräsentationsverhältnis zwischen sozialwissenschaftlichen Forschungsdiskursen und der gesellschaftlichen Wirklichkeit. Eine durch Derrida sensibilisierte Optik geht stattdessen davon aus, dass ein solcher Mangel eines festen Grundes oder Zentrums der sozialen Welt wie auch ihrer Beschreibung keinen zu vermeidenden Verlust darstellt, sondern vielmehr die soziale Welt selbst *erzeugt*.

Im Anschluss an Oliver Marcharts umfangreiche Diskussion über ‚die' Gesellschaft als *unmögliches Objekt* der Sozialwissenschaften lässt sich die dekonstruktive Einsicht in die konstitutive Gründungsbedürftigkeit der Gesellschaft abschließend genauer in den Blick nehmen und in ihren Konsequenzen für die soziologische Gesellschaftstheorie verdeutlichen.[89] Begründungsfiguren dienen dazu, die Gesellschaft in einem Ursprung, Prinzip oder Zentrum zu verankern und damit das Wesen ‚der' modernen Gesellschaft in ihrer Gesamtheit, Fülle und reinen Präsenz zu fixieren. Die Verwendung von Begründungsfiguren lässt sich soziologiegeschichtlich auf die historische Konstellation der Herausbildung der Moderne zurückführen, die wir *en passant* immer wieder behandelt haben. Die Begründungsfiguren *der Soziologie* – mithin die soziologischen Theorien selbst – reagieren auf das radikale Fraglich-Werden der sozialen Welt, der politisch-sozialen Ordnung und der Herrschaftsverhältnisse im 18. und 19. Jahrhundert. Die dadurch historisch in beispiellosem Maße thematisierte Ungewissheit bezüglich dessen, was ‚die' moderne Gesellschaft im Kern ausmacht, wird durch verschiedenste Begründungsfiguren aufgefangen, ohne je vollständig gelöst zu werden:

---

[88] Luhmann. *Die Wissenschaft der Gesellschaft*, S. 705.
[89] Marchart, Oliver. 2013. *Das unmögliche Objekt. Eine postfundamentalistische Theorie der Gesellschaft*. Berlin: Suhrkamp.

„Die Moderne ist geradezu definiert durch eine enorme Ausdehnung der Zonen der Ungewissheit. Die Sozialwissenschaften erklären die wachsende Verunsicherungser-fahrung unter anderem mit Verweis auf Industrialisierung, zunehmender Arbeitstei-lung, funktionale Differenzierung, Ausbildung voll entwickelter Kommunikations-medien und schließlich der Herausbildung der Weltgesellschaft. Zugleich ist immer wieder bemerkt worden, dass die Soziologie als eigenständige Disziplin ihre his-torische Entstehung genau der Erfahrung jener Ungewissheit verdankt, die sie zu erklären versucht. In den meisten Fällen geschah dies reaktiv, das heißt die Sozio-logie versuchte auf die diagnostizierte Verunsicherung mit der Entwicklung neuer Gewissheitsformeln zu reagieren".[90]

Nun stellt der Beginn der Moderne aber nicht eine Epoche dar, in der zum ersten Mal in der Geschichte die soziale Welt ungewiss und dadurch gründungsbe-dürftig geworden wäre. Dies bezeugt nicht zuletzt die bereits in Abschn. 3.1 behandelte lange Reihe von Begründungsfiguren in der Philosophiegeschichte. Vielmehr erreichen die um ‚die' Moderne herum gelagerten Ungewissheitser-fahrungen einen Grad an Intensität, der die (politische) Philosophie und die frühen Sozialwissenschaften auf die Kontingenz der sozialen Welt stoßen lässt. Es wird die *Möglichkeit* erfahrbar, dass die soziale Welt, die politisch-soziale Ordnung und die Herrschaftsverhältnisse auch ganz anders sein könnten, als sie es gewesen sind und jetzt gerade sind.[91] Die dekonstruktive Problematisierung von Begründungsfiguren weist darauf hin, dass der philosophische und sozial-wissenschaftliche Diskurs von ‚der' Moderne „eine Schließung von Kontingenz betreibt (diese Schließung selber dabei als Fortschrittsprozess repräsentiert)", und sich diese Schließungen aber aufgrund der konstitutiven Ungründbarkeit ‚der' Gesellschaft stets selbst unterlaufen.[92]

Mit Derrida soziologisch zu denken bedeutet in Bezug auf Gesellschaftstheo-rien, diese konstitutive Gründungsbedürftigkeit, aber Unmöglichkeit der ‚reinen' Begründung ernst zu nehmen und ihren Variationen nachzuspüren. Wie Derrida verdeutlicht, besteht der dekonstruktive Umgang dann nicht darin, sich jeder Form der Gründung gänzlich zu entledigen. Die Ungründbarkeit der Gesellschaft ‚ver-langt' nach „partielle[n] Gründungen", nach Gründungsformen, die nicht mehr

---

[90] Ebd., S. 28 f.

[91] Vgl. Ebd., S. 29–36. Für einen über die Moderne hinausreichenden Überblick über Kontin-genz als Semantik in der Geschichte der Philosophie und Sozialwissenschaften vgl. Makro-poulos, Michael. 2004. Kontingenz. Aspekte einer theoretischen Semantik der Moderne. In *European Journal of Sociology* 45 (3), S. 369–399.

[92] Reckwitz. Moderne, S. 232 f. Vgl. Bauman, Zygmunt. 2005. *Moderne und Ambivalenz. Das Ende der Eindeutigkeit.* Hamburg: Hamburger Edition.

totalitär verfahren.[93] Das Zentrum komplett leer zu lassen funktioniert genauso
wenig wie dessen vollständige Besetzung. Es geht stattdessen um eine kritische
Reflexion der im Logozentrismus verharrenden Erblasten der eigenen Begriffe,
mit denen im Bereich der Wissenschaften vom Menschen empirisch geforscht und
theoretisiert wird. Sich der Begründungsfunktion der eigenen Begriffe bewusst zu
werden heißt dann – wie Derrida an Lévi-Strauss' *Wilden Denken* hervorhebt –
sich der in den Begriffen eingelagerten Tendenz entgegenzusetzen, ein Zentrum
und einen Ursprung fixieren zu wollen:

> „Das Bestechendste dieser kritischen Erforschung eines neuen Status des Diskurses
> ist der erklärte Verzicht jeglicher Bezugnahme auf ein *Zentrum*, auf ein *Subjekt*, auf
> eine privilegierte *Referenz*, auf einen Ursprung oder auf eine absolute *arché*".[94]

Für die Problematik von Begründungsfiguren sensibilisiert zu sein ermöglicht
es dann abschließend auch, die Gründungsbedürftigkeit der Gesellschaft und die
Abwesenheit eines festen Zentrums nicht länger als zu kompensierenden Mangel
aufzufassen. Das kennzeichnet ja gerade die Metaphysik des Abendlandes bzw.
die den vermeintlichen „Referenzverlust" beklagende alteuropäische Theoriebildung.[95] Stattdessen gilt es, sich affirmativ der Différance und der Spuren, die
die soziale Welt durchziehen, anzunehmen: *„Diese Bejahung bestimmt demnach
das Nicht-Zentrum anders denn als Verlust des Zentrums. Sie spielt, ohne sich
abzusichern".*[96] Es kann dann nicht mehr darum gehen, ‚hinter' der gesellschaftlichen Dynamik oder ‚unter' der sozialen Welt *„eine* verborgene und *eindeutig*
bestimmbare Logik zu entdecken, die sich auf eindeutige Strukturen zurückführen

---

[93] Marchart. *Das unmögliche Objekt*, S. 35. Die von Marchart diskutierten, in diesem Sinne
‚postfundamentalistischen' Gesellschaftstheorien gruppieren sich weder um ein Fundament
herum noch verzichten sie in einem antifundamentalistischen Sinne auf jede Gründungs-
geste; sie begreifen Gründungen vielmehr als vorläufig, partial und stets widerstreitenden
Kräften ausgesetzt.

[94] Derrida. Die Struktur, das Zeichen und das Spiel im Diskurs der Wissenschaften vom
Menschen, S. 432.

[95] Vgl. Luhmann. *Die Wissenschaft der Gesellschaft*, S. 705.

[96] Derrida. Die Struktur, das Zeichen und das Spiel im Diskurs der Wissenschaften vom Menschen, S. 441. Uns begegnet hier Derridas Strategie wieder, die mittels der Dekonstruktion
problematisierten Begriffe nicht einfach aufzugeben und neue Begriffe einzusetzen. Wie wir
bereits im Rahmen der Infragestellung der ‚Identität' durch die Denkfigur der Iterabilität
(vgl. Abschn. 2.3.1) nachvollziehen konnten, entscheidet sich Derrida stattdessen dafür, die
Unmöglichkeit einer ‚einfachen' oder ‚reinen' Identität durch die Verwendung des Begriffs
der ‚Nicht-Identität' anzuzeigen. Derrida verfährt hier auf dieselbe Weise, um mit ‚Nicht-
Zentrum' auf die Unmöglichkeit eines einzelnen und eindeutigen Zentrums hinzuweisen.

lässt".[97] Sich dem „Nicht-Zentrum" zustimmend anzunehmen, meint angesichts dessen einen Verzicht auf solche festen Strukturen. Gesellschaftstheorien müssen nach Derrida mit der Durchkreuzung des Zentrums, mit seiner Nicht-Identität und Unreinheit klarkommen. Sie dürfen das die Gesellschaft Gründende nicht als zementiertes Fundament, sondern müssen es als in sich brüchig denken – mit all den damit einhergehenden paradoxen Herausforderungen.

Bevor wir uns in Abschn. 3.3 einer dekonstruktiv sensibilisierten und in diesem Sinne ‚horizontaleren' Perspektive angesichts einer Kritik von Hierarchien zuwenden, möchten wir nun kurz aufzeigen, dass Begründungsfiguren nicht nur im Zentrum von Gesellschaftstheorien lokalisiert werden können, sondern sich mitunter auch an den Rändern soziologischer Beschreibungen der sozialen Welt einnisten.

3.2.3   (Be-)Gründungsszenen an den Rändern soziologischer Theorien

Sowohl in der Auseinandersetzung mit der Philosophiegeschichte als auch mit klassischen soziologischen Theorien der Moderne fungieren die dekonstruktiv in den Blick genommenen Begründungsfiguren als Fundamente, Zentren oder theoretisch-begriffliche Kernelemente der Beschreibungen der sozialen Welt. Der Logozentrismus gründet am Anfang der philosophischen Arbeit die soziale Welt in der Präsenz des Sinns, das Subjekt dient mit der Herausbildung der Moderne als Begründungsfigur jeden Wissens über die Welt und klassische soziologische Theorien der Moderne identifizieren das, was ‚die' moderne Gesellschaft ausmacht, in einem ihrer geschichtlichen Entwicklung zugrunde gelegten Strukturprinzip. Diese Begründungsfiguren stehen offenkundig im Mittelpunkt der Beschreibungen der sozialen Welt und halten sie von dort aus zusammen. Aber die Aufmerksamkeit gegenüber ihrer Funktionsweise lässt sich auch von den in diesem Sinne zentralen Begründungsfiguren zu solchen hin verschieben, die eher an ‚unwichtigen' Stellen, *en passant* und an den Rändern der soziologischen Theoriearbeit auftauchen. Die Verschiebung der Aufmerksamkeit auf solche vermeintlichen Nebenschauplätze kennzeichnet nach Derrida seine eigene, dekonstruktive Lektürestrategie:

---

[97] Saar, Martin. 2013. Klasse/Ungleichheit. Von den Schichten der Einheit zu den Achsen der Differenz. In *Poststrukturalistische Sozialwissenschaften,* hrsg. Stephan Moebius und Andreas Reckwitz. 2. Aufl. Frankfurt am Main: Suhrkamp, S. 194–207, hier S. 198, Herv. von uns, ME/FM.

„Andererseits, man wird es bereits bemerkt haben, ‚konzentriere' ich mich weder ausschließlich noch in erster Linie in meiner Lektüre […] auf die anscheinend ‚wichtigsten', ‚zentralsten', ‚entscheidendsten' Punkte. Ich dekonzentriere vielmehr, und das
Sekundäre, das Exzentrische, das Laterale, das Marginale, das Parasitäre, das *border
line* sind mir ‚wichtig' und bringen mir viel (Vergnügen unter anderem) hinsichtlich
des allgemeinen Funktionierens eines textuellen Systems".[98]

Stehen die bisher behandelten *Begründungsfiguren* ganz im Zentrum der Theoriearbeit, so wurde in jüngerer Zeit geltend gemacht, dass in soziologischen Theorien die Verwendung von kleineren oder größeren, punktuellen oder wiederholten
Gründungsszenen gelegentlich den Kontakt zwischen abstrakter Begriffsarbeit
und ihrem Außen, der empirischen Wirklichkeit der sozialen Welt, herstellen.[99]
Mit Blick auf die im vorherigen Abschnitt behandelte Gründungsproblematik
können wir sagen, dass Gründungsszenen auf das Paradox antworten, eine voll-
umfängliche Gründung der Gesellschaft als Ganzer vermeiden zu wollen, aber
Gründungen auch nicht gänzlich aufgeben zu können. Vielmehr wird die theoretische Optik über Gründungsszenen mit ausgewählten Ausschnitten aus der
sozialen Welt versorgt, welche die Begriffe erden sollen: Gründungsszenen sind
weder nur illustrative Beispiele, welche die theoretischen Argumentationen veranschaulichen sollen noch handelt es sich bei ihnen um gemäß der Methoden der
empirischen Sozialforschung erhobene und dementsprechend belastbare Daten.
Von anderen nicht-datenförmigen „Elemente[n] des Weltbezugs" wie beispielsweise „biographischen Anekdoten, künstlerische[n] Wirklichkeitsbeschreibungen
bis hin zu Analogien und Metaphern" unterscheiden sich Gründungsszenen
dadurch, dass es sich bei ihnen um *Szenen* der sozialen Welt handelt, in denen
Ereignisse geschehen, Figuren, Personen oder Dinge episodenhaft auftreten und
dabei bestimmte Handlungen vollziehen.[100]
    Solche Gründungsszenen trennen einen begrenzten Ausschnitt aus der sozia-
len Welt heraus und machen ihn der theoretisch-begrifflichen Beobachtung

---

[98] Derrida. Limited Inc a b c …, S. 76.

[99] Vgl. Farzin, Sina und Laux, Henning. 2014. Gründungsszenen soziologischer Theorie.
Wiesbaden: Springer VS.

[100] Farzin, Sina und Laux, Henning. 2014. Was sind Gründungsszenen? In *Gründungsszenen soziologischer Theorie*, hrsg. Sina Farzin und Henning Laux. Wiesbaden: Springer VS,
S. 3–11, hier S. 6. Für die Philosophiegeschichte lässt sich hier an Hans Blumenbergs Ver-
such denken, sich einer *Ursprungsgeschichte* der Philosophie dadurch anzunähern, indem
der über die Zeit wandelnde metaphorische Gehalt einer solchen Szene ideengeschichtlich
verfolgt wird. Vgl. Blumenberg, Hans. 1987. *Das Lachen der Thrakerin. Eine Urgeschichte
der Theorie*. Frankfurt am Main: Suhrkamp.

und (normativen) Bewertung zugänglich. Das Spektrum reicht von mikroso-
ziologischen Fallminiaturen bis hin zu paradigmatischen, auf andere Kontexte
problemlos übertragbaren Fällen, die den Kontakt wissenschaftlicher Aussagen-
zusammenhänge zur sozialen Wirklichkeit, damit deren Evidenz und Plausibilität
herstellen, und Generalisierungen erlauben – und buchstäblich in Szene setzen.[101]
Soziologisch mit Derrida zu denken und soziologische Theorien zu lesen kann
dementsprechend auch bedeuten, solche Gründungsszenen nicht als einen zu ver-
nachlässigenden, sondern irreduziblen Teil des systematischen Begriffssystems zu
betrachten und sie auf ihre Funktion als Ursprungs- bzw. Begründungsfigur hin
zu befragen.

In Abschn. 3.1.2 haben wir mit den auf das anthropologische Wesen ‚des'
Menschen zielenden Naturzuständen innerhalb der Vertragstheorien des 17.
und 18. Jahrhunderts bereits solche Gründungsszenen behandelt. Bei Hobbes,
Locke und Rousseau spielen die entworfenen Szenen des vor-gesellschaftlichen
Zustands eine ganz entscheidende, fundierende Rolle in der Begründung der
gesellschaftlichen Ordnung und der politischen Herrschaftsverhältnisse. Als lite-
rarisches Pendant setzt Daniel Defoes 1719 veröffentlichter Roman *Robinson
Crusoe* ebenfalls den Naturzustand in Szene. Bei dieser Ähnlichkeit handelt es
sich um keinen Zufall, sondern der ausschließlich auf sich selbst und seine Welt-
wahrnehmung zurückgeworfene Robinson ist Teil einer Gründungsszene, „die im
Gedankenexperiment die Ursprünglichkeit des Blicks auf die Welt vor aller Wissenschaft – anthropologisch reduzierte Lebenswelt also – vorstellig mach[t]".[102]
Für sozialwissenschaftliche Beschreibungen der sozialen Welt ist diese literarische Gründungsszene brauchbar, weil sich mit ihrer Hilfe ein künstlich

---

[101] Farzin, Laux. Was sind Gründungsszenen?, S. 5–8. So lässt sich beispielsweise zeigen,
dass vermittelt über das Börsenparkett als empirische Fallminiatur des Finanzhandels im
späten 19. Jahrhundert die spannungsvolle Unterscheidung zwischen vertraglich geregelten
und nicht-vertragsförmigen sozialen Beziehungen in die frühen Gesellschaftstheorien der
Soziologie als fachliche Problemstellung eingeht (vgl. Langenohl, Andreas. 2014. Börsenhandel als Gründungsszene soziologischer Theorieauseinandersetzung. In *Gründungsszenen
soziologischer Theorie,* hrsg. Sina Farzin und Henning Laux. Wiesbaden: Springer VS,
S. 125–137). Paradigmatische bzw. Modell-Fälle prägen nicht nur die Fachdiskussion ganzer
Forschungszweige der Soziologie, sondern funktionieren dabei ganz im Sinne von Derridas
Problematisierung der Begründungsfiguren als deren Fundierung und Zentrierung: „Studies
about doctors are *foundational* for the sociology of professions, studies about Chicago are
foundational to urban sociology and urban ethnography, and studies of the French Revolution
are *central* to comparative-historical sociology" (Krause, Monika. 2016. 'Western Hegemony' in the Social Sciences: Fields and Model Systems. In *The Sociological Review* 64 (2),
S. 194–211, hier S. 199, Herv. von uns, ME/FM; vgl. Krause, Monika. 2021. *Model Cases.
On Canonical Research Objects and Sites.* Chicago: University of Chicago Press).
[102] Blumenberg, Hans. 1981. *Die Lesbarkeit der Welt.* Frankfurt am Main: Suhrkamp, S. 152.

hergestellter Naturzustand imaginieren lässt. Als Schiffsbrüchiger ist Robinson erstens außerhalb jeder Gesellschaft auf seine anthropologischen Grundlagen reduziert, was die Unterschiede zwischen Natur und Kultur sowie Individuum und Gesellschaft hervortreten lässt. Und zweitens lässt sich der vermeintlich ursprüngliche Aufbau gesellschaftlicher Ordnung fiktiv beobachten, sobald Robinson mit Angehörigen einer gänzlich fremden Kultur in Kontakt tritt.

Felix Binder hat darauf hingewiesen, dass die an Defoes Roman angelehnten Szenen (Robinsonaden) bereits in der Ökonomie seit dem 18. Jahrhundert auftauchen und bis heute explizit als Gründungsszenen in die Argumentationsgänge der Wirtschaftswissenschaft eingebaut sind. Auch die soziologische Theorie greift immer wieder auf sie zurück. Neben den mit der Wirtschaftswissenschaft mehr oder weniger verwandten *rational choice* Theorien, in denen die Robinsonade die Funktion der Darstellung grundlegender Entscheidungssituationen und Bedürfnisabwägungen übernimmt, hält sie sich auch in der theoriegeschichtlichen Linie von der Phänomenologie Edmund Husserls über die Sozialphänomenologie von Alfred Schütz und schließlich zur phänomenologisch fundierten Wissenssoziologie von Peter Berger und Thomas Luckmann durch.[103] In der *gesellschaftlichen Konstruktion der Wirklichkeit* taucht die Gründungsszene der Robinsonade ebenfalls als Ausschnitt einer reduzierten Lebenswelt auf, allerdings nicht als eine vor-wissenschaftliche, sondern als eine vor-gesellschaftliche. Von den Autoren ist sie als illustratives „Schulbeispiel" in die Argumentation verwoben.[104] Im Folgenden möchten wir Derridas Problematisierung von Begründungsfiguren an diesem Beispiel erproben und veranschaulichen, inwiefern die Dekonstruktion den Blick auf das scheinbar Marginale in Texten der soziologischen Theorien lenken kann. Wir greifen dabei zugleich auf die im zweiten Kapitel unseres Buches behandelten Denkfiguren Derridas zurück.

Dass es sich dabei *nicht* um eine spielerische, eher literarisch-ästhetische Fingerübung im Gegensatz zur strengen Theorie- und Begriffsarbeit handelt, können wir zuerst daran festmachen, dass die Robinsonade einen Platz zugewiesen bekommt, der sie von anderen illustrativen Beispielen und Szenen abhebt – beispielsweise dem guten Freund Henry,[105] dem Mann auf der Straße,[106] dem

---

[103] Binder, Werner. 2014. Die Robinsonade. In *Gründungsszenen soziologischer Theorie,* hrsg. Sina Farzin und Henning Laux. Wiesbaden: Springer VS, S. 139–154.

[104] Berger, Peter L. und Luckmann, Thomas. 2010. *Die gesellschaftliche Konstruktion der Wirklichkeit. Eine Theorie der Wissenssoziologie.* 23. Auflage. Frankfurt am Main: Fischer, S. 62.

[105] Vgl. Berger, Luckmann. *Die gesellschaftliche Konstruktion der Wirklichkeit,* S. 34.

[106] Vgl. Ebd., S. 81 f.

libidinösen Beziehungsdreieck zwischen den Personen A, B und C[107] sowie dem Jäger und seiner Jagdgesellschaft.[108] Denn sie wird in demjenigen Moment wiederholt in Szene gesetzt, in dem es der Wissenssoziologie um nicht weniger als die *„Ursprünge* der Institutionalisierung" und damit den Ursprung der gesellschaftlichen Wirklichkeit geht.[109]

Fassen wir zuerst zusammen, wie und an welcher Stelle die Robinsonade im Text und seinem Argumentationszusammenhang auftaucht: Die Gründungsszene hat genau besehen einen Vorläufer, nämlich „de[n] einsame[n] Mann auf der sprichwörtlichen einsamen Insel", der damit beginnt, seine Tätigkeiten durch Wiederholung zu habitualisieren.[110] Diese Szene ist der Gründungsszene der Robinsonade auch in systematischer Hinsicht vorgeordnet, gehen doch die „Habitualisierungsprozesse [...] jeder Institutionalisierung voraus"; sie gelten „an sich sogar noch für unseren hypothetischen Einsamen, der auf seiner Insel abgeschieden von jeder menschlichen Interaktion lebt".[111] Der einsame Schiffbrüchige steht angelehnt an Blumenberg für die auf *das Anthropologische* reduzierte Lebenswelt, das aus der Perspektive der phänomenologischen Wissenssoziologie aus der prinzipiellen Weltoffenheit des Menschen besteht, von der die Habitualisierung ihn entlastet.[112]

Die Gründungsszene ‚Robinsonade' setzt ein, wenn die theoretische Erläuterung von der Habitualisierung zur Institutionalisierung fortschreitet. Denn Letztere bedarf der nicht nur wiederholten, sondern wechselseitigen Typisierung von Handlungen und Handelnden, weswegen der einsame Schiffbrüchige auf eine weitere Person aus einer „völlig verschiedenen Gesellschaf[t]" trifft.[113] Bei diesem Fremden handelt es sich um ‚Freitag', einen „Papua", während der Schiffbrüchige von Leser*innen als „Amerikaner" imaginiert werden soll. Weil

---

[107] Vgl. Ebd., S. 67 f., 82 und 88 f.

[108] Vgl. Ebd., S. 71–73 und 82.

[109] Ebd., S. 56, Herv, von uns, ME/FM.

[110] Ebd., S. 56. Wir verfahren im Folgenden eng am Originaltext, möchten aber bereits an dieser Stelle darauf hinweisen, dass es sich beim Einsamen und all seinen Variationen nicht zufällig um eine männliche Figur handelt. Hier stoßen wir nämlich auf einen philosophiegeschichtlich typischen Gestus der Universalisierung, der seine geschlechtliche Markierung zugleich unkenntlich macht. ‚Männlich' ist diese Figur deshalb, weil sie sich die Semantik von ‚Männlichkeit' als nicht in Beziehungen existierend und also potenziell ‚einsam' zu eigen macht. Der dekonstruktiven Kritik dieses Gestus wenden wir uns in Abschn. 3.3.2 zu.

[111] Ebd., S. 57.

[112] Ebd., S. 51 f.

[113] Ebd., S. 59.

sie aus verschiedenen Gesellschaften stammen, sind die Situation ihres Aufeinandertreffens und alles, was daraus entspringt, „für keinen von ihnen institutionell vorgeprägt".[114] Da aber zumindest die Möglichkeit besteht, dass der Schiffbrüchige „*Robinson Crusoe* gelesen oder wenigstens von ihm gehört hat, was die Situation mindestens für ihn bis zu einem gewissen Grade vorprägen würde", werden die beiden Figuren der Gründungsszene im weiteren Verlauf „einfach A und B" genannt.[115] Nach diesem Abstraktionsschritt erläutern Berger und Luckmann, immer wieder auf A und B zurückgreifend, die soziologischen Begriffe, die für die Hervorbringung der Gesellschaft als objektiver Wirklichkeit entscheidend sind. A und B wandeln sich im Laufe der Argumentation zwecks Veranschaulichung sogar von der Überlebensgemeinschaft zur Zeugungsgemeinschaft, der sich das Problem stellt, wie sich die ursprünglich von ihnen hervorgebrachte institutionelle Ordnung gegenüber der nachfolgenden Generation legitimiert.[116]

Hier kommt nun der Verdacht auf, dass die Robinsonade nicht lediglich ein marginales Nebenprodukt des Textes als Ganzes und seines Funktionierens sein könnte, sondern unter Umständen auf entscheidende Weise das Zentrum der Theorie im Sinne einer Begründungsfigur supplementiert und damit verdoppelt. Um diesem Verdacht nachzugehen, werden wir im Folgenden andere Textstellen daraufhin überprüfen, inwiefern sie mit der Gründungsszene in vielleicht nicht expliziter, aber systematischer Weise zusammenhängen.[117] Dabei fällt zuallererst auf, dass die Autoren der Gründungsszene einen eher ambivalenten Status zuschreiben, weil sie als Ursprung der Institutionalisierung gleichzeitig *nicht ganz,* aber *doch schon* den Normalverlauf der gesellschaftlichen Konstruktion der Wirklichkeit repräsentiert. Wenn es um die grundsätzliche Typisierung von Handeln und Handelnden in alltäglichen Interaktionen und deren Vorprägung geht, wird sie zuerst vorgreifend ausgeklammert, obwohl die Möglichkeit besteht, gelegentlich auf sie zurückzukommen:

---

[114] Ebd., S. 60.

[115] Ebd.

[116] Vgl. Ebd., S. 66 f.

[117] Wir werden dafür häufig und ausführlich aus der *gesellschaftlichen Konstruktion der Wirklichkeit* zitieren. Dieses Vorgehen entspricht der textkritischen Arbeitsweise Derridas, der seine dekonstruktive Problematisierung von Begriffen, Denkfiguren und Argumentationsgängen nicht nur eng am Original, sondern immer auch mit Blick auf die textuellen Zusammenhänge entwickelt, in denen sie stehen. Anders formuliert: Die dekonstruktive Problematisierung zielt immer auch auf den Gesamtzusammenhang, in den einzelne Signifikanten eingeschrieben sind.

> „Wenn es auch verhältnismäßig schwierig ist, Vis-á-vis-Wirkungen zu schablonisie-
> ren, so sind sie doch ihrerseits, wenn nicht von Schablonen, so doch von Typen
> vorgeprägt, sobald sie im *Normalverlauf* der Alltagswelt stattfinden. (*Interaktion zwi-
> schen ganz Fremden ohne gemeinsamen Alltagswelthorizont lassen wir einstweilen
> außer acht)*".[118]

Diese eingeklammerte Ausklammerung markiert einen ersten Aufschub der
Gründungszene, die zumindest in dieser Stufe der Argumentation noch nicht
berücksichtigt werden kann, weil sie in erläuterungsbedürftiger Weise einen
Sonderfall des Normalverlaufs der Interaktionen des Alltags darstellt. In der Fort-
setzung wird deutlich, dass noch vor ‚Freitags' Auftritt und vor der begrifflichen
Einführung der Institutionalisierung dem einsamen Schiffsbauer eine Zwischenposition zugewiesen wird. Obwohl an ihm zumindest einer der „Ursprünge der
Institutionalisierung" – die Habitualisierung – veranschaulicht wird, sind er und
das, was an ihm systematisch in Erscheinung tritt, gleichzeitig *in* und *außerhalb* der Gesellschaft. Denn „noch der einsame Mann auf der sprichwörtlichen
einsamen Insel habitualisiert sein Tun" zwecks Einsparung seiner Kräfte, was für
„*nichtgesellschaftliche* wie für *gesellschaftliche* Aktivitäten" gilt.[119] Aber obwohl
er in aller Einsamkeit, in radikaler Abwesenheit aller Anderen mit der Habitualisierung beginnt, nimmt er bereits am Prozess der Vergesellschaftung und an der
Gesellschaft teil, deren Ursprung die Habitualisierung ankündigt:

> „Wenn er am Morgen erwacht und in Gedanken seine Bemühungen, ein Boot aus
> Streichhölzern zu basteln, rekapituliert, so brummelt er wohl vor sich hin: ‚das wär's
> also wieder einmal'. Und er *beginnt bei Stufe eins* einer Prozedur von, sagen wir,
> zehn Stufen. So hat noch der Einsiedler wenigstens die *Gesellschaft seiner Einsiedler-
> Gewohnheiten*".[120]

Der Einsame verharrt in einer Episode, die sich noch nicht ganz in der Gesellschaft, aber auch nicht mehr in ihrem Außen lokalisieren lässt. Die aufschiebende
Geste, mit der die Gründungsszene ein- und ausgeklammert wird, wiederholen die
Autoren in dem Moment, in dem es um die systematische Darlegung dessen geht,
was der Institutionalisierung und ihrer Gründungsszene vorausgeht:

> „Habitualisierungsprozesse gehen jeder Institutionalisierung voraus und gelten an
> sich *sogar noch* für unseren *hypothetischen* Einsamen, der auf seiner Insel abge-
> schieden von jeder menschlichen Interaktion lebt. Wenn wir übrigens *voraussetzen,*

---

[118] Ebd., S. 33, Herv. von uns, ME/FM.

[119] Ebd., S. 56, Herv. von uns, ME/FM.

[120] Ebd., S. 56 f., Herv. von uns, ME/FM.

dass er ein *fertiges Selbst* ist, was wir von unserem brummelnden Bootsbauer annehmen dürfen, so wird auch er seine Handlungen gemäß den Erfahrungen mit einer
ganzen Welt von Institutionen, die er *vor* seiner Einsamkeit gemacht hat, habitualisieren, worauf wir jedoch *jetzt nicht* eingehen können. Wichtiger für den *Empiriker*
ist vielmehr jene Habitualisierung menschlicher Tätigkeit, die *normalerweise* mit der
Institutionalisierung zusammenfällt".[121]

Hier bestätigt sich der Verdacht, dass der Einsiedler und dessen Habitualisierung in einer Gesellschaft-mit-sich, die den Ursprung der Institutionalisierung
gedankenexperimentell repräsentiert, nicht mehr, aber noch nicht ganz in ‚der'
Gesellschaft ist. Die Episode lässt sich überhaupt nur dadurch denken, dass er
als „fertiges Selbst" auf die „ganze Welt" seiner Vergangenheit in Gesellschaft,
d. h. vor der radikalen Abwesenheit aller anderen, zurückgreifen kann. Obwohl
wieder „jetzt nicht" darauf eingegangen werden kann, ist – in Anlehnung an die
Termini Derridas – der Einsame am Ursprung der Institutionalisierung bereits von
der ganzen Fülle der sozialen Welt und der Anderen affiziert, um er selbst sein
zu können. Es ist diese Voraussetzung, die Kontamination des reinen Ursprungs,
die für „den Empiriker" weniger wichtig ist als die Habitualisierung.[122] Denn im
Normalvollzug der gesellschaftlichen Konstruktion der Wirklichkeit geschieht die
Habitualisierung gleichzeitig mit der Institutionalisierung.

Um die theoretische Erörterung der Gleichzeitigkeit von Habitualisierung und
Institutionalisierung zu stützen, wird die Gründungsszene des Einsamen durch
die der Robinsonade ersetzt. Zwar ist es einerseits notwendig, den Einsiedler

---

[121] Ebd., S. 57 f., Herv. von uns, ME/FM.

[122] Wie gleich zu Beginn der *gesellschaftlichen Konstruktion der Wirklichkeit* geklärt wird,
sind es Soziolog*innen und nicht Philosoph*innen, die bei diesem Problem Zweifel anmelden könnten: Die Soziologie ist ein „empirische[s] Fach" und wirft damit – gemeinsam mit
anderen „Unruhestiftern der empirischen Wissenschaften" – methodologische Probleme auf,
die nicht „in ihrem eigenen Zuständigkeitsbereich" der Soziologie, sondern nur durch die
Philosophie geklärt werden können (ebd., S. 15). Für Philosoph*innen sei „aus professionellen Gründen gar nichts gewiss" und sie sind es, die im Gegensatz zu Soziolog*innen „eine
Trennungslinie zwischen gültigen und ungültigen Aussagen über die Welt ziehen [müssen]"
(ebd., S. 2). Für Soziolog*innen bedeutet dies aber nicht nur, gelegentlich die Aussagen des
‚Manns auf der Straße' in Anführungszeichen zu setzen, sondern auch „[z]u gewissen Gele-
genheiten", darunter in „philosophische[r] Betrachtung" an deren Gültigkeit zu zweifeln,
allerdings den Ernst solcher Zweifel in Anführungszeichen zu setzen, bzw. „solche Zweifel
[…] ‚nicht ernst zu nehmen'" (ebd., S. 45). Dabei gelte aber für *alle,* dass an der Gültigkeit
des „Wissens in der und über die Alltagswelt" nur „bis zu dem Augenblick" unernst gezweifelt wird, „in dem ein Problem auftaucht, welches nicht im ‚gültigen' Sinne gelöst werden
kann" (ebd.).

als in-/außer-gesellschaftlichen Ursprung der Institutionalisierung zu berücksichtigen – so wie es prinzipiell unmöglich ist, Institutionen ohne Berücksichtigung ihrer geschichtlichen Entstehung zu begreifen[123]. Aber andererseits wird dieser Ursprung wieder ausgestrichen und ganz ins Außen der Gesellschaft verschoben, sobald sich die Aufmerksamkeit auf die Institutionalisierung als Ursprung der Gesellschaft richtet:

> „Theoretisch wichtig ist jedoch, dass ein Institutionalisierungsprozess wechselseitiger Typisierung auch dann stattfinden könnte, wenn *nur zwei* Menschen wiederholt dasselbe tun. Institutionalisierung steht am *Anfang jeder gesellschaftlichen Situation*, die ihren eigenen *Ursprung überdauert*".[124]

Auch die Gründungsszene der Robinsonade kann allerdings als Gründung der gesellschaftlichen Situation im Prozess wiederholter Institutionalisierung nicht vollständig herhalten. Wie oben bereits erwähnt muss auch sie weiter bereinigt werden. Zwar kann erneut vorausgesetzt werden, dass sie beide in Gesellschaft gewesen sind und dadurch auch in dieser Situation beständig noch „sie selbst" sind.[125] Um „bis zu einem gewissen Grade" jede Vorprägung auszuschließen, werden jedoch der Schiffbrüchige und ‚Freitag' „lieber einfach A und B" genannt.[126]

An der bereinigten Gründungsszene tritt erneut der ambivalente Status zutage, der bereits beim Einsamen aufgefallen ist. A und B sind innerhalb des Argumentationsgangs, der um die Klärung des Ursprungs der Institutionalisierung und damit dem Ursprung der gesellschaftlichen Wirklichkeit bemüht ist, zugleich in und außerhalb der Gesellschaft. Die zumindest bis zu einem gewissen Grad

---

[123] Vgl. ebd., S. 58.

[124] Ebd., S. 59, Herv. von uns, ME/FM.

[125] Ebd. Die von Berger und Luckmann auch hier verwendeten Anführungszeichen verweisen uns darauf, dass wir an dieser Aussage zumindest in philosophischer Betrachtungsweise Zweifel anmelden dürfen. Mit Derrida soziologisch zu denken hält dazu an, diese Zweifel ernst zu nehmen. Einen solchen Zweifel antizipierend verweisen die Autoren darauf, dass von Fällen, in denen einer oder beide der auf der Insel Zusammentreffenden *nicht* ‚sie selbst' waren und sind, „für den Augenblick ab[gesehen]" wird (ebd., S. 59). So soll beispielsweise von „Adam und Eva" abgesehen werden (ebd.). Allerdings intensiviert diese Geste des Aufschubs die damit einhergehende Problematik noch weiter, insofern gerade die „Kirche" den Ort oder besser die umgrenzte Provinz im Unterschied zur „obersten Wirklichkeit" der „Alltagswelt" darstellt, in der nicht nur die Frage nach dem Zusammentreffen dieser beiden gestellt wird, sondern in der neben der philosophischen Betrachtung mehr oder weniger ernsthaft gezweifelt wird (ebd., S. 45 und S. 59).

[126] Ebd., S. 60.

bereinigte Gründungsszene ist *noch nicht ganz* der Ursprung, von dem aus die gesellschaftliche Wirklichkeit beginnt. Denn die „wechselseitige Typisierung" von A und B „ist zwar *noch keine* Institutionalisierung, da bei nur zwei Personen *keine* Möglichkeit zu einer Typologie der Akteure besteht. Aber immerhin befinden wir uns im *Vorhof der Institutionalisierung*".[127] Dieser „Vorhof" ist *noch nicht ganz,* aber *trotzdem schon* der Ursprung der gesellschaftlichen Wirklichkeit:

> „Ihr Zusammenleben hat nun in einer ständig sich erweiternden Welt der Routinegewissheit seine Form gefunden. […] Mit anderen Worten: Eine *gesellschaftliche Welt* wird allmählich konstruiert, in der die *Fundamente* einer expansiven institutionalen Ordnung *schon* vorhanden sind".[128]

Was die institutionelle Ordnung gewesen sein wird, kündigt sich bereits bei A und B an, wenn rückblickend und nachdem die Gründungsszene aus der Argumentation verschwunden ist, zusammenfassend festgehalten wird, dass „der Ursprung *jeder* institutionalen Ordnung in der Typisierung eigener und fremder Verrichtungen liegt".[129]

Hat die gesellschaftliche Konstruktion der Wirklichkeit tatsächlich bereits begonnen? Ist das, was Gesellschaft im Kern ausmacht, bereits vorhanden, obwohl wir uns noch in einer Situation befinden, die ihr vorausgehen soll? Die Antwort scheint eindeutig auszufallen, wenn berücksichtigt wird, wie sich im Übergang von der Überlebensgemeinschaft in die Zeugungsgemeinschaft die angesprochenen Fundamente „,verdichte[n]' und ,verhärte[n]'".[130] Denn obwohl die „institutionale Welt […] in der *ursprünglichen* Situation von A und B *noch in statu nascendi*" verweilte, sorgen erst die Situation der Geburt und die darauffolgende Weitergabe des Wissens um die institutionelle Welt an eine nachfolgende Generation dafür, dass „die Institutionalisierung sich selbst [vollendet]".[131] Die

---

[127] Ebd., S. 60, Herv. von uns, ME/FM.

[128] Ebd., S. 61, Herv. von uns, ME/FM.

[129] Ebd., S. 76, Herv. von uns, ME/FM. Eindeutig wird an dieser Stelle allerdings, dass nicht der in eigener Gesellschaft habitualisierende Einsame als Ursprung gelten kann, wohl aber bereits die Robinsonade, in der A und B noch eine Überlebensgemeinschaft bilden: „Voraussetzung dafür ist, dass man *mit anderen* bestimmte Ziele und Phasen der Verrichtung gemeinsam hat, dass nicht nur Einzelhandlungen, sondern auch Handlungsverläufe […] typisiert werden. Das heißt: *nicht nur ein einzelner* Akteur vom Typus X, der eine Aktion vom Typus X wiederholt, wird wiedererkannt" (ebd., S. 76, Herv. von uns, ME/FM). Der Ursprung der Ursprünge wäre ausgeschlossen, wenn – wie wir erinnern möchten – der Einsame nicht bereits in-Gesellschaft gewesen wäre, um er selbst sein zu können.

[130] Ebd., S. 63.

[131] Ebd., S. 62, Herv. von uns, ME/FM.

Institutionalisierung überdauert nun mit der nachfolgenden Generation ihren Ursprung. Erst ihre Ablösung von A und B und dem „Charakter von ad hoc-Konzeptionen zweier Individuen" erlaubt es den Institutionen, eine „eigene Wirklichkeit" zu erlangen, die „dem Menschen als äußeres zwingendes Faktum gegenübersteht".[132] Die Abtrennung der Institutionalisierung von ihren Ursprüngen – vom Einsamen und von der Robinsonade – vollendet sie und versorgt sie mit Wirklichkeit. Die Institution und mit ihr die gesellschaftliche Wirklichkeit haben in der Bewältigung der Weitergabe ihrer Ordnung die Objektivität erreicht, der sie die ganze Zeit entgegenstrebten:

> „*Jetzt erst* wird es überhaupt möglich, von einer gesellschaftlichen Welt im Sinne einer in sich zusammenhängenden, gegebenen Wirklichkeit zu sprechen, die dem Menschen wie die Wirklichkeit der natürlichen Welt gegenübersteht. Nur so, *als* objektive Welt, können die sozialen Gebilde an eine neue Generation weitergegeben werden".[133]

Allerdings unterläuft sich dieses Argument der Abtrennung vom Ursprung angesichts der Gründungsszene selbst, da der Ursprung nicht ganz abgetrennt werden kann, ebenso wie die Gründungsszene nicht ganz ins Außen der Gesellschaft verschoben werden konnte. Sooft die den Ursprung abtrennenden Gesten wiederholt werden, so vehement dringt der Ursprung in die erst durch diese Abtrennung ‚wirklich' gewordene gesellschaftliche Wirklichkeit ein. Obwohl Institutionen erst dann „Wirklichkeit geworden sind", wenn sie sich „von der konkreten Relevanz ihres Ursprungs abgelöst haben" und auf die neue Generation „als Tradition eher denn als eigene Erinnerung" zukommen, lässt sich der Ursprung in der Scharnierstelle zwischen systematischer Argumentation und beispielhafter Illustration nicht ausstreichen.[134] A und B bleiben „Schöpfer einer *ursprünglich gesellschaftlichen Welt*",[135] denn ‚die' gesellschaftliche Welt, die sich in ihrer Objektivität – ihrer Festigkeit und ihrem Zwang – erst mit der Vollendung der Institutionalisierung präsentiert, war bereits von Anfang an anwesend:

> „Durch die erreichte Historizität ergibt sich – oder genauer gesagt – *vollendet* sich – noch eine andere entscheidende Qualität, welche *von Anfang an da war*, seit A und B mit der reziproken Typisierung ihres Verhaltens begonnen hatten: Objektivität".[136]

---

[132] Ebd.
[133] Ebd., S. 63.
[134] Ebd., S. 66.
[135] Ebd., Herv. von uns, ME/FM.
[136] Ebd., S. 62, Herv. von uns, ME/FM.

Es ließe sich nun einwenden, dass eine solch detaillierte Lektüre einer Gründungsszene, die lediglich zwecks Veranschaulichung in die Argumentation einer ansonsten konsistenten, wohlgeformt ausgearbeiteten soziologischer Theorie eingebaut ist, Letzterer nicht gerecht wird. Mit Derrida können wir jedoch abschließend darauf antworten, dass eingedenk der Problematik von Gründungsfiguren gerade durch die Verschiebung der Aufmerksamkeit auf das Marginale, auf die vermeintlichen Ränder der Theorie, sich zugleich das ,Wichtigere', ihr Zentrum in den Blick nehmen lässt. Wir haben durch Derridas Problematisierung der Funktionsweise von Begründungsfiguren nachverfolgt, welche Schwierigkeiten anscheinend die Rede vom Ursprung den Autoren bereitet. Die Gründungsszene repräsentiert einerseits den ,Normalverlauf' der Genese gesellschaftlicher Wirklichkeit und wird andererseits immer wieder relativiert und ins Außen der Gesellschaft verschoben. Wir können für die Behauptung, es handele sich bei ihr deswegen *nicht* lediglich um einen Nebenschauplatz der strengen Theorie- und Begriffsarbeit, nicht zuletzt auch auf die Autorität der Autoren zurückgreifen, wenn sie die Beziehung zwischen dem „Schulbeispiel" und dem Prozess der Institutionalisierung im Allgemeinen benennen: „Die Situation von A und B auf *allen* diesen Gebieten ist *paradigmatisch* für Institutionalisierung im *größeren gesellschaftlichen Rahmen*".[137]

Von hier aus ließe sich nun fragen, inwiefern die gesamte Anlage der *gesellschaftlichen Konstruktion der Wirklichkeit* vom Logozentrismus und der Metaphysik der Präsenz durchdrungen ist, um deren Erschütterung es Derrida in Bezug auf die Herausarbeitung der Funktionsweise von Begründungsfiguren geht. Einen ersten Anhaltspunkt dafür, dass sich eine solch weiterführende Befragung vom ,Marginalen' zum ,Zentrum' lohnen könnte, haben wir zu veranschaulichen versucht.[138] Mit Derrida soziologisch zu denken und soziologische Theorien zu lesen ermöglicht es jedenfalls, aufmerksam gegenüber jenen Momenten zu sein,

---

[137] Ebd., S. 62, Herv. von uns, ME/FM.

[138] In dekonstruktiv sensibilisierter Lektüre ließe sich nun weiterfragen, inwiefern nicht nur die hier behandelte Gründungsszene, sondern das gesamte Argumentationsgefüge der *gesellschaftlichen Konstruktion der Wirklichkeit* auf einem von der (Sozial-)Phänomenologie übernommenen Fundament der Metaphysik der Präsenz ruht, um deren Zersetzung es Derrida geht. In *Die Stimme und das Phänomen* setzt sich Derrida ausführlich mit der Phänomenologie Husserls auseinander und führt vor, wie die dekonstruktive Lektüre der Gründung von Subjektivität in reiner Präsenz nachspürt. Mit Blick auf die bei Berger und Luckmann gelegentlich „in der ganzen Fülle seines Ausdrucksvermögens" auftretende Figur „mein Freund Henry" (ebd., S. 34) lässt sich jedenfalls bemerken, dass in der Vis-á-vis-Situation – der „fundamentale[n] Erfahrung des Anderen" und dem „Prototyp *aller* gesellschaftlichen Interaktion", von dem „[j]ede andere Interaktionsform [...] abgeleitet ist" – das „Subjekt-Sein" an die „Fülle von Anzeichen" in lebendiger Gegenwärtigkeit gebunden ist (ebd., S. 31).

in denen sich die (Selbst-)Gründung von Gesellschaft selbst unterläuft, sie ihren Ursprung verfehlt und ihn nicht endgültig von sich abtrennen kann. Sowohl für die Begründungsfiguren der Philosophiegeschichte und den klassischen soziologischen Theorien der Moderne als auch im Falle der ‚kleineren‘ Gründungsszenen in soziologischen Theorien lässt sich den Momenten nachspüren, in denen sie in der Fundierung ‚der‘ Präsenz, ‚der‘ Identität und ‚der‘ Gesellschaft sich selbst korrumpieren.

3.3   Die Dekonstruktion von Dualismen als Freilegung gesellschaftlicher Hierarchien

Wenn wir in diesem Teil unseres Buches *mit* Derrida durch die Geschichte der Philosophie und Soziologie gepflügt sind, dann haben wir die Ressourcen der Derrida'schen Dekonstruktion genutzt, um eine tiefreichende Kritik an unseren modernen Subjekt-, Herrschafts- und Gesellschaftsformen zu entwickeln. Unsere Leitthese lautete dabei, dass Derridas in den 60er und 70er Jahren vorwiegend an den Diskursen der Philosophie, Linguistik und Literaturwissenschaften orientierte Zersetzungsarbeit ein immenses Repertoire an soziologischen Diagnose- und Kritikformen beinhaltet. Das lange Zitat aus der Grammatologie, mit dem wir Abschn. 3.1 eröffnet hatten, machte bereits ersichtlich, dass Derrida in äußerst verdichteter Form eine Perspektivierung sozial-politischer Theoriebildung entworfen hat, ohne selbst alle Implikationen offenzulegen. Abschn. 3.2 sollte dann plausibel machen, welche Gründungsfiguren in der Tradition soziologischer Theorie aufgespürt werden können und wie sich gesellschaftstheoretische Paradigmen auf ihre metaphysischen Prämissen hin abklopfen lassen. Mit Derrida ließ sich zeigen, inwiefern soziologische Denkbewegungen bei aller vermeintlichen Distanzierung von metaphysischen Annahmen mit Gründungsfiguren arbeiten, die bestimmte Vorstellungen von Subjektivität und sozialer Ordnung als selbstverständlich voraussetzen und keiner Befragung mehr unterziehen. Und während in modernen Vertragstheorien ein Naturzustand imaginiert wird, in dem Subjekte in ihrem natürlichen, von der Kultur noch nicht kontaminierten Zustand existieren, um politische Herrschaft zu fundieren, ließ sich auch an den Rändern des sozialkonstruktivistischen Ansatzes von Berger und Luckmann der wiederholte Rückgriff auf einen Naturzustand und auf einen Dualismus zwischen Natur und Kultur diagnostizieren.

Wenn wir uns also die Begründung politischer Herrschaft und die Schilderung sozialer Ordnungsprozesse zu Gemüte führen, dann taucht an all diesen Stellen

auf frappierende Weise ein Zugriff auf Dualismen auf. Die scheinbar bloß theoretische Trennung von Begriffspaaren ist offensichtlich äußerst wichtig für eine
historisch spezifische Fundierung von Herrschaft und sozialer Ordnung. Doch
damit nicht genug: Wir wollen in diesem Abschnitt vorführen, dass Derridas Denken das Potenzial für eine umfassende Problematisierung sozialer Hierarchien
bietet. Die Dekonstruktion von Dualismen und die Freilegung von Hierarchien
lassen sich besonders gut explizieren, indem wir auf Autorinnen der sogenannten
‚Neuen Materialismen‘ zurückgreifen. Das hat zwei Gründe: Erstens schließen
die Neuen Materialismen in innovativer Weise an die dekonstruktive Perspektive
Derridas an und arbeiten in diesem Sinne mit einem Glutkern der dekonstruktiven Kritik, der bei Derrida selbst nicht in einer solch expliziten Weise entwickelt
ist. Zweitens lässt sich durch den Rückgriff auf die Neuen Materialismen zeigen und nachvollziehen, wie sich soziologisch mit Derrida denken lässt und wie
heute innerhalb eines bestimmten politischen Diskursfeldes mit ihm gedacht wird.
Denn der Soziologie ging und geht es immer auch um eine Kritik historisch spe-
zifischer, durch Naturalisierung verhärteter Arrangements von Herrschafts- und
Machtbeziehungen. Die gegenwärtigen, mit Derrida arbeitenden Ansätze innerhalb der feministischen Theorie drehen sich in besonders starkem Sinne um die
Offenlegung geschlechtlicher, ethnischer und rassischer Hierarchien.

Das führt uns zur Frage nach der Verbindung zwischen theoretischen Argu-
mentationsfiguren und deren ethisch-politischen Konsequenzen. An einer Stelle
in der *Grammatologie* bringt Derrida die Beziehung zwischen der metaphysischen Struktur, um deren Dekonstruktion es ihm geht, und ihrer politischen
Konkretisierung prägnant zum Ausdruck: „Der Logozentrismus ist in einem
ursprünglichen und nicht ‚relativistischen‘ Sinne eine ethnozentrische Metaphysik. Er ist gebunden an die Geschichte des Abendlandes."[139] Mit dieser Aussage
scheint Derrida zunächst einmal nichts anderes zu sagen, als dass metaphysisches
Denken an eine bestimmte historische Situation gebunden ist, die seine vermeintliche Universalität produziert und zugleich seine geschichtliche und kulturelle
Gebundenheit verschleiert. Mit der Rede von der „ethnozentrische[n] Metaphysik" deutet er jedoch an, wie weitreichend dieser Verschleierungsprozess ist:
Der Logozentrismus als Metaphysik der Identität und des Ausschlusses von
Andersheit privilegiert ein eurozentristisches Denken und diskriminiert zugleich
außer-europäische Theorie- und Subjektentwürfe. Er produziert damit im selben
Moment eine *Hierarchie* zwischen dem europäischen Denkraum und anderen,
nicht-europäischen Kulturen *und* macht diese Hierarchie *unkenntlich*, indem er

---

[139] Derrida. *Grammatologie,* S. 140.

das eurozentristische Denken als rational, universalistisch und damit anderen Kulturen grundsätzlich überlegen begreift. Welche Kräfte bei diesem zweiteiligen Produktionsprozess am Werke sind, gilt es jetzt herauszuarbeiten.

3.3.1 Die Enthierarchisierung der Welt durch ‚flache‘ Ontologien

In Abschn. 3.1.2 haben wir unseren Fokus bereits auf die politische Funktion von Begründungsfiguren gelegt. Dort haben wir zu illustrieren versucht, dass Begründungsfiguren innerhalb der Moderne als fundierende Momente wirken, die politische Herrschaft legitimieren sollen. So erfüllt das Subjekt als *die* Begründungsfigur der Moderne die Funktion, Notwendigkeit und Grenzen von Herrschaft zu rechtfertigen. Die hierbei vorausgesetzte Prämisse lautet, dass Subjekte individuierte Wesen sind, die feste Grenzen zu anderen Subjekten und zu ihrer gesellschaftlichen und natürlichen Umwelt besitzen. Impliziert ist damit eine ausschließende Trennung zwischen Subjekten und Objekten, zwischen menschlichen und nicht-menschlichen Wesen. Andere Subjekte und die Umwelt wirken zwar auf ein Subjekt ein, dem Subjekt selbst kommt aber aufgrund seines freien Willens, seiner Rationalität und Reflexivität stets die Fähigkeit zu, sich auf den Kern ‚seiner‘ Subjektivität zurückzuziehen. Gemäß diesem Paradigma von der Selbstermächtigung und Selbstaufklärung *besitzen* Subjekte sich selbst – sie gehören niemand anderem als sich selbst und politische Herrschaft ist nur dann legitim, wenn sie diesen Selbstbesitz zum Ausgangspunkt macht.

Mit Derrida lässt sich nun demonstrieren, dass dieses Verständnis von Subjektivität und der dabei involvierte Dualismus zwischen (menschlichem) Subjekt und (nicht-menschlichem) Objekt auf einer grundlegenden Hierarchie basieren, die konkretere politische Hierarchisierungen begründet, fördert und zugleich unkenntlich macht. Wie wir bereits oben angedeutet haben, wird Derridas dekonstruktives Verfahren vor allem innerhalb der jüngeren Forschungsdiskussionen der Neuen Materialismen äußerst produktiv aufgenommen – einer Theorielandschaft, die feministische Fragestellungen mit materialistischen Ontologien zusammenführt.[140] Die Neuen Materialismen begreifen Materie nicht im traditionellen

---

[140] Vgl. als einschlägige Sammelbände, die für eine erste Orientierung hilfreich sind: Coole, Diana und Frost, Samantha. 2010. *New Materialisms. Ontology, Agency, and Politics*. Durham: Duke University Press; Dolphijn, Rick und van der Tuin, Iris. 2012. *New materialism. Interviews & cartographies*. Ann Arbor: Open Humanities Press. Im deutschsprachigen Kontext lässt sich auf die einführende Monographie von Katharina Hoppe und Thomas Lemke verweisen, auch wenn das hier zusammengestellte Feld der Autor*innen keineswegs

Sinne als passiv und unveränderlich, sondern als aktiv und dynamisch. Sie grenzen sich darüber hinaus zum Historischen Materialismus von Marx und Engels ab, indem sie ökonomischen Produktionsverhältnissen keinen Primat innerhalb der sozialwissenschaftlichen Analyse zumessen. Vielmehr begreifen sie Materie in einem äußerst basalen, in einem ,flachen' Sinne, als mit Sinn, Diskursivität und Sprache verbunden sowie menschliche und nicht-menschliche Wesen gleichermaßen als – wie es etwa Karen Barad entwirft – diskursiv-materielle Verschränkungen.[141] Menschen, Tiere, Pflanzen und ,Gegenstände' sind gleichermaßen Verbindungen aus materiellen und sinnhaften Komponenten. So zu denken, bedeutet, nach Jane Bennett, „das Verhältnis von Personen und anderen Materialitäten auf horizontalere Art zu erleben".[142] Das Materielle und das Sinnhafte gehören also nicht zwei verschiedenen Welten an, sondern sind stets vom ,Anderen' durchdrungen: Es gibt nichts Materielles, das nicht sinnhaft ist, und es gibt keine Sprache, keinen Diskurs, kein Sinn- und Machtverhältnis, das nicht materiell ist. Den Neuen Materialismen geht es zusammenfassend auf umfassende Weise darum, die Welt zu enthierarchisieren und dabei die geschlechterspezifische Markierung von Hierarchien aufzudecken. Derridas Denkbewegungen klingen in dieser Programmatik nicht nur bereits implizit an, sondern die Neuen Materialismen überschneiden sich gar mit dem dekonstruktiven Verfahren.

In kritischer Absicht lässt sich zeigen, inwiefern Dualismen wie Natur und Kultur, Rationalität und Affektivität, Sprache und Materie, Subjekt und Objekt sowie letztlich Männlichkeit und Weiblichkeit die Produkte eines metaphysischen Logozentrismus sind, der stets ein Glied des Dualismus als rein, unverfälscht und fundamental erachtet, und das zweite Glied als unrein, künstlich und abgeleitet – eben als ein Supplement.[143] Das lässt sich gut, wir haben es weiter oben bereits angedeutet, am Gegensatzpaar Subjekt und Objekt demonstrieren: Das Subjekt ist rein und natürlich in dem Sinne, dass es sein eigenes Fundament ist und über bestimmte Eigenschaften wie Rationalität, Wille, Intentionalität und Selbstbewusstsein verfügt, die nichts Abgeleitetes sind, sondern dem Subjekt ,ursprünglich' zukommen. Wenn wir von den Subjektphilosophien Descartes' und

---

unumstritten ist: Hoppe, Katharina und Lemke, Thomas. 2021. *Neue Materialismen zur Einführung.* Hamburg: Junius.

[141] So schreibt Barad: „Diskurspraktiken und materielle Phänomene stehen nicht in einer Beziehung der Äußerlichkeit zueinander; vielmehr *sind das Materielle und das Diskursive wechselseitig in die Dynamik der Intraaktivität einbezogen.* Die Beziehung zwischen dem Materiellen und dem Diskursiven ist eine Beziehung der wechselseitigen Implikation" (Barad. *Agentieller Realismus,* S. 41).

[142] Bennett. *Lebhafte Materie,* S. 40.

[143] Vgl. Abschn. 2.1.

Kants ausgehen, ist der Körper das Supplement des Subjekts, weil das Subjekt in rein geistiger Form nicht zu existieren vermag, sondern eine Materialisierung ‚benötigt‘. Die Materie gehört zugleich jedoch nicht zum ‚Kern‘ des Subjekts, sie ist sein die Reinheit störendes Außen. Rationalität, Wille, Intentionalität und Bewusstsein sind – gemäß Descartes und Kant – immaterielle Eigenschaften von Subjektivität. Damit ist Materie eine sowohl benötigte als auch das Subjekt zugleich verunreinigende Hinzufügung.[144]

Aus dieser Ambivalenz des Supplements heraus – seiner Notwendigkeit und zugleich seiner Störung – lässt sich ein kritischer und ein affirmativer Blick auf den Erzeugungsprozess von Hierarchien gewinnen. Wenn die Funktionslogik scheinbar ‚bloß‘ theoretischer und damit neutraler Dualismen erst freigelegt ist, so lautet die Annahme der neumaterialistischen Theoriebildung, dann lassen sich auf weiträumige Weise soziale Ungleichheiten aufdecken. Der Weg über die theoretische Philosophie ist damit also ein notwendiger Um-Weg, der eine spezifische Form sozialer und politischer Kritik ermöglicht. Der Tabubruch der neumaterialistischen Theorieansätze liegt dabei in der Wiederaufnahme von ontologischen Fragestellungen. Galt ‚Ontologie‘ innerhalb der feministischen Theorie lange als Zielscheibe der Kritik, weil damit auf Ungleichheit gründende soziale Ordnungen zementiert, eben ontologisiert wurden, bemühen sich materialistische Feminismen um eine Reaktualisierung dieses Begriffs im Sinne performativer und dynamischer Ontologien.[145] Die Ordnung der Welt ist nun nicht mehr von

---

[144] Kants Moralphilosophie ist eine sehr eindrückliche Demonstration dieses Sachverhalts, denn Materialität kontaminiert in Form von Affekten die Reinheit moralischer Urteilsfähigkeit und muss daher aus der Begründung der Moral ausgeschlossen werden. Der Kategorische Imperativ ist ein Prüfverfahren für die Moralität von Handlungen, das rein auf Formalität gründet und materielle Komponenten ausschließen *soll* (vgl. Abschn. 3.1.1).

[145] So beschreibt etwa Bennett ihr methodologisches Vorgehen wie folgt: „Ich werde von der Sprache der Erkenntnistheorie zu der der Ontologie wechseln, vom Fokus auf eine schwer fassbare, zwischen Immanenz und Transzendenz schwebende Widerspenstigkeit (das Absolute) zu dem auf eine aktive, erdige, nicht-ganz-menschliche Weite (lebhafte Materie)" (Bennett. *Lebhafte Materie,* S. 30). Die auf der Trennung zwischen einem erkennenden Subjekt und einem zu erkennenden Objekt gründende Erkenntnistheorie widmet sich nach Bennett letztlich einem theologischen Absoluten (wir haben dieses in den beiden vorherigen Abschnitten im Sinne der Begründungsfiguren ausgewiesen) und muss daher in Hinblick auf eine Ontologie überschritten werden, die ‚erdig‘ bleibt, weil sie sich allen Materialitäten ‚dieser‘ Welt widmet. Während die Erkenntnistheorie somit zwischen Immanenz und Transzendenz schwankt und sich daher nicht von allem theologischen Ballast freizumachen vermag, versucht Bennett eine konsequente Theorie der Immanenz auszuarbeiten. Im Hintergrund steht auch hier die Annahme Derridas, dass ein vollständiger Bruch mit der Metaphysik, dem Logozentrismus und mit transzendenten Philosophien nicht möglich, sondern vielmehr eine stets zu erneuernde Abarbeitung an dieser abendländischen Tradition vonnöten ist.

einem Fundament, einer Begründungsfigur getragen, sondern ‚basiert' auf einer
Unordnung. Gemeint sind hiermit diffuse, stets im Werden befindliche Kräfte, die
zwar Entitäten in der Welt produzieren, diese aber stets mit Rissen durchziehen.
Barad spricht etwa bei dieser basalen ontologischen Kraft von ‚Intraaktionen',
die sie von ‚Interaktionen' deshalb unterscheidet, weil nicht *getrennte* Entitäten
miteinander interagieren, sondern den Beziehungen *zwischen* den Entitäten ein
Primat zukommt.[146] Es geht also um das, was sich einer Lokalisierung entzieht,
was nicht an einem festen Ort ist, was im Sinne der traditionellen Ontologie
eigentlich gar nicht ist, aber dem gerade durch seine Zwischenposition zwischen
Sein und Nicht-Sein der Status von ‚Ontologie' zukommt. Und damit hat die Art
und Weise, wie Barad Intraaktionen charakterisiert, eine frappierende Ähnlichkeit
zu Derridas Différance.[147] Diese basalen ontologischen Kräfte sind nichts Immaterielles, sie sind keine transzendenten Kräfte, wie es etwa bei Platons Ideen
der Fall ist, sondern sie sind selbst materiell – eben diskursiv-materielle Verschränkungen. Materie und Diskursivität (man könnte auch sagen: Natürliches
und Soziales) befinden sich stets in Kontakt miteinander.[148] Es gibt für Barad
keine Materialität, die nicht bereits geformt und mit Bedeutung aufgeladen ist,
und es gibt keine immateriellen Eigenschaften, die nicht selbst materiell sind.

Die Neuen Materialismen grenzen sich vom traditionellen Materialismus ab,
indem sie Materie als dynamische, stets im Werden befindliche Kraft begreifen
und sie distanzieren sich zugleich von sozialkonstruktivistischen Theorien, die
Materie auf Sprache und Sozialität reduzieren. Derridas Denkbewegungen, und
zwar die Iterabilität, die Dekonstruktion von Ursprungsfiguren, die Kraft des Supplements, die Unmöglichkeit als Bedingung der Möglichkeit sowie die Struktur
der Gramma, stehen bei diesem komplexen Unternehmen Pate. Hier lässt sich nun
ein Faden aufnehmen, den wir am Ende von Abschn. 3.1.2 fallengelassen haben.
Wir haben dort monistische Theorien als Gegenentwürfe zu einem dualistischen
Denken eingeführt, das auf Begründungs- und Ursprungsfiguren angewiesen ist.
Eine Ontologie des Monismus geht davon aus, dass es nur *eine* Art von Substanz

---

[146] Vgl. zum Begriff der Intraaktion etwa Barad. *Agentieller Realismus*, S. 19 f.

[147] Vgl. Abschn. 2.2.2.

[148] Ein für die Soziologie spannender Satz Barads lautet in diesem Kontext: „Das Gesellschaftliche und das Naturwissenschaftliche werden gemeinsam konstituiert" (ebd., S. 69).

in der Welt gibt.[149] Etwas anders formuliert: Alle Wesen, die in der Welt existieren, bestehen aus demselben ‚Stoff'. Der materialistische Gehalt dieser Annahme beruht zunächst darin, dass alles materiell ist. Die metaphysische Vorstellung einer immateriellen Seele, wie sie nicht nur für Platons und Aristoteles' Denken, sondern auch für Descartes' und Kants praktische Philosophie unverzichtbar ist, kann innerhalb einer monistischen Ontologie keinen Platz mehr finden. Aber auch die modernen Konzeptionen von Rationalität, freiem Willen, Intentionalität und Selbstbewusstsein setzen auf je unterschiedliche Weise voraus, dass all diese Komponenten über eine Immaterialität verfügen, dass sie also nichts Körperliches sind und dass sich in genau diesen Punkten menschliche Wesen von nicht-menschlichen Wesen unterscheiden.

Dass die Seele ein metaphysisches und theologisches Konzept ist, dem in der heutigen Philosophie und in den Sozialwissenschaften keine Rolle mehr zugebilligt wird, ist eine nicht weiter begründungsbedürftige Aussage. Wesentlich schwerer zu fassen ist aber die These, dass auch Begriffe wie ‚freier Wille', ‚Rationalität', ‚Intentionalität' und ‚Selbstbewusstsein' über dieselbe metaphysisch-theologische Struktur verfügen, wie es bei dem Konzept der Seele der Fall ist. Die Herausforderung, vor denen Theorieansätze stehen, die eine solch radikale Form der Dekonstruktion vollziehen, lautet dann: Wie lässt sich Handlungsfähigkeit denken, wenn diese nicht mehr auf einen freien Willen, ein rationales Subjekt und einen sich seiner selbst bewussten Akteur zurückgeführt werden kann? Ist Handlungsfähigkeit, wenn sie nicht mehr durch ein immaterielles Substrat ausgeübt wird, nicht etwas vollständig Materielles und also Determiniertes? Geben also monistische Theorien, die einem vom Materiellen

---

[149] Baruch de Spinoza war der erste, der eine umfassende monistische Ontologie ausgearbeitet hat (vgl. vor allem Spinoza. *Ethik in geometrischer Ordnung dargestellt*). Spinoza wird, wie auch Descartes, dem ‚Rationalismus' zugeordnet, weil für ihn Erkenntnis primär auf der Vernunft und nicht auf den Sinnen gründet. Jedoch lässt sich Spinozas Philosophie aufgrund ihrer radikalen Verweigerung eines dualistischen Denkens und ihres Ausgangs von einer Symmetrie zwischen Vernunft und Affektivität als Gegenentwurf zum rationalistischen Paradigma des 17. Jahrhunderts auffassen. Innerhalb der Neuen Materialismen wird Spinoza vielfach als Referenzautor eines Materialismus angesehen, der auf basaler Ebene nicht zwischen verschiedenen Arten von Sein und unterschiedlichen, ‚höheren' und ‚niedrigeren', Lebensformen unterscheidet. Vgl. Bennett. *Lebhafte Materie*, S. 12 und S. 56–58; Braidotti, Rosi. 2002. *Metamorphoses. Towards a materialist theory of becoming.* Cambridge: Polity Press, S. 105 und S. 134 f.

getrennten Immateriellen keinen Ort mehr zuweisen,[150] nicht jede Möglichkeit einer Kritik sozialer Hierarchien und Herrschaftsformen auf, weil sie dem Menschen kein in die Welt eingreifendes Potenzial zusprechen?

Unser Anspruch ist freilich zu zeigen, dass dem nicht so ist, dass vielmehr ontologische Monismen, die sich an einer Dekonstruktion von Dualismen versuchen, das Feld der Handlungsfähigkeit auf beträchtliche Weise erweitern. Wir haben bereits mit Derrida zu illustrieren versucht, wie sich Handlungsfähigkeit im Anschluss an die Bewegung der Iterabilität denken lässt, ohne dass ein autonomes Subjekt vorausgesetzt werden muss.[151] Jetzt geht es darum zu demonstrieren, welche Konsequenzen dieses Verständnis von Handlungsfähigkeit in Hinblick auf die Unterscheidung zwischen Materialität und Immaterialität besitzt und wie sich hieraus eine Kritik an Hierarchiesierungen entwickeln lässt. *Dekonstruiert* wird die Vorstellung, dass Menschen über eine immaterielle Ursache verfügen, sei es der freie Wille, Rationalität oder Reflexionsfähigkeit, aufgrund derer Handlungen in einer materiellen Welt bewirkt werden können. Den Dualismus zwischen Immaterialität und Materialität auf diese Weise infrage zu stellen, bedeutet in letzter Konsequenz, die Vorrangstellung des Menschen gegenüber der restlichen (Um-)Welt aus den Angeln zu heben. Mithilfe der neumaterialistischen Position von Jane Bennett veranschaulichen wir im Folgenden diese dekonstruktive Operation.

Der für die feministischen Materialismen wichtige Weg führt, so hat sich bereits oben angedeutet, wesentlich über das Phänomen der ‚Verschränkungen'. Die monistische ontologische These lautet angesichts dessen, dass weder das Immaterielle noch das Materielle *das* Fundament darstellen, sondern es nur materiell-diskursive Verschränkungen gibt. Dies stellt deshalb keine fundamentalistische These dar, weil Verschränkungen eben nichts Festes und Stabiles, sondern etwas Dynamisches, stets in Prozesse des Werdens Eingebundenes sind. In Bezug auf Handlungsfähigkeit formuliert Bennett die entscheidende Pointe wie folgt:

> „Menschheit und Nichtmenschheit haben stets einen komplizierten Tanz miteinander getanzt. Es hat nie eine Zeit gegeben, zu der menschliche Handlungsfähigkeit irgendetwas anderes war als eine wechselseitige Verschränkung von Menschheit und

---

[150] Wir setzen in diesem Satz „getrennt" kursiv, weil es sehr wohl neumaterialistische Ansätze gibt, die dem ‚Immateriellen' oder ‚Unkörperlichen' innerhalb ihrer Theorien einen Ort zuweisen, jedoch stets als mit dem Materiellen oder Körperlichen verschränkt. Vgl. Grosz, Elizabeth. 2017. *The incorporeal. Ontology, ethics, and the limits of materialism.* New York: Columbia University Press.

[151] Vgl. Abschn. 2.4.3.

Nicht-Menschheit. Heute ist es schwieriger geworden, diese Vermengung zu ignorieren".[152]

In diesem Zitat führt Bennett eine *ontologische* These mit einer *historischen* Diagnose zusammen. Die Diagnose lautet, dass im Laufe des 20. Jahrhunderts die spezifisch moderne Separierung von menschlichen und nicht-menschlichen Wesen aufgrund ökologischer Ereignisse sowie technologischer und naturwissenschaftlicher Entwicklungen nicht mehr aufrechtzuerhalten war.[153] Daraus resultiert die ontologische These, dass es keine *substanzielle* Unterscheidung zwischen menschlichen und nicht-menschlichen Wesen gibt, dass folglich keine ‚menschliche' Substanz existiert, aufgrund derer dem Menschen eine exzeptionelle Stellung in der Welt zukommt. Was der Mensch ist, ist immer schon mit dem Nicht-Menschlichen verschränkt, von nicht-menschlicher Materialität durchdrungen. Bennett schreibt vor diesem Hintergrund:

> „Es ist leicht anzuerkennen, dass Menschen aus verschiedenen materiellen Bestandteilen zusammengesetzt sind (man denke an das Mineralische unserer Knochen, das Metallische unseres Blutes oder das Elektrische unserer Nervenzellen). Eine größere Herausforderung ist es jedoch, diese Materialien als lebendig und sich selbst organisierend zu begreifen, anstatt in ihnen nur passive oder mechanische Mittel zu sehen, die unter der Leitung von etwas Immateriellem, einer aktiven Seele oder eines ebensolchen Geistes, stehen".[154]

Der entscheidende Schritt besteht darin, dieses Argument auch auf ‚geistige' bzw. ‚psychische' Komponenten auszudehnen. Dass der ‚Geist', das Bewusstsein oder die Psyche eine Verschränkung von Menschlichem und Nicht-Menschlichem darstellen, bedeutet, dass auch unsere kognitiven Prozesse materielle Phänomene *sind*. Oder wiederum anders formuliert: Was wir als ‚Geist', ‚Bewusstsein', ‚Psyche' oder ‚Intentionalität' bezeichnen, ist *materiell,* weil es genauso Produkt eines materiell-diskursiven Produktionsprozesses ist, wie es bei allen anderen Entitäten in der Welt der Fall ist. Und exakt hierin liegt der Unterschied zu einem traditionellen, deterministischen Verständnis von Materialität: Das ‚alte' Verständnis von Materie begreift Handlungen als von materiellen Elementen determiniert und damit als nicht mit dem Diskursiven, Sinnhaften verschränkt. Materie ist hier

---

[152] Bennett. *Lebhafte Materie,* S. 70.

[153] Eine ähnliche Argumentation findet sich bei Donna Haraway und Latour: Haraway, Donna. 1995. Ein Manifest für Cyborgs. Feminismus im Streit mit den Technowissenschaften. In *Die Neuerfindung der Natur. Primaten, Cyborgs und Frauen.* Frankfurt am Main: Campus, S. 33–72; Latour. *Wir sind nie modern gewesen.*

[154] Bennett. *Lebhafte Materie,* S. 41.

passiv, sie ist nicht dynamisch und in Intraaktionen eingebunden, sie ist etwas, das bloß in der Welt vorliegt und darauf wartet, von wissenschaftlichen Subjekten entdeckt zu werden. Kurz: Dieses ‚alte' Verständnis von Materialität verlangt das *Supplement* des Immateriellen, das zugleich ausgeschlossen wird, damit Materie als Fundament der Welt zu fungieren vermag. In diesem Sinne handelt es sich beim ‚alten' Materialismus auch um einen Monismus, weil es auch hier nur *eine* Art von Substanz gibt, und zwar die (passive) Materie. Das zeigt, dass sich der logozentrischen Metaphysik nicht einfach mit einem Umschwenken auf einen Monismus begegnen lässt, sondern die Substanz als etwas Dynamisches, in Verschränkungen Eingebundenes gefasst werden muss.[155]

Welche Auswirkungen das nun konkret für ein Verständnis von Handlungsfähigkeit hat, formuliert Bennett beispielhaft anhand des Phänomens der Intentionalität:

„Dieses Verständnis von Handlungsfähigkeit leugnet nicht die Existenz jener treibenden Kraft, die wir Intentionalität nennen, schreibt ihr aber einen bescheideneren Einfluss auf den Ausgang von Entwicklungen zu. Die Verbindungen zwischen Wirkmächtigkeit und dem moralischen Subjekt werden gelockert, sodass Wirkmächtigkeit eher in der Macht besteht, eine Veränderung herbeizuführen, die dann wiederum nach einer Reaktion verlangt".[156]

Während Intentionalität vor allem in der Theorie Edmund Husserls als subjektphilosophisches Fundament zu fungieren vermag und als immaterielles Sich-Richten auf die Welt verstanden wird, ist Intentionalität bei Bennett in ein materielles Kräfteverhältnis eingebunden.[157] Oder noch prägnanter formuliert: Sie *ist* ein materielles Kräfteverhältnis. Intentionalität ist keine immaterielle Ursache, wir richten uns nicht mit unserem inneren ‚Geist' oder ‚Willen' auf eine uns äußere materielle Welt und verursachen dann als unbewegter Beweger die von uns intendierte Handlung in der Welt. Die Art und Weise, wie wir uns auf die Welt richten und wie wir in die Welt eingreifen, vollzieht sich innerhalb eines Netzes, das aus Affizieren und Affiziert-Werden geknüpft ist.[158] Die Intentionalität ist selbst Teil

---

[155] Oder wie es Barad formuliert: „[V]ielmehr *ist Materie Substanz in ihrem intraaktiven Werden – kein Ding, sondern eine Tätigkeit*" (Barad. *Agentieller Realismus*, S. 40).

[156] Bennett. *Lebhafte Materie*, S. 71 f.

[157] Eine ganz ähnliche Richtung verfolgt Derridas dekonstruktive Lektüre der Phänomenologie Husserls, die unter anderem bei der Selbstpräsenz des Sinns ansetzt. Vgl. Derrida. *Die Stimme und das Phänomen* sowie überblicksweise Kap. 5.

[158] Bennett geht davon aus, dass Affektivität die ‚Substanz' eines jeden Körpers ausmacht: „Organische und anorganische Körper, natürliche und kulturelle Gegenstände (diese Unterscheidungen sind hier nicht so bedeutend) sind sämtlich affektiv. Ich beziehe mich hier auf

der Welt; das Sich-Richten auf einen Gegenstand in der Welt bedeutet also nicht, dass wir von einem Ort jenseits der Welt auf diesen Gegenstand blicken, sondern es ist eine bestimmte Affizierung *in* und *der* Welt. Wenn Bennett schreibt, dass „die Verbindungen zwischen Wirkmächtigkeit und dem moralischen Subjekt" gelöst werden sollen, dann plädiert sie dafür, *keinen Abstand* mehr zwischen dem die Handlung ,verursachenden' Subjekt und der Kraft, die aus dieser Ursache hervorgeht, anzunehmen. Vielmehr muss die Trennung zwischen Ursache und Wirkung selbst dekonstruiert werden: Die Ursache, das intentionale Subjekt, das eine Handlung vollziehen ,will', und die Materialität, die „Wirkmächtigkeit" der Handlung in der Welt, gehören nicht mehr zwei unterschiedlichen Sphären an. Das Subjekt ist ontologisch nicht von der Welt getrennt, es besteht aus derselben Substanz wie die Welt. Es ist damit nicht jeder Handlungsfähigkeit beraubt, aber es verfügt nicht mehr über die quasi-göttliche Fähigkeit, von einem immateriellen Ort außerhalb der Welt in eine materielle Welt einzugreifen.

Wenn Bennett Handlungsfähigkeit im Sinne einer Affizierung begreift und nicht als Kausalität von Ursache und Wirkung, dann muss als Nächstes genauer analysiert werden, wie die Materialität der Affizierung beschaffen ist. Hier ist es äußerst aufschlussreich, dass Bennett in diesem Zusammenhang direkt auf Derrida zurückgreift. Sie bezieht sich auf ein Motiv aus dem späteren Werk Derridas und zwar dem „unerfüllbaren Versprechen", einer Zusage, deren Möglichkeit von der Unmöglichkeit ihrer Realisierung abhängt.[159] Diese ethische Paradoxie erlaubt es Bennett eine Form von Wirkmächtigkeit zu denken, die sich nicht durch Intentionalität auszeichnet, der also keine in eine bestimmte Richtung zielende Kraft innewohnt:

> „Indem er das unerfüllbare Versprechen als die Bedingung dafür bestimmt, dass überhaupt etwas in Erscheinung tritt, erlaubt Derrida es der vitalen Materialistin, die

---

eine spinozistische Vorstellung von Affekt, die auf allgemeine Weise die Fähigkeit eines beliebigen Körpers meint, zu agieren und zu reagieren" (Bennett. *Lebhafte Materie,* S. 15). Während für die Philosophen der Aufklärung – außer für Spinoza – die immaterielle ,Rationalität' das entscheidende Kriterium für (menschliche) Subjektivität darstellt, besteht die Materialität von (menschlichen und nicht-menschlichen) Wesen nach Bennett in ihrer Affektivität. In Spinozas *Ethik* heißt es entsprechend: „Denn ein jeder handhabt alles von seiner Affektivität her" (Spinoza. *Ethik in geometrischer Ordnung dargestellt,* S. 119).

[159] Die Bindung der Möglichkeit an die Unmöglichkeit einer vollständigen Realisierung behandeln wir in Abschn. 4.1. Auf das ,Versprechen' gehen wir in einem anderen Kontext ein, und zwar in Hinblick auf das Versprechen der Demokratie, das beinhaltet, für die Affizierung durch Andere stets offen zu sein (vgl. Abschn. 4.3.3).

Existenz eines bestimmten Verlaufs oder eines Triebs hin zu Gefügen anzunehmen, ohne dadurch irgendeine Intentionalität oder Zielgerichtetheit zu suggerieren".[160]

Die Verschiebung, die Bennett mit Derrida aufdecken möchte, ist uns bereits aus den bisherigen Kapiteln unseres Buches vertraut. Der metaphysische, logozentristische Zugang geht von der Möglichkeit aus, dass autonomen Subjekten eine immaterielle Kraft – sei es der freie Wille, Rationalität oder Intentionalität – innewohnt, aufgrund derer sie Handlungen in der materiellen Welt vollziehen können. Die Abwesenheit, die Unmöglichkeit dieser Kraft, verunmöglicht dieser Vorstellung nach schlicht den Vollzug der Handlung. Wenn ein Subjekt etwas ,will', dann setzt es sich ein bestimmtes Ziel und der Handlungsfähigkeit ist dann eine Intentionalität eingeschrieben, die exakt die Realisierung dieses Ziels anvisiert. Zwischen Subjekt und zu erreichendem Objekt lässt sich eine klare Linie ziehen, die nicht unterbrochen werden darf, wenn es zum Vollzug der Handlung kommen soll.

Wenn Bennett nun von der „Existenz eines bestimmten Verlaufs oder eines Triebs hin zu Gefügen" spricht, dann versteht sie den Begriff des Triebs anders als die eben skizzierte Handlungskausalität.[161] Damit ein Subjekt eine Handlung auszuüben vermag, muss es selbst von etwas affiziert sein. Was hier noch als ,Wille' oder ,Intentionalität' verstanden werden kann, ist der Name für einen Knotenpunkt unterschiedlichster Affizierungen. So wollen wir ein Ziel erreichen, weil uns dieses Ziel auf eine bestimmte Weise ,berührt', aber auch die Erwartungshaltungen Anderer angesichts des Erreichens dieses Ziels affizieren uns. Wille und Intentionalität sind in dieser Perspektive keine immateriellen, auf einen Punkt konzentrierten bewegungslosen Beweger, sondern etwas Materielles, dessen Beschaffenheit nichts anderes als das Kräftefeld dieser Affizierungen ist. Auch die Vorstellung, ,wir' werden von ,etwas' affiziert und üben deshalb eine Handlung aus, verbleibt noch innerhalb eines Dualismus zwischen dem immateriellen Handlungsträger (,wir') und dem materiellen Objekt (,etwas') in der Welt. Das handelnde Subjekt und der Gegenstand in der Welt, den wir ,wollen', gehören zu demselben „Gefüge", sie bestehen aus demselben Stoff. Natürlich verfügen menschliche Wesen auch nach Bennett über andere und vielfältigere Fähigkeiten als es bei nicht-menschlichen Wesen der Fall ist. So können wir aufgrund unserer Sprachfähigkeit auf komplexere Weise miteinander kommunizieren, als es bei Tieren der Fall ist. Aber diese Anders- und Vielfältigkeit gründet nicht darin, dass wir *grundsätzlich* von anderer Substanz sind, dass wir über einen

---

[160] Bennett. *Lebhafte Materie,* S. 72.
[161] Ebd.

immateriellen Kern verfügen, der unsere Überlegenheit gegenüber dem Rest der Welt absichert. Dass wir Handlungen in der Welt zu vollziehen vermögen, basiert schlicht und ergreifend darin, dass wir ein Teil der Welt sind, dass wir in Kontakt mit dem Rest der Welt stehen, dass die Welt auf uns einwirkt und dass wir als materiell-sinnhafte Wesen auf diese Einwirkungen reagieren.

In diesem Sinne können wir behaupten, dass Bennett die *graphematische* Struktur der Welt, wie sie Derrida freilegt, mit der Bewegung von Affizierung und Affiziert-Werden verschneidet. Mit der graphematischen Struktur der Welt hat Derrida ja den Tatbestand auszudrücken versucht, dass wir als Subjekte Teil des Beziehungsgefüges der Welt sind und dass jede Art des Agierens in der Welt die Welt selbst verändert.[162] Auch wenn sich Bennett in ihrer Argumentation nicht direkt auf Derridas Begriff der Gramma bezieht, lässt sich ihr Text als Erweiterung dieses Begriffs um die Komponente der Affizierung denken. Denn jetzt wird ersichtlich, inwiefern die Welt ein Gefüge ist, innerhalb dessen Subjekte immer den Affizierungen Anderer ausgesetzt sind und stets auf diese Affizierungen reagieren. Die Fokusverschiebung auf die Affekte ermöglicht es, einer vorausgesetzten Ordnung unterschiedlicher Lebensformen innerhalb der Welt zu entgehen. Für Bennett ist nämlich der Ausgang vom Affiziert-Werden und vom Reagieren auf Affizierungen eine wesentlich aufschlussreichere Geste als die Unterstellung einer immateriellen Kraft, die von einer Hierarchie zwischen menschlichen und nicht-menschlichen Wesen ausgeht.

3.3.2   Die feministische Kritik an Hierarchien

Wir haben diesen Abschnitt damit begonnen, die monistische Ontologie der Neuen Materialismen zu skizzieren und sind klammheimlich über die Kritik an der Dualität zwischen Materiellem und Immateriellem bei der Frage nach Hierarchien gelandet. Was also als theoretische, zunächst ontologische Auseinandersetzung gestartet ist, entpuppt sich als politische Problematisierung: Worauf die unterschiedlichen Ansätze der Neuen Materialismen im Kern nämlich zielen, ist die Zersetzung der Vormachtstellung des Menschen. Wenn die Vorstellung dekonstruiert ist, dass der Mensch als Geschöpf Gottes über alle anderen Wesen herrschen darf, weil er über quasi-göttliche, immaterielle Attribute verfügt, die ihn innerhalb der Schöpfungshierarchie an die oberste Stelle versetzen, dann steht eine grundsätzliche Hierarchie auf dem Spiel, die unsere soziale Ordnung

---

[162] Vgl. Abschn. 2.4.2.

regelt.[163] Eine solche Form der Kritik an Hierarchien fügt sich in das Fahrwas-
ser Derridas ein, weil sie die theoretischen Ressourcen einer Philosophie, die
sich der Voraussetzung einer festen Ordnung der Welt verweigert, für ethisch-
politische Perspektivierungen fruchtbar macht. Weil Derridas Denken von einem
Gespür für solche Schichtungen durchzogen ist, die stets ein Höherwertiges von
einem Minderwertiges trennen und diese Unterscheidung für die Etablierung von
Herrschaftssystemen verwenden, lässt es sich exzellent für feministische Fragestellungen erschließen. Denn die Aufdeckung einer männlich markierten sozialen
Ordnung, die sich als geschlechtlich neutral und ahistorisch ausflaggt, ist schon
immer ein vorrangiges Ziel feministischer Theorie und Praxis.

Die politische Tragweite eines an Derrida anknüpfenden theoretischen Verfahrens lässt sich eindrücklich bei Barad aufzeigen. Die modernen Entwürfe der
Begründungsfiguren sind für Barad deshalb humanistisch, weil sie den Menschen im Sinne eines epistemischen, moralischen und politischen Akteurs als
Fundament des Wissens und als Krone der Schöpfung betrachten. Die Angriffe
gegen diese humanistische Position, seien sie aus dem Lager des Marxismus,
der Psychoanalyse oder des Strukturalismus, verbleiben aber noch innerhalb des
Dunstkreises des Humanismus, weil sie weiterhin eine klare Trennung zwischen
menschlichen und nicht-menschlichen Wesen voraussetzen.[164] Für Barad vermag
nur ein Zugang, der die Herausbildung der *Grenzen zwischen* menschlichen und
nicht-menschlichen Wesen untersucht, dieses Problem zu lösen. Ein solcher wird
von ihr als *posthumanistisch* bezeichnet:

---

[163] Durch die Kritik an der exzeptionellen Stellung des Menschen in der Welt wird dann
auch die vermeintliche Trennung von Natur- und Sozialwissenschaften unterlaufen. So
wird beispielsweise Charles Darwin als für das Theoriespektrum der Neuen Materialismen
anschlussfähiger Autor entdeckt. Eine affirmative Lektüre samt einer Fruchtbarmachung für
zeitgenössische feministische Fragestellungen hat insbesondere Elizabeth Grosz vorgelegt
(vgl. Grosz, Elizabeth. 2008. Darwin and Feminism. Preliminary Investigations for a Possible Alliance. In *Material feminisms*, hrsg. Stacy Alaimo und Susan J. Hekman. Bloomington:
Indiana University Press, S. 23–51; Grosz, Elizabeth. 2011. *Becoming undone. Darwinian
reflections on life, politics, and art.* Durham: Duke University Press).

[164] Der Dualismus zwischen Humanismus und Antihumanismus wird in seiner historischen
Dimension sehr klar von Rosi Braidotti herausgearbeitet (vgl. Braidotti, Rosi. 2014. *Posthumanismus. Leben jenseits des Menschen.* Frankfurt am Main: Campus, S. 19–36). Auch
Braidotti entwickelt eine Version des Posthumanismus, die sich diesem Dualismus entzieht.
Sie unterscheidet sich jedoch von Barad, indem sie keine dezidierte Ontologie ausarbeitet,
sondern sich eher an beunruhigenden gegenwärtigen politischen Situationen – wie Biopoli-
tik, Nekropolitik, der kapitalistischen Besetzung von Leben und der Situation der Geisteswissenschaften – abarbeitet.

> „Durch die Ablehnung des Anthropozentrismus von Humanismus und Anti-Humanismus markiert der *Posthumanismus* die Praxis der Zurechnung für die Grenzen erzeugenden Praktiken, durch die das ‚Menschliche' und seine Gegenspieler voneinander abgegrenzt und definiert werden".[165]

Der ontologische Fokus liegt bei Barad also auf denjenigen Kräfteverhältnissen, die das Menschliche vom Nicht-Menschlichen abgrenzen. Die Nähe zu Derrida wird eindrücklich, wenn wir uns vergegenwärtigen, dass es die Kraft der Différance ist, die Unterscheidungen in der Welt produziert, die also *sowohl* subjektivierend *als auch* objektivierend wirkt. Subjekte und Objekte kommen nicht bereits in der Welt vor, sondern sind Erzeugnisse der Différance, eines verräumlichten und verzeitlichten Konstitutionsprozesses, der immer wieder neu, aber nie auf die gleiche Weise abläuft.[166] Wenn Derrida mit der Différance die Frage beantworten möchte, wie Unterscheidungen erzeugt werden, wie es möglich ist, dass sich ein Subjekt selbst identifizieren und einen Gegenstand als Objekt erkennen kann, dann reserviert Barad den Begriff des Posthumanismus für die „Grenzen erzeugenden Praktiken", die das Menschliche vom Nicht-Menschlichen trennen.[167] Sie schärft Derridas dekonstruktives Instrumentarium also für eine politisch-soziale Thematik.[168] Und wenn erst einmal aufgewiesen ist, dass es keine ‚natürliche' Hierarchie zwischen menschlichen und nicht-menschlichen Wesen gibt, dass beide vielmehr von grenzziehenden Praktiken ‚abhängig' sind,

---

[165] Barad. *Agentieller Realismus,* S. 13.

[166] Vgl. Abschn. 2.2.2.

[167] Diesen Trennungs- und Veräußerlichungsprozess im Sinne einer agentiellen Separierung setzt Barad in einem späteren Aufsatz explizit in Beziehung zu Derridas Bewegung der Différance: „There is no pure external position, only agential separability, differences within, *différance*" (Barad, Karen. 2012. Nature's Queer Performativity. In *Kvinder, Køn & Forskning* (1–2), S. 25–53, hier S. 47). Den Konzepten Barads und Derridas ist gemeinsam, dass die Bewegung einer basalen dynamischen Differenzierung als der Konstitution von differenzierten Entitäten vorgängig betrachtet wird. Es muss also zunächst eine Arbeit der Separierung bzw. ein verzeitlichter und verräumlichter Prozess der Differenzierung stattfinden, damit es Wesen gibt, die wir als menschlich oder nicht-menschlich identifizieren können. In diesem Sinne gibt es kein radikales Außen – „no pure external position" – weil die Grenze zwischen Innen und Außen erst agentiell gezogen werden muss.

[168] Barad schreibt hierzu: „Wie ich ihn hier verstehe, ist der Posthumanismus nicht auf den Menschen abgestimmt; im Gegenteil, es geht bei ihm darum, den Ausnahmestatus des Menschen aufs Korn zu nehmen, wobei er zugleich die Rolle erklären soll, die wir bei der unterschiedlichen Konstitution und unterschiedlichen Positionierung des Menschlichen inmitten anderer Geschöpfe (sowohl der belebten als auch der unbelebten) spielen" (Barad. *Agentieller Realismus,* S. 13).

dann lassen sich auch diejenigen sozialen Mechanismen genauer in den Blick rücken, welche diese Hierarchien hervorbringen und zugleich verschleiern.

Diese Einsicht lässt sich sehr schön an einem Dualismus illustrieren, dessen Dekonstruktion wir mit Derrida angesichts der Bewegung der Iterabilität bereits aufgewiesen haben, nämlich an der Trennung zwischen dem ‚Normalen‘ und dem ‚Anormalen‘.[169] Derridas Argument war diesbezüglich, dass die vermeintlich klare Unterscheidung zwischen dem Normalen und dem Anormalen einem immer wieder von Neuem, aber stets wieder anders ablaufenden Konstitutionsprozess untergeordnet ist. Normales und Anormales stehen also nicht in einem Verhältnis der Äußerlichkeit, sondern sind beide gleichermaßen von einem Prozess ‚abhängig‘, der ihnen vorausgeht, und angesichts dessen stehen sie auch in einer bestimmten Hinsicht miteinander in Kontakt. Barad schließt mit Bezug auf ein konkretes lebensweltliches Phänomen implizit an diese Einsicht Derridas an, wenn sie argumentiert, dass die Abwesenheit von Behinderungen nicht einfach ein natürlicher ‚Normalzustand‘ ist, sondern dass dieser Zustand wesentlich von der Behinderung *abhängig* ist:

> „Das eigentliche Wesen des Nicht-Behindertseins besteht [darin], mit/in und als Teil des Phänomens zu leben, das sowohl den Schnitt umfasst als auch das, was dieser ausschließt, und daher ist das, was ausgeschlossen ist, niemals wirklich etwas anderes, jedenfalls nicht in einem absoluten Sinn, und dass nicht-behindert zu sein folglich in einem wichtigen Sinn bedeutet, in einer prothetischen Beziehung mit dem ‚Behinderten‘ zu stehen. Wie anders doch die Ethik vom Gesichtspunkt der konstitutiven Verschränkung aus aussieht. Was würde es bedeuten anzuerkennen, dass die ‚Nicht-Behinderten‘ in ihrer eigentlichen Existenz von den ‚Behinderten‘ abhängen?“[170]

Die ‚Nicht-Behinderten‘ sind deshalb von den ‚Behinderten‘ abhängig, weil die Bestimmung der Abwesenheit von Behinderungen nur möglich ist, wenn bekannt ist, was eine Abweichung vom ‚Normalzustand‘ überhaupt ist. Was als Behinderung von der Norm ausgeschlossen ist, wird nämlich ‚benötigt‘, um zu bestimmen, was die Norm *ist*. Hier wird ersichtlich, warum die Bestimmung eines ‚normalen‘, ‚nicht-behinderten‘ Subjekts in der Moderne als Begründungsfigur letztlich nicht funktioniert: Seine Bestimmung ist nur möglich, wenn *zugleich* entworfen wird, was ein ‚anormales‘, ein ‚behindertes‘ Subjekt ist. Die Gleichzeitigkeit dieser Bestimmung macht ersichtlich, dass beides auf einen vorgängigen Konstitutionsprozess verweist, der die Hierarchie zwischen dem ‚Nicht-Behinderten‘ und dem ‚Behinderten‘ erzeugt, wiederholt und dabei die

---

[169] Vgl. Abschn. 2.3.2.

[170] Barad. *Agentieller Realismus,* S. 52 f.

Prozesshaftigkeit dieser Erzeugung unkenntlich macht. Wenn Barad im vorletzten Satz des Zitats schreibt „Wie anders doch die Ethik vom Gesichtspunkt der konstitutiven Verschränkung aus aussieht", dann möchte sie darauf hinweisen, dass die Freilegung der Beziehung zwischen dem ‚Nicht-Behinderten' und dem ‚Behinderten', der Aufweis ihrer Symmetrie und ihrer Verbundenheit, eine wirkliche ethische Veränderung schafft. Die Hierarchie zwischen dem Normalen, Natürlichen und Unverfälschten sowie zwischen dem Anormalen, Künstlichen und Verfälschten wird in ihrer vollen Tragweite dekonstruiert, weil die Hierarchie selbst als *anormal, künstlich* und *verfälschend* exponiert wird.

Die beiden von uns vorgestellten Positionen von Bennett und Barad eignen sich das Derrida'sche Denken auf eine sehr grundsätzliche Weise an und sie schreiben sich damit auch in das Diskursfeld der theoretischen Philosophie ein. Ihr Ziel ist eine umfassende ethische und politische Re-Kontextualisierung, die durch ein spezifisch feministisches Anliegen motiviert ist.[171] Beide Theoretikerinnen ordnen sich damit in eine Tradition ein, die wahrscheinlich mit Luce Irigaray[172] eröffnet, mit Donna Haraway[173] und Sandra Harding[174] weitergeführt und in der Gegenwart mit Autorinnen wie Rosi Braidotti[175], Elizabeth Grosz[176] und Elizabeth A. Wilson[177] verbunden ist: Feministische Theoriebildung versteht sich hier als umfassende Offenlegung einer patriarchalen Struktur, die über die Einführung von Dualismen Hierarchisierungen etabliert. Diese Struktur wirkt nicht nur in Form einer sozialen Unterdrückung nicht-männlicher Subjekte,

---

[171] Vor allem Barad markiert ihre Arbeit dezidiert als Beitrag zur feministischen Theorie (vgl. Barad, Karen. 2007. Getting Real: Technoscientific Practices and the Materialization of Reality. In *Meeting the universe halfway. Quantum physics and the entanglement of matter and meaning.* Durham: Duke University Press, S. 189–222).

[172] Irigaray, Luce. 1991. *Ethik der sexuellen Differenz.* Frankfurt am Main: Suhrkamp.

[173] Haraway, Donna. 1995. Situiertes Wissen. Die Wissenschaftsfrage im Feminismus und das Privileg einer partialen Perspektive. In *Die Neuerfindung der Natur. Primaten, Cyborgs und Frauen.* Frankfurt am Main: Campus, S. 73–97; Haraway. Ein Manifest für Cyborgs. Feminismus im Streit mit den Technowissenschaften.

[174] Harding, Sandra G. 1999. *Feministische Wissenschaftstheorie. Zum Verhältnis von Wissenschaft und sozialem Geschlecht.* 3. Auflage. Hamburg: Argument.

[175] Braidotti, Rosi. 1994. *Nomadic Subjects. Embodiment and Sexual Difference in Contemporary Feminist Theory.* New York: Columbia University Press.

[176] Grosz, Elizabeth. 2004. *The nick of time. Politics, evolution, and the untimely.* Durham: Duke University Press; Grosz, Elizabeth. 2005. *Time travels. Feminism, nature, power.* Durham: Duke University Press.

[177] Wilson, Elizabeth A. 2004. *Psychosomatic. Feminism and the neurological body.* Durham: Duke University Press; Wilson, Elizabeth A. 2015. *Gut Feminism.* Durham: Duke University Press.

sondern findet sich auch in den Geistes-, Sozial- und Naturwissenschaften repräsentiert, wenn geschlechterspezifische Terminologien und Unterscheidungen als
vermeintlich neutral und außer-/vorgesellschaftlich ausgegeben werden. So gilt in
der Medizin nach wie vor der männliche Körper als Norm, an dem die Wirksamkeit von Medikamenten erprobt wird. Nicht-Männliche Körper zählen als
‚Abweichungen‘ und ‚Sonderfälle‘ dieser vermeintlich neutralen, weil nicht von
‚Störungen‘ heimgesuchten Körperlichkeit. Derridas dekonstruktives Verfahren ist
für die feministische Kritik an der patriarchalen Struktur unseres Denkens und
an damit verknüpften Körperverständnissen deshalb von solch großer Fruchtbarkeit, weil die Dekonstruktion per se schon darauf abstellt, die politische, soziale
und damit im starken Sinne ‚unparteiliche‘ Konnotation von vermeintlich ‚bloß‘
theoretischen, neutralen und un-politischen Denkfiguren und Materialitäten an
die Oberfläche zu bringen. Auch wenn sich Derridas Arbeiten nicht im engeren
Sinne als Beiträge zur feministischen Theorie begreifen lassen, weil sie nicht
mit den Grundbegriffen der feministischen Theorie arbeiten, lassen sie sich als
Angriff auf den Unterbau patriarchalen Denkens auslegen. Die gesellschaftskri-
tischen und feministischen Debatten der Sozial- und Geisteswissenschaften seit
den 90er Jahren sind daher zu einem nicht zu unterschätzenden Anteil durch eine
vielfältige, nicht immer explizit gemachte Erschließung von Derridas Schriften
geprägt.

Ein äußerst interessantes Beispiel für diese vielfältige Erschließung Derridas
bieten auch die Texte der feministischen Autorin Wilson. Besonders spannend ist
an Wilsons Arbeiten, dass sie *mit Derrida* drei Disziplinen betrachtet, die von der
feministischen Theorie in der zweiten Hälfte des 20. Jahrhunderts besonders stark
unter Beschuss genommen wurden: Die Biologie, die Neurowissenschaften und
die Pharmakologie. Alle drei Disziplinen sahen sich innerhalb der Tradition des
feministischen Denkens dem Vorwurf ausgesetzt, die Unterordnung der Frau unter
den Mann mit vermeintlich ‚neutralen‘, jedoch stets das Nicht-Männliche diskre-
ditierenden wissenschaftlichen Methoden abzusichern und zu naturalisieren. In
Gut Feminism plädiert Wilson dafür, die empirische Arbeit von Biologie und Neurowissenschaften in feministischer Hinsicht zu durchleuchten und zu affirmieren.
Dabei dürfen die von den beiden Disziplinen gewonnen Daten nicht als absolute
Wahrheiten betrachtet werden, vielmehr geht es Wilson um „pathways by which

biological data can become critically mobile".[178] Das naturwissenschaftliche Wissen soll also, wie es auch bei Bennett und Barad der Fall ist, einer kritischen Analyse unterzogen und dadurch einem Dualismus zwischen absolutem, jenseits der Welt befindlichen Wissen, und subjektivem, nur durch den sozialen Kontext determinierten Wissen, entzogen werden.

Vor diesem Hintergrund – und jetzt wird auf die dritte verpönte Disziplin, die Pharmakologie, zugegriffen – bespricht Wilson die Wirkungsweise von Antidepressiva. Derrida bringt sie exakt an derjenigen Stelle ins Spiel, an der es ihr um einen Ausweg aus dem Dualismus zwischen Heilmittel und Gift geht. In *Platons Pharmazie* zeigt Derrida anhand des altgriechischen Wortes *pharmakon* auf, inwiefern ‚Heilmittel' und ‚Gift' untrennbar miteinander verschränkt sind. Was den Körper heilt, zeitigt stets auch eine schädigende Wirkung und umgekehrt vermag auch ein Gift über eine heilende Komponente zu verfügen. Derrida geht es in diesem Zusammenhang weder darum, dass es eigentlich gar kein Heilmittel gibt, noch, dass irgendwie alles Gift ist, sondern dass es kein ‚reines Gut' gibt, also nichts, was nicht in Spannungen existiert und damit von destruktiven Kräften durchzogen ist.[179] Das *pharmakon* „allows Derrida to show that harm is always at the scene of remedial action".[180] Wilson greift auf diese Argumentation Derridas nun zurück, wenn sie einen anti-pharmakologischen Diskurs problematisiert, der Antidepressiva deshalb die Legitimität abspricht, weil sie *auch* Nebenwirkungen haben:

„My argument is that what is most pernicious about the division of the pharmakon into poison and cure is not the division into two, but *the act of division itself.*

---

[178] Wilson. *Gut Feminism*, S. 175. „Gut" bezeichnet im Englischen den „Darm" und Wilson geht es auch in wichtiger Hinsicht um die Rolle des Darms innerhalb affektiver, neurologischer und kognitiver Subjektivierungsprozesse. Weil sich ihr Buch aber auch immer wieder um eine Kritik an einer feministischen Theorie dreht, der es um die Identifizierung eines reinen „Guten" geht, bekommt die deutsche Semantik des Wortes hier eine besondere Note.

[179] Derrida versucht in seiner langen Auseinandersetzung mit Platons Dialog *Phaidros* nachzuweisen, dass sich die ambivalente Struktur des Pharmakons innerhalb einer ganzen „Pharmazie" entwickelt, die für die Metaphysik des Abendlandes äußerst grundlegend werden sollte. Platons Text stellt nach Derrida nämlich das Unterfangen dar, eine exakte Trennlinie zwischen der heilenden und der schädlichen Wirkung des Pharmakons zu ziehen und diese dann auf die Schrift zu übertragen. Das Resultat ist die Trennung zwischen einer ‚guten', ‚natürlichen' Schrift, die an die Sprache gebunden bleibt, und einer ‚schlechten', ‚künstlichen' Schrift, die in einem Intervall zur Sprache existiert. Eine Dekonstruktion dieser Trennungslinien ermöglicht es schließlich, die ‚ursprüngliche' Spannung des Pharmakons und damit die Untrennbarkeit einer vorgängigen fundamentalen Separierung von Heilen und Schaden offenzulegen.

[180] Wilson. *Gut Feminism*, S. 144.

Such divisions, be they between two terms, or three, or five, or more, are attempts to limit a general systematicity: to cut one or more terms off from a field of entanglements or patternment [...]. One common wish in antidepressant politics is to cut psychopharmaceuticals out of treatment regimes for depression".[181]

Wilsons Vorwurf lautet also, dass es nicht nur problematisch, sondern letztlich unmöglich ist, ein Element, das ,rein' und ,gut' ist, also zu heilen vermag, von den anderen, schädlichen Elementen abzusondern. Der anti-pharmakologische Diskurs verkennt genau das, wenn er Antidepressiva ihre Berechtigung innerhalb des Heilungsprozesses psychischer Krankheiten entzieht. Wilson wendet sich in ihrem Buch immer wieder gegen eine euphorisierende Bejahung von Antidepressiva und sie streicht deren ökonomische Besetzung durch Pharmaunternehmen deutlich heraus; zugleich kritisiert sie jedoch feministische Theorien, die aufgrund der destruktiven Wirkungen von Antidepressiva diese als *grundsätzlich* problematisch verwerfen. Beide Perspektiven sind gegensätzliche Positionen innerhalb eines dichotomen Feldes, das Geistes- und Sozialwissenschaften sowie Naturwissenschaften auf zwei getrennten Seiten verortet. In Bezug auf Serotonin-Wiederaufnahmehemmer (SSRI), welche die Konzentration von Serotonin im Blut erhöhen, plädiert Wilson für eine Analyse, die ein entlang von Dichotomien geordnetes *empirisches* Feld in Hinblick auf ein *grammatologisches* Feld dekonstruiert:

„Rather, I want to think of SSRI action as part of a grammatological field in which remedies are always already breached by their capacity to injure. It is not my goal, then, to stand for or against SSRIs, to constitute them as better or worse than we imagine. Instead, I am interested in how antidepressant politics might change if we knew that there was no safe harbor where SSRIs could be simply calibrated as either beneficial or damaging drugs".[182]

Wenn Wilson hier Derridas Wort „grammatologisch" in die Untersuchung einführt, dann votiert sie dafür, zunächst ein komplexes Kräftefeld zu vermessen, in dem es gegenläufige Wirkungen sowie eine Vielzahl an Elementen gibt, die affizieren und affiziert werden. Die Einnahme eines Antidepressivums determiniert

---

[181] Ebd., S. 145, Herv. von uns, ME/FM. Wilsons Argumentation ähnelt nicht nur Derridas Denkbewegung der Iterabilität, sondern sie bezieht sich mit ihrem Argument explizit auf die an Derrida anschließenden Positionen von Barad und Kirby, vgl. Barad, Karen. 2007. *Meeting the universe halfway. Quantum physics and the entanglement of matter and meaning.* Durham: Duke University Press; Kirby. *Quantum Anthropologies.*

[182] Wilson. *Gut Feminism,* S. 146.

nicht einfach eine eindeutige Wirkung im Gehirn, sondern affiziert unterschiedliche Organe, darunter den Darm und die Leber, deren Intraaktion mit weiteren
Organen, Blut und Nervenbahnen ein komplexes, verschränktes und nicht-lineares
Netz an Wirkungen bedingt. Um dieses Netz zu verstehen, muss ein *textliches*
Feld überblickt werden, das nicht von vornherein in ‚heilend' und ‚schädlich'
geteilt wird, sondern erst im Zuge einer genauen Analyse der Wirkungen vermessen wird. Selbstverständlich leugnet auch Wilson nicht, dass es Medikamente
gibt, deren Schaden die heilenden Wirkungen klar überwiegt, und die aus diesem
Grund ‚schädlich' und als Heilmittel gegen Depressionen nicht zu gebrauchen
sind. Und sie weist zugleich darauf hin, dass Pharmakonzerne ein großes Interesse haben, die negativen Wirkungen marktstrategisch zu verschleiern. Wilson
verweigert sich allerdings einem Verfahren, das sich einem komplexen Urteil
deshalb verschließt, weil es von vornherein ein reines Gutes zu identifizieren
versucht.

Wilsons Buch *Gut Feminism* zeigt, dass Derridas Denkbewegungen auch
für einen *empirischen* Gegenstandsbereich fruchtbar gemacht werden können,
deren Erschließung sich Derrida selbst höchstwahrscheinlich niemals vorstellen
konnte. Es demonstriert aber auch, wie weitreichend und tiefsetzend Dichotomien
in unseren Denkgewohnheiten und auch in kritischen feministischen Verfahren
verwurzelt sind.

Zum Schluss dieses Kapitels möchten wir noch einmal auf eine Autorin
eingehen, die bereits früh, nämlich im Jahre 1990, Derridas Denken für die
feministische Theorie fruchtbar gemacht hat, und zwar Butler. Wir haben uns
bereits Butler zugewendet, als es um ein Neudenken von Handlungsfähigkeit
im Anschluss an die Kritik des autonomen Subjekts ging.[183] Butlers berühmter
Beitrag zur feministischen Theorie besteht in der Dekonstruktion der Trennung
zwischen dem natürlichen Geschlecht (‚sex') und dem sozialen Geschlecht (‚gender'). Während es in der feministischen Theorie bis spät in die 80er Jahre
hinein verbreitet war, das natürliche Geschlecht als gegeben anzusehen und das
soziale Geschlecht als Supplement des natürlichen, biologischen Geschlechts zu
begreifen, führt Butler in *Das Unbehagen der Geschlechter* vor, inwiefern diese
Trennung performativ erzeugt wird und eine binäre heterosexuelle Geschlechterordnung verschleiert. Im Kontext dieses Kapitels wollen wir uns nun aber einem
etwas anderen Argument Butlers zuwenden, um aufzuzeigen, inwiefern innerhalb
von Hierarchien Komponenten wie Geschlechtlichkeit, Rasse, ethnische Herkunft
und Klassenzugehörigkeit eine Rolle spielen. Butler wendet sich gegen die Vorstellung, dass die Bestimmung der geschlechtlichen Identität – das, was in der

---

[183] Vgl. Abschn. 2.4.3.

englischen Literatur gewöhnlich als ‚gender' bezeichnet wird – die Identität einer Person determiniert. Ihr Argument besagt, dass weder die Identität eines Subjekts seinem Geschlecht vorausgeht noch Geschlechtlichkeit die Spitze innerhalb einer Hierarchie unterschiedlicher ‚Eigenschaften' des Subjekts bildet:

> „Eine Frau zu ‚sein', ist sicherlich nicht alles, was man ist. Diese Bestimmung kann nicht erschöpfend sein, und zwar nicht, weil eine ihrer geschlechtlichen Bestimmtheit vorangehende Person (*pregendered person*) das spezifische Beiwerk ihrer Geschlechtsidentität übersteigt, sondern weil die Geschlechtsidentität in den verschiedenen geschichtlichen Kontexten nicht immer übereinstimmend und einheitlich gebildet worden ist und sich mit den rassischen, ethnischen, sexuellen, regionalen und klassenspezifischen Modalitäten diskursiv konstituierter Identitäten überschneidet".[184]

Butler schreibt sich in Derridas Kritik des autonomen Subjekts als wesentlicher Begründungsfigur der Moderne ein, indem sie die Trennung zwischen einer „ihrer geschlechtlichen Bestimmtheit vorangehenden Person" und ihrer „Geschlechtsidentität" problematisiert. Die klassische moderne Subjektkonzeption besagt ja, dass Subjekte über einen Kern an Innerlichkeit verfügen, der sich durch Autonomie, freien Willen, Rationalität und Intentionalität auszeichnet, und der von ‚Attributen' wie Geschlechtlichkeit, Rasse, ethnischer Herkunft und Klassenzugehörigkeit abgelöst ist. Wir haben in Abschn. 3.1.2 gezeigt, wie diese Trennung zwischen *einer inneren* Substanz und *verschiedenen äußeren* Attributen des Subjekts politische Herrschaftsformen begründet. Butler wendet sich vor diesem Hintergrund nun gegen zwei Traditionslinien: Auf der einen Seite kritisiert sie diese moderne Vorstellung des Subjekts als Substanz, weil durch eine solche theoretische Konzeption eine patriarchale Norm des Subjekts als geschlechtlich unmarkiert gesetzt wird. Das sozial erfolgreiche Subjekt vermag sich demnach von seiner spezifischen Geschlechtlichkeit zu distanzieren und sich als rein rational zu definieren – und dieses Subjekt ist der (weiße westliche) Mann. Auf der anderen Seite stellt sich Butler gegen die in den 80er Jahren innerhalb der feministischen Theorie noch vorherrschende Vorstellung, dass Geschlechtlichkeit *das* bestimmende Attribut von Identität sei. Denn die Gefahr dieser Position besteht in einer Essenzialisierung von Weiblichkeit und vermag gar – wie Haraway in einer harschen Kritik aufgezeigt hat – in einer „sexuellen Verdinglichung" zu enden.[185] Fixiert wird eine geschlechtliche Identität, die das ‚Weißsein' von Frauen zur

---

[184] Butler. *Das Unbehagen der Geschlechter,* S. 18.
[185] Haraway. Ein Manifest für Cyborgs. Feminismus im Streit mit den Technowissenschaften, S. 46. Haraway führt ihre Kritik im Genaueren am „radikalen Feminismus" Catherine MacKinnons aus.

Norm erhebt und einen Ausschluss von Women of Color vollzieht.[186] Sozusagen im Zwischenraum beider, für Butler nicht tragfähigen Vorstellungen plädiert sie dafür, Geschlechtlichkeit, Rasse, ethnische Herkunft und Klassenzugehörigkeit als verschränkt zu denken. Keinem dieser Komponenten kommt *von vornherein* ein Primat zu, sie existieren in Symmetrie, auch wenn sich in der Analyse einer *spezifischen sozialen Situation* die Vorherrschaft einer oder mehrerer Komponenten erweisen mag. Heutzutage bezeichnen wir einen solchen Ansatz als ,intersektional'.[187]

Die Konsequenz eines solchen Ansatzes ist eine äußerst umfassende Enthierarchisierung: Weder wird ,innerhalb' des Subjekts eine Hierarchie zwischen rationalen und kognitiven Fähigkeiten auf der einen Seite sowie affektiven Eigenschaften auf der anderen Seite angenommen noch gibt es eine der Analyse vorausgehende Hierarchie zwischen Geschlecht, Klasse, ethnischer Herkunft und Klassenzugehörigkeit.[188] Hierarchien sind für Butler Produkte sozialer Praktiken. Die Sozialwissenschaften sollten sich aus diesem Grund davor hüten, sie als ,natürlich' und theoretisch ,gegeben' anzusehen, möchten sie nicht zu Komplizen des Patriachats und anderer Unterdrückungsmechanismen werden. Jede Theorie, die Geschlechtlichkeit, Rasse, ethnische Herkunft oder Klassenzugehörigkeit einen

---

[186] Haraway schreibt angesichts dessen: „Jenseits der problematischen oder der positiven Beiträge dieser beiden Argumentationsweisen haben weder marxistische noch radikalfeministische Standpunkte den Status partieller Erklärungsansätze einzubeziehen versucht, beide wurden regelrecht als Totalität konstituiert. […] Das peinliche Schweigen über Rasse bei weißen, radikalen und sozialistischen Feministinnen war eine entscheidende, verheerende politische Konsequenz davon" (ebd., S. 47). Eine sehr aktuelle Antwort auf das Problem des Ausschlusses von ,Rasse' bei gleichzeitiger Vermeidung einer Identitätspolitik stellt Sara Ahmeds Konzeption eines lesbischen Feminismus dar (Ahmed, Sara. 2021. *Feministisch leben! Manifest für Spaßverderberinnen.* 3. Auflage. Münster: Unrast, S. 270–298).

[187] Den Begriff der Intersektionalität hat ein Jahr vor dem Erscheinen von *Das Unbehagen der Geschlechter*, und zwar im Jahr 1989, Kimberlé Krenshaw in den feministischen Diskurs eingeführt. Vgl. Crenshaw, Kimberlé. 2022. Das Zusammenrücken von *Race* und Gender ins Zentrum rücken: Eine Schwarze feministische Kritik des Antidiskriminierungsdogmas, der feministischen Theorie und antirassistischer Politiken (1989). In *Schwarzer Feminismus. Grundlagentexte,* hrsg. Natasha A. Kelly. 2. Auflage. Münster: Unrast, S. 143–184.

[188] Der Marxismus muss nach Butler deshalb als Reproduktion eines solchen hierarchischen Denkens erachtet werden, weil er von vornherein der Klassenzugehörigkeit einen Primat bei der Analyse von Subjektivierungsformen und sozialer Praktiken zuweist. Butler begreift eine solche Kritikform als „vertikales Modell", weil keine Symmetrie unterschiedlicher Komponenten bzw. Modalitäten von Subjektivität angenommen, sondern von vornherein von einer Hierarchie ausgegangen wird: „Ein vertikales Modell wäre jedoch ebenso unzureichend, weil sich die verschiedenen Formen der Unterdrückung nicht kurzerhand hierarchisch anordnen, kausal verknüpfen oder auf verschiedene Ebenen des ,Ursprünglichen' und des ,Abgeleiteten' aufteilen lassen" (Butler. *Das Unbehagen der Geschlechter,* S. 33).

Primat in der Analyse zuerkennt, birgt die Gefahr in sich, die konstitutive Rolle der anderen Komponenten aus dem Blick zu verlieren. Wenn Butler die feministische Theorie dazu auffordert, von der ‚Überschneidung' der Geschlechtsidentität mit den anderen Komponenten auszugehen, dann plädiert sie für ein dynamisches Modell von Subjektivität und sozialen Praktiken, das sich Vorannahmen über das Sein von Subjekten und Ordnungen enthält. Und wenn Subjekte, soziale Praktiken und politische Herrschaftsformen die Produkte von Differenzierungsprozessen und Ablagerungsmechanismen sind, dann müssen diejenigen Verschränkungen in den Blick genommen werden, welche diese Produkte und die mit ihnen verknüpften Hierarchien ganz im Sinne ihrer Iterabilität *zwischen* und *innerhalb* von ihnen erzeugen. Die Stabilität von Identitäten und sozialen Praktiken ist nichts Gegebenes, sondern ein Resultat dessen, wie Geschlechtlichkeit, Rasse, ethnische Herkunft und Klassenzugehörigkeit in eine bestimmte Balance oder Dysbalance gebracht werden. Aufgrund welcher Kosten, d. h. angesichts welcher Ausschlussmechanismen, Identitäten und soziale Praktiken eine Kohärenz und ‚Normalität' erlangen, gilt es stets kritisch in den Blick zu nehmen. Auch Butlers Theorie arbeitet somit auf ontologischer Ebene monistisch, indem sie sich nicht auf eine Ordnung von Subjektformationen, sozialer Praktiken und politischer Herrschaftsformen festlegt, sondern jede dieser drei Ordnungen auf ihre Porosität und damit auf die Verschleierung ihrer Hierarchien hin dekonstruktiv abklopft.

3.4   Schwelle

In diesem Teil unseres Buches haben wir die von der Dekonstruktion freigelegte Problematik von *Begründungsfiguren* zuerst so nachvollzogen, wie sie sich Derrida im Gang durch die Geschichte der abendländischen Philosophie erarbeitet. So zeigt sich in der langen Reihe von Platon und Aristoteles zu Descartes und Kant die irreduzible Bedeutung, die solche Begründungsfiguren für die (nicht nur philosophische) Aushandlung der politisch-sozialen Ordnung haben und wie sie die Verständigung darüber fundieren, was ‚die' Moderne ausmacht. Insbesondere das *Subjekt* bzw. die *Subjektivität* rückt an der Schwelle zur westlichen Moderne zu *der* entscheidenden Begründungsfigur der Wissenschaften und der Politik gleichermaßen auf. Eine dekonstruktive Befragung des Subjekts macht darauf aufmerksam, wie mit dieser auf den ersten Blick unverdächtigen erkenntnistheoretischen Setzung eine hierarchische Ordnung in die Welt eingeschrieben wird. Im Verbund mit dieser Einschreibung wird die Welt selbst nochmal in die Welt der Natur und der Gegenstände einerseits und in die Welt der Subjekte andererseits aufgeteilt. Dabei haben wir betont, dass eine solche dekonstruktive

Befragung nicht lediglich für an der Ideen- und Fachgeschichte ihrer Disziplin interessierten Philosoph*innen relevant sein kann. Vielmehr zeichnet sich hier ein kritischer Zugang zur Wirk- und Deutungsmacht von Begründungsfiguren ab, die bis in unsere Gegenwart hinein beeinflussen, welches Bild von der sozialen Welt auch in den Sozialwissenschaften erzeugt werden kann und erzeugt wird.

Dies haben wir dann für die Soziologie präzisiert, die sich als Wissenschaft der modernen Gesellschaft an der Schwelle ‚der' westlichen Moderne herausbildet, während ‚die' Gesellschaft im 18. und 19. Jahrhundert zum sozialwissenschaft-lichen Objekt wird, das zunehmend als begründungsbedürftig erfahren wird. Ausgehend von Derridas Dekonstruktion von Begründungsfiguren und seiner Auseinandersetzung mit der gründenden, zentrierenden Funktion des Denkens in und mit *Strukturen* lässt sich nachvollziehen, wie klassische soziologische Theo-rien der modernen Gesellschaft bestimmte Strukturprinzipien zum Ausgangspunkt ihrer Beschreibung der sozialen Welt erheben. Solche Strukturprinzipien – darun-ter beispielsweise Kapitalisierung, Rationalisierung oder Differenzierung – wer-fen nicht nur fachgeschichtlich einen langen Schatten, sondern grenzen jeweils das *Zentrum* der modernen Gesellschaft und ihre wesentliche Dynamik ein. So unbestreitbar produktiv diese Strukturprinzipien für die Gesellschaftstheoriebil-dung waren und sind, so deutlich tritt aus dem Blickwinkel der Dekonstruktion die konstitutive Beziehung dieses Zentrums zu ihrem Außen zutage: Die Bezie-hung zwischen der modernen Gesellschaft und dem, was sie nicht ist oder nicht mehr ist. Dass sich diese Beziehung nicht nur in soziologischen Großbeschrei-bungen der Moderne, sondern an den Rändern soziologischer Theoriebildung einschleichen kann, haben wir anhand eines Fallbeispiels – der anthropologischen *Gründungsszene* des vor-/außergesellschaftlichen Subjekts – verdeutlicht. Auch diesen Schritt haben wir mit Derrida vollzogen, insofern sich die Dekonstruktion nicht nur für die Unterscheidungs- und Zentrierungsarbeit der ideengeschichtli-chen Schwergewichte interessiert, sondern gerade den unscheinbaren Rändern und Marginalien jederlei Beschreibungen der sozialen Welt dieselbe kritische Aufmerksamkeit schenkt.

Abschließend galt es nochmals zu veranschaulichen, welches Potenzial Derri-das Denken für eine umfassende Problematisierung sozialer *Hierarchien* beinhal-tet. Anknüpfend an seine Kritik des Logozentrismus als eine an die Geschichte des Abendlandes gebundene ethnozentristische Metaphysik, kommen dabei unter anderem geschlechtliche, ethnische und rassistische Hierarchien als Zielscheiben dekonstruktiver Zersetzungsarbeit infrage. Wir haben erneut beim klassischen Subjektivitätsverständnis und dem darin verwickelten, hierarchischen Dualis-mus zwischen Subjekt und Objekt angesetzt. Unter Zuhilfenahme verschiedener Anschlüsse an dekonstruktives Denken, die sich den Positionen der Neuen

Materialismen zurechnen lassen, lässt sich genauer nachvollziehen, wie dieser Dualismus konkretere politische Hierarchisierungen begründet, fördert und zugleich unkenntlich macht. Die Dekonstruktion der Dualismen zwischen Kultur und Natur, Geist und Körper, Rationalität und Affektivität sowie Menschlichem und Nicht-Menschlichem öffnet das Denken für eine ‚flache' Ontologie. Die Welt und alles, was es in ihr gibt, wird demgemäß als diskursiv-materielle Verschränkung begriffen, was vermeintlich feste oder natürliche Dualismen der kritischen Befragung aussetzt. Das verkompliziert den Blick auf die soziale Welt erheblich, führt aber dazu, die wechselseitige Durchdringung dieser unterschiedlichen Dualismen ernst zu nehmen und so einerseits vom üblichen (Alltags-)Verständnis dieser Phänomene wegzukommen und ihnen andererseits als sozial produzierte Hierarchien auf die Spur zu kommen.

Nach dieser dekonstruktiv sensibilisierten Distanzierungs- und Annäherungsbewegung gegenüber der sozialen Welt greifen wir im letzten Teil unseres Buches mit der *Beziehung zwischen Möglichkeit und Unmöglichkeit* eine Gedankenfigur Derridas wieder auf, die wir zwischenzeitlich liegen ließen, die aber im dekonstruktiven Denken – und in der sozialen Welt – fortwährend insistiert. Unter Zugriff auf diese Denkfigur werden wir uns drei spezifische soziologische Phänomene vornehmen und abschließend Derridas Perspektive auf die politisch-soziale Ordnung nochmals einer Schärfung unterziehen. Auch hier soll nochmals das kritische Potenzial der Dekonstruktion angesichts von Ausschlussmechanismen, Normierung, Assimilation und Diskriminierung zum Tragen kommen.

Die (Un-)Möglichkeit sozialer Handlungsweisen

4

Wir haben uns bisher auf vielfältige Weise Derridas paradoxen Denkspiralen gewidmet und die Frage umkreist, wie Abweichung und Zersetzung selbst produktive Denkbewegungen sein können, die etwas ermöglichen und eröffnen. Hindernisse und Blockaden sind in diesem Sinne nichts, was dem Denken im Wege steht und es beendet, sondern sie treiben den Denkprozess vielmehr in andere, zuvor undenkbare Richtungen. Das Unmögliche wird also – einfach formuliert – auf einmal möglich; Mögliches wird hingegen in seiner Reinheit unmöglich, wenn es Blockaden ausgesetzt ist. Um uns dieser erläuterungsbedürftigen Beziehung zwischen Möglichkeit und Unmöglichkeit anzunähern, skizzieren wir zuerst in aller Kürze, wie sich diese Denkfigur durch die Schriften Derridas zieht, und fragen dann zweitens danach, inwiefern sie für eine dekonstruktive Perspektive auf die soziale Welt relevant ist.

Vor allem in Derridas, ab den 80er Jahren so betiteltem ‚Spätwerk‘ wird die Beziehung zwischen der Möglichkeit und der Unmöglichkeit angesichts *politischer* Fragestellungen in den Fokus gerückt. Es ist zwar irrtümlich, bei Derrida von einer sogenannten ‚politischen Wende‘ zu sprechen, weil sich das dekonstruktive Verfahren in seiner grundsätzlichen Ausrichtung nicht verändert; die dekonstruktive Arbeit liegt nun jedoch weniger in der Auseinandersetzung mit historischen und zeitgenössischen philosophischen, literarischen und psychoanalytischen Texten, sondern mit solchen der politischen Theorie und Rechtsphilosophie. Auch resultieren Derridas Bücher, deren Erscheinen insbesondere seit den 90er Jahren rapide zunimmt, in vielen Fällen aus Erprobungen, die er in Seminaren, Kolloquien und Tagungen vornimmt. Zeitschriftenartikel, die noch in den 60er und 70er Jahren einen wesentlichen Bestandteil seines Werkes ausmachten, treten in den Hintergrund. Vorträge, die zu bestimmten Tagungen

M. Eldracher and F. Meyhöfer, *Soziologisch denken mit Jacques Derrida*, Philosophische Grundlagen der Soziologie, https://doi.org/10.1007/978-3-658-41802-1_4

geschrieben wurden, wachsen hingegen nicht selten zu ganzen Büchern an. Ein oberflächlicher Blick könnte den Eindruck erwecken, dass Derridas Texte in den 80ern, 90ern und im neuen Jahrtausend Anwendungen einer allgemeinen dekonstruktiven Theorie darstellen, die in den 60er und 70er Jahren ausgearbeitet wurde. Das widerspricht aus unserer Sicht aber dem Kern des dekonstruktiven Verfahrens – möchte man überhaupt von einem solchen sprechen. Die Dekonstruktion erprobt sich nämlich am jeweiligen Gegenstand und stellt keine geschlossene Theorie dar, die auf ein von ihr unabhängiges Untersuchungsobjekt angewendet werden kann. In diesem Sinne verschiebt sich vielmehr das Verfahren der Dekonstruktion, indem sich Derrida mit einem anderen Textkanon beschäftigt, als es noch in den 60er und 70er Jahren der Fall ist. Das Resultat ist ein mehrfarbiges Bild der dekonstruktiven Arbeit, die auch spannende Rückschlüsse auf ältere Publikationen Derridas zulässt.

Einen maßgeblichen Einfluss auf Derridas Spätwerk haben die Schriften von Emmanuel Levinas ausgeübt. Zwar wendet sich Derrida in den 60ern Levinas nicht nur bereits in *Grammatologie* und *Die Différance* zu, sondern verfasste auch eine mehr als 100-seitige Auseinandersetzung mit dessen ethischer Perspektivierung, die in *Die Schrift und die Differenz* veröffentlicht wurde.[1] Der ethische Gestus Levinas' färbt allerdings erst in den späteren Texten auf Derridas eigene Philosophie ab. Zwar geht es aus unserer Sicht zu weit zu behaupten, Derridas Arbeiten lassen sich nun – wie es Levinas explizit für die seinen reklamiert hat – als Ethik lesen; die ethische Perspektivierung im Sinne einer Affizierung und Aussetzung gegenüber Anderen wird jedoch für Derridas eigene Arbeiten immer wichtiger. Besonders stark zeigt sich das in seinen Schriften zur Gastfreundschaft.[2] Uns erscheint es wesentlich, die einzelnen Arbeiten in einen umfassenderen Kontext einzubinden, um zu verdeutlichen, wie Derrida seine dekonstruktive Lektüre entwickelt und inwiefern sich die Beziehung zwischen der Möglichkeit und der Unmöglichkeit innerhalb einer ethischen und politischen Erschließung von Andersheit verorten lässt. Ein Satz, der vor diesem Hintergrund für besonders viel Wirbel gesorgt hat, wurde von Derrida auf einem Kolloquium mit dem Titel „Deconstruction and the Possibility of Justice" im Jahre 1989 ausgesprochen und anschließend in seinem Buch *Gesetzeskraft* abgedruckt: „Die Dekonstruktion ist die Gerechtigkeit".[3] Auch wenn man diese Gleichsetzung

---

[1] Derrida, Jacques. 2016. Gewalt und Metaphysik. Essay über das Denken Emmanuel Levinas'. In *Die Schrift und die Differenz*. 12. Auflage. Frankfurt am Main: Suhrkamp, S. 121–235.

[2] Derrida, Jacques. 2018. *Von der Gastfreundschaft*. 5. Auflage. Wien: Passagen Verlag.

[3] Derrida. *Gesetzeskraft*, S. 30.

von Dekonstruktion und Gerechtigkeit als der Vortragssituation geschuldet, als vielleicht sogar flapsige Bemerkung Derridas abtun könnte, mit der dieser verkürzt auf die Unterstellung einer ethischen Enthaltsamkeit der Dekonstruktion reagiert, sollte doch überprüft werden, inwiefern die Dekonstruktion die Form einer ethischen Befragung annimmt. In diesem Sinne ‚ist' die Dekonstruktion ‚vielleicht' die Gerechtigkeit, indem sie den Phänomenen, die sie befragt, Gerechtigkeit widerfahren lässt. Sie prüft ihren Anspruch, ihre Möglichkeitsbedingungen und deckt damit auf, von welchen konstitutiven und zugleich ermöglichenden Blockaden sie durchzogen ist.

Dieser Teil unseres Buches stellt den Versuch dar, Derridas späte, stark heterogene und auch fragmentierte Arbeiten in *soziologischer* Hinsicht zu erschließen. Ein roter Faden stellt auch im Spätwerk die Rolle von Paradoxien dar. Ein Ziel des Umgangs mit Paradoxien ist nun aber nicht mehr der Hinweis auf Nicht-Identität als konstitutiver Bedingung von Identität oder auf Unentscheidbarkeit. Derrida versucht vielmehr den Anspruch ethischer und politischer Beziehungen zu befragen und ihr Insistieren auf Reinheit zu unterlaufen. Wenn wir dieses Kapitel mit dem Titel „Die (Un-)Möglichkeit sozialer Handlungsweisen" benennen, dann wollen wir darauf aufmerksam machen, dass Möglichkeiten sozialer Interaktion stets im Schatten ihrer unmöglichen Erfüllung stattfinden. Das bedeutet nicht, dass gar keine Handlungen mehr möglich sind und keine Kommunikation stattfindet, sondern dass die Möglichkeit, überhaupt handeln und kommunizieren zu können, an die Unmöglichkeit der Realisierung ihres vollständigen Anspruchs gebunden ist.

Der das Kapitel eröffnende Abschnitt soll in systematischer Hinsicht herausarbeiten, inwiefern Blockaden nicht einfach etwas versperren, was ohne sie möglich gewesen wäre, sondern inwiefern sie auch einen ermöglichenden Charakter haben. Im Fokus wird dabei der Begriff des *Ereignisses* stehen und die Bindung dessen Möglichkeit an eine integrale Unmöglichkeit (Abschn. 4.1). Anhand von Derridas Beschäftigung mit *Erfindung, Gabe* und *Gastfreundschaft* möchten wir im Anschluss daran aufzeigen, inwiefern diesen sozialen Phänomenen eine Paradoxie innewohnt, die ihre Möglichkeit gerade an ihre Unmöglichkeit bindet. Weil es unmöglich ist, etwas zu erfinden, was absolut neuartig ist, etwas ohne irgendeine Form der Erwiderung oder Anerkennung zu geben und Gästen gegenüber vollständig offen zu sein, existieren überhaupt erst Erfindung, Gabe und Gastfreundschaft im Sinne von konkreten, sich ereignenden sozialen Handlungsweisen (Abschn. 4.2). Abschließend soll noch einmal die soziale Welt mit Blick auf ihre politische Ordnung hin befragt werden. Hier stehen Derridas gerechtigkeits- und demokratietheoretische Arbeiten im Vordergrund sowie seine kritische Befragung des Marxismus. Wir möchten hier zur Sprache bringen, inwiefern Derridas Blick auf die Politik stets ein Gespür für Ausgrenzungen, Assimilierungen und Normierungen aufweist. Eine dekonstruktive politische Philosophie stellt diesen, auf dem kolonialistischen Gestus Europas gründenden Totalisierungen, eine Offenheit für andere Identitäten und Erfahrungen gegenüber und begreift demokratische Prozesse als stets im Kommen befindlich. (Abschn. 4.3). An allen diesen Stationen möchten wir sichtbar machen, inwiefern die Dekonstruktion Blockaden und Paradoxien annimmt und über ihre Explikation ein Verständnis sozialer Phänomene freizulegen versucht, ohne sie einfach als soziale Tatsachen hinzunehmen.

4.1 Die unmögliche Möglichkeit des Ereignisses

Das im Wege Stehende nicht primär als etwas zu begreifen, was den Weg versperrt, sondern den Weg erst zu gehen ermöglicht, ist eine wesentliche Denkbewegung Derridas, der wir uns bereits auf sehr unterschiedliche Weise angenähert haben. Die Blockierung eines Weges verlangt demnach nicht einfach ein Abweichen vom bekannten Weg und das Ausweichen auf einen anderen, erneut linearen Weg, der auf sichere Weise weiterbeschritten werden kann. Gemeint ist damit vielmehr die Parzellierung des Weges selbst, ein Um-Weg, die Abweichung vom vermeintlich ‚einfachen‘ Weg, das Bereithalten für Überraschendes und die Offenheit dafür, sich von Ereignissen berühren zu lassen. Das Beschreiten des Weges ist angesichts einer Blockade nicht unmöglich geworden, die Möglichkeit des Gehens ist nun aber eine andere, eine solche, die der Unmöglichkeit ausgesetzt ist. Die paradoxe Form dieser Aussetzung möchten wir in diesem Abschnitt klären, denn sie ist ein wesentliches Motiv der späteren Arbeiten Derridas und erhellt die Phänomene der Erfindung, der Gabe und der Gastfreundschaft, denen wir uns in kommenden Abschnitten zuwenden werden.

    Die Aussetzung der Möglichkeit an die Unmöglichkeit wird von Derrida besonders eindrücklich anhand seiner Auseinandersetzung mit dem Begriff des Ereignisses offengelegt.[4] Äußerst hilfreich ist vor diesem Hintergrund der im Jahre 1997 in Montreal gehaltene Vortrag *Eine gewisse unmögliche Möglichkeit,*

---

[4] In der französischen Philosophie setzt durch die Rezeption von Autoren wie Nietzsche, Husserl und vor allem Heidegger während den 60er und 70er Jahren eine intensive Beschäftigung mit dem Begriff des Ereignisses ein. Für einen umfassenden Überblick vgl. Rölli, Marc. Hrsg. 2004. *Ereignis auf Französisch. Von Bergson bis Deleuze.* München: Fink; Hetzel, Andreas. 2019. Ereignis. In *Radikale Demokratietheorie. Ein Handbuch,* hrsg. Dagmar Comtesse et al. Berlin: Suhrkamp, S. 513–522. Vereinfacht ausgedrückt sind es vor allem die Reflexionen über den Ereignisbegriff von Michel Foucault, Gilles Deleuze und Jacques Derrida, die mit der in den 90er Jahren einsetzenden Rezeption des französischen Poststrukturalismus nun in der deutschsprachigen *Soziologie* zur Kenntnis genommen werden. Es

vom Ereignis zu sprechen. Derrida bringt die Beziehung zwischen der Unmöglichkeit und der Möglichkeit des Ereignisses in diesem Text zunächst wie folgt zum Ausdruck: „Es ist die Unmöglichkeit des Ereignisses, die das Maß für seine Möglichkeit gibt".[5] Die Möglichkeit muss sich also an ihrer Unmöglichkeit messen, sie ist der Unmöglichkeit ausgesetzt. Dass etwas möglich ist, bedeutet, dass es sich mit dem beschäftigt, was unmöglich ist, was seiner Realisierung im Wege steht. Möglichkeit und Unmöglichkeit sind also nicht klar voneinander getrennt, sie sind kein dichotomes Gegensatzpaar, bei dem entweder das eine oder das andere der Fall ist. Sie überschneiden sich auf eine komplexe Weise, gehen eine komplizierte Beziehung ein, die erst dekonstruktiv freigelegt werden muss, um Ereignisse zu verstehen und um nachzuvollziehen, wie ihre Neuartigkeit gedeutet werden kann.

Wie lässt sich also die Beziehung zwischen Möglichkeit und Unmöglichkeit genau verstehen? Was bedeutet es, dass sich die Möglichkeit des Ereignisses an ihrer Unmöglichkeit messen lassen muss? Derrida versucht die Paradoxie des Ereignisses zuerst anhand seiner Unvoraussagbarkeit kenntlich zu machen:

> „[D]as Ereignis aber ist das, was niemals vorausgesagt werden kann. Ein vorausgesagtes Ereignis ist kein Ereignis. Es bricht über mich herein, weil ich es nicht kommen sehe. Das Ereignis als Ankömmling ist das, was vertikal über mich hereinbricht, ohne dass ich es kommen sehen kann: Bevor es sich ereignet, kann das Ereignis mir nur als unmögliches erscheinen".[6]

---

lässt sich durchaus die Frage stellen, ob und aus welchen Gründen ‚Ereignis' nicht denselben systematischen Status wie andere Grundbegriffe der Soziologie in der (Gesellschafts-) Theoriebildung erreicht hat. Dies würde freilich ideen- und soziologiegeschichtliche Forschung erfordern. Wir können aber in aller Kürze zur Kenntnis nehmen, dass in Abwesenheit einer Soziologie des Ereignisses der Begriff in mindestens drei Forschungskontexten eine Rolle spielt und damit für die im Laufe des Kapitels dargestellten Denkbewegungen Derridas informativ sein kann: *Erstens* verhandeln soziologische Gesellschaftstheorien und qualitativ-rekonstruktive Methoden der Sozialforschung die mit dem Ereignisbegriff verbundenen Fragen und Probleme, auch wenn sie nicht explizit vom Ereignis, sondern beispielsweise von Prozessen sowie Handlung versus Struktur sprechen. *Zweitens* ist der Ereignisbegriff besonders in der Wissenschaftssoziologie relevant, wenn es um die Rekonstruktion und Theoretisierung neuer, überraschender oder folgereicher wissenschaftlicher Innovationen geht. Darauf werden wir in Abschn. 4.2.1 anlässlich der *Erfindung* zurückkommen. Und *drittens* lässt sich wissens- und kultursoziologisch danach fragen, in welchen medialen Formen Ereignisse repräsentiert werden und welche Praktiken des Repräsentierens (beispielsweise massenmediale Berichterstattung) Ereignisse eigentlich erst zu ‚Ereignissen' *machen.*

[5] Derrida. *Eine gewisse unmögliche Möglichkeit, vom Ereignis zu sprechen,* S. 29.

[6] Ebd., S. 35.

In der Politik lassen sich Revolutionen, wie die Französische Revolution oder die Russische Oktoberrevolution, als Ereignisse bezeichnen. Revolutionen brechen mit der institutionellen Ordnung der Gesellschaft, sie stellen keine Transformationen innerhalb eines bestehenden Rechtssystems dar, sondern setzen die verfassungsmäßige Ordnung einer Gesellschaft aus und eine neue ein. Sie sind in diesem Sinne ‚starke' Ereignisse, weil sie einen Einschnitt darstellen, der nicht übersehen werden kann, den alle Angehörigen eines Nationalstaates oder einer Gemeinschaft zur Kenntnis nehmen müssen, ob sie nun dafür oder dagegen sind, und der die Regierungsform grundsätzlich ändert.

Ohne in die Tiefe von sozialwissenschaftlichen Revolutionstheorien[7] einsteigen zu müssen, können wir hier festhalten, dass Revolutionen als Ereignisse nicht im Sinne einer Prognose bestimmbar sind. Wenn sich Revolutionen ereignen, übersteigen sie den zeitgenössischen Erwartungshorizont. Dabei zieht eine solch ‚ereignishafte' Revolution im Rückblick – und in lockerer Anlehnung an das in Kap. 2 behandelte dekonstruktive Vokabular – Bahnen des Vorlaufs und Spuren der Nachwirkungen. Das Ereignis selbst erschöpft sich aber nicht in seinem Vorher und Nachher, sondern verleitet uns überhaupt erst dazu, diese Zeiträume aufzuspannen, um das, was sich ereignete, rückblickend verstehen zu können. Zwar können Historiker*innen im Nachgang rekonstruieren, welche Faktoren eine Revolution *möglich* gemacht haben; das Ereignis der Revolution lässt sich jedoch in seinem *notwendigen* Eintreten *nicht* bestimmen. Es ist *unmöglich*, eine hinreichende oder gar erschöpfende Menge an Faktoren anzugeben, die eine Revolution notwendig machen. Ihr Eintreten setzt die Indikatoren aus, die im Vorhinein das Ereignis mehr oder weniger wahrscheinlich machen. Aus diesem Grund schreibt Derrida, dass ein Ereignis vor seinem Eintreten „nur als unmögliches erscheinen" kann.[8] Der Bruch mit der Ordnung ist derart absolut, dass er innerhalb der Logik der vorherigen Ordnung nicht begreifbar gemacht werden kann.

---

[7] Anstatt vieler anderer vgl. Lawson, George. 2017. A Global Historical Sociology of Revolution. In *Global historical sociology*, hrsg. George Lawson und Julian Go. Cambridge: Cambridge University Press, S. 76–98 für einen kompakten Überblick darüber, wie Revolutionen in den Sozialwissenschaften erforscht wurden und werden. Lawsons abschließendes Plädoyer für eine historisch-soziologische Perspektive auf Revolutionen, die deren ‚Inter-Sozialität' im Sinne einer zeitliche und räumliche Grenzziehungen überschreitenden Dynamik ernst nimmt, lässt sich in unserem Zusammenhang als eine Forschungspraxis verstehen, die Verzeitlichung und Verräumlichung berücksichtigt.

[8] Derrida. *Eine gewisse unmögliche Möglichkeit, vom Ereignis zu sprechen*, S. 35.

Diese Pointe kann mit Bezug auf Ereignisse innerhalb der Wissenschaft noch besser illustriert werden. Entdeckungen innerhalb der Wissenschaft lassen sich nämlich nicht innerhalb der Logik des Möglichen erschließen.[9] In Abschn. 2.4.2 sind wir auf das sogenannte ‚Stern-Gerlach-Experiment' eingegangen, mit dem letztlich der Elektronenspin bewiesen wurde. Die Intention der beiden Wissenschaftler war dabei jedoch eine völlig andere, sie wollten nämlich die Quantifizierung des Raumes belegen. Das Ereignis, und zwar der Beweis des Elektronenspins, ließ sich in keiner Weise prognostizieren, weil Stern und Gerlach nicht einmal die Absicht hatten, einen Beweis zu erbringen. Es gab keinerlei Wahrscheinlichkeitsspektrum, welches das Eintreten des Ereignisses möglich gemacht hätte. Derrida schreibt in diesem Zusammenhang: „Das, was man nicht kann, würde ich nämlich sagen, das Unmögliche also, das, was meine Fähigkeiten übersteigt oder was außerhalb meiner Macht liegt, ist genau das, was ich nicht *wollen* kann".[10] Natürlich gibt es wissenschaftliche Experimente, deren Ergebnis deckungsgleich mit demjenigen ist, was durch den Versuchsaufbau der Wissenschaftler*innen angestrebt wird. Analog dazu hatte ja auch die Französische Revolution das Ziel, mit dem Ancien Régime zu brechen und den Dritten Stand an die Regierung zu bringen, was auch eingetroffen ist. Wie das Ereignis verläuft, was in Szene gesetzt wird und welche Effekte es zeigt, lässt sich jedoch nicht auf den Willen eines einzelnen Subjekts oder eines Kollektivs reduzieren. Mehr noch, und auf diesen Punkt kommt es Derrida an: Die Möglichkeit des Ereignisses *entzieht* sich der Intention eines Individuums oder eines Kollektivs. In keiner Weise lässt sich die Logik eines Ereignisses erschließen, wenn es in Beziehung zu einem wollenden Subjekt gerückt wird. Die hier innewohnende Paradoxie drückt Derrida wie folgt aus:

> „Es müsste sich darum handeln, jenseits dessen zu wollen, was man wollen kann. Wenn dieser Satz akzeptabel ist, muss er seinerseits das Konzept des Willens selbst zerstören, dekonstruieren oder demontieren".[11]

Das Wort „jenseits" zeigt den Entzug an, auf den das Ereignis verweist. Das Ereignis entzieht sich der Prognostizierbarkeit, der Verortung in einem

---

[9] Auf diesen Punkt gehen wir im folgenden Abschnitt zur Erfindung noch ausführlicher ein (vgl. Abschn. 4.2.1).

[10] Derrida. *Eine gewisse unmögliche Möglichkeit, vom Ereignis zu sprechen*, S. 43.

[11] Ebd., S. 45. Spannend an diesem Satz ist auch, dass Derrida, wie es selten der Fall ist, die Dekonstruktion in die Nähe von „Zerstörung" und „Demontierung" rückt. Dies verdeutlicht, wie viel mit der Ereignishaftigkeit des Ereignisses aus dekonstruktiver Perspektive auf dem Spiel steht.

Wahrscheinlichkeits- und Möglichkeitsraum, sowie dem Willen eines oder mehrerer Subjekte. Das Konzept des Willens ist deshalb unbrauchbar, wenn es um eine Analyse des Ereignisses geht. Wo liegt nun aber genau die Paradoxie innerhalb der Beziehung zwischen Möglichkeit und Unmöglichkeit? Wenn sich ein Ereignis im Vorhinein nicht mithilfe eines Möglichkeitsspektrums bestimmen lässt, warum spricht Derrida dann von einer *un-möglichen Möglichkeit?*

Um diese Frage zu beantworten, müssen ‚Möglichkeit' und ‚Unmöglichkeit' aus der Logik eines dualen Gegensatzpaares entfernt werden. Möglichkeit und Unmöglichkeit dürfen sich nicht im Sinne eines wechselseitigen Ausschlusses gegenüberstehen. An dieser Stelle ist es interessant, dass Derrida seine Analyse des Ereignisbegriffs – wie wir es bereits aus seinen anderen Arbeiten kennen – erneut in die Geschichte der Philosophie einrückt und einen harten Bruch innerhalb dieser Logik konstatiert:

> „Die große Tradition der *dynamis*, der Potenzialität, von Aristoteles bis Bergson, die transzendentalphilosophische Reflexion über die Bedingungen der Möglichkeit, wird durch die Erfahrung des Ereignisses affiziert, insofern diese die Unterscheidung und den Gegensatz zwischen dem Möglichen und dem Unmöglichen untergräbt. Man muss hier vom un-möglichen Ereignis sprechen. Von einem Un-Möglichen, das nicht nur unmöglich, nicht nur das Gegenteil des Möglichen ist, sondern gleichermaßen die Bedingung oder die Chance des Möglichen".[12]

Mit der „transzendentalphilosophischen Reflexion über die Bedingungen der Möglichkeit" bezieht sich Derrida auf eine Tradition der Philosophie, die sich einer Angabe von Vermögen verschreibt, unter deren Erfüllung sich etwas zu ereignen vermag. Bei Aristoteles etwa verfügen Subjekte über eine *dynamis,* ein Vermögen, das sie in die Lage versetzt, bestimmte Tugenden auszubilden. Diese Tugenden bedürfen einer gewissen Schulung, um verwirklicht werden zu können. Dieses Vermögen ist aber nur ganz bestimmten Subjekten eingeschrieben, und zwar griechischen Männern. Frauen, Nicht-Griechen und Sklaven verfügen nicht über ein solches Vermögen, ihnen ist es nach Aristoteles unmöglich, bestimmte, zur Regierung der Polis befähigende Tugenden auszubilden.[13] Kant hingegen widmet sich einer Bestimmung der Bedingungen der Möglichkeit von Wissen und findet diese im Begriffsapparat, im *begrifflichen Vermögen* von Subjekten. Der Begriff der Kausalität ist beispielsweise die Bedingung der Möglichkeit, um eine Ursache mit einer Wirkung zu verknüpfen. Sind diese Bedingungen nicht

---

[12] Ebd., S. 41.

[13] Vgl. Aristoteles. 2012. *Politik.* Hamburg: Meiner.

erfüllt, wird Wissen unmöglich.[14] Innerhalb dieser philosophischen Theorien, von denen Aristoteles und Kant zwei der einschlägigsten Beispiele sind, wäre es widersinnig, die Unmöglichkeit in die Möglichkeit einzuschreiben. Andernfalls lassen sich für Aristoteles keine Tugenden und für Kant kein Wissen ausbilden. Möglichkeit und Unmöglichkeit sind klar voneinander getrennt, sie existieren in einer Beziehung des wechselseitigen Ausschlusses.

Wenn Derrida nun schreibt, dass diese philosophische Tradition „durch die Erfahrung des Ereignisses affiziert" wird, dann meint er damit, dass das Ereignis sich dieser Logik entzieht und sie zugleich aussetzt.[15] Es hat sich ja gezeigt, dass sich von vornherein keine Bedingungen angeben lassen, die eine Realisierung des Ereignisses möglich machen. Die Rekonstruktion der Bedingungen ist lediglich eine *rückwirkende* Setzung. Wir reden davon, dass bestimmte Faktoren das Eintreffen der Französischen Revolution notwendig gemacht haben, aber die Diagnose der Notwendigkeit lässt sich erst nach dem Ereignis der Revolution aufstellen. Der Kern von Derridas Statement liegt darin, die Unmöglichkeit in das Herz der Möglichkeit einzuschreiben. In diesem Sinne ist das Un-Mögliche „die Bedingung oder die Chance des Möglichen".[16] Das Unmögliche wird zum Un-Möglichen, weil es nicht mehr der Gegensatz zum Möglichen ist, dasjenige, was der Möglichkeit entgegensteht und sie von ihrer Realisierung abhält. Es ist vielmehr dasjenige, was selbst die Bedingung der Möglichkeit *ist*. Das Unmögliche schließt aus, dass es einen fließenden Übergang zwischen der Möglichkeit des Ereignisses und seiner Realisierung gibt. Eine Revolution verwirklicht sich nie in einem erschöpfenden Sinne, ihre ‚reine' Existenz wird stets von etwas zurückgehalten und dieses Zurückhaltende ist das ‚Un'. Dass der Möglichkeit etwas eingraviert ist, was ihre vollständige Realisierung verhindert, was ihr im Wege steht, ist im selben Atemzug die Bedingung dafür, dass überhaupt Ereignisse eintreten.[17] Das Un- verunmöglicht Ereignisse nicht, es verschiebt jedoch

---

[14] Kant entwickelt diesen Gedanken vor allem im Abschnitt „Transzendentale Deduktion der reinen Verstandesbegriffe" seines Hauptwerkes (Kant. *Kritik der reinen Vernunft*, S. 134–159). Wir sind hierauf bereits in unserem Kapitel über philosophische Begründungsfiguren näher eingegangen (vgl. Abschn. 3.1.1).

[15] Derrida. *Eine gewisse unmögliche Möglichkeit, vom Ereignis zu sprechen*, S. 41.

[16] Ebd.

[17] Diese Denkbewegung variiert also auf eine gewisse Weise die Beziehung zwischen Identität und Nicht-Identität, insofern auch in diesem Falle die Verstellung einer vollständigen Realisierung der Identität die Bedingung der Möglichkeit von Identität ist (vgl. Abschn. 2.3.2 und 2.4.3). Die Identität verweist immer auf das, was sie nicht ist, sie ist von etwas Fremden abhängig, das den Kern ihres Selbst durchzieht. Das Ereignis bezieht sich nun aber

ihre Struktur, indem Ereignisse nun etwas sind, was sich der Gegenüberstellung zwischen Möglichkeit und Wirklichkeit verweigert.

Was bedeutet dieser Entzug gegenüber dem Wirklichen genau? Eine naive Herangehensweise an Ereignisse würde behaupten, dass Ereignisse im Moment ihrer Realisierung Wirklichkeit geworden sind, dass sie also ‚da‘ sind. Die Französische Revolution ist eingetreten und der Elektronenspin des Atoms ist entdeckt worden. Beide Ereignisse sind als ‚historische Tatsachen‘ bestätigt, sie werden mit einem Datum verbunden und die jeweiligen Wissenschaften – Geschichtswissenschaft, Politikwissenschaft, Soziologie und Physik – beziehen sich auf sie als Tatsachen, die innerhalb ihrer Forschungsgemeinde anerkannt sind. Exakt am Ort der ‚Tatsache‘ lässt sich mit Derridas dekonstruktiver Befragung nun aber wieder einsetzen. Seine These lautet angesichts dessen, dass sich die Un-Möglichkeit des Ereignisses nach seinem Eintreffen nicht einfach ‚zurückzieht‘; das ‚Un-‘ bleibt dem Ereignis vielmehr konstitutiv eingeschrieben:

„Selbst wenn etwas als Mögliches eintritt, wenn ein Ereignis sich als möglich erweist, hört die Tatsache, dass es unmöglich hätte sein sollen, dass die mögliche Erfindung eigentlich eine unmögliche gewesen sein wird, nicht auf, die Möglichkeit heimzusuchen. In der Erfahrung, die ich vom Ereignis habe, ist mein Bezug zum Ereignis der, dass die Tatsache, dass das Ereignis in seiner Struktur unmöglich gewesen sein wird, seine Möglichkeit weiter heimsucht. Es bleibt unmöglich – auch wenn es vielleicht stattgefunden hat, bleibt es doch trotzdem unmöglich“.[18]

Die wörtliche Konsequenz aus dem letzten Satz lautet, dass die Französische Revolution und die Entdeckung des Elektronenspins unmöglich sind – auch im Jahre 2023. Haben wir es hier mit einer Art historischem Relativismus, einer Leugnung von Geschichte und ‚wissenschaftlichen Fakten‘ zu tun? Es sollte im Verlauf unseres Buches klar geworden sein, dass sich Derridas Denken solch einfachen Kategorisierungen entzieht. Derrida erkennt das Stattgefundenhaben von Ereignissen an und dennoch insistiert er auf ihrer Unmöglichkeit.

Um diese Paradoxie offenzulegen, hilft nun eine Analyse des Wortes ‚Tatsache‘ weiter. Die ‚Sache‘, das Objekt, ist hier mit einem *Handlungsvollzug*, einer ‚Tat‘, verbunden. Ohne den Vollzug der Tat existiert die Sache nicht. Das lateinische Wort ‚Faktum‘ zeigt diesen Sachverhalt ebenso gut an, denn es bedeutet, wörtlich übersetzt, ‚das Gemachte‘. Tatsachen und Fakten sind daher

---

nicht mehr auf eine Komponente von Subjektivität, sondern auf eine raum-zeitliche, eine politisch-soziale Struktur.

[18] Derrida. *Eine gewisse unmögliche Möglichkeit, vom Ereignis zu sprechen*, S. 37.

keine Zustände oder Objekte, die einfach in der Welt vorliegen und einer Entdeckung durch menschliche Subjekte ausharren, sie müssen auf eine bestimmte
Weise ‚hergestellt' werden. Das ist bei der Französischen Revolution offensichtlich, denn diese muss von Menschen ‚gemacht' werden. Es trifft aber auch auf
wissenschaftliche Tat-sachen zu. Wie sich in Abschn. 2.4.2 ergeben hat, entsteht wissenschaftliche Objektivität erst durch eine spezifische Verschränkung
zwischen menschlichen und nicht-menschlichen Akteuren; die Verschränkungen ‚erzeugen' erst eine Objektivität, die ohne dieses Beziehungsgefüge nicht
Bestand hat. Die Welt wird dadurch, wie Barad es ausdrückt, auf spezifische
Weise „rekonfiguriert": „[N]eue Möglichkeiten werden in dem Maße eröffnet, in
dem andere, die hätten möglich sein können, jetzt ausgeschlossen sind: Möglichkeiten werden rekonfiguriert und rekonfigurieren sich".[19] Es muss also etwas
passieren, und was hier passiert, das ist für Derrida nun der entscheidende
Punkt, darf nicht nur ein einziges Mal passieren, sondern muss *wiederholbar*
sein. Aus diesem Grund stellen Derridas Arbeiten eine Opposition sowohl gegen
Wissenschaftsrelativismus als auch gegen Wissenschaftsabsolutismus dar.

Genau an dieser Stelle ergibt sich jedoch für eine klassische Theorie des
Ereignisses ein Problem. Ein klassisches, metaphysisches Verständnis des Ereignisses denkt dieses als absolut *singulär*. Die Oktoberrevolution ist demnach nicht
einfach eine Wiederholung der Französischen Revolution; beide Revolutionen
sind einzigartig, insofern sie etwas Neues vollziehen. Sie markieren Brüche
mit den vorherigen politischen Ordnungen und ermöglichen andere Formen
von Herrschaft. Natürlich gibt es Gemeinsamkeiten zwischen der Französischen
Revolution und der Oktoberrevolution, die sich historisch herausarbeiten lassen,
aber beide Revolutionen lassen sich nicht auf eine ‚ursprüngliche' Revolution
zurückführen. Ebenso stellen Entdeckungen in den Naturwissenschaften zwar
Wiederholungen dar, indem sie wissenschaftliche Verfahren wiederholen, die
bereits in der Vergangenheit erprobt wurden und insofern an wissenschaftlich
anerkannte Methoden anschließen; ihre Entdeckungen sind dennoch, gemäß eines
traditionellen Ereignisbegriffs, *absolute* Neuartigkeiten, welche die Forschung
‚revolutionieren'. Derrida behauptet gegenüber einem solchen Zugang hingegen,
dass die Singularität des Ereignisses wiederholbar sein muss: „Ebenso kann das
Ereignis, wenn es erscheint, nur um den Preis erscheinen, dass es bereits in seiner
Einzigartigkeit selbst wiederholbar ist".[20] Das Ereignis zahlt also einen „Preis":
Es büßt seine absolute Singularität ein, insofern es *wiederholbar* sein muss, um
als Ereignis Bestand haben zu können.

---

[19] Barad. *Agentieller Realismus*, S. 86.

[20] Derrida. *Eine gewisse unmögliche Möglichkeit, vom Ereignis zu sprechen*, S. 36.

Hier stoßen wir auf die Figur der *Iterabilität,* der wir uns in Abschn. 2.3 ausführlicher zugewendet haben. Alles, was es gibt, so lautete diesbezüglich Derridas These, muss wiederholbar sein, und zugleich nistet sich in den Prozess der Wiederholung stets eine Andersheit ein, welche die Identität des wiederholten Elements zersetzt. Damit die Französische Revolution und der Elektronenspin also als Ereignisse existieren, müssen sie *als Ereignisse* wiederholbar sein. Damit die Französische Revolution *als* Französische Revolution in Geschichts- und Politikwissenschaft anerkannt wird, muss ihr dieser Ereignischarakter *immer wieder* zugesprochen werden. So könnten nämlich eine andere Geschichtsschreibung und eine andere politische Theorie der Französischen Revolution den Ereignischarakter absprechen, insofern sie diese innerhalb einer Kontinuität neuzeitlicher Herrschaft verorten und sich somit gar nichts ereignet hat. Ebenso könnte der von Stern und Gerlach ,entdeckte' Elektronenspin von einer neuen physikalischen Theorie im Rahmen eines umfassenderen Phänomens erklärt werden – der Elektronenspin ist dann möglicherweise nur eine Ausprägung eines tiefergehenden Phänomens und büßt seinen Ereignischarakter ein. Ereignissen muss folglich ihre Besonderheit und Singularität stets erneut zugewiesen werden. Derrida schreibt diesbezüglich: „Ebenso muss in der Singularität des Ereignisses die Wiederholung schon am Werk sein, und mit der Wiederholung muss die Auslöschung des ersten Erscheinens schon begonnen haben".[21]

Das ,ursprüngliche' Ereignis wird also durch die Wiederholung überschrieben; der Ursprung des Ereignisses wird unkenntlich gemacht. Und genau hierin beruht die *un-mögliche Möglichkeit* des Ereignisses: Das Ereignis muss, um möglich zu sein, wiederholbar sein, aber gerade die Wiederholung, die Forderung, dass das Ereignis stets wieder als Ereignis anerkannt werden muss, löscht das ursprüngliche Sich-Ereignen des Ereignisses aus. Das Ereignis ist nicht mehr ,wirklich' singulär; es muss in einen Kontext eingeschrieben, muss auf *andere* Ereignisse bezogen werden, und diese Verallgemeinerung raubt ihm seine Singularität. Um von einem Ereignis sprechen zu können, so drückt es Thomas Khurana etwas technisch aus, muss es „den in der Wiederholbarkeit implizierten Aspekt der Alterierung akzentuieren und nicht den der Identitätskondensation".[22] Die Unmöglichkeit der absoluten Singularität des Ereignisses, die Unmöglichkeit, dass die Französische Revolution und die Entdeckung des Elektronenspins außerhalb einer wiederholten Anerkennung innerhalb der Gesellschaft verständlich sind, ermöglicht erst, dass wir überhaupt von den beiden Ereignissen sprechen,

---

[21] Ebd., S. 40.

[22] Khurana, Thomas. 2004. Zum Ereignis bei Derrida. In *Ereignis auf Französisch. Von Bergson bis Deleuze,* hrsg. Marc Rölli. München: Fink, S. 235–256, hier S. 239.

dass wir sie als Ereignisse katalogisieren können. Das ‚Un-‘ ist also ein produktives Element, es blockiert die Singularität, die Reinheit des Ereignisses, aber es macht zugleich möglich, dass es Ereignisse gibt. Darin liegt seine grundlegende Paradoxie.

Vor diesem Hintergrund lässt sich das Ereignis auch als Futur antérieur begreifbar machen, und zwar im Sinne dessen, wie Derrida schreibt, dass „ein Ereignis gewesen sein wird".[23] Diese Verschränkung zwischen Zukunft und Vergangenheit deutet auf Derridas komplexes Verständnis von Zeitlichkeit hin, das zwar in den Texten der 60er und 70er Jahre bereits eine Rolle spielt, nun aber in Hinblick auf politische Fragestellungen gewendet wird. In diesem Kontext ist nun ein weiteres Phänomen von Wichtigkeit, dessen Namen bereits im letzten herausgestellten Zitat weiter oben gefallen ist, und zwar die *Heimsuchung*.[24] Wenn Derrida nämlich davon spricht, dass die Möglichkeit des Ereignisses stets seiner Unmöglichkeit ausgesetzt ist, bezeichnet er diese Form der Aussetzung auch als *Heimsuchung:* „Diese Heimsuchung ist die gespenstische Struktur der Erfahrung des Ereignisses, und sie ist absolut wesentlich".[25] Die Figur des Gespenstischen, genauer die Verknüpfung der Heimsuchung mit dem Gespenstischen, ist ein entscheidendes Motiv der Texte Derridas in den 90er Jahren. Am prominentesten taucht das Gespenst in *Marx' Gespenster* auf, dem wir uns in Abschn. 4.3.2 ausführlicher zuwenden werden.[26] An dieser Stelle und in Bezug auf die Struktur des Ereignisses lässt sich zunächst sagen, dass Ereignisse stets von etwas heimgesucht werden, das zugleich der Vergangenheit und der Zukunft entstammt. Wenn das Ereignis der Französischen Revolution von Gespenstern heimgesucht wird, dann bedeutet dies, dass der Französischen Revolution erstens andere Ereignisse – etwa Revolutionen zu anderen Zeiten und an anderen Orten – eingeschrieben sind, die ihre Singularität durchkreuzen und die nicht einfach ausgelöscht werden können. Die Gespenster entstammen zweitens jedoch der Zukunft, sie zeigen Möglichkeiten auf, die innerhalb der erfolgten Revolution nicht ergriffen, die versäumt wurden und erinnern diejenigen, welche die Revolution durchführen, an das Unvermögen ihrer vollständigen Realisierung. Und drittens produzieren Ereignisse selbst Gespenster, welche die politisch-soziale Ordnung heimsuchen. Die Ungreifbarkeit von Gespenstern, ihre ‚Spektralität‘, macht es unmöglich, sie zu vertreiben – ein Gespenst lässt sich nicht wie ein politischer Gegner einfach

---

[23] Derrida. *Eine gewisse unmögliche Möglichkeit, vom Ereignis zu sprechen*, S. 47.

[24] Ebd., S. 37.

[25] Ebd., S. 38.

[26] Vgl. Derrida, Jacques. 2019. *Marx' Gespenster. Der Staat der Schuld, die Trauerarbeit und die neue Internationale.* 6. Auflage. Frankfurt am Main: Suhrkamp.

hinter Schloss und Riegel bringen. Die Herkunft des Gespensts aus Vergangenheit und Zukunft sowie seine Unfassbarkeit, sein plötzliches Auftauchen und Verschwinden, machen seine Figur für Derrida so interessant und geeignet, um die Struktur politischer und sozialer Ereignisse zu klären.

Die Pointe lautet auch diesbezüglich, dass die konstitutive Heimsuchung von Ereignissen durch Gespenster freigelegt und anerkannt werden muss, um die Möglichkeit von Ereignissen überhaupt verstehen zu können. Das Festhalten am Ereignis, sein Insistieren auf seiner Reinheit, der Versuch, am ‚Kern‘ des Ereignisses festzuhalten, das Ereignis noch einmal, aber nun ‚richtig‘ zu wiederholen, verschreibt sich dem – für Derrida erfolglosen – Versuch, die Gespenster dem Ereignis auszutreiben, seine Heimsuchung zu verhindern.[27] Die Erfolglosigkeit eines solchen Unterfangens liegt letztlich in seinem selbstdestruktiven Gestus: Weil es unmöglich ist, das Ereignis vor dem zu schützen, was es heimsucht, richten sich die Verteidiger*innen des Ereignisses gegen ‚lokalisierbare‘ Gegner*innen – und das sind in der Regel Freund *und* Feind.

4.2   Die (Un-)Möglichkeit von Erfindung, Gabe und Gastfreundschaft

Die Struktur des Ereignisses, und das heißt die paradoxe Beziehung zwischen Möglichkeit und Unmöglichkeit, lässt sich anhand dreier Ereignistypen herausarbeiten, denen Derrida ab den 90er Jahren besondere Aufmerksamkeit geschenkt hat. Erfindung, Gabe und Gastfreundschaft sind darüber hinaus hervorragend geeignet, um die soziologische Konnotation des Ereignisses freizulegen, handelt es sich doch bei allen dreien eindeutig um soziale Phänomene. Eine Erfindung kann zwar im stillen Kämmerlein erfolgen, sie verlangt jedoch nach sozialer Anerkennung, damit sie überhaupt in den Rang einer Erfindung gehoben wird. Von der Gabe lässt sich überhaupt nur dann reden, wenn ein Prozess des Gebens stattfindet, der zwischen einem oder mehreren Subjekten erfolgt. Und

---

[27] Eine solche Position lässt sich innerhalb eines konservativen Marxismus bei Slavoj Žižek aufspüren (vgl. etwa Žižek, Slavoj. 2014. *Weniger als nichts. Hegel und der Schatten des dialektischen Materialismus.* Berlin: Suhrkamp). In diesem Sinne ist es wenig überraschend, dass Derrida einer der Gegner Žižeks ist und Descartes ein wesentlicher Referenzautor. Ironischerweise versucht sich Žižek das zunutze zu machen und die Figur des Gespensts selbst wieder mit dem cartesischen Subjekt zu verbinden, wenn er im ersten Satz seines Buches *Die Tücke des Subjekts* schreibt: „Ein Gespenst geht um in der westlichen Wissenschaft, das Gespenst des cartesianischen Subjekts" (Žižek, Slavoj. 2001. *Die Tücke des Subjekts.* Frankfurt am Main: Suhrkamp, S. 7).

Gastfreundschaft impliziert eine Offenheit bezüglich Anderen, ein Öffnen des (eigenen) Raumes denjenigen gegenüber, die nicht derselben sozialen Gemeinschaft angehören. Alle drei Ereignistypen werden von Derrida innerhalb einer *philosophischen* Erörterung des Ereignisses besprochen, aber an allen dreien lässt sich wunderbar aufzeigen, wie mit Derrida *soziologisch* gedacht werden kann.

Unser Vorgehen in diesem Abschnitt wird darin bestehen, erstens plausibel zu machen, warum es sich bei Erfindungen, Gaben und Gastfreundschaft um Ereignisse handelt, in die immer schon die Struktur der Unmöglichkeit und damit der Verlust einer erschöpfenden Realisierung eingeschrieben ist. Zweitens versuchen wir die spezifische soziologische Pointe, so wie sie Derrida bereits selbst ausweist, an die Oberfläche zu bringen. Und drittens verhandeln wir die Positionen philosophischer und soziologischer Autor*innen, welche die soziale Relevanz eines dekonstruktiven Blicks auf Erfindung, Gabe und Gastfreundschaft betonen.

4.2.1 Erfindung

Wir starten unsere Vorstellung der drei Ereignistypen mit der Erfindung. Anhand der Erfindung lässt sich die Paradoxie des Ereignisses wahrscheinlich am besten aufzeigen, ist die Struktur der gleichzeitigen Möglichkeit und Unmöglichkeit der Erfindung in Derridas Darstellung doch intuitiv eingänglich:

> „Die Erfindung ist ein Ereignis; das sagen schon die Worte selbst. Es handelt sich darum, zu finden, eintreten und sich ereignen zu lassen, was noch nicht da war. Wenn die Erfindung möglich ist, ist sie keine Erfindung. Was soll das heißen? Sie sehen, dass ich mich der Frage des Möglichen nähere, die uns hier zusammengeführt hat. Wenn ich das, was ich erfinde, erfinden *kann*, wenn ich die Fähigkeit dazu habe, dann heißt das, dass die Erfindung in gewisser Weise einer Potenzialität entspricht, einer Potenz, die ich bereits in mir habe, so dass die Erfindung nichts Neues bringt. Das ist kein Ereignis".[28]

Mit der Rede von der „Potenz" führt Derrida im vorletzten Satz den Begriff des Vermögens ein, dem wir uns bereits im letzten Abschnitt zugewendet haben.[29] Das Argument Derridas war es dort, dass die Tradition der Philosophie Ereignisse als Vermögen begreift: Sie fragt nach den Bedingungen der Möglichkeit von Ereignissen und fordert somit die Angabe von Möglichkeitsbedingungen, deren Erfüllung zwangsläufig zum Eintreten des Ereignisses führt. Mit dem Ausdruck

---

[28] Derrida. *Eine gewisse unmögliche Möglichkeit, vom Ereignis zu sprechen*, S. 31.

[29] Vgl. Abschn. 4.1.

der un-möglichen Möglichkeit, so haben wir gezeigt, weist Derrida darauf hin, dass dieses Vermögen immer schon von einem Unvermögen verstellt wird. Die Blockade des Vermögens macht es erst möglich, dass überhaupt etwas geschehen, dass sich etwas ereignen kann. Genau diese Paradoxie greift Derrida im soeben Zitierten wieder auf: Wenn ein Mensch, der etwas erfindet, das Vermögen bereits in sich trägt, etwas erfinden zu *können,* dann handelt es sich bei diesem Produkt um nichts wirklich Neues, also um keine Erfindung. Wenn ich bereits weiß, wie ich etwas zu bewerkstelligen habe, welche Handgriffe ich durchzuführen habe, um etwas ‚Neues‘ zu erfinden, dann lässt sich das Produkt dieses Arbeitsprozesses nicht als ‚Erfindung‘ bezeichnen. Ich wusste bereits vorher, wie der Weg zum erfundenen Produkt aussieht, was ich genau zu tun habe, damit das Produkt herauskommt, das ich anstrebe.

Bei einer ‚wirklichen‘, einer neuartigen Erfindung, einem Produkt, dessen Herstellungsprozess nicht bereits bekannt ist, darf die Erfindung jedoch nicht von vornherein möglich sein. Sie muss vielmehr eine Unmöglichkeit darstellen: „Damit es ein Erfindungsereignis gibt, muss die Erfindung zunächst unmöglich erscheinen; das Unmögliche muss möglich werden. Die einzige Möglichkeit der Erfindung ist also die Erfindung des Unmöglichen".[30]

Lässt sich die Erfindung als Ereignis bezeichnen – und für Derrida macht die Rede von einer Erfindung keinen Sinn, wenn sie nicht in einem solch starken Sinne als Ereignis gilt –, so muss sich die Struktur einer un-möglichen Möglichkeit aufspüren lassen. Die Existenz desjenigen, was erfunden wird, ist vor dessen Erfindung unmöglich. Sie ist in einem strengen Sinne nicht denkbar und nicht vorstellbar, selbst im Falle einer bewussten Arbeit an einer Erfindung. Wenn wir an basale Erfindungen wie technische Geräte oder Medikamente denken, dann besaßen Wissenschaftler*innen zwar in den meisten Fällen die Absicht, ein bestimmtes Produkt zu erfinden; das Ergebnis des Arbeitsprozesses, das erfundene Produkt stellt in der Regel dann aber eine ‚Überraschung‘ dar. Das Resultat kann etwa deshalb überraschend sein, weil ein entscheidender Durchbruch in der Entwicklung zu einem Moment eintritt, als dieser nicht absehbar war. Ein anderes Beispiel für eine überraschende Erfindung wäre ein Experiment, das nicht den intendierten Beweis erbringt, dafür aber eine andere Erkenntnis liefert. Wenn wir an dieser Stelle noch einmal auf das Stern-Gerlach-Experiment und die ‚Entdeckung‘ des Elektronenspins zurückgreifen,[31] dann lässt sich diese ‚Überraschung‘ besonders gut ersichtlich machen: Beide Wissenschaftler wurden allein schon deshalb von ihrer Entdeckung überrascht, weil

---

[30] Derrida. *Eine gewisse unmögliche Möglichkeit, vom Ereignis zu sprechen,* S. 32.
[31] Vgl. Abschn. 2.4.2.

sie sich dem Beweis eines ganz anderen Phänomens verschrieben haben, und zwar der Quantifizierung des Raumes. Aber auch in anderer Hinsicht vollzog sich etwas Überraschendes: Der Elektronenstrahl, der mit der Entdeckung des Elektronenspins verbunden war, wurde erst durch Otto Sterns vom Rauchen einer billigen Zigarre schwefligen Atem sichtbar. Es wäre absurd zu behaupten, die beiden Wissenschaftler hätten von vornherein das Vermögen in sich getragen, um das Experiment erfolgreich durchzuführen – das Experiment war gemessen an den Erwartungen der Beteiligten gerade nicht ‚erfolgreich‘, da unkontrollierbare Variablen in den Versuchsaufbau eingriffen und das Versuchsziel verfehlt wurde. Beide wurden von ihrer ‚Erfindung‘, die dann als Ereignis stattfand, in vielfältiger Hinsicht überrascht. Die Erfindung ist angesichts dessen vor ihrem Erscheinen nicht möglich gewesen. Das Produkt der Erfindung ließ sich nicht aufgrund vorheriger Handlungen prognostizieren.

Dass eine Erfindung ein Produkt ist und der Erfindungsprozess als Produktionsprozess zu verstehen ist, weist für Derrida auf eine Verschiebung innerhalb des frühmodernen Verständnisses von Erfindungen hin. Entscheidend ist hier, dass mit der Erfindung nun nicht mehr ein Enthüllungs-, sondern vielmehr ein Herstellungsprozess bezeichnet wird:

> „Gemäß einer Verschiebung, die bereits begonnen hatte, sich, wie mir scheint, im 17. Jahrhundert – etwa zwischen Descartes und Leibniz – aber stabilisiert, wird von *inventio(n)* dann quasi nicht mehr als von einer enthüllenden Aufdeckung dessen gesprochen, was sich bereits da befand (Existenz oder Wahrheit), sondern zunehmend, ja sogar ausschließlich als von einer produktiven Entdeckung eines Dispositivs, das man als im weiteren Sinne technisch, techno-wissenschaftlich oder techno-poetisch bezeichnen kann. Es handelt sich dabei keineswegs um eine bloße Technologisierung der *inventio*. Letztere war immer schon mit der Intervention einer *techné* verbunden, doch wird innerhalb dieser *techné* nunmehr die Produktion – und nicht nur die Enthüllung – den Gebrauch des Wortes ‚*invention*‘ dominieren“.[32]

Was sich im von Derrida erwähnten Zeitraum verändert, ist ein Gespür dafür, dass Erfindungen nicht einfach etwas „enthüllen“, was bereits in der Welt existiert und nur noch darauf wartet, von Wissenschaftler*innen entdeckt zu werden. Vielmehr setzt sich immer stärker die Ansicht durch, dass Erfindungen selbst die Welt verändern, dass sie Eingriffe in die Welt darstellen. Erfindungen sind ab dem 17. Jahrhundert nicht lediglich „technische“ Erfindungen in dem Sinne, dass nun die Technik eine Komponente ist, die der Erfindung hinzugefügt wird. Das altgriechische Wort *techné,* auf das Derrida verweist, bezeichnet nicht die

---

[32] Derrida, Jacques. 2012. Psyche. Erfindung des Anderen. In *Psyche. Erfindungen des Anderen I,* hrsg. Peter Engelmann. Wien: Passagen Verlag, S. 15–76, hier S. 53.

‚Technik' im modernen Sinne, sondern meint eine Art Kunstfertigkeit, die etwa einem Künstler oder einer Handwerkerin zukommen. Es handelt sich also um einen ‚künstlichen' Herstellungsprozess, der von ‚natürlichen' Produkten ausgeht. Beide Begriffe müssen mit Anführungszeichen versehen werden, weil die moderne Trennung zwischen künstlich und natürlich in der Antike so noch nicht existierte: Das Künstliche markiert keinen Bruch mit der Natur und die *techné* fügt der Natur nichts Fremdes hinzu. Für Derrida ist der Erfindung immer schon diese technische Dimension eingeschrieben, sie verschiebt sich zu Beginn der Moderne jedoch in entscheidender Weise. Wissenschaftler*innen greifen bei ihrer Arbeit direkt in das Gefüge der Welt ein, sie legen nicht nur etwas frei, sondern stellen etwas her oder „fügen" etwas „zusammen":

> „In beiden Fällen, unter beiden Blickwinkeln (Objekt oder Akt) schafft die Erfindung jedoch keine Existenz oder Welt als Ensemble von Existierenden, besitzt sie nicht den theologischen Sinn einer Schöpfung der Existenz als solcher, *ex nihilo*. Sie entdeckt zum ersten Mal, sie enthüllt, was sich bereits da befand, oder bringt hervor, was sich – als *techné* – zwar nicht da befand, gleichwohl aber nicht geschaffen wurde – im starken Sinne des Wortes –, sondern ausgehend von einem Reservoir an existierenden und verfügbaren Elementen in einer gegebenen Konfiguration nur zusammengefügt wurde (*agancé*)".[33]

Was zusammengefügt wird, ist bereits ‚da', es erwartet die Nutzbarmachung durch den Menschen, dessen Aneignung und Instrumentalisierung. Die theologische Vorstellung einer ‚Schöpfung aus dem Nichts' lässt sich nicht mehr aufrechterhalten, dem Menschen kommt diese göttliche Fähigkeit zu demjenigen Zeitpunkt nicht mehr zu, in dem ein Prozess der Säkularisierung einsetzt und die Regierungsform einer Gesellschaft rechtfertigungsbedürftig geworden ist. Verbunden ist das für Derrida mit der Ausprägung der neuzeitlichen Vorstellung von der Dominanz des Menschen über die Natur. Der Mensch existiert nicht nur in der Welt, ihm kommt angesichts seiner hierarchisch privilegierten Position das Recht zu, sich die Natur gefügig zu machen und sie nach seinem Willen auszuformen. Dass der Mensch die Krone der Schöpfung darstellt und allen anderen Wesen hierarchisch übergeordnet ist, wird zwar durch die Geburt des Christentums sozial implementiert; zu Beginn der Moderne setzt sich jedoch mehr und mehr die Vorstellung durch, dass der Mensch nicht in der Welt, sondern in Distanz zu ihr existiert und sich somit die Welt instrumentell zu eigen machen darf und soll.

---

[33] Ebd., S. 45.

Die Vorstellung, dass Erfindungen Produkte sind, mit denen sich diese Aneignung bewerkstelligen lässt, entsteht genau zu dieser Zeit.[34]

Wir haben uns bisher die Struktur der Erfindung angeschaut, ihre Paradoxie, dass die Möglichkeit ihrer Existenz auf einer Unmöglichkeit gründet, und zwar auf der Unmöglichkeit ihrer Realisierung durch ein vorheriges Vermögen. Die Erfindung entsteht ‚plötzlich‘, sie überrascht die Subjekte, denen die Erfindung zugeschrieben wird, sie stellt einen Bruch mit dem Prozess des Erfindens dar, weil sie aus diesem nicht kausal abgeleitet werden kann. Die Struktur der Erfindung im Sinne einer unmöglichen Möglichkeit wird jedoch noch komplexer, wenn wir uns ihre *soziale* Dimension zu Gemüte führen. Wie wir bereits in Abschn. 4.1 herausgearbeitet haben, müssen Ereignisse eine soziale Bestätigung erfahren, um als Ereignisse anerkannt zu werden – und damit überhaupt als Ereignisse lesbar zu sein. Bei Erfindungen liegt dieser Anerkennungsprozess auf der Hand: Das Produkt von Wissenschaftler*innen lässt sich nicht als Erfindung bezeichnen, wenn es nur der Person bekannt ist, die es erfunden hat. Ein Übergang vom Privaten zum Öffentlichen, vom Eigenen zum Anderen ist also erforderlich:

> „Wenn aber die Rede, von der ich spreche, eine Erfindung präsentiert und sich selbst als eine Erfindung präsentiert, wird sie dafür sorgen müssen, dass ihre Erfindung durch einen Anderen, der nicht zur Familie gehört, Wertschätzung, Anerkennung und Legitimation erfährt: und zwar durch den Anderen als Mitglied einer sozialen Gemeinschaft und einer Institution. Denn eine Erfindung kann nie *privat* sein, da ihr Erfindungs-Statut, sagen wir ihr Patent – ihre manifeste, offenliegende, öffentliche Identifizierung –, ihr bedeutet (*signifiée*) und zugewiesen werden muss“.[35]

---

[34] Für Derrida ist hier der Aufsatz *Die Zeit des Weltbildes* von Heidegger sehr einflussreich gewesen, in dem die historische Entstehung der Welt als eines Bildes herausgearbeitet wird. Das betrachtende Subjekt vermag sich in der Moderne die Welt vor-zustellen, es stellt sich der Welt wie einem Bild gegenüber, das es betrachtet, aber dem es selbst nicht angehört. Für Heidegger wird die *techné* nun zur Technik, von einer handwerklichen Fähigkeit zu einem Mittel der Aneignung und Gefügigmachung der Welt (vgl. Heidegger, Martin. 2003. Die Zeit des Weltbildes. In *Holzwege*, hrsg. Friedrich-Wilhelm von Herrmann. 2. Auflage. Frankfurt am Main: Klostermann, S. 75–113). Erwähnt werden muss diesbezüglich jedoch auch, dass Derrida die kulturkonservative Argumentation Heideggers nicht teilt; das Entstehen der (modernen) Technik stellt für ihn gegenüber der antiken *techné* keinen Verfalls- und Entfremdungsprozess dar. Vgl. zu einer dekonstruktiven Erschließung der Technik, die sowohl eine Kritik an damit verbundenen Herrschaftsformen als auch eine widerständige Aneignung in feministischer Stoßrichtung leistet: Haraway. Ein Manifest für Cyborgs. Feminismus im Streit mit den Technowissenschaften.

[35] Derrida. Psyche, S. 20.

Innerhalb des Prozesses der Erfindung kommt nach Derrida den beiden Elementen der Alterität und der Gemeinschaft eine entscheidende Rolle zu. Die Erfindung muss in ihrer Neuartigkeit *als* Erfindung bestätigt werden und das Subjekt, welches ein Produkt erfunden hat, muss als Erfinder*in institutionell anerkannt werden. Es müssen also *andere* Subjekte am Prozess der Erfindung, an seiner Bestätigung involviert sein. Auch hier lässt sich die Bewegung der Iterabilität aufzeigen, die wir in Abschn. 2.3 eingeführt haben: Die Andersheit nistet sich in der Struktur der Erfindung ein, weil die Erfindung in ihrer Einzigartigkeit wiederholt werden muss. Das Produkt der Erfindung muss immer wieder als ein ,neues' Produkt institutionell anerkannt werden, als etwas, das noch nicht da war, bevor es das Subjekt, dem die Erfindung zugeschrieben wird, erfunden hat. Ohne diese beiden Anerkennungs- und Zuschreibungsprozesse existieren das Produkt der Erfindung und das Subjekt der Erfindung nicht. Gilt auf einmal jemand Anderes als Erfinder*in, so wird das Subjekt der Erfindung rückwirkend geändert: Das nun ,wirkliche' Subjekt der Erfindung war dann auch schon zu dem Zeitpunkt Erfinder*in, als noch irrtümlich einem falschen Subjekt die Erfindung zugesprochen wurde. Wir sprechen davon, dass die Geschichte nun ,umgeschrieben' wird. Durch die beiden Anerkennungsprozesse des Produkts und des Subjekts der Erfindung graviert sich eine Andersheit in die Erfindung ein: Dass ein Produkt als etwas Erfundenes gilt, ist davon abhängig, dass es als etwas Neuartiges von Personen oder Institutionen anerkannt wird, die nicht die Erfindenden selbst sind. Die Person, die das Produkt erfunden hat, reicht nicht aus, um seine Neuartigkeit zu verifizieren. Es ist also unmöglich, dass eine Erfindung privat bleibt, und es ist ebenso unmöglich, dass sie sich einer Affizierung von Alterität zu entziehen vermag.

Die sozialen Strukturen, die hier am Werke sind, können vielfältig sein. Die Anerkennungs- und Zuerkennungsstrukturen, ohne die eine Erfindung nicht als Erfindung gelten kann, können daher nicht nur solche der Bestätigung, sondern auch der Auslöschung sein. Die Bewegung der Iterabilität, der eine Erfindung ausgesetzt ist, impliziert ganz unterschiedliche soziale Prozesse. Derrida schreibt angesichts dessen:

> „Es wird seinen Erfindungs-Status übrigens nur in dem Maße bekommen, wie diese Sozialisierung des Erfundenen (*chose inventée*) durch ein System von *Konventionen* garantiert werden wird, das ihm gleichzeitig die Einschreibung in eine gemeinsame Geschichte, die Zugehörigkeit zu einer Kultur sichert: Erbe, Patrimonium, pädagogische Tradition, Disziplin und Generationenkette. Die Erfindung *fängt an* wiederholt, ausgebeutet, wiedereingeschrieben werden zu können".[36]

---

[36] Ebd., S. 21.

Auch dieses Zitat verdeutlicht, dass Erfindungen im Moment ihres Erscheinens nicht einfach ‚da' sind. Sie sind soziale Ereignisse, d. h. sie sind Teil einer sozialen Struktur und unterliegen damit ihrer Reproduktion durch soziale Regeln und Bräuche. Der Stellenwert einer Erfindung ist freilich davon abhängig, welche Rolle der Erfindung in einem sozialen Kontext zugewiesen wird; die Erfindung selbst ist jedoch auch vom Umgang mit ihr, ihrer Aneignung abhängig. So kann etwa eine Erfindung ausgebeutet werden, wenn sie massenkompatibel gemacht wird. In diesem Falle droht ihre spezifische Neuartigkeit, ihre Originalität verloren zu gehen und irgendwann vielleicht überhaupt nicht mehr als Erfindung identifizierbar zu sein. Im Zuge ihrer wiederholenden sozialen Aneignung kann es passieren, dass sie immer mehr von Elementen der ‚Fremdheit' durchzogen wird, so dass ihre ‚Eigenheit' immer schwerer und möglicherweise gar nicht mehr identifizierbar ist. Für Derrida ist diese Intervention der Fremdheit zwar ein konstitutives Moment einer jeden Erfindung, entscheidend ist für ihn jedoch die Frage, ‚wie' eine Erfindung durch eine Gemeinschaft erschlossen wird. Hier existiert eine Spannbreite von ihrer Sakralisierung bis hin zu ihrer Zerstörung, von wertschätzendem Umgang bis hin zu einer ökonomischen Ausschlachtung. Dass sich Gemeinschaften Erfindungen aneignen, ist Teil der Struktur der Erfindung, auf welche Weise sie das vollziehen, unterliegt jedoch ihren jeweiligen sozialen Konventionen.

4.2.2 Die Erfindung als soziales Phänomen in der Wissenskultur der Hochenergiephysik

Wir haben bis hierhin verfolgt, wie sich das Ereignis einer Erfindung und ihre Verwicklung in und mit der sozialen Welt aus dekonstruktiver Perspektive denken lassen. Im hier entscheidenden Text *Psyche. Erfindung des Anderen* entwickelt Derrida diese Perspektive unter anderem in der Auseinandersetzung mit der Literatur – dem Gedicht *Fabel* von Francis Ponge – und der Philosophiegeschichte, darunter vor allem der Wissenschaftstheorie und Logik ausgehend von Descartes und Gottfried Wilhelm Leibniz. Diese Bezüge scheinen erstmal wenig mit unserem heutigen Alltagsverständnis und vielleicht sogar unserer soziologischen Intuition von dem zu tun zu haben, was wir als eine ‚Erfindung' bezeichnen würden. Wir möchten nun an einem konkreten Beispiel ausloten, inwiefern aber diese dekonstruktive Perspektive auf die Erfindung als Ereignis vielleicht viel näher an einer soziologischen Beschreibung der sozialen Welt – gar an dem, was Erfinder*innen tun – angelegt ist, als es auf den ersten Blick erscheint. Wenn

wir nochmals die oben bereits erwähnte, im 17. Jahrhundert einsetzende historische Verschiebung von einem Verständnis der Erfindung als Enthüllung hin zur
Erfindung als Produktion betrachten, finden wir einen Anknüpfungspunkt:

> „In einem Diskurs-Bereich, der sich seit dem Ende des 17. Jahrhunderts in Europa
> annähernd stabilisiert hat, gibt es nur zwei große *autorisierte* Beispielsarten für Erfin-
> dung. Einerseits erfindet man *Geschichten* (fiktive oder fabelhafte Erzählungen), und
> andererseits *Maschinen*, technische Vorrichtungen (*dispositifs*) im weitesten Sinne
> des Wortes. Man erfindet, indem man fabuliert, durch Produktion von Erzählungen
> [...] oder man erfindet, indem man eine *neue operative Möglichkeit* produziert [...].
> In beiden Fällen Erfindung als *Produktion*".[37]

Wenn wir an wissenschaftliche Erfindungen, vor allem im Bereich der modernen Naturwissenschaften denken, dann erscheint uns Derridas Erwähnung von
Maschinen als technische Vorrichtungen, die Neues produzieren, erst einmal eine
adäquate Beschreibung der sozialen Welt zu sein. Und abseits dieses philosophie-
und wissenschaftsgeschichtlichen Verweises gibt uns Derrida noch einen weiteren
Hinweis darauf an die Hand, dass wir seine Dekonstruktion des Ereignisses der
Erfindung auch in systematischer Hinsicht an anderen, uns vertrauten Phänomenen erproben können. Denn er ist davon überzeugt, dass sich die „dekonstruktive
Struktur" der Erfindung, wie sie sich an literarischen Texten herausarbeiten lässt,
„auch in *wissenschaftlichen* und vor allem juridischen Aussagen wiederfindet,
und zwar gerade in den am stärksten instituierenden, also den *erfinderischsten*
unter ihnen".[38]

Nehmen wir Derrida in seinem Anspruch ernst, dann müsste sich die
dekonstruktive Perspektive auf das Ereignis der Erfindung auch an Beispielen
aus der zeitgenössischen naturwissenschaftlichen Spitzenforschung, sogar den
erfinderischsten unter ihnen, bewähren lassen. Wir widmen uns hierfür der experimentellen Hochenergiephysik, wie sie in einem der weltweit forschungs- und
finanzierungsstärksten Verbundprojekte, der Europäischen Kommission für Kern-
forschung (CERN), seit dem ersten Beschleunigerexperiment 1957 bis heute
betrieben wird und deren *Wissenskultur* Karin Knorr Cetina qualitativ beforscht
und aus wissenschaftssoziologischer Perspektive beschrieben hat.[39]

---

[37] Derrida. Psyche, S. 27, Herv. teilweise von uns, ME/FM.

[38] Ebd., S. 32, Herv. von uns, ME/FM.

[39] Knorr Cetina, Karin. 2002. *Wissenskulturen. Ein Vergleich naturwissenschaftlicher Wissensformen.* Frankfurt am Main: Suhrkamp.

Gerade weil Knorr Cetina – beispielsweise im Unterschied zu den Arbeiten des Wissenschaftshistorikers Hans-Jörg Rheinberger über die Molekularbiologie[40] – *nicht* an das Denken Derridas anschließt, sind die in diesem hochtechnisierten Forschungsfeld und seiner soziologischen Beschreibung auffindbaren Ähnlichkeiten zum dekonstruktiven Verständnis der Erfindung umso instruktiver. Wir wollen also nachverfolgen, inwiefern sich mit Derrida soziologisch über den Status von Erfindungen in der Hochenergiephysik nachdenken lässt. Dass dies möglich ist, konnten wir nicht nur Derridas eigenem Geltungsanspruch entnehmen, sondern wir finden dies ebenso in Knorr Cetinas Beschreibung der in diesem Forschungszweig ‚erfundenen' *Maschinen* angelegt: Weil die „empirische *Maschinerie* der Hochenergiephysik eine *zeichenprozessierende* Maschinerie ist", bewegen sie und die beteiligten Forscher*innen sich „in einer *Welt von schimmernden Zeichen* und von oft *irrealen* Spiegelungen, von *Spuren*, Echos und verzerrten Nachklängen vergangener Ereignisse".[41] Und die „Mehrdeutigkeiten" dieses Spiels der Zeichen sind jene, „die in *jeder* Zeichenwelt anzutreffen sind".[42] Mit diesen Worten beschreibt Knorr Cetina die ‚Durchführungsrealitäten' der von ihr zwischen 1987 und 1990 am CERN soziologisch beforschten Beschleunigerexperimente UA2 und ATLAS. Kilometerlange Teilchenbeschleuniger lassen entgegengesetzte, auf nahezu Lichtgeschwindigkeit beschleunigte Teilchenstrahlen aufeinandertreffen. Die dadurch produzierten Teilchenkollisionen finden in Detektoren statt, die den Zerfall der Teilchen und die dadurch hinterlassenen Spuren der Kollision registrieren und in Signale umwandeln, die auf vielfältige Weise weiterverarbeitet und ausgewertet werden. Solche ‚Collider-Experimente' bestehen aus Arrangements von meist mehreren Beschleunigern und Detektoren, die im Einzelnen ausgehend von den verfügbaren technischen Möglichkeiten

---

[40] Vgl. beispielsweise Rheinberger, Hans-Jörg. 2019. *Experimentalsysteme und epistemische Dinge. Eine Geschichte der Proteinsynthese im Reagenzglas.* 3. Auflage. Göttingen: Wallstein; Rheinberger, Hans-Jörg. 1992. *Experiment, Differenz, Schrift. Zur Geschichte epistemischer Dinge.* Marburg, Lahn: Basilisken-Presse. Neben diesen beiden umfassenden Publikationen, die Rheinbergers Anschluss an die Denkbewegungen Derridas und deren wissenschaftssoziologischen Gehalt ausführlich dokumentieren, lässt sich die Fruchtbarkeit der dekonstruktiven Perspektive für Rheinbergers Projekt einer historischen Epistemologie der (Molekular-)Biologie besonders eindrücklich an einem kürzeren Aufsatz über das Verfahren des *radioactive tracing* nachvollziehen. Hier kündigt sich bereits buchstäblich der Verweis auf die Derrida'sche Denkbewegung der Spur an, vgl. Rheinberger, Hans-Jörg. 2007. Spurenlesen im Experimentalsystem. In *Spur. Spurenlesen als Orientierungstechnik und Wissenskunst*, hrsg. Sybille Krämer, Werner Kogge und Gernot Grube. Frankfurt am Main: Suhrkamp, S. 293–308.
[41] Knorr Cetina. *Wissenskulturen*, S. 74, Herv. von uns, ME/FM.
[42] Ebd., S. 75, Herv. von uns, ME/FM.

variieren und je nach Erkenntnisinteresse zusammen- und umgebaut werden.[43] Inwiefern lässt sich aber behaupten, dass diese Experimente in einer sich stetig wandelnden, stets neu ‚erfundenen‘ Maschine, in einer Welt der Zeichen, in einer Welt der Irrealitäten und Spuren operieren?

Die experimentelle Hochenergiephysik beobachtet keine Naturobjekte, wie sie ‚sind‘, sondern die Teilchenkollisionen werden im Beschleuniger erzeugt und vervielfältigt.[44] Der Teilchenbeschleuniger samt seinen Detektoren und allen weiteren Komponenten bildet eine Maschine im Sinne Derridas, eine Erfindung, die „eine neue operative Möglichkeit produziert“, indem sie nicht lediglich Teilchenkollisionen ‚enthüllt‘, also beobachtbar und analysierbar macht, sondern deren beeinflussbare Hervorbringung ermöglicht.[45] Dabei handelt es sich aber nicht um eine Schöpfung *ex nihilo,* die der Natur etwas gänzlich Neues hinzufügt, sondern um eine neue Zusammenfügung „ausgehend von einem Reservoir an existierenden und verfügbaren Elementen in einer gegebenen Konfiguration“.[46] Die Teilchenkollisionen sind zwar ‚künstlich‘ erzeugt, aber eine Verdopplung der Naturobjekte, um sie als veränderbare Versionen ihrer selbst aus ihrer ‚natürlichen‘ Zeit und ihrem ‚natürlichen‘ Ort herauszulösen und in der technischen Konfiguration des Teilchenbeschleunigers einzufügen.[47] Der Teilchenbeschleuniger ist in diesem Sinne ein Labor, dessen Erfindung die „Rekonfiguration von *Selbst-anderen* Dingen“ ermöglicht, weil die „Untersuchungsobjekte neu inszeniert [werden], indem sie neuen zeitlichen und räumlichen Regimes unterworfen werden“.[48] Versuchen wir zuerst, uns die Rede von den „Selbst-anderen Dingen“ zu erschließen, um sie dann aus dekonstruktiver Perspektive soziologisch zu befragen: Angezeigt ist, dass es nicht um ‚natürliche‘ Teilchenkollisionen gehen kann, vielmehr werden diese in der Maschine hervorgebracht. Allerdings werden sie das nicht als ‚reine‘ Kopie oder Ebenbild von ‚natürlichen‘ Teilchenkollisionen, sondern als Objekte, deren hinterlassene Spuren vor dem Hintergrund von Theorien der Physik interpretiert werden. Die ‚Dinge‘ im Teilchenbeschleuniger tragen selbst keinen eindeutigen Sinn in sich, den es ihnen lediglich abzulesen gälte. Wissenschaftliche Aussagen über das Beobachtete lassen sich hier nur unter der Voraussetzung treffen, dass die beobachteten ‚Dinge‘ in *Modelle* – beispielsweise in Modelle der erwarteten Verteilung von Teilchen – *übersetzt*

---

[43] Vgl. Ebd., S. 27–30.

[44] Vgl. Ebd., S. 46.

[45] Derrida. Psyche, S. 27.

[46] Ebd., S. 45.

[47] Knorr Cetina. *Wissenskulturen,* S. 46.

[48] Ebd., S. 65, Herv. von uns, ME/FM.

werden. Anders formuliert ist das Selbst einer einzigartigen Teilchenkollision im
Beschleuniger nicht mit sich selbst identisch, um dann erst interpretiert zu werden, sondern immer schon mit dem Anderen, der abstrahierenden Einordnung in
die gesamte Wissenschaft der Physik, durchzogen.[49]

Die offenkundige Überschneidung mit dem dekonstruktiven Vokabular, gar
die Rede von einer Inszenierung der auf andere Art und Weise verzeitlichten
und verräumlichten Objekte, mag im Zusammenhang mit naturwissenschaftlicher Spitzenforschung irritieren, trifft jedoch tatsächlich den Kern der Sache.
Die Objekte der Beschleunigerexperimente der Hochenergiephysik „sind darüber
hinaus ‚unwirklich‘; sie sind in den Termini der Physik *irreale Gegenstände*",
die durch die Detektoren „nur indirekt" und „aufgrund der *Spuren*, die Teilchen
hinterlassen, wenn sie durch verschiedene Apparaturteile hindurchtreten", etabliert werden können.[50] Hier zeigt sich, dass sich mit einem dekonstruktiven
Verständnis der Erfindung als Ereignis nicht nur *soziologisch* über die Erfindung
der Maschine des Teilchenbeschleunigers nachdenken lässt, sondern auch über
das, was *in* der Erfindung im Sinne der durch sie produzierten, neuen und über-
raschenden Möglichkeiten *passiert:* Die Teilchen produzierende Maschine lässt
sich nämlich technisch-organisatorisch einerseits in die Laborumgebung des Teilchenbeschleunigers und andererseits in die mit und an Detektoren arbeitenden
Experimente aufteilen.[51] Es ist das Ineinandergreifen von Labor und Experiment,
Beschleunigern und Detektoren, das die Teilchenbeschleunigerexperimente nicht
nur zu einer anlässlich neuer Versuche umgebauten und neu aufeinander abge-
stimmten – stets abweichend wiederholten – Erfindung macht, zur Erfindung
einer „zeichenprozessierende[n] Maschinerie".[52] Die Experimente ‚entdecken‘
vielmehr mit ihren Detektoren die Spuren, die durch die Teilchenkollisionen
in Beschleunigungs-Laborumgebungen produziert werden. Was ist dann ‚das‘
Beobachtete und ‚was‘ wird von ‚wem‘ erfunden?

Konventionelle Zurechnungsweisen geraten in der experimentellen Hochenergiephysik durcheinander, weil sich die Spuren des Beobachteten und Beobachtenden kreuzen. Die Physiker*innen arbeiten nach Knorr Cetina mit „Reprä-
sentationen des Geschehens im Detektor", mit Rekonstruktionen dessen, was
im Detektor passiert ist, und bringen dies „in eine Form […], die – innerhalb

---

[49] Ebd., S. 77 f.
[50] Ebd., S. 76 f., zweite Herv. von uns, ME/FM.
[51] Vgl. Ebd., S. 63.
[52] Ebd., S. 74.

der Forschungsfragen – die Teilchen wiedergibt".[53] Angesichts dieser Gemenge-
lage in der „Welt von schimmernden Zeichen"[54] interessieren uns abschließend
weniger die technisch-physikalischen Details, sondern mit Blick auf die *soziale*
Welt die Frage, inwiefern sich für die Teilchenbeschleunigungsexperimente von
einer Erfindung sprechen lässt. Denn mit der (Un-)Möglichkeit der Erfindung
steht, wie wir oben eng an Derridas Denkbewegung nachvollzogen haben, immer
auch die Frage der sozialen Anerkennung einer Erfindung *als* Erfindung von
Erfinder*innen auf dem Spiel:

> „Wie der Status einer einzelnen Erfindung setzt der Status der Erfindung im allge-
> meinen die *öffentliche* Anerkennung eines Ursprungs (*origine*), genauer gesagt einer
> Originalität voraus. Diese muss einem – individuellen oder kollektiven – *menschli-*
> *chen Subjekt* zuweisbar sein und zukommen, das für die *Entdeckung* oder die *Her-*
> *vorbringung/Produktion* einer nunmehr für alle *verfügbaren* Neuheit verantwortlich
> ist".[55]

Fraglos handelt es sich bei den Teilchenbeschleunigerexperimenten um Erfindungen, die neue Beweismöglichkeiten für die (theoretische) Physik erzeugen und
bei denen vorher nicht sicher war, ob sie überhaupt möglich sind. Aber ‚wer‘
erfindet etwas, wenn die Beschleuniger Zeichen liefern und die Experimente Zeichen prozessieren, indem die Detektoren Spuren registrieren? Es ist offenkundig,
dass diese Frage im Falle der Hochenergiephysik nicht leicht zu beantworten
ist, und umso erstaunlicher ist es, wie mit Teilchenbeschleunigern arbeitende
Physiker*innen diese Frage beantworten: So

> „wird man oft daran erinnert, dass es die *Maschine* ist, die die Teilchen und Ereignisse
> erzeugt, die die Physiker dann untersuchen. Nach der Meinung von Roy Schwit-
> ters, dem Direktor des SSC vor seiner Streichung, ist es sogar die Maschine, die die
> Entdeckung macht".[56]

Die Forschungspraxis unterläuft sogar dem Selbstverständnis der Forscher*innen
nach die vermeintlich klare Trennung zwischen Natur und Kultur, zwischen

---

[53] Ebd., S. 77.

[54] Ebd., S. 74.

[55] Derrida. Psyche, S. 51.

[56] Knorr Cetina. *Wissenskulturen*, S. 68. Der Bau des Teilchenbeschleunigers ‚Superconduc-
ting Super Collider‘ (SSC) begann 1991 in Texas und wurde 1993 vor seiner Fertigstellung
eingestellt.

Objekt und Subjekt, deren Zersetzung sich die Dekonstruktion Derridas wid-met.[57] Ganz im Sinne der Bewegung der Iterabilität wird hier Handlungsfähigkeit ohne die Voraussetzung eines autonomen Subjekts gedacht.[58] Und aus soziolo-gischer Perspektive lässt sich das, was passiert, nur adäquat beschreiben, wenn man die beteiligten Wissenschaftler*innen als immer schon mit den Maschinen verschränkt und nicht als ihnen äußerlich betrachtet. Deswegen beschreibt Knorr Cetina sie als

> „Gefüge von Konventionen und Instrumenten, die sich als organisiert, dynamisch und (mindestens teilweise) reflektiert erweisen, die aber nicht von einzelnen Akteu-ren bestimmt werden. Die epistemischen Subjekte (Erkenntnisträger und Hersteller) leiten sich von den Maschinerien ab. Sie sind also nicht einfach mit dem einzelnen Wissenschaftler gleichzusetzen".[59]

Hier lässt sich, wie es für das Ereignis der Erfindung konstitutiv ist, nicht mehr trennscharf zwischen dem Materiellen und dem Sinnhaften, ebenso wenig wie zwischen dem Nicht-Menschlichen und dem Menschlichen unterscheiden. Bei-des ist je in der „Textur" der experimentellen Hochenergiephysik als „Gewebe technischer, sozialer und symbolischer Elemente" vom Anderen durchdrungen.[60] Die Erkenntnis vollziehenden Subjekte sind angesichts dessen Produkte dieses Gewebes – sie gehen ihm nicht als ihre Kontrolleure voraus.

Zusammenfassend stoßen wir in vielerlei Hinsicht auf die dekonstruktive Struktur der Erfindung, ihre (Un-)Möglichkeit als Ereignis, wenn wir angeleitet durch Derridas Denkbewegung soziologisch auf die modernen Wissenschaften schauen. Wir registrieren dann unter anderem, dass in Anbetracht eines Groß-verbundprojekts wie dem CERN mit einer bis in die frühen 1950er Jahre zurückreichenden und eine Vielzahl von miteinander verketteten Be- und Ent-schleunigern, Detektoren und weiteren Apparaturen umfassenden Geschichte uneindeutig wird, wie sich hier noch von einer ‚Einmaligkeit' der Erfindung sprechen ließe. Genau diese Spannung aus Einmaligkeit und Wiederholbarkeit, Identität und Alterität durchzieht das Ereignis der Erfindung:

> „Während der *Akt des Erfindens* nur einmal statthaben kann, muss das *erfundene Artefakt* seinerseits seinem Wesen nach wiederholbar, übertragbar und transponier-bar sein. Von da an findet sich das ‚einmal' oder das ‚ein erstes Mal' des Akts der

---

[57] Vgl. Abschn. 3.3.1.

[58] Vgl. Abschn. 2.4.3.

[59] Knorr Cetina. *Wissenskulturen*, S. 23.

[60] Ebd., S. 13.

Erfindung in sich selbst geteilt oder multipliziert, da es einer Wiederholbarkeit Statt gegeben hat".[61]

Am Beispiel der Wissenskultur – wir können sagen: der sozialen Welt – der Hochenergiephysik wird ersichtlich, inwiefern die Einmaligkeit der Erfindung als sozialem Phänomen von ihrer Wiederholbarkeit durchsetzt wird. Die Andersheit schreibt sich im Zuge dieser Wiederholungsspirale in die Erfindung und in das ein, was in der Erfindung passiert. Der Ursprung der Erfindung zersplittert, er lässt sich nicht mehr zu einem einzigen Zeitpunkt und an einem einzigen Ort finden. Und schließlich entblößt sich die Unmöglichkeit nicht einfach als eine Blockade der Erfindung, sondern als Bedingung der Möglichkeit dafür, dass sie sich ereignet.

4.2.3   Die Gabe

Von allen drei Ereignistypen, denen wir uns in diesem Kapitel zuwenden, hat Derrida der Gabe und der Vergebung am meisten Aufmerksamkeit geschenkt. Das liegt nicht bloß an dem besonderen sozialen und intersubjektiven Charakter dieses Ereignistyps, sondern ist seiner radikalen Intervention geschuldet. Die Gabe stellt nämlich eine besonders starke Form des Bruchs dar, sie ist das Ereignis par excellence: „Es gibt kein ereignishafteres Ereignis als eine Gabe, die den Tausch, den Gang der Geschichte, den Kreislauf der Ökonomie durchbricht".[62] Worin diese harsche Form des Bruchs genau besteht, möchten wir in diesem Abschnitt klären. Dabei legen wir uns insbesondere Derridas Buch *Falschgeld. Zeit geben I* vor, in dem nicht nur die paradoxe Struktur der Gabe vorgestellt, sondern auch eine Lektüre von Marcel Mauss' klassischem Text *Die Gabe* geleistet wird.[63] Letzterer wird im Mittelpunkt des kommenden Abschnitts stehen, wenn wir den dezidiert sozialen Charakter und die soziologische Perspektivierung der Gabe zur Sprache bringen.

---

[61] Derrida. Psyche, S. 59, Herv. von uns, ME/FM.

[62] Derrida. *Eine gewisse unmögliche Möglichkeit, vom Ereignis zu sprechen*, S. 29.

[63] Derrida, Jacques. *Falschgeld. Zeit geben I*. München: Fink; Mauss, Marcel. 1990. *Die Gabe. Form und Funktion des Austauschs in archaischen Gesellschaften*. Frankfurt am Main: Suhrkamp. Der Untertitel *Zeit geben I* suggeriert hierbei fälschlicherweise, dass noch mindestens ein zweiter Teil einer Reihe folgt. Dieser ist allerdings nie erschienen, jedoch lässt sich auf einen weiteren Text Derridas verweisen, der im Titel sehr ähnlich ist: Derrida, Jacques. 1994. Den Tod geben. In *Gewalt und Gerechtigkeit. Derrida – Benjamin*, hrsg. Anselm Haverkamp. Frankfurt am Main: Suhrkamp, S. 331–445.

An dieser Stelle unseres Buches wird die Pointe, auf welche Derridas Untersuchung der Gabe hinausläuft, wenig überraschen. Wir haben ja bereits in
den Abschnitten über das Ereignis[64] und über die Erfindung[65] offengelegt,
dass die Bedingung der Möglichkeit eines Ereignisses an die Bedingung seiner unmöglichen Realisierung gebunden ist. Damit beispielsweise eine Erfindung
als Erfindung ausgezeichnet und anerkannt ist, muss sie im strengen Terminus
des Wortes eine Unmöglichkeit darstellen. Das Gleiche, und das schreibt Derrida auch recht früh zu Beginn in *Falschgeld,* gilt auch für die Gabe: „Diese
Bedingungen der Möglichkeit der Gabe nämlich (dass irgend ‚einer‘ irgend ‚etwas‘ irgend ‚einem anderen‘ gibt) bezeichnen gleichzeitig die Bedingungen der
Unmöglichkeit der Gabe“.[66] Um genau zu verstehen, was es mit der Beziehung
zwischen der Möglichkeit und der Unmöglichkeit angesichts der Gabe auf sich
hat und warum der Unmöglichkeit ein besonders großes Gewicht zukommt, müssen wir im Folgenden alle drei in einfachen Anführungszeichen herausgestellten
Begriffe in den Fokus rücken. Wir müssen uns also anschauen, wie es um den
Gebenden, das Objekt der Gabe und um denjenigen, dem etwas gegeben wird,
bestellt ist. Das Ergebnis dieser Untersuchung wird lauten, dass es bei all diesen drei Phänomenen Schwierigkeiten gibt, und es ist dieser Problemkreis, der
die besondere paradoxe Struktur der Gabe und ihren Bruch mit ökonomischen
Kreisläufen charakterisiert.

Genau wie es bei der Erfindung der Fall ist, machen wir im Alltag die Erfahrung, anderen Menschen Gegenstände zu überreichen und das als ‚Gabe‘ zu
bezeichnen. Im Falle von Geschenken handelt es sich natürlich um Gaben, die
Gegenstände bezeichnen, aber wir sprechen auch davon, dass wir anderen Menschen ‚Zeit geben‘ – ein Phänomen, dem sich Derrida, wie es der Untertitel
seines Buches verrät, besonders zuwendet. Dass wir Zeit oder Zuwendung geben,
macht das Verständnis der Gabe komplexer, weil sich hier das Gegebene einer
einfachen Identifizierung entzieht. Es ist komplizierter zu sagen, ‚was‘ hier genau
gegeben wird. Dennoch haben wir in all diesen Fällen ein intuitives Verständnis
davon, was eine Gabe und den Akt des Gebens genau auszeichnen: Wir würden
sagen, dass eine Gabe einen Akt der Selbstlosigkeit umfassen sollte. Denn wenn
wir mit der Intention geben, dass uns etwas, das den gleichen Wert hat, sofort
zurückgegeben wird, würden wir nicht mehr von einer Gabe, sondern von einem
Tauschgeschäft sprechen. Für Derrida sind nun aber nicht bloß die Hürden für

---

[64] Vgl. Abschn. 4.1.

[65] Vgl. Abschn. 4.2.1.

[66] Derrida. *Falschgeld,* S. 22.

eine Charakterisierung als Gabe bezüglich ihrer Uneigennützigkeit außerordentlich hoch – es ist die Erscheinung der Gabe als solcher, die hier Schwierigkeiten macht:

> „Es reicht, dass die Gabe dem anderen oder mir selbst als solche erscheint, dass sie sich dem Beschenkten oder dem Schenkenden als Gabe präsentiert, um sie auf der Stelle zunichte zu machen. Was, um es kurz zu machen, bedeutet, dass die Gabe als Gabe nur möglich ist, wo sie unmöglich erscheint. Wenn die Gabe statt haben soll, *darf sie nicht als solche in Erscheinung treten*".[67]

Das Problem, um das Derrida kreist, beruht also in der Gabe als Präsent, als etwas in der Gegenwart Erscheinendes. Die Gabe gilt dann im strengen Sinne nicht als Gabe, wenn sie in der Gegenwart vorliegt, wenn sie also nicht in der Zeit existiert, sondern sich nur auf die Gegenwart konzentriert. Warum es sich hier um ein Vernichten der Gabe handelt, wird klarer, wenn wir uns Derridas Kritik am Logozentrismus in Erinnerung rufen, wie wir sie im ersten Teil unseres Buches rekonstruiert haben.[68] Dort war es Derridas Argument, dass die Geschichte der Philosophie sämtliche Denkbewegungen als metaphysische ausflaggt: Sie verkennt die Zeitlichkeit und fasst alles, was es gibt, als gegenwärtig, als auf einen Moment Zentriertes. Die wesentlichen Denkbewegungen der Différance, Iterabilität, Spur und des Textes,[69] die allesamt entscheidend sind, um die sozialen Strukturen zu erfassen, existieren aber im Modus einer *dreidimensionalen* Zeitlichkeit. Wenn sie nur als in der Gegenwart erscheinend begriffen werden, wenn also Vergangenheit und Zukunft vergessen werden, lassen sie sich nicht denken. Gleiches gilt nun für die Gabe. Wir können hier noch nicht einmal davon sprechen, dass die Gabe ein Phänomen ist, denn ihr Status als Phänomen würde wiederum bedeuten, dass sie als solches in Erscheinung tritt – und dadurch eben nicht „statt haben" kann, wie Derrida schreibt.[70] Wie ist die Gabe aber nun möglich? Oder anders formuliert: Durch welche Vorkommnisse oder unter welchen Bedingungen wird sie unmöglich?

Die Auslöschung der Gabe vollzieht sich nach Derrida bereits dann, wenn derjenige, dem gegeben wird, die Gabe als solche *identifiziert*. Wird die Gabe als solche wahrgenommen, wird sie umgehend vernichtet: „Es gibt keine Gabe mehr, sobald der andere irgendwie *rezipiert* – selbst dann nicht, wenn er die

---

[67] Derrida. *Eine gewisse unmögliche Möglichkeit, vom Ereignis zu sprechen*, S. 28, Herv. von uns, ME/FM.

[68] Vgl. Abschn. 2.1.

[69] Vgl. Abschn. 2.2–2.4.

[70] Derrida. *Eine gewisse unmögliche Möglichkeit, vom Ereignis zu sprechen*, S. 28.

Gabe ablehnt, die er als Gabe wahrgenommen oder erkannt hat".[71] In der Regel sprechen wir davon, dass die Existenz eines sozialen Akts davon abhängt, dass er als ein solcher identifiziert wird. Für das Stattfinden von Kommunikation ist es etwa maßgeblich, dass Adressat*innen einen Kommunikationsakt als einen solchen identifizieren, also nicht nur verstehen, *was* kommuniziert wird, sondern auch, *dass* sich an sie adressierte Kommunikation vollzogen hat. Bleibt diese Identifizierung als Kommunikation aus, so würden Soziologen wie beispielsweise Luhmann behaupten, gibt es auch keine Kommunikation.[72] Für die Gabe gilt nun laut Derrida der umgekehrte Fall. Was ist damit genau impliziert? Derrida schreibt:

> „Es genügt also, dass der andere *die Gabe wahrnimmt*, und zwar nicht einmal in dem Sinne, wie man eine günstige Gelegenheit wahrnimmt, nein, er muss bloß ihre Gaben-natur *als solche* wahrnehmen, den Sinn oder die Intention, den *intentionalen Sinn* der Gabe, damit dieses bloße *Erkennen [reconnaissance]* der Gabe *als* Gabe, noch bevor es zu einer *Anerkennung [reconnaissance] als Dankbarkeit* wird, die Gabe als Gabe annulliert. Die bloße Identifikation der Gabe scheint sie zu zerstören".[73]

Auch dieser Schritt ist kontraintuitiv angesichts unseres Alltagsverständnisses der Gabe. Wir würden in der Regel behaupten, dass die Erkenntnis der Intention der Gabe eine notwendige Voraussetzung für ihre Existenz ist. Gibt jemand etwas ‚versehentlich‘, etwa, indem ein Gegenstand vergessen wurde und auf diese Weise die Besitzerin wechselt, sprechen wir in dem Moment, in welchem uns die man-gelnde Intention zu geben bewusst wird, nicht von einer Gabe. Fehlt der Wille beim Akt des Gebens und wird die Gabe als etwas verstanden, das eine Gegen-gabe einfordert, würden wir ebenfalls nicht behaupten, dass es sich ‚wirklich‘ um eine Gabe handelt. Für Derrida liegt das Problem jedoch nicht in der Frage, welche Art der Intention im Spiel ist, sondern in der Tatsache, dass überhaupt eine Intention ausgemacht wird: Die Gabe wird als Gabe *identifiziert* und damit als etwas Präsentes, in der Gegenwart Erscheinendes *klassifiziert*. Dasselbe gilt nicht nur für die (gegebenenfalls rein subjektive) Erkenntnis der Gabe, sondern auch für ihren (sozialen) Akt der Anerkennung: „Letztlich darf der Gabenemp-fänger die Gabe nicht einmal als Gabe an-erkennen (*reconnaître*)".[74] Auch die Anerkennung des Gebens als freundschaftliche Geste sorgt paradoxerweise dafür, dass der Akt des Gebens – im Sinne der Gabe als Ereignis – unmöglich wird.

---

[71] Derrida. *Falschgeld*, S. 26.

[72] Vgl. Luhmann. *Soziale Systeme*, S. 194.

[73] Derrida. *Falschgeld*, S. 24 f.

[74] Ebd., S. 24.

Derrida bricht folglich nicht nur mit den wesentlichen sozialen Konventionen, die wir mit der Gabe und dem Akt des Gebens verbinden, sondern auch mit *soziologischen* Konventionen, mit denen wir die Handlungsweise der Gabe beschreiben würden: Die Erkennung und Anerkennung der Gabe als soziale Tatsache, die eine Beziehung zwischen Menschen stiftet, bedingt in all diesen Fällen ihr Verschwinden, blockiert ihre Realisierung als Gabe. Sobald, zu welchem Grad auch immer, ein „subjektiv gemeinte[r] Sinn"[75] einer Handlung als Gabe verstanden oder ein bestimmtes Verhalten als Gabe „typisier[t]" wird,[76] liegt keine Gabe mehr vor. Die Ausweglosigkeit dieser Situation fasst Derrida wie folgt zusammen:

> „Folglich gibt es keine Gabe, wenn es keine Gabe gibt, aber eine Gabe gibt es auch dann nicht, wenn es eine Gabe gibt, die vom anderen *als* Gabe gewahrt oder bewahrt wird; in jedem Fall *existiert* und *erscheint* die Gabe nicht. Wenn sie erscheint, erscheint sie nicht mehr".[77]

Das Erscheinen der Gabe in der Welt, die Tatsache, dass sie von anderen Menschen, sowohl vom Gebenden als auch vom Empfangenden, als Gabe *identifiziert* wird, ist also die Bedingung für die Unmöglichkeit der Gabe. Inwiefern ist eine solche philosophische Perspektive auf ein soziales Phänomen jedoch von Ertrag? Was vermag uns ein solch dekonstruktiv geschärfter Blick über die soziale Welt und die Formen des Gebens, die sich in dieser Welt abspielen, zu zeigen? Soziologisch besonders aufschlussreich ist hier die Beziehung zwischen der *Gabe* und dem *Tausch*. Was Derrida in diesem Zusammenhang ausführt, scheint intuitiv einleuchtender zu sein und ist auch soziologisch nicht ohne Anknüpfungspunkte. Die Gabe verschwindet nämlich als Gabe, sobald sie als Element innerhalb eines Tauschprozesses identifiziert wird, wenn sie also eine *ökonomische* Komponente umfasst:

> „Wenn es Gabe gibt, darf das *Gegebene* der Gabe [...] nicht zu dem Gebenden zurückkehren [...]. Die Gabe darf nicht zirkulieren, sie darf nicht getauscht werden, auf gar keinen Fall darf sie sich, als Gabe, verschleißen lassen im Prozess des Tausches, in der kreisförmigen Zirkulationsbewegung einer Rückkehr zum Ausgangspunkt. Wenn die Figur des Kreises für die Ökonomie wesentlich ist, muss die Gabe *anökonomisch* bleiben. Nicht dass sie dem Kreis völlig fremd bliebe, aber sie muss dem Kreis gegenüber

---

[75] Weber, Max. 1972. *Wirtschaft und Gesellschaft. Grundriss der verstehenden Soziologie.* 5. Auflage. Tübingen: Mohr, S. 1.

[76] Schütz, Alfred. 1971. Wissenschaftliche Interpretation und Alltagsverständnis menschlichen Handelns. In *Gesammelte Aufsätze. Das Problem der sozialen Wirklichkeit.* Den Haag: Nijhoff, S. 3–54, hier S. 21.

[77] Derrida. *Falschgeld,* S. 26.

einen Bezug von Fremdheit *bewahren*, einen bezuglosen Bezug vertrauter Fremdheit. Und in diesem Sinne vielleicht ist die Gabe das Unmögliche".[78]

Dem wesentlichen Unterschied zwischen einer Gabe und einem Tausch werden wir uns im folgenden Abschnitt anhand einer Lektüre von Mauss' Werk über *die Gabe* widmen. An dieser Stelle ist zuerst besonders aufschlussreich, was Derrida über die Beziehung zwischen der Gabe und der Ökonomie schreibt: Das Ereignis der Gabe darf nämlich nicht als Tauschprozess und der gegebene Gegenstand nicht als Element innerhalb eines ökonomischen Prozesses begriffen werden. Bereits weiter oben haben wir davon gesprochen, dass wir gemeinhin ‚Selbstlosigkeit' als für die Gabe konstitutiv erachten. Ein Akt, der nicht selbstlos ist, sondern mit dem eine bestimmte Wirkung oder eine Gegengabe erhofft wird, ist kein Akt der Gabe. Derrida schreibt nun aber, dass die Gabe „dem Kreis gegenüber einen Bezug von Fremdheit *bewahren*" muss. Sie lässt sich nicht in den Kreis integrieren und muss sich seiner Logik, der ökonomischen Verwertung, entziehen. Die Gabe ist also an die *Unterbrechung* des ökonomischen Kreislaufs gebunden. Diese Annahme kehrt die Beweislast in einem gewissen Sinne um: Jetzt geht es nicht mehr darum, die Gabe in ihrer Reinheit zu denken, denn hier verkehrt sie sich, sobald wir auf vertraute soziale Prozesse des Gebens eingehen, in ihre Unmöglichkeit. Der Versuch, die Gabe nicht in ihrer vollständigen Realisierung, sondern in ihrer Unterbrechung, in der Aussetzung eines ökonomischen Kreislaufs zu denken, macht hingegen plausibel, inwiefern es sinnvoll ist, in einer Gesellschaft von einer Gabe zu sprechen. Die Gabe stellt für Derrida nicht deshalb ein wesentliches soziales Element dar, weil ihr ein Platz *innerhalb* eines ökonomischen Zirkulationsprozesses zukommt, sondern weil sie sich einer Verwertungslogik *entzieht*. Sie führt folglich ein Element der Andersheit, der Différance, in den ökonomischen Prozess ein und vermag auf diese Weise – wir werden es im kommenden Abschnitt genauer sehen – ein Sozialität stiftendes Element zu sein.

Diese Ausführungen zur Beziehung zwischen der Gabe und der Ökonomie lassen sich noch einmal auf Derridas Verständnis von Zeitlichkeit beziehen. Wir hatten bereits angemerkt, dass für Derrida das entscheidende Problem in der *Präsenz* der Gabe liegt: Wenn sich die Gabe präsentiert, das heißt als etwas Gegenwärtiges erscheint, verschwindet sie zugleich. Die Verunmöglichung der Gabe durch ein bestimmtes Verständnis der Zeit und zugleich die Möglichkeit der Gabe, die Zeit auf eine andere Weise zu öffnen, führt Derrida aus, indem er behauptet:

---

[78] Ebd., S. 17.

„Dass überall, wo es Zeit gibt, überall, wo die Zeit die Erfahrung beherrscht oder kon-
ditioniert, überall, wo die *Zeit als Kreis* herrscht (ihr ‚vulgärer‘ Begriff, wie Heidegger
sagen würde), die Gabe unmöglich ist. Eine Gabe könnte nur möglich sein, Gabe kann
es nur geben in dem Augenblick, wo ein Einbruch in den Kreis stattgefunden haben
wird: in dem Augenblick, wo jede Zirkulation unterbrochen gewesen sein wird, und
zu der Kondition dieses Augenblicks".[79]

Die Gabe verschwindet also in demjenigen Moment, in dem die Zeit *„als Kreis"*
und das heißt als ökonomische Struktur fixiert wird. Wenn eine Gabe ihre
Erwiderung – etwa in Form wertschätzender Anerkennung oder ausgleichender
Vergütung – vorwegnimmt, dann ist sie bereits in einem ökonomischen Kreislauf
gefangen. Inwiefern Ökonomie und Zeit hier zusammengedacht werden, können
wir buchstäblich der ‚ausgleichenden‘ Vergütung ablesen: Wenn mit einer Gabe
die Erwartung ihres zukünftigen Ausgleichs durch eine Gegengabe mit gleichem
Wert einhergeht, erliegt die Gabe der ökonomischen Logik. Sie erliegt aber auch
der Logik einer zirkulären Zeit, insofern die Gegengabe von Anfang an, *gleich*
mit dem vermeintlich ursprünglichen Handlungsvollzug der Gabe verbunden ist.
Die Zeit ist in diesem Fall dasjenige, was zwischen der Gabe und der Gegengabe
liegt, sie gibt präzise an, *wann* eine eingegangene Schuld beglichen werden muss.
Die Zeit ist hier zu einem Maßstab verkommen, der die zukünftige Gegengabe
an die Gabe bindet; sie ist zur reinen Gegenwärtigkeit geronnen, zu einer ‚Sache‘ und damit zu einer metaphysischen Struktur, die Herrschaft und Kontrolle
ausübt. Beherrscht die Zeit die Erfahrung, so reduziert sie diese Erfahrung auf
die Gegenwart und es kann kein Akt des Gebens stattfinden.[80] Wenn es die Gabe
gibt, dann muss sie also etwas mit der Zeit als Präsenz anrichten:

„Gabe gäbe es nur in dem Augenblick, wo der *paradoxe* Augenblick […] die Zeit zerreißt. So gesehen hätte man nie die Zeit für eine Gabe. Auf jeden Fall ist die Zeit oder

---

[79] Ebd., S. 19.

[80] Wenn wir mit Derrida das Ineinandergreifen ökonomischer und zeitlicher Logiken im Akt
der Gabe berücksichtigen, dann bewegen wir uns bereits auf *soziologischem* Terrain. Beispielsweise unterscheidet sich gemäß einer kanonischen Handbuchdefinition der ‚soziale‘
vom ‚wirtschaftlichen‘ Austausch dadurch, dass beim ‚sozialen‘ Austausch die Beschaffenheit und der Zeitpunkt der Gegenleistung nicht explizit zwischen den Beteiligten verhandelt
werden. Mit Derrida ließe sich allerdings auch beim ‚sozialen‘ Austausch *nicht* vom Ereignis einer Gabe sprechen, da hier bereits die „Erwartungshaltung, dass eine erbrachte Leistung
eine Gegenleistung nach sich zieht", vorliegt – besonders auch dann, wenn „Geschenke und
Hilfeleistungen als freigiebige Handlungen *erscheinen*" (Blau, Peter M. 2005. Sozialer Austausch. In *Vom Geben und Nehmen. Zur Soziologie der Reziprozität*, hrsg. Frank Adloff und
Steffen Mau. Frankfurt, New York: Campus Verlag, S. 125–137, hier S. 129, Herv. von uns,
ME/FM).

die ‚Gegenwart' der Gabe, ihr ‚Präsent', nicht mehr als ein Jetzt denkbar, das heißt als eine Gegenwart, die in die zeitliche Synthesis eingebunden ist".[81]

Derridas Argument in *Falschgeld* ist es letztlich, dass die Zeit als Gabe verstanden werden muss; bereits der Untertitel *Zeit geben* verweist darauf. Der Akt der Gabe interveniert innerhalb der Gegenwart und ent-dehnt die Zeit: Sie wird auf Vergangenheit und Zukunft hin geöffnet. Die Zeit ‚ist' etwas, was gegeben wird, sie liegt nicht einfach in der Gegenwart vor. Jetzt wird deutlicher, warum die Gabe für Derrida einen solch ausgezeichneten Ereignistyp darstellt und die Struktur der Unmöglichkeit ihr auf eine besonders starke Weise eingeschrieben ist. Weil die Struktur der Zeitlichkeit nicht gemäß unserem begrifflichen, klassifizierenden Vokabular gedacht werden kann, sich einem begrifflichen Zugriff gar immer schon entzieht und Zeit vielmehr als Gabe verstanden werden muss, kann die Gabe kein Phänomen sein, das in politisch-sozialen Ordnungen wie andere soziale Tatsachen verhandelt wird und in der sozialen Welt wie andere Handlungsweisen abläuft. Das Ereignis der Gabe ist von einer äußerst komplexen Struktur durchzogen, es „zerreißt" die Zeit, setzt die Gegenwart aus und macht es deshalb unmöglich, die Gabe einfach wie einen anderen sozialen Prozess zu identifizieren, indem man mit dem Finger draufzeigt. Die Gabe gibt es nur ex negativo, sie ist etwas, das unser Verständnis der Zeit als Gegenwart und damit die Einspannung in ökonomische Tauschprozesse unterbricht.

Deshalb ist es für Derrida schlussendlich unzureichend, die Gabe, wie es bei der Erfindung der Fall ist, schlicht als ‚unmöglich' zu bezeichnen. Die Beziehung zwischen der Gabe und dem Unmöglichen ist vielmehr eine Beziehung der Identität: „Nicht unmöglich, sondern *das* Unmögliche, die Figur des Unmöglichen selber. Die Gabe kündigt sich an als das Unmögliche, sie gibt sich als dieses zu denken, weshalb wir denn mit ihm beginnen sollten".[82] Wir sollten deshalb mit ihm zu denken beginnen, weil unsere basalsten Formen der Erfahrung nichts Präsentes, sondern etwas *Gegebenes* sind. In dieser Hinsicht können wir sagen, dass uns Zeit, aber auch unsere Existenz gegeben ist und vor diesem Hintergrund leuchtet es ein, dass sich diese Akte des Gebens keinesfalls auf eine ursprüngliche Geberin zurückführen lassen. Wenn es Zeit gibt und wenn es uns als existierende Wesen gibt, dann haben Zeit und Existenz keinen Ursprung, sie entziehen sich einer dreigliedrigen Struktur zwischen Gebenden, gegebenem Gegenstand und Empfangenden.

---

[81] Derrida. *Falschgeld*, S. 19.
[82] Ebd., S. 17.

Derridas Dekonstruktion der Gabe bleibt nicht nur bei ihrem Aufweis als
Unmöglichkeit im Sinne ihrer Präsenz stehen, sondern deckt auf, auf welche
Weise wir unser Verständnis der Gabe ändern müssen, um Zeit und Existenz
anders zu denken. Der Weg verläuft hier also von der Beobachtung eines sozialen
Phänomens, dem Aufweis seiner Unmöglichkeit hin zu einer äußerst grundle-
genden Neuaufstellung philosophischer Denkbewegungen. Die Frage lautet nun,
was das wiederum für eine soziologische Perspektivierung sozialer Prozesse des
Gebens bedeutet.

4.2.4 Das Ereignis der Gabe und der Gabentausch

Um besser ermessen zu können, wie sich die Gabe mit Derrida ausgehend von
ihrer Unmöglichkeit soziologisch in den Blick nehmen lässt, betrachten wir seine
Kritik an Mauss' Text über *die Gabe,* die zu den klassischen Referenzwerken für
die soziologische Beschäftigung mit dem Phänomen zählt.[83] Zudem lässt sich
angesichts Derridas eigener Auseinandersetzung mit Mauss vorzüglich erproben,
wie sich mit Derrida soziologisch denken lässt, handelt es sich bei der Gabe doch
um ein Phänomen „jener *totalen sozialen Tatsache,* die Mauss zum eigentlichen
Gegenstand der *Soziologie* macht".[84] Daher ist es umso bemerkenswerter, dass
Derrida gleich zu Beginn seiner Auseinandersetzung festhält, Mauss spreche nicht
vom Ereignis der Gabe, habe gar die Gabe verfehlt:

> „Man könnte so weit gehen zu sagen, dass selbst ein so monumentales Buch wie der
> *Essai sur le don* von Marcel Mauss von *allem möglichen* spricht, nur nicht von der
> Gabe: der *Essai* handelt von der Ökonomie, dem Tausch und dem Vertrag (*do, ut des*),
> vom Überbieten, dem Opfer, der Gabe *und* der Gegengabe, kurz von allem, was aus
> der Sache heraus zur Gabe drängt *und* zugleich dazu, die Gabe zu annullieren. All
> die Gabensupplemente (der *Potlatch* mit seiner Notwendigkeit, zu geben und mehr
> zurückzugeben, die überreichlichen Gegenleistungen, die Transgressionen mit ihrem

---

[83] Für einen soziologiegeschichtlichen Überblick über die Rezeptions- und Wirkungsge-
schichte, insbesondere mit Blick auf den französischen Strukturalismus vgl. Moebius, Stephan. 2006. Die Gabe – ein neues Paradigma der Soziologie? In *Berliner Journal für Soziologie* 16 (3), S. 355–370; Moebius, Stephan. 2006. *Marcel Mauss.* Konstanz: UVK, S. 85–91
und S. 129–136.

[84] Derrida. *Falschgeld,* S. 61, zweite Herv. von uns, ME/FM. Wenn wir Derridas Lektüre
des *Essais* von Mauss folgen, geht es uns dabei ausdrücklich nicht um die Frage, ob es sich
um eine selektive oder übergeneralisierende Lektüre handeln mag. Vgl. Därmann, Iris. 2016.
Theorien der Gabe zur Einführung. 2. Auflage. Hamburg: Junius, S. 101–133.

ständigen Mehr und Mehr, kurz das ganze Spiel des Überbietens, in dem man seinen Reichtum opfert) ziehen schicksalhaft wieder den Kreis nach sich, in dem sie sich
annullieren".[85]

Wenn wir Derridas Vorwurf ernstnehmen, dass Mauss von allem möglichen
spricht, nur nicht vom Ereignis der Gabe, dann ist seine Verfehlung eine zwei-
fache: Mauss verfehlt es, tatsächlich vom Ereignis der Gabe zu sprechen, weil
er *erstens* von anderen sozialen Phänomenen, beispielsweise Tausch und Vertrag,
Geschenken und Kredit, berichtet. Hier würden dann verschiedenste Phänomene
mit dem Namen ,Gabe' belegt, nur nicht das, was wir bis jetzt als das Unmögliche der Gabe kennengelernt haben. *Zweitens* aber besteht die Verfehlung darin,
die Analyse der Gabe vom Möglichen ausgehend vorzunehmen – und nicht mit
ihrer Unmöglichkeit zu beginnen. Um abzuschätzen, was mit diesem Vorwurf
für die soziologische Beschreibung der Gabe als sozialer Handlungsweise auf
dem Spiel stehen könnte, starten wir zuallererst mit dem, wovon Mauss denn
tatsächlich begrifflich und empirisch spricht, wenn schon nicht von ,der' Gabe.

Mauss widmet sich in seinem *Essai* dem Gabentausch in ,archaischen Gesellschaften' – wie unter anderem jenen der melanesischen und polynesischen
Inselregionen – als einem „,totalen' gesellschaftlichen Phänome[n]".[86] Für Mauss
ist die Gabe ein ,totales' Phänomen, weil sie „die Gesellschaft und ihre Institutionen in ihrer Totalität in Gang" hält.[87] Mit anderen Worten ist die Gabe ein
Phänomen höchster soziologischer Bedeutung, weil mit oder sogar in ihr „*alle*
Arten von Institutionen *gleichzeitig* und mit *einem* Schlag zum Ausdruck [kom-
men]", wozu vor allem religiöse, rechtliche und moralische, ökonomische sowie
gar ästhetische Institutionen zählen.[88] Am deutlichsten zeigt sich die Totalität der
Gabe im *Potlatsch,* eine von Mauss aus ethnografischen Berichten rekonstruierte
rituelle Praxis des außergewöhnlich ausgedehnten und von Zeremonien beglei-
teten Festakts, der die sozialen Beziehungen innerhalb und zwischen Familien,
Gruppen, Clans und ganzen Stämmen durchzieht. Der Potlatsch als festlicher,
bisweilen in die zur Schau gestellte Zerstörung von Gütern mündender Akt, ist
für Mauss Teil eines „System[s] des *Gabentauschs*", welches das „gesamte wirt-
schaftliche *und* soziale Leben der Trobriander" in Form eines „immerwährende[n]
,Geben und Nehmen'" umfasst.[89] Wie wir an Derridas Auseinandersetzung mit

---

[85] Derrida. *Falschgeld*, S. 37, zweite Herv. von uns, ME/FM.

[86] Mauss. *Die Gabe,* S. 17.

[87] Ebd., S. 176.

[88] Ebd., S. 17, Herv. von uns, ME/FM.

[89] Ebd., S. 70, Herv. von uns, ME/FM.

Begründungsfiguren bereits gesehen haben, ist aus dekonstruktiver Perspektive
der von Mauss behaupteten Zentralität der Gabe als einem solchen Fundament
der Gesellschaft zumindest skeptisch zu begegnen.[90] Wir stellen diese Skepsis
aber einstweilen noch zurück und folgen der Idee, dass diese zentrale Stellung der Gabe für die Reproduktion der gesellschaftlichen Ordnung gerade das
soziologisch Interessante an ihr sei.

Der Gabentausch, so wie er sich im Potlatsch am eindrücklichsten zeigt, ist in
den sozialen Welten der von Mauss betrachteten indigenen Gemeinschaften nicht
lediglich ein Phänomen neben anderen, sondern bringt die soziale Beziehung in
und zwischen den Gemeinschaften hervor, indem die Menschen und Dinge im
„immerwährenden" Gabentausch miteinander verbunden werden:

> „Alles kommt und geht, als gäbe es einen *immerwährenden Austausch* einer Sache
> und Menschen umfassenden geistigen Materie zwischen den Clans und den Indivi-
> duen, den Rängen, Geschlechtern und Generationen".[91]

Der Gabentausch stiftet – wir könnten in Anlehnung an Derrida auch sagen:
gibt – anscheinend die Gemeinschaften, die er in Form ständiger *Reziprozität* durchdringt.[92] Denn die Reziprozität des Gabentausches liegt hier nicht in
bloß einzelnen Tauschakten oder einzelnen festlichen Feiern des Potlatschs, die
geschehen und wieder vergehen, sondern in den langfristigen sozialen Beziehungen, die überdauern und regelmäßig erneuert werden – sei es in Form von
Partnerschaften, geteilten religiösen Festakten oder zahlreichen Handels- und
Bündnisbeziehungen.

Die grundlegende Erwartung ist dabei, dass auf die Gabe *immer* die Gegen-
Gabe folgen wird: „Geschenke werden bei *jeder* Gelegenheit und für *jeden*
,Dienst' ausgetauscht, *alles* wird *früher oder später* wieder zurückgezahlt, um
augenblicks von neuem verteilt zu werden".[93] In dieser basalen Reziprozität des
Gabentauschs kündigt sich aus dekonstruktiver Perspektive bereits ein Verhältnis

---

[90] Vgl. Abschn. 3.1–3.2.

[91] Ebd., S. 39, Herv. von uns, ME/FM.

[92] Der Gabentausch und die durch ihn (re-)produzierte Reziprozität bildet auch in der jünge-
ren soziologischen Diskussion einen Ansatzpunkt, um Reziprozität sozialtheoretisch auszu-
leuchten oder gar zu einer Soziologie der Reziprozität zu gelangen. Vgl. Caillé, Alain. 2022.
Das Paradigma der Gabe. Eine sozialtheoretische Ausweitung. Bielefeld: Transcript; Adloff,
Frank und Mau, Steffen. 2005. Zur Theorie der Gabe und Reziprozität. In *Vom Geben und
Nehmen. Zur Soziologie der Reziprozität,* hrsg. Frank Adloff und Steffen Mau. Frankfurt,
New York: Campus Verlag, S. 9–57.

[93] Mauss. *Die Gabe,* S. 101 f., Herv. von uns, ME/FM.

von Ökonomie und Zeit an, das die Gabe zum Verschwinden bringen muss. Denn *erstens* folgen die verschiedenen Praktiken des Gabentauschs bei Mauss eindrücklich einer ökonomischen Logik, weil das in der Erwartung der Erwiderung Gegebene „gleichzeitig Eigentum und Besitz, Pfand und Leihgabe, eine verkaufte und eine gekaufte Sache, ein Depositum, ein Mandat, ein Fideikommiss" ist.[94] Die Ökonomie des kreisförmigen Austauschs von Äquivalenten schreibt sich beim Potlatsch sogar in die gegebenen Dinge selbst ein, denn „die Gaben [zirkulieren] in Melanesien und Polynesien in der Gewissheit, dass sie zurückgegeben werden; wobei die ‚Garantie' dieser Rückgabe in der gegebenen Sache selbst liegt: sie *ist* diese ‚Garantie'".[95] Der Gabentausch des Potlatschs vollzieht sich also *zweitens* immer unter der Voraussetzung, dass im ökonomischen Kreislauf eine zeitliche Logik am Werk ist, die garantiert, dass im gegenwärtigen Handlungsvollzug immer schon „die Empfänger von heute die Geber von morgen sind".[96] Der Gabentausch des Potlatschs scheint gänzlich in den ökonomisch-zeitlichen Kreislauf eingebunden zu sein und damit geradezu in idealtypischer Weise dem Ereignis der Gabe entgegenzustehen, wie es Derrida in *Falschgeld* dekonstruktiv entfaltet:

> „Gabe gibt es nur, wenn es *keine Reziprozität* gibt, keine Rückkehr, *keinen Tausch*, weder Gegengabe noch Schuld. Wenn der andere mir das, was ich ihm gebe, *zurückgibt* oder es mir *schuldet*, das heißt mir zurückgeben muss, wird es keine Gabe gegeben haben, ob diese Rückgabe nun unmittelbar erfolgt oder vorprogrammiert ist im komplexen Kalkül eines lang befristeten Aufschubs (différance). Das ist überdeutlich, wenn mir der andere, der Gabenempfänger *unmittelbar dasselbe* zurückgibt".[97]

Ein Ereignis der Gabe im Sinne Derridas ist nur möglich, wenn sie jede Reziprozität ausschaltet, die immer schon zum ökonomischen Kreislauf des Tauschens führt, weil die Erwartung einer zukünftigen Gegengabe in die Gabe zeitlich eingeschrieben wird. Sogar Derridas Hinweis darauf, dass die zeitliche Rhythmik des ökonomischen Kreises dadurch gestört werden würde, wenn die empfangene Gabe unmittelbar zurückgegeben werden würde, findet sich als moralisch aufgeladenes Verbot im melanesischen und polynesischen Gabentausch, weil

---

[94] Ebd., S. 60.

[95] Ebd., S. 83.

[96] Ebd., S. 56. Dieses Ineinandergreifen von kreisläufiger Ökonomie und zirkulärer Zeit wird von Mauss besonders prägnant hervorgehoben, wenn er eine Verbindungslinie zwischen dem Potlatsch und der europäischen Rechtsgeschichte zieht, denn „[so] wie es in den archaischen Rechtsgebräuchen die Gabe gibt, der die Gegengabe folgt, so gibt es im alten römischen Recht den Verkauf und dann die Bezahlung" (ebd., S. 132).

[97] Derrida. *Falschgeld*, S. 22 f., Herv. teilweise von uns, ME/FM.

„[d]er Definition nach [...] *nicht unverzüglich* vergolten werden" darf, sondern „[j]edwede Gegenleistung [...] einer gewissen ‚Zeit' [bedarf]".[98] Die Gabe als Ereignis suspendiert hingegen jegliche Antizipation einer (gleichwertigen und zugleich befristet aufgeschobenen) Gegengabe.

Von hier aus können wir die zu Beginn dieses Teils unseres Buches angesprochene politisch-ethische Perspektivierung der Dekonstruktion aufgreifen und nachvollziehen, warum mit Derrida gedacht Mauss tatsächlich von allem *Möglichen* spricht, wenn er über den Gabentausch berichtet. Dass eine solche Perspektivierung auch in den Beschreibungen des Gabentauschs von Mauss angelegt ist, wird an der für die Zirkulation der Gabe charakteristischen *Verpflichtung* deutlich, die Mauss sogar gesellschaftstheoretisch verallgemeinert: Es liegt „in *jeder* denkbaren Gesellschaft in der Natur der Gabe, dass sie auf eine bestimmte Frist hin *verpflichtet*".[99] Es ist diese Verpflichtung, die den vielfältigen Gabentauschen und insbesondere dem Potlatsch tief eingeschrieben ist, und der Mauss' eigentliches Interesse gilt. Diese Verpflichtung im und zum Gabentausch näher zu betrachten, wird uns abschließend erlauben, die dabei mitlaufenden Hierarchien freizulegen, um deren Kritik es der dekonstruktiven Perspektive auf soziale Ereignisse im Kern geht.

Der Gabentausch und insbesondere der überschwängliche und von Festivitäten begleitete Potlatsch stiften, wie wir gesehen haben, in der immerwährenden Abfolge von Geben und Empfangen ein elementares Beziehungssystem zwischen den Beteiligten. Mauss spürt in seinem *Essai* der Frage nach, was dazu führt, dass im scheinbar ewigen Zirkulieren der Gaben „das empfangene Geschenk *zwangsläufig* erwidert wird".[100] Entlang dieser Frage stellt Mauss deutlich heraus, dass die durch den Gabentausch gestiftete Reziprozität ein ambivalentes Verhältnis von Freiwilligkeit und Verpflichtung, von Selbstlosigkeit und Zwangskalkül kennzeichnet, „[...] nämlich den sozusagen freiwilligen, anscheinend selbstlosen und spontanen, aber dennoch zwanghaften und eigennützigen Charakter" des Gabentauschs.[101] Diese Ambivalenz betrifft nicht nur die Erwartung einer Gegen-Gabe, sondern durchzieht den gesamten Kreislauf des Gabentauschs und besonders den Potlatsch in Form einer „Verpflichtung des Gebens, des Nehmens und des Erwiderns".[102] In Mauss' soziologischer Analyse wird deutlich, dass entgegen unseres

---

[98] Mauss. *Die Gabe,* S. 83, Herv. von uns, ME/FM.

[99] Ebd., Herv. von uns, ME/FM.

[100] Ebd., S. 18, weitere Herv. von uns entfernt, ME/FM.

[101] Ebd.

[102] Ebd., S. 91.

Alltagsverständnisses die Gaben, die „Gemeinschaft und Verbindung [...] herstellen", eine „uneigennützig[e] *und zugleich* obligatorische Form" haben.[103] Hier wird ersichtlich, dass die Gabe, so wie sie Mauss am Beispiel polynesischer und melanesischer indigenen Gemeinschaften untersucht und deren Logik er immer wieder zur Logik der Gabe als einem sozialen Phänomen verallgemeinert, *nicht* von ihrer *Unmöglichkeit* her gedacht wird. Die Gabe – als reine, selbstlose Gabe frei vom ökonomischen Kreis – ist für Derrida allerdings unmöglich, weil bereits in ihrer Intention und ihrer Anerkennung als ‚Gabe' ein Vertragsschluss liegt, der fortwährend Empfangende zu zukünftigen Gebenden macht. Die Gabe, so wie sie in der sozialen Welt erscheint und sich aus dekonstruktiver Perspektive dadurch selbst annulliert, wird hier zugleich zum Fundament der gesellschaftlichen Reziprozität. Kollektive wie Individuen werden dabei gleichermaßen durch diesen Prozess erzeugt: Vorausgesetzt wird im „ewige[n] *Give and Take*" des Potlatschs immer,[104] „dass irgend ‚einer' irgend ‚etwas' irgend ‚einem anderen' gibt".[105] Eine Unterbrechung des Kreislaufs, den Derrida ex negativo für das Ereignis der Gabe festhält, ist gänzlich ausgeschlossen.

Der Potlatsch, gerade in seiner vermeintlich verschwenderischen und in den Exzess abgleitenden Variante, bringt am klarsten zum Ausdruck, wie die Verpflichtung im und zum Gabentausch nicht nur die Subjekte miteinander verbindet, sondern sie in eine feste soziale *Hierarchie* einfügt:

> „Die verschwenderische, fast immer übertriebene und oft rein zerstörerische Form der Konsumtion vor allem beim Potlatsch, wo beträchtliche und lange angehäufte Güter auf einen Schlag weggegeben oder zerstört werden, verleiht diesen Institutionen den *Anschein* von *reinen* Vergeudungsausgaben und kindlicher Verschwendungssucht. [...] Doch das Motiv dieser übertriebenen Gabe und dieser rücksichtslosen Konsumtion, dieser unsinnigen Verluste und Eigentumszerstörungen ist *in keiner Weise uneigennützig*, vor allem nicht in den Potlatsch-Gesellschaften. Zwischen Häuptlingen und Vasallen und deren Dienern etabliert sich mittels solcher Gaben die *Hierarchie*. Geben heißt Überlegenheit beweisen, zeigen, dass man mehr ist und höher steht, *magister* ist; annehmen, ohne zu erwidern oder mehr zurückzugeben, heißt sich unterordnen, Gefolge und Knecht werden, tiefer sinken, *minister* werden".[106]

In dieser längeren Passage wird überdeutlich, wie der Gabentausch selbst im Exzess keineswegs seinen Verpflichtungscharakter verliert, ganz der ökonomischen Logik folgt und die vergemeinschafteten Subjekte einer moralisch

---

[103] Ebd., S. 77.
[104] Ebd., S. 81.
[105] Derrida. *Falschgeld*, S. 22.
[106] Mauss. *Die Gabe*, S. 170 f., Herv. teilweise von uns, ME/FM.

aufgeladenen Hierarchisierung unterwirft. Hier lässt sich an die hierarchiesensible und hierarchiekritische Dimension der Denkbewegungen Derridas anschließen, um das Verhältnis von Gabe und Tausch unter diesem Gesichtspunkt näher zu beleuchten.[107] Eine dekonstruktive Befragung der mit dem Gabentausch reproduzierten Hierarchien stellt ihm erstmal keine ‚reine‘, hierarchielose Variante entgegen, sondern exponiert die Spannungen der durch sie hervorgebrachten sozialen Beziehungen. In den Blick gerät dann

> „eine andere Dimension des Problems, nämlich die, dass geben zwar spontan als *gut* bewertet wird (es ist *gut* zu geben, und das, was man gibt, Präsent, Geschenk oder *gift*, ist ein Gut), dieses ‚Gute‘ sich aber doch leicht ins Gegenteil verkehren kann: bekanntlich kann es als Gutes zugleich schlecht, böse, giftig sein (*Gift, gift*), und zwar von dem Moment an, wo die Gabe den anderen zum Schuldner macht [...]“.[108]

Selbst in der scheinbar exzessiven Aufgabe oder sogar zweckfreien Zerstörung von Gütern, so können wir mit Derrida sagen, ist es das ökonomische Kalkül, das „sich auf logische und rationale Weise stets wiederherstellt und den Überschuss oder Exzess annulliert“, ebenso wie die Gabe im Moment ihres Erscheinens in der sozialen Welt selbst verschwindet.[109] Die Gabe von ihrer Unmöglichkeit her zu denken umfasst dann eine Sensibilität gegenüber den Momenten, in denen scheinbarer Exzess und Übersteigerung dennoch ganz im ökonomisch-zeitlichen Kreislauf verweilen. So hebt Mauss hervor, dass der Exzess des Potlatschs letztendlich nur diesen Kreislauf kaschiert: „In einigen Fällen geht es nicht einmal um Geben und Zurückzahlen, sondern um Zerstörung, *nur um nicht den Anschein zu erwecken,* als lege man Wert auf eine Rückgabe“.[110] Die Gabe dekonstruktiv – wie oben bereits behandelt also *anökonomisch* – zu denken, hieße, sie von einem Exzess her zu denken, der *fremd* gegenüber den sozialen Konventionen oder Verpflichtungen ist, mit denen in konkreten Akten der Gabe hierarchische Beziehungen zwischen Gebenden und Empfangenden festgeschrieben werden. Diese Fremdheit der Gabe als Ereignis besteht darin, dass sie zu einer Überschreitung derjenigen Regeln und Konventionen führt, die den Exzess wieder zurück in die Figur des Kreises holen. Anders formuliert ist die anökonomische Gabe nicht maßlos verschwenderisch, sondern entzieht sich einer solchen Bemessung:

---

[107] Vgl. Abschn. 3.3.

[108] Derrida. *Falschgeld*, S. 23.

[109] Ebd., S. 53.

[110] Mauss. *Die Gabe*, S. 86.

„Eine Gabenerfahrung, die sich nicht *a priori* irgendeinem Unmaß überließe, eine gemäßigte oder maßvolle Gabe wäre keine Gabe. Um zu geben und etwas anderes zu tun, als auf ihre Rückkehr im Tausch zu rechnen, muss die bescheidenste Gabe *das Maß überschreiten*".[111]

Wir wollen abschließend den Unterschied zwischen der Gabe als Ereignis und dem Gabentausch als sozialem Phänomen aus dieser Richtung des (Un-)Maßes hervorheben. Derridas Kritik an Mauss' Werk über *die Gabe* zielt, wie eingangs diskutiert, auf die Gleichbehandlung von Gabe und Tausch; sie zielt darauf, dass es „Mauss [...] herzlich wenig [beunruhigt], dass die Gabe und der Tausch unvereinbar sind, dass eine getauschte Gabe nur eine Leih-‚Gabe' im Blick auf die Rück-‚Gabe', das heißt eine Annullierung der Gabe ist".[112]

Mit Derrida der Unmöglichkeit der Gabe und der Unterbrechung nachzuspüren, die sie als Ereignis in die politisch-soziale Ordnung einführt, kann sich nicht zuletzt auch darin niederschlagen, in soziologischen Beschreibungen des Gabentauschs jenen Momenten besondere Aufmerksamkeit zu schenken, in denen sich die Gabe als Ereignis wie marginal auch immer ankündigt. So schreibt Mauss anlässlich der von ihm detailliert beschriebenen „Pflicht des Erwiderns" als „Wesen des Potlatsch" beispielsweise in einer Fußnote: „Das Ideal wäre es, einen Potlatsch zu veranstalten, der nicht erwidert würde".[113] Aus einer dekonstruktiven Perspektive auf die soziale Welt kann es aber nun nicht darum gehen, dieses Ideal einer erwiderungslosen Gabe den tatsächlichen Gaben entgegenzusetzen, die sich als Tauschhandlungen entpuppen. Eine solche Unterscheidung zwischen einer ‚reinen' Gabe und sozialen Phänomenen ‚unechter' Gaben, gar zwischen einer idealisierten „reine[n] Gabengesellschaft" und einer empirischen „reine[n] Tauschgesellschaft",[114] bliebe dem dualistischen Denken der Metaphysik verhaftet, gegen das sich Derridas Kritik bereits seit seinen frühen Schriften richtet. Die Gabe von ihrer Unmöglichkeit her zu betrachten, wirft ein anderes Licht auf die durch den Gabentausch gestifteten sozialen Beziehungen zwischen Gebenden und Empfangenden. Denn der von Mauss behandelte Gabentausch und

---

[111] Derrida. *Falschgeld*, S. 55, zweite Herv. von uns, ME/FM.

[112] Ebd., S. 54.

[113] Mauss. *Die Gabe*, S. 100. Genau an dieser Marginalie würde eine dekonstruktive Re-Lektüre ansetzen: „Damit es Gabe gibt, ist es nötig, dass der Gabenempfänger nicht zurückgibt, nicht begleicht, nicht tilgt, nicht abträgt, keinen Vertrag schließt und niemals in ein Schuldverhältnis tritt", so Derrida. *Falschgeld*, S. 24, Herv. von uns entfernt, ME/FM.

[114] Waldenfels, Bernhard. 1997. Das Un-Ding der Gabe. In *Einsätze des Denkens. Zur Philosophie von Jacques Derrida*, hrsg. Hans-Dieter Gondek und Bernhard Waldenfels. Frankfurt am Main: Suhrkamp, S. 385–409, hier S. 390.

sein stets – sogar im Exzess des Potlatschs – mitlaufender Verpflichtungscharakter setzen stillschweigend Gebende und Empfangende als voneinander getrennte Subjekte voraus, die erst durch den Gabentausch in eine Beziehung zueinander treten. Vorausgesetzt wird also jeweils

> „ein *konstituiertes Subjekt*, das übrigens auch ein Kollektiv sein kann – eine Gruppe zum Beispiel, eine Gemeinschaft, eine Nation, ein Clan, ein Stamm, auf jeden Fall ein *mit sich selbst identisches* und seiner Identität bewusstes Subjekt, das durch die Geste der Gabe unter Umständen *einmal mehr* versucht, seine eigene Einheit zu konstituieren, indem es auf die Anerkennung der eigenen Identität zielt".[115]

Anstatt die Gabe als Akt zwischen bereits konstituierten, d. h. selbst-identischen und über sich gänzlich souverän verfügenden Subjekten zu sehen, verschiebt Derrida die Gabe als Ereignis noch „vor jede[n] Subjektbezug" und verlagert dabei die Aufmerksamkeit auf die produktive Hervorbringung von Gebenden, Empfangenden und sogar dem Getauschten: „Vielmehr sind Subjekt und Objekt stillgestellte Effekte der Gabe: Gabenstillstände [arrêts du don]".[116] Durch diese dekonstruktive Befragung des Gabentauschs sensibilisiert, finden sich in den soziologischen Rückschlüssen, die Mauss aus den ethnografischen Beschreibungen zieht, bemerkenswerte Passagen darüber, wie der Gabentausch Subjekte und Objekte nicht nur miteinander in Beziehung setzt, sondern gemeinsam hervorbringt. Insbesondere anlässlich des Potlatschs der Trobriander fragt Mauss, worauf die „Kraft beruht, welche die Clans zusammenschweißt *und gleichzeitig* voneinander trennt, ihre Arbeit teilt und sie *gleichzeitig* zum Austausch zwingt".[117] Im uneigennützigen und doch obligatorischen Gabentausch während des Potlatschs wohnt den „ausgetauschten *Sachen* eine bestimmte Kraft [inne]", die sich nicht allein auf die Gebenden und Empfangenden *Subjekte* zurückführen lässt und welche die Sachen „zwingt, zu zirkulieren, gegeben und erwidert zu werden".[118] Auch wenn es die Subjekte sind, die geben und empfangen, so sind es doch zu einem gewissen Anteil die Objekte selbst, die den ökonomisch-zeitlichen Kreislauf in Gang setzen und stabilisieren, in den Subjekte vollumfänglich – ‚total' – eingespannt sind. Die Totalität des zirkulären Gabentauschs umfasst nicht nur mehr als die Subjekte, sie wird auch *durch mehr,* nämlich die getauschten Dinge selbst, erzeugt. Ganz im Sinne Derridas Denkbewegung der Iterabilität zeigt sich in Mauss' Analysen des Gabentauschs, wie

---

[115] Derrida. *Falschgeld,* S. 21, Herv. von uns, ME/FM.

[116] Ebd., S. 37.

[117] Mauss. *Die Gabe,* S. 169, Herv. von uns, ME/FM.

[118] Ebd., S. 103, Herv. von uns, ME/FM.

sich in der Abfolge von Gabe und Gegen-Gabe nicht nur die sozialen Beziehungen zwischen Gebenden und Empfangenden fortwährend verdichten, sondern Gebende, Empfangende und sogar das Gegebene in der „Vermischung von Personen und Dingen" immer wieder neu affiziert werden.[119] Zusammenfassend entsteht dadurch ein komplexeres Bild der durch die Gabe gestifteten Beziehungen, das auch die im Spiel befindlichen Machtverhältnisse in den Fokus rückt.

Die durch die Unmöglichkeit der Gabe als Ereignis hervorgebrachte Sozialität verweist nicht zuletzt auf eine ethische Dimension der dekonstruktiven Perspektivierung, die wir im nächsten Abschnitt im Rahmen des Ereignisses der Gastfreundschaft genauer betrachten werden. Sie klingt aber genau besehen auch schon am Rande des Gabentauschs an. Denn, so schreibt Mauss, neben dem Austausch von Gütern „gibt man beim Geben sich selbst, und zwar darum, weil man sich selbst [...] dem anderen ‚schuldet‘".[120]

4.2.5 Gastfreundschaft

Sozialität und Intersubjektivität sind der Erfindung wie auch der Gabe integral eingeschrieben. Bei keinem der drei Ereignistypen, denen wir uns in diesem Kapitel zuwenden, sind sie jedoch derart ausgeprägt, wie es bei der Gastfreundschaft der Fall ist. Die Beziehung zu der, dem oder den Anderen steht im Fokus, wenn wir uns der Frage stellen, was es bedeutet, seine Tür Anderen zu öffnen – Andere, die nicht wie wir selbst sind, einem ‚fremden‘ Ort entstammen und eine ‚fremde‘ Sprache sprechen, die wir nicht sofort in das Vokabular unseres vertrauten sprachlichen Austauschs übersetzen können. Was eine solche Offenheit gegenüber Fremden und Anderen bedeutet und über welche Spannungen sie verfügt, gilt es in diesem Kapitel zu klären.[121]

---

[119] Ebd., S. 52. Dass die Iterabilität als verändernde Wiederholung am Werk ist, wenn „irgend ‚einer‘ (A) [...] die Intention [hat], B an C zu geben" (Derrida. *Falschgeld*, S. 21), zeigt Derrida bereits buchstäblich an, stellt er diese Denkbewegung doch unter anderem in *Limited Inc a b c ...* ausführlich dar. Vgl. dazu Abschn. 2.3.

[120] Mauss. *Die Gabe,* S. 118.

[121] Derrida sowie die im nachfolgenden Abschn. 4.2.6 betrachteten soziologischen Perspektiven behandeln allesamt ‚den Anderen‘ und ‚den Fremden‘. Um in unserer Lektüre eng an den Texten zu bleiben und dennoch eine geschlechtergerechte Sprache zu verwenden, werden wir in unserer Betrachtung des Ereignisses der Gastfreundschaft in der Regel nicht den Gender-Stern verwenden, sondern idiosynkratisch zwischen femininer, maskuliner und Pluralform wechseln.

Wenn wir zu Beginn von Abschn. 4.1 davon gesprochen haben, dass sich ab
Mitte der 80er Jahre Derridas Texte vermehrt ethischen und politischen Fragestellungen widmen, dann ist dafür in besonderem Maße die Auseinandersetzung
mit der Philosophie Levinas' ausschlaggebend.[122] In einer Zeitspanne, die etwa
bis zum Ende der 90er Jahre reicht, lässt sich eine explizite Beschäftigung
mit Levinas' Werk verorten,[123] der Einfluss der Levinas'schen Ethik ist allerdings auch an Orten aufzuspüren, in denen eine Lektüre seines Werkes gar nicht
ausdrücklich geleistet wird. Das gilt vor allem für Derridas Behandlung der Gastfreundschaft. Es ist der Ausdruck des ‚ganz Anderen' bzw. des ‚absolut Anderen',
der die Analyse der Gastfreundschaft leitet und anhand dessen sich die Paradoxie von der Unmöglichkeit einer unbedingten Gastfreundschaft offenlegen lässt.
Levinas' ethischer Gestus – das sei hier ganz kurz zusammengerafft – beruht
darin, Subjektivität und Gemeinschaft vom Anderen bzw. von den Anderen her
zu denken. Unser Subjektsein verdanken wir Anderen, wir werden erst zu Subjekten, indem wir ihnen ausgesetzt und von ihnen berührt werden und angesichts
dessen stehen wir auch in ihrer Schuld.[124] Dieser Grundgedanke ist uns aus
Abschn. 2.4.3 vertraut, als wir uns mit Derridas Begriff des Subjekts beschäftigt
haben. Wichtig ist jedoch festzuhalten, dass Derrida nicht dieselben ethischen
Forderungen erhebt, wie es bei Levinas der Fall ist: Bei ihm steht das Verfahren
der Dekonstruktion im Vordergrund, das sich an Texten, wie auch an Subjekten
und Institutionen erprobt, während bei Levinas vor allem und letztlich ausschließlich die ethische und politische Perspektivierung von Bedeutung ist. Bezüglich der
Gastfreundschaft treten nun aber die harschen Forderungen, vor die uns Andere
stellen, auch bei Derrida ins Rampenlicht: Eine dekonstruktive Befragung der
Gastfreundschaft muss mit den *absoluten* Ansprüchen, vor die wir als Gastgeber*innen gestellt werden, klarkommen und sie muss zugleich für das Ringen
und die Unmöglichkeit empfänglich sein, dass sie diesen Ansprüchen letztlich
nie Genüge tun kann.

  Mit dieser Ausgangsposition haben wir die Gastfreundschaft gleich in die
paradoxe Beziehung zwischen der Möglichkeit und der Unmöglichkeit einge-
rückt, die für unsere Beschäftigung mit dem Ereignis maßgeblich ist. Bevor wir
uns dieser Beziehung zuwenden, müssen wir jedoch das Subjekt der Gastfreundschaft vorstellen, und zwar die Fremde. Auch bei der Erfindung und der Gabe

---

[122] Vgl. dazu unsere Werkbiographie (Kap. 5).

[123] Hier ist insbesondere zu nennen: Derrida, Jacques. 1999. *Adieu. Nachruf auf Emmanuel Levinas*. München: Hanser.

[124] Diese Vorstellung von Subjektivität entwickelt Levinas vor allem in: Levinas, Emmanuel. 1998. *Jenseits des Seins oder anders als Sein geschieht*. 2. Auflage. Freiburg, München: Alber.

kommt dem erfindenden und gebenden Subjekt eine wichtige Rolle zu, im Falle der Gastfreundschaft ist es jedoch von besonderer Wichtigkeit zu untersuchen, was hier genau ‚Fremdheit' bedeutet. Derrida stellt das Paradox der Fremden, die um Gastfreundschaft bittet, wie folgt dar:

> „Sollen wir vom Fremden, bevor und damit wir ihn bei uns aufnehmen können, verlangen, uns zu verstehen, unsere Sprache zu sprechen, in allen Bedeutungen dieses Ausdrucks, in all seinen möglichen Extensionen? Wenn er – mit all dem, was dies impliziert – unsere Sprache spräche, wenn wir bereits alles teilten, was mit einer Sprache geteilt wird, wäre der Fremde dann noch ein Fremder, und könnte man auf ihn bezogen dann noch von Asyl oder Gastfreundschaft sprechen? Das ist das Paradox, das sich noch klarer abzeichnen wird".[125]

Das Paradox, das Derrida hier anspricht, dreht sich offensichtlich um die Grenzen der Fremdheit. Was genau fassen wir unter ‚Fremdheit' und wie konsequent sind wir wirklich, wenn wir einem Fremden Gastfreundschaft gewähren? Machen wir uns den Fremden nicht immer schon zu eigen und nehmen ihm ein Stück weit seine Fremdheit und also seine Identität und Andersheit? Wenn wir von einer Fremden verlangen, dass sie ihr Bedürfnis nach Gastfreundschaft in unserer und damit nicht in ihrer eigenen Sprache artikuliert, dann fordern wir von ihr bereits, dass sie ihre Sprache ablegt, dass sie zu ‚uns' wird und dass sie sich somit assimiliert. Der Fremde „muss die Gastfreundschaft in einer Sprache erbitten, die per definitionem nicht die seine ist, in derjenigen, die ihm der Hausherr auferlegt, der Gastgeber, der König, der Herr, die Macht, die Nation, der Staat, der Vater usw.".[126] Wenn wir davon sprechen, dass Gastfreundschaft das Öffnen der eigenen Tür gegenüber Anderen und Fremden umfasst, dann ist diese Öffnung offensichtlich bereits an eine entscheidende Bedingung, nämlich an das Sprechen der *eigenen* Sprache gebunden. Für Derrida stellt sich diese Bedingung damit als „erste Gewalttat"[127] dar: Sie tut der Fremden Gewalt an, in dem sie sie zu einem Assimilationsprozess zwingt, welcher der Möglichkeit der Gastfreundschaft vorausgeht. Ohne eine Artikulation des Wunsches nach Gastfreundschaft in der Sprache der Gastgeberin scheint Gastfreundschaft überhaupt nicht möglich zu sein.

Die Formulierung dieses ersten Paradoxes, das über die Beziehung zwischen dem Gast und dem Gastgeber verläuft, macht bereits ersichtlich, mit welchen Hürden es eine Untersuchung der Gastfreundschaft zu tun bekommt. Es wird

---

[125] Derrida. *Von der Gastfreundschaft*, S. 19.
[126] Ebd.
[127] Ebd.

noch schwieriger, wenn wir uns vergegenwärtigen, dass es sich bei einer Fremden, die nicht unsere Sprache spricht und damit nicht auszudrücken vermag, wer sie ist und woher sie kommt, nicht nur um eine ‚Fremde‘, sondern um eine ‚Anonyme‘ bzw. ‚Unbekannte‘ handelt. Eine Gastfreundschaft, die diesen Namen verdient, insofern sie als Ereignis bezeichnet wird, darf jedoch nicht bereits im Voraus die Bedingungen diktieren, unter denen sie stattfindet. Die unbedingte Gastfreundschaft als Offenheit gegenüber der Anderen lässt sich nicht an Bedingungen binden, weil sie dann klarerweise nicht mehr unbedingt ist. Für Derrida ist sie folglich mit rechtlichen Klassifizierungen und moralischen Verpflichtungen unvereinbar:

> „Das Gesetz der Gastfreundschaft, das formale Gesetz, das das allgemeine Konzept der Gastfreundschaft regiert, erscheint als ein paradoxes, pervertierbares oder pervertierendes Gesetz. Es scheint nämlich zu bestimmen, dass die absolute Gastfreundschaft mit dem Gesetz der Gastfreundschaft als Recht oder Pflicht, mit dem Gastfreundschafts-‚Pakt‘, brechen muss. Mit anderen Worten: Die absolute Gastfreundschaft erfordert, dass ich mein Zuhause (*chez-moi*) öffne, und nicht nur dem Fremden (der über einen Familiennamen, den sozialen Status eines Fremden usw. verfügt), sondern auch dem unbekannten, anonymen absolut Anderen (eine) *Statt gebe* (*donne lieu*), dass ich ihn kommen lasse, ihn ankommen und an dem Ort (*lieu*), den ich ihm anbiete, Statt haben (*avoir lieu*) lasse, ohne von ihm eine Gegenseitigkeit zu verlangen (den Eintritt in einen Pakt) oder ihn nach seinem Namen zu fragen".[128]

Wenn die Öffnung des Hauses ein integrales Element der Gastfreundschaft ist, dann würde die Bindung der Öffnung an gewisse Informationen – wie Name, Herkunft oder Anliegen – die Gastfreundschaft von vornherein „pervertieren": Eine Öffnung, die an Bedingungen geknüpft ist, stellt letztlich keine Öffnung gegenüber Anderen dar, weil sie Andere immer schon sich selbst anzugleichen versucht, bevor sie ihnen etwas gewährt. Das Recht ist vor diesem Hintergrund kein geeignetes Instrument, um die „absolute" oder „wahre" Gastfreundschaft zu ermöglichen, denn das Recht regelt im Voraus, wie mit Gästen zu verfahren ist, unter welchen Bedingungen man sie empfangen, wann man das eigene Haus öffnen darf und wann sie zu verhaften oder auszuweisen sind. Aus diesem Grund bedarf es eines Bruchs zwischen der „wahren" Gastfreundschaft, wie sie Derrida als Ereignis zu fassen versucht, und einer „rechtlich geregelten" Gastfreundschaft, wie wir sie umgangssprachlich verstehen:

---

[128] Ebd., S. 24 f.

„Die wahre Gastfreundschaft bricht mit der rechtlich geregelten Gastfreundschaft;
nicht dass sie sie verdammen oder sich ihr widersetzen würde – sie kann sie im Gegenteil zu immer weiteren Fortschritten führen –, doch sie ist ihr gegenüber in ebenso
seltsamer Weise heterogen, wie die Gerechtigkeit dem Recht gegenüber heterogen ist,
dem sie dennoch so nahe und mit dem sie in Wahrheit unlöslich verbunden ist".[129]

Interessant an diesem Zitat ist, dass Derrida zwar von einem „Bruch", aber
auch von einer „unlöslichen Verbindung" spricht. Wir haben es also auch
im Falle der Gastfreundschaft *nicht* mit einer transzendentalen Ethik zu tun,
die ideale, universell anwendbare Normen der Gastfreundschaft formuliert. Die
„wahre" Gastfreundschaft entzieht sich zwar einer rechtlichen und moralischen
Fundierung, sie steht aber auf *spezielle* Weise mit der bedingten, rechtlichen Gastfreundschaft in Kontakt. Die Beziehung zwischen Gerechtigkeit und Recht, mit
der wir uns in Abschn. 4.3.1 noch ausführlicher beschäftigen werden, lässt sich
analog hierzu verstehen: Die Gerechtigkeit lässt sich nicht in die Form des Rechts
pressen, sie entzieht sich einer rechtlichen Codierung, weil das Recht stets schon
Bedingungen in die Gerechtigkeit einführt und sie damit maßregelt. ‚Die‘ Gerechtigkeit ist nichts, was sich in einer konkreten Sprache, in einer Gesetzesform, die
in jedem Staat auf unterschiedliche Weise ausformuliert ist, festhalten lässt. Sie
lässt sich überhaupt nicht ‚festhalten‘. Jede Rechtsordnung etabliert eine spezifische Codierung des Rechts, die jeweils voneinander abweicht und die stets
von den herrschenden Sitten und Machtverhältnissen geprägt ist. Die Gerechtigkeit existiert jedoch immer in Distanz zu sozialen Machtverhältnissen. Das Recht
verunreinigt damit notwendigerweise die Gerechtigkeit.
Ähnliches lässt sich nun für das Phänomen der Gastfreundschaft aufzeigen.
Für Derrida besteht eine nicht zu kittende Spannung, eine ‚*Antinomie*, eine
unauflösbare, nicht dialektisierbare Antinomie zwischen *dem* Gesetz der Gastfreundschaft, dem unbedingten Gesetz der uneingeschränkten Gastfreundschaft
[…] auf der einen und *den* Gesetzen der Gastfreundschaft auf der anderen Seite,
jenen stets bedingten und konditionalen Rechten und Pflichten".[130] Wir haben es
folglich nicht nur mit einer unauflösbaren Gegensätzlichkeit zwischen Bedingtheit
und Unbedingtheit zu tun, sondern auch noch mit einer Spannung zwischen einer
Singularität, *der* „uneingeschränkten Gastfreundschaft", und einer Pluralität, *den*
„stets bedingten und konditionalen Rechten und Pflichten".
Wie sieht die Beziehung zwischen der „uneingeschränkten" und der „bedingten" Gastfreundschaft nun aber genau aus? Warum ist das Uneingeschränkte kein

---

[129] Ebd., S. 26.
[130] Ebd., S. 60 f.

transzendentes Gesetz, keine ‚Utopie‘, die jede konkrete, bedingte Gastfreundschaft übersteigt und deren Ideal darstellt? Die komplexe Beziehung, die sich
sowohl als Hierarchie als auch In-Kontakt-Treten beschreiben lässt, stellt Derrida
in einer längeren Passage seines Textes wie folgt vor:

> „Die Tragödie – denn es handelt sich sehr wohl um eine schicksalhafte Tragödie –
> besteht darin, dass die beiden antagonistischen Terme dieser Antinomie nicht symme-
> trisch sind. Es gibt da eine seltsame Hierarchie. *Das* Gesetz steht über *den* Gesetzen.
> Es ist also illegal, transgredient, gesetzlos, als ein anomisches Gesetz, *nomos a-
> nomos*, ein Gesetz über den Gesetzen und außerhalb des Gesetzes […]. Doch obgleich
> es über den Gesetzen der Gastfreundschaft steht, braucht *das* unbedingte Gesetz der
> Gastfreundschaft *die* Gesetze, es *erfordert* sie. Diese Forderung ist konstitutiv. Das
> Gesetz wäre nicht wirklich unbedingt, wenn es nicht wirklich, konkret, bestimmt *wer-
> den müsste*, wenn darin nicht sein Sein als ein Sein-müssen bestünde. Es würde Gefahr
> laufen, abstrakt, utopisch, illusorisch zu sein und sich somit in sein Gegenteil zu
> verkehren. Um zu sein, was es ist, braucht *das* Gesetz *die* Gesetze, die es dennoch
> negieren, die es jedenfalls bedrohen, bisweilen korrumpieren oder pervertieren. Und
> die dazu immer in der Lage sein müssen“.[131]

Hier gilt es zunächst einige terminologische Begriffe zu klären. Ein „Antago-
nismus“ meint den Gegensatz zwischen zwei unterschiedlichen Phänomenen, die
in einem Widerspruch zueinander stehen und sich aneinander reiben. Derrida
spricht zwar von einer Asymmetrie, einer „Hierarchie“, er schreibt klar, dass *das*
Gesetz über *den* Gesetzen steht: Von Gewalt ist genau dann die Rede, wenn sich
die Gesetze im Plural die Gastfreundschaft im Singular aneignen und sie durch
rechtliche Codierung verschwinden lassen. Das Gesetz der unbedingten Gastfreundschaft ist jedoch kein Gesetz wie jedes andere, es ist eben kein rechtliches
Gesetz, sondern ein *anomisches*.[132] Eine Anomie ist eine Form der Unordnung
und sie lässt sich in diesem Sinne klar als Gegensatz zum Recht, das immer auch
eine Recht*sordnung* umfasst, markieren. Die unbedingte Gastfreundschaft bringt

---

[131] Ebd., S. 61 f.

[132] Hier lässt sich kurz darauf hinweisen, dass ‚Anomie‘ ein klassischer soziologischer
Begriff ist, der eine Form der Unordnung innerhalb von Gesellschaften bezeichnet und etwa
in der soziologischen Theorie Émile Durkheims eine wichtige Rolle spielt. Insofern bei
Durkheim Anomie nicht einfach nur als Abweichung von einer Norm, sondern als *Regello-
sigkeit* und als Zustand mangelnder moralisch-solidarischer *Integrationskraft* gesellschaftlicher Institutionen verstanden wird, schwingt in gewisser Weise auch hier die Frage nach der
(unbedingten und bedingten) Gastfreundschaft mit. Vgl. Durkheim, Émile. 1970. *Die Regeln
der soziologischen Methode*. 3. Auflage. Neuwied: Luchterhand, S. 141–163; Durkheim,
Émile. 1999. *Der Selbstmord*. 7. Auflage. Frankfurt am Main: Suhrkamp, S. 273–318.

etwas durcheinander, sie zersetzt die Rechtsordnung wie auch jede andere Ordnung, indem sie geltend macht, dass die Gerechtigkeit gegenüber Fremden nicht
in rechtlichen Formeln geregelt werden kann – dass sie sich überhaupt nicht
regeln lässt.

Die Beziehung zwischen der unbedingten und der bedingten Gastfreundschaft
ist aber nicht nur eine einseitige; es ist nicht bloß so, dass die unbedingte Gastfreundschaft als Ideal einfach ‚da‘ ist und dass sich die ethische Aufgabe bloß
darum dreht, diese von einer rechtlichen Verunreinigung zu retten. Die unbedingte Gastfreundschaft „braucht“ die bedingte, sie ist auf das Recht angewiesen,
weil sie sonst zu einer ‚Utopie‘, einer ‚Illusion‘ und einer ‚Abstraktion‘ werden
würde – sie wäre damit nichts, was uns wirklich berührt, sondern was sich uns
wie ein transzendentes Ideal und damit wie eine Gottheit vollständig entzieht und
den Ort einer jenseitigen Welt markiert.[133] Ohne eine ‚irdische‘ Anbindung existiert somit kein Gesetz der unbedingten Gastfreundschaft. Nicht weil das Problem
darin bestünde, dass sich Ideale schwer realisieren lassen, sondern weil die unbedingte Gastfreundschaft eben *kein* Ideal und *keine* Utopie darstellt. Sie ist ein
Element innerhalb einer spannungsgeladenen Beziehung, ein Korrektiv, das es
braucht, um überhaupt als Öffnung gegenüber Anderen wirksam zu sein: „Wenn
es bedingungslose Gastlichkeit gibt, dann muss sie der Heimsuchung durch den
anderen offen stehen, der zu einem beliebigen Zeitpunkt eintritt, ohne dass ich es
wissen kann“.[134] Das Gesetz der unbedingten Gastfreundschaft ist nichts ‚fertig‘
Formuliertes, es liegt nicht in Reinschrift vor und wartet darauf, korrekt angewendet und in eine rechtliche Form übertragen zu werden. Unbedingtheit und
Bedingtheit stehen in Kontakt, aber auch in Distanz zueinander.

Was bedeutet das nun für die uns vom Ereignis her vertraute Formulierung, die
Unmöglichkeit sei die Bedingung der Möglichkeit? Die Antwort liegt angesichts
des Ereignistyps der Gastfreundschaft vielleicht am klarsten auf der Hand: Nur
weil die Realisierung einer unbedingten Gastfreundschaft eine Unmöglichkeit
darstellt, lassen sich Ordnungen der bedingten Gastfreundschaft von ihr ‚leiten‘:

> „Denn diese Pervertierbarkeit ist essentiell, irreduzibel, auch notwendig. Sie ist der
> Preis für die Perfektibilität der Gesetze. Für ihre Historizität also. Umgekehrt wür-
> den die bedingten Gesetze aufhören, Gesetze der Gastfreundschaft zu sein, wenn sie

---

[133] Um einen Ausdruck Derridas wiederaufzunehmen, den wir in Abschn. 2.1 vorgestellt
haben, können wir auch sagen, dass die Gastfreundschaft zu einem metaphysischen Substrat,
zu einem ‚transzendentalen Signifikat‘ verkommen würde.

[134] Derrida. *Eine gewisse unmögliche Möglichkeit, vom Ereignis zu sprechen*, S. 59 f.

nicht vom Gesetz der unbedingten Gastfreundschaft geleitet, inspiriert, verlangt, ja eingefordert würden".[135]

Mit „Perfektibilität" deutet Derrida eine, unter anderem auf Rousseau zurück-reichende Idee der Aufklärung an, dass menschliche Wesen im Gegensatz zu Tieren über die Fähigkeit der Vervollkommnung verfügen – aber in der Verwirk-lichung dieser Fähigkeit auch scheitern können. Die „Perfektibilität der Gesetze" meint im Lichte dessen, dass Gesetze nicht dazu da sind, einen Zustand der Reinheit in die Wirklichkeit umzusetzen, sondern, im besten Falle, einen Prozess der Vervollkommnung einzuleiten. Die unbedingte Gastfreundschaft lässt sich in diesem Sinne nicht vollständig realisieren, sie lässt sich nur ‚vervollkommnen', und zwar vor dem Horizont einer sozialen Welt, die immer von Unreinheiten, von „Pervertierbarkeiten" durchzogen ist. Wir leben in Gesellschaften, die über eine Geschichte verfügen, in denen eine oder mehrere konkrete Sprachen gespro-chen werden, in denen wir bestimmte Vorstellungen davon haben, wie wir andere Menschen behandeln, die nicht unsere Sprache sprechen und anderen Kulturen entstammen, und wir haben ebenfalls eine Vorstellung davon, wie sich diese Menschen uns gegenüber verhalten sollten und was es bedeutet, unserer Gast-freundschaft ‚würdig' zu sein. Dieser geschichtliche, kulturelle und sprachliche Rahmen lässt sich nicht einfach aushebeln: Jeder Empfang Anderer findet an einem konkreten Ort in der Welt statt, an dem eine bestimmte Sprache gespro-chen wird und an dem diese Sprache das begrenzt, was als Offenheit gegenüber Anderen benannt werden kann. Für Derrida gibt es keine universelle, einheitliche, niemanden exkludierende Sprache, sondern nur heterogene, je spezifische Formen des sprachlichen Austausches, die sowohl auf Ein- als auch auf Ausgrenzungen beruhen.

Aus diesem Grund und angesichts der radikalen Heterogenität zwischen einer unbedingten Gastfreundschaft und einer bedingten, in konkreten Gesellschaften realisierten Gastfreundschaft, stellt die Unmöglichkeit Ersterer die Bedingung für Letztere dar: Weil es unmöglich ist, eine unbedingte Gastfreundschaft zu ver-wirklichen, weil es keinen klaren Pfeil vom Unbedingten zu seiner Realisierung gibt, existieren überhaupt Formen der Gastfreundschaft in ihren verschiedenen, je kulturell unterschiedlichen Ausformungen. Sie alle müssen dafür empfäng-lich sein, und das ist die ethische Pointe von Derridas Auseinandersetzung, dass sie sich nicht vorschnell gegenüber denjenigen verschließen, die nicht so sind wie sie selbst, die über andere kulturelle Praktiken und Normen verfügen und sie müssen darüber hinaus ihre eigenen, in Gesetzesform festgeschriebenen

---

[135] Derrida. *Von der Gastfreundschaft*, S. 62.

Gastfreundschaften stets kritisch auf ihre Ausschlussmechanismen und ihre Assimilierungstendenzen hin befragen. Dieses im Offenen halten stellt die wesentliche ethische Dimension von Derridas Perspektivierung der Gastfreundschaft dar.

4.2.6 Figuren des Fremden in der Soziologie und die Frage nach der Gastfreundschaft

Derrida entfaltet das paradoxe Verhältnis zwischen unbedingter und bedingter Gastfreundschaft mithilfe philosophischer Klassiker und literarischer Schriften. Neben verschiedenen Platon-Dialogen sind das vor allem Kants *Zum ewigen Frieden*, Sophokles' Drama *Ödipus auf Kolonos* sowie die *Gesetze der Gastfreundschaft*, die in Pierre Klossowskis Roman *Roberte ce soir* Erwähnung finden.[136] Gleichwohl lassen sich in Derridas Überlegungen zur Frage der Gastfreundschaft und bezüglich des Stellenwerts, den Sprache, Kultur und Geschichte darin haben, bereits bedeutsame Elemente einer *soziologischen* Beschreibung der Figur und der sozialen Situation 'des Fremden' finden. Wir wollen im Folgenden unter Rückgriff auf drei klassische Texte der Soziologie illustrieren, wie sich mit Derridas dekonstruktiver Befragung des Ereignisses der Gastfreundschaft über die 'typische' Figur der Fremden soziologisch nachdenken lässt.[137] Dafür werfen wir mit Robert E. Parks *marginal man* und Alfred Schütz' *stranger* zwei Schlaglichter und enden mit einer durch Derrida informierten Betrachtung von Georg Simmels *Fremden*.[138]

In Derridas Frage nach dem Verhältnis zwischen unbedingter und bedingter Gastfreundschaft nimmt die „Figur des Fremden" eine zentrale Stellung ein, da sie offen legt, wie die konkreten Rechte und Normen einer politisch-sozialen

---

[136] Kant, Immanuel. 1983. *Zum ewigen Frieden. Ein philosophischer Entwurf*. Stuttgart: Reclam; Sophokles. 1996. *Ödipus auf Kolonos*. Stuttgart: Reclam; Klossowski, Pierre. 2002. *Die Gesetze der Gastfreundschaft*. Berlin: Kadmos.

[137] Merz-Benz, Peter-Ulrich und Wagner, Gerhard. 2002. Der Fremde als sozialer Typus. Zur Rekonstruktion eines soziologischen Diskurses. In *Der Fremde als sozialer Typus. Klassische soziologische Texte zu einem aktuellen Phänomen*, hrsg. Peter-Ulrich Merz-Benz und Gerhard Wagner. Konstanz: UVK, S. 9–37.

[138] Park, Robert E. 1928. Human Migration and the Marginal Man. In *American Journal of Sociology* 33 (6), S. 881–893; Schütz, Alfred. 1944. The Stranger. An Essay in Social Psychology. In *American Journal of Sociology* 49 (6), S. 499–507; Simmel, Georg. 2013. Exkurs über den Fremden. In *Soziologie. Untersuchungen über die Formen der Vergesellschaftung. Gesamtausgabe Band 11*, hrsg. Otthein Rammstedt. 7. Auflage. Frankfurt am Main: Suhrkamp, S. 764–771.

Ordnung die Beziehung zum und den Umgang mit Fremden regulieren.[139] Die
Figur der Fremden als Subjekt der Gastfreundschaft besitzt dadurch ein besonderes Erkenntnispotenzial, weil sie an der Grenze einer politisch-sozialen Ordnung
positioniert ist und gleichermaßen die Grenzen der bedingten Gastfreundschaft
innerhalb dieser Ordnung markiert. Deutlich wird das beispielsweise an Sokrates, der Derrida als „Fremder am *Rande* Athens" gilt.[140] Erste Anhaltspunkte für
eine soziologische Fassung der Situation, in die sich Fremde als solche Randfi-
guren gestellt finden, lassen sich hingegen – buchstäblich – Parks *marginal man*
entnehmen: Für Park nimmt der Fremde eine Position „on the margin of two cultures and two societies" ein, weswegen er ein „cultural hybrid" ist, der in seiner
Teilnahme am kulturellen Leben beider Gesellschaften weder mit den Gepflogenheiten seiner vorherigen Gesellschaft bricht noch gänzlich in jenen der neuen
Gesellschaft aufgeht.[141] Park entwickelt seine Begriffsfassung aus einer soziologischen Betrachtung der Migration heraus und versteht darunter den dauerhaften
Ortswechsel von Individuen, die ihre vorherige Heimat verlassen, ohne sich je
vollständig von ihr lösen zu können. Dabei formuliert Park die Frage nach dem
Fremden hauptsächlich im Ausgang der Frage nach seiner gelungenen Assimilation.[142] Denn an der Randfigur der Fremden, vor allem ihrem individuellen
Geisteszustand und ihrer Haltung, lässt sich nach Park der „moral turmoil", der
bei Kontakten zwischen Kulturen entstehe, am klarsten ablesen.[143] Der ‚marginal
man' trägt scheinbar alleine, nämlich in sich selbst, einen „conflict of cultures"
aus, indem er seine Randposition zwischen zwei Gesellschaften, ihren Sitten,
Geschichten und nicht zuletzt ihren Sprachen, zu bewältigen versucht.[144] In dieser
soziologischen Fassung der Figur des Fremden erscheint die Frage nach der *Gastfreundschaft* allenfalls am Rande, wenn Park die Situationsbeschreibung darum
ergänzt, dass der ‚marginal man' „*not quite* accepted" in der Gesellschaft sei, in
der er nun seinen Platz zu finden versucht.[145]

   Im Vergleich dazu hebt Schütz mit seiner Beschreibung der sozialen Situation
des *stranger* die verschiedenen Momente der Intersubjektivität stärker hervor,
die auch bei Derrida das Ereignis der Gastfreundschaft kennzeichnen. Ebenso
wie der ‚marginal man' charakterisiert den ‚stranger', dass er die dauerhafte

---

[139] Derrida. *Von der Gastfreundschaft*, S. 31.

[140] Ebd., Herv. von uns, ME/FM.

[141] Park. Human Migration and the Marginal Man, S. 892.

[142] Vgl. Ebd., S. 890–892.

[143] Ebd., S. 893.

[144] Ebd., S. 892.

[145] Ebd., Herv. von uns, ME/FM.

Aufnahme oder zumindest Toleranz einer neuen sozialen Gruppe ersucht, deren Mitglied er werden möchte. Schütz geht es aber nicht um die Frage nach den Bedingungen einer ‚gelungenen' Assimilation, sondern um eine möglichst präzise Beschreibung der anfänglichen sozialen Situation, in der Fremde versuchen, sich den Bedeutungsgehalt der für sie neuen Kultur zu erschließen und sich in ihr zu orientieren.[146] Die Situation einer Fremden ist vor allem eine interpretationsbedürftige, denn sie muss die ihr unbekannten Kulturgehalte – darunter auch die alltäglichsten Arten und Weisen, sich in der sozialen Welt zu bewegen – in die Sinngehalte *übersetzen,* die ihr durch Tradition und Biographie bekannt sind.[147] In dieser grundsätzlichen, von Schütz sozialphänomenologisch beschriebenen Interpretationsbedürftigkeit zeigt sich deutlicher das von Derrida thematisierte Spannungsverhältnis zwischen ‚eigener' und ‚fremder' Sprache, Kultur und Geschichte:

„Ein Fremder schickt sich an, sich an einen Fremden zu wenden. Ohne zu wissen. Ohne Wissen, ohne Wissen um den Ort und den Namen des Orts: ohne zu wissen, wo er ist, wohin er geht [...]. Ist das nicht *immer* die Situation des absoluten Ankömmlings? Frage/Bitte (*demande*) des Fremden an den Fremden/in der Fremde".[148]

Wie auch der ‚marginal man' stellt der ‚stranger' als ein solcher „border case" eine Randfigur zwischen zwei politisch-sozialen Ordnungen dar.[149] Diese Situation der Interpretationsbedürftigkeit birgt genau besehen ein besonderes Erkenntnispotenzial. Denn die Fremde stellt erstmal prinzipiell *alles* infrage, was der sozialen Gruppe, der sie sich annähert, selbstverständlich erscheint. An dem, was letztere ihrem Alltagsverständnis nach als ‚Stand der Dinge' fraglos akzeptieren und keiner Prüfung unterziehen, fallen der Fremden beizeiten Inkonsistenzen, Inkohärenzen und Unklarheiten auf.[150] Mit anderen Worten kennzeichnet hier den ‚stranger' eine spezifische *Offenheit* gegenüber den *Gastgebenden* – einerlei, ob sie aus der Not heraus geboren oder eine Folge selbstgewählten Interesses ist.[151] Den Gastgebenden hingegen erscheint der Fremde schlicht als „a man without a

---

[146] Vgl. Schütz. The Stranger, S. 499.

[147] Ebd., S. 504.

[148] Derrida. *Von der Gastfreundschaft,* S. 32, erste Herv. von uns, ME/FM.

[149] Schütz. The Stranger, S. 504.

[150] Ebd., S. 506.

[151] Dies wird nicht zuletzt auch daran deutlich, dass Schütz den ‚stranger' terminologisch vom ‚visitor' oder ‚guest' unterscheidet, die nur vorübergehend bzw. zeitlich begrenzt in Kontakt mit einer anderen sozialen Gruppe treten (vgl. Ebd., S. 499). Wie bereits einführend vermerkt, versuchen wir mithilfe verschiedener Figuren des Fremden auszuloten, wie sich an

history", weil es ihnen ausschließlich um eine geteilte Geschichte *innerhalb* der eigenen sozialen Gruppe geht.[152] Wenn sie sich aber für die Sprache, Kultur und Geschichte der Fremden interessieren sollten, so schreibt Schütz in Klammern, befänden sie sich „in a situation analogous to that of the approaching stranger".[153]

Die soziologisch verallgemeinerbare Grunderfahrung des ‚strangers' ist es, damit umgehen zu müssen, „that he lacks *any* status as a member of the social group he is about to join".[154] Wenn Schütz diese Grunderfahrung auch für andere Varianten von Grenzüberschreitungen in Aussicht stellt, dann wird deutlich, dass hier immer auch Fragen der Ein- und Ausgrenzung zwischen *und* in vermeintlich homogenen Gemeinschaften mit im Spiel sind.[155] Ein gewisses Maß an Status und Homogenität schreibt Schütz dem ‚stranger' nämlich doch noch zu, wenn er sich in seinen Betrachtungen auf „an adult individual of *our* times and *our* civilization" beschränkt.[156] Wir sehen hier bereits die Grenze zwischen der unbedingten und der bedingten, durch rechtliche und kulturelle Normen regulierten Gastfreundschaft aufflackern, wie sie Derrida für den gänzlich anonymen, absolut Anderen aufzeigt:

> „Denn es ist klar, dass man unter diesen Umständen einem anonymen Ankömmling oder jemandem, der weder einen Namen noch einen Familiennamen, weder eine Familie noch einen sozialen Status hat, *keine* Gastfreundschaft gewährt und ihn *nicht wie einen Fremden*, sondern wie irgendeinen Barbaren behandelt. Wir haben es bereits angedeutet: der Unterschied, einer der subtilen und bisweilen kaum wahrnehmbaren Unterschiede zwischen dem *Fremden* und dem *absolut Anderen* besteht darin, dass letzterer weder einen Namen noch einen Familiennamen haben kann; die absolute und unbedingte Gastfreundschaft, die ich ihm gewähren möchte, setzt einen Bruch mit der Gastfreundschaft im gängigen Sinne, der bedingten Gastfreundschaft, dem Recht auf Gastfreundschaft oder dem Gastfreundschaftspakt voraus".[157]

Wenn die Figur des Fremden in Gestalt von Parks ‚marginal man' und Schütz' ‚stranger' aus der Perspektive von Derridas Frage nach der Gastfreundschaft

---

Derridas Überlegungen zur Gastfreundschaft soziologisch anschließen lässt und lassen den ‚guest', wie Schütz ihn versteht, außer Acht.

[152] Schütz. The Stranger, S. 502.

[153] Ebd., S. 503.

[154] Ebd., S. 504, Herv. von uns, ME/FM.

[155] So handelt es sich beispielsweise auch bei der sich um Mitgliedschaft in einem geschlossenen Club Bewerbenden, dem universitäre Bildung anstrebenden Farmerssohn oder den aufs Land ziehenden Stadtmenschen um ‚strangers', vgl. Ebd., S. 499.

[156] Ebd., Herv. von uns, ME/FM.

[157] Derrida. *Von der Gastfreundschaft*, S. 25, Herv. von uns, ME/FM.

betrachtet wird, dann fällt zusammenfassend auf, dass beide ‚den' Fremden in seiner sozialen Beziehung zu einer anscheinend klar umrissenen und homogenen Gruppe, Gemeinschaft oder Kultur beschreiben. Die Gastgebenden werden mehr oder weniger frag- und problemlos vorausgesetzt. Ihre Identität und ihr Vermögen, eine Beziehung zu Fremden einzugehen, werden nur insoweit berücksichtigt, wie sie im Versuch der Fremden auftauchen, ihre eigene ‚Fremdheit' zu bewältigen. Die soziologische Blickrichtung verläuft hier also von der Fremden, die mit der eigenen Orientierungs- und Statuslosigkeit zu kämpfen hat, hin zu einer nicht näher bestimmten Gruppe, die sich relativ indifferent und passiv gegenüber der Fremden verhält.

Eine wichtige Geste Derridas in *Von der Gastfreundschaft* besteht aber darin, die „Frage des Fremden" in eine andere Richtung zu verschieben und vor der Frage nach der Identität und den Attributen ‚des' Fremden eine „Frage *des* Fremden als eine *vom* Fremden *kommende* Frage" auszumachen.[158] Damit wird in Termini der Gastfreundschaft nicht nur die Fremde, die als Gast Eintritt erbittet, sondern ebenso der Gastgeber befragt. Dekonstruiert wird in beiden Fällen eine vorausgesetzte, als selbstverständlich erachtete Identität. Wir machen uns abschließend diese Geste zu eigen und betrachten mithilfe von Simmels *Exkurs* die soziale Beziehung zwischen Fremden und Nicht-Fremden als eine *Wechselwirkung*.

Auch für Simmel kennzeichnet die Figur des Fremden nicht Mobilität oder räumliche „Gelöstheit" im Unterschied zur „Fixiertheit" per se, sondern ein spezifisches Verhältnis von Nähe und Ferne.[159] Dieses stellt sich ein, wenn die sich anbahnende Beziehung zwischen Fremden und Nicht-Fremden von gewisser Dauer sein wird oder es bereits ist. Der Fremde erscheint „als der, der heute kommt und morgen bleibt – sozusagen [als] der potenziell Wandernde, der, obgleich er nicht weitergezogen ist, die Gelöstheit des Kommens und Gehens nicht ganz überwunden hat".[160] Auch wenn es die Rede von der Überwindung einer allzeit möglichen Beweglichkeit nahelegt, so werden Fremde hier nicht – wie bei Park oder Schütz – letztendlich unter dem Gesichtspunkt einer noch zu bewältigenden, aber irgendwann abgeschlossenen Assimilation oder Anpassungsleistung betrachtet. Stattdessen ist die Fremde „ein Element der Gruppe selbst", d. h. sie nimmt eine „immanente" Position ein, die „zugleich ein Außerhalb und Gegenüber einschließt".[161] Anstatt Außen und Innen als eindeutige, stabile und

---

[158] Ebd., S. 95.
[159] Simmel. Exkurs über den Fremden, S. 764.
[160] Ebd.
[161] Ebd., S. 765.

klar überwindbare Grenze zwischen einer Fremden und einer Gruppe zu fixieren,
geht es Simmel um die soziale Hervorbringung dieser Grenze und die Art und
Weise, wie dies alle Beteiligten affiziert: Die Fremde ist hier nicht eine zukünftige Nicht-Fremde, zentral bei der Bestimmung der „soziologischen Form des
‚Fremden'" ist das „Fremdsein" als „besondere Wechselwirkungsform".[162]

Es geht, übertragen auf die Frage nach der Gastfreundschaft, in dieser Perspektive also nicht um den Fremden als feststehendes und eindeutiges Subjekt
der Gastfreundschaft, sondern um die komplizierte Beziehung zwischen Gast
und Gastgeber, die beide berührt: Der Fremde, der in einen sozialen Kreis eintritt, dem er „nicht von vornherein" angehörte, trägt gleichzeitig „Qualitäten, die
aus ihm nicht stammen und stammen können, in ihn hinei[n]".[163] Das ‚Fremdsein' als erläuterungsbedürftiges Distanzverhältnis in sozialen Beziehungen ist für
Simmel immer eine von Ferne und Nähe durchzogene „Form des Miteinander"
und „wechselwirkend[e] Einheit".[164] Wir wollen nun unter Rückgriff auf Derridas Denkbewegungen drei Konsequenzen ausleuchten, die Simmels Definition
für die soziologische Frage nach Fremdheit hat.

Erstens lässt sich weiter danach fragen, wie die Wechselwirkung zwischen
Fremden und Nicht-Fremden genauer beschaffen ist. Der Fremde tritt bei Simmel von außen hinzu, wird Teil einer neuen sozialen Gruppe – jedoch ohne ganz
in ihr aufzugehen. Stattdessen „entsteht ein Gesamtgebilde, das die autochtonen
Teile der Gruppe und den Fremden zusammen umfasst"; das „Außerhalb" des
Fremden gilt Simmel als „nur eine besondere Art der Wechselwirkung mit ihr
[der Gruppe, ME/FM], die ihn in eine Einheit mit dem Ganzen in dessen wei-
testem Sinne verwebt".[165] Genau besehen entsteht aber nicht einfach eine ‚neue'
Beziehung zwischen dem Fremden und einer selbstidentisch bleibenden Gruppe,
sondern der Fremde ist bemerkenswerterweise „[m]it all seiner unorganischen
Angefügtheit […] doch ein organisches Glied der Gruppe, deren einheitliches
Leben die besondere Bedingtheit dieses Elementes einschließt".[166] Mit Derrida
erkennen wir, dass hier die Logik des Supplements am Werke ist. Denn unter Simmels Gesichtspunkt der ‚Wechselwirkung' tritt die Fremde nicht ‚einfach' hinzu

---

[162] Ebd., S. 764 f.

[163] Simmel. Exkurs über den Fremden, S. 765.

[164] Ebd.

[165] Simmel, Georg. 2013. Der Arme. In Soziologie. Untersuchungen über die Formen der Vergesellschaftung. Gesamtausgabe Band 11, hrsg. Otthein Rammstedt. 7. Auflage. Frankfurt
am Main: Suhrkamp, S. 512–555, hier S. 522 f., Herv. von uns, ME/FM. Simmel formuliert dies in Bezug auf eine andere Figur, nämlich den ‚Armen', der sich aber in diesem
Zusammenhang „ungefähr wie der Gruppenfremde [verhält]" (Simmel. Der Arme, S. 522).

[166] Simmel. Exkurs über den Fremden, S. 771, Herv. von uns, ME/FM.

oder wird zur Gruppe hinzugefügt, sondern das „Einfügen" der Fremden, die „sich *zwischen* die primären Elemente [der Gruppenmitglieder, ME/FM] schiebt, bewirkt, wie so oft das Meer zwischen den Ländern, nicht Trennung, sondern Verbindung".[167] Indem das ‚Außerhalb' der Fremden im Inneren der Gruppe eingeschlossen ist, wird – und bleibt – die Gruppe von der Alterität durchzogen, damit sie sie selbst sein kann. Die Gruppe ‚braucht' also paradoxerweise die Fremde, um ‚sie selbst' sein zu können. Ihre Selbstidentität ist von der Beziehung zu einem Element abhängig, das nicht Teil der Gruppe ist.

Zweitens kann hier die Frage angeschlossen werden, wie genau diese Alterität beschaffen ist. In Simmels formaler Bestimmung der sozialen Position des Fremden ist sein ‚Fremdsein' nicht zwangsläufig an ungeprüft vorausgesetzte, gegebenenfalls essenzialisierende Differenzen wie beispielsweise Nationalität, Ethnie, Sprache und vieles mehr geknüpft. Einen ganz ähnlichen Punkt macht Derrida, wenn er auf die bereits behandelte sprachliche Dimension der Gastfreundschaft eingeht:

> „Dieselbe Sprache zu sprechen, ist nicht nur ein sprachlicher Vorgang. Es geht um das *ethos* im Allgemeinen. Nebenbei bemerkt: Ohne dieselbe Nationalsprache zu sprechen, kann mir jemand, wenn er eine bestimmte Kultur – zum Beispiel einen mit einem gewissen Reichtum verbundenen *Lebensstil*, usw. – mit mir teilt, weniger ‚fremd' sein als ein Mitbürger oder Landsmann, der einer anderen ‚*sozialen Klasse*' angehört, wie man früher sagte […]".[168]

Es ist für Simmel die Beziehung zum Fremden, das „Wesen des Verhältnisses zu ihm", das den Fremden dadurch fremd sein lässt, dass „man mit dem Fremden nur gewisse *allgemeinere* Qualitäten gemein hat", während man mit Nicht-Fremden durch „Gleichheit von spezifischen Differenzen gegen das bloß Allgemeine" verbunden ist.[169] Vereinfacht lässt sich sagen: Mit Fremden teilen wir lediglich allgemeine Merkmale, mit Nicht-Fremden Besonderheiten, die uns

---

[167] Simmel, Georg. 2013. Die Selbsterhaltung der sozialen Gruppe. In *Soziologie. Untersuchungen über die Formen der Vergesellschaftung. Gesamtausgabe Band 11*, hrsg. Otthein Rammstedt. 7. Auflage. Frankfurt am Main: Suhrkamp, S. 556–686, hier S. 612. Hier bezieht sich Simmel auf die Figur des ‚Händlers', der aber – wie er im *Exkurs über den Fremden* schreibt – „[i]n der ganzen Geschichte der Wirtschaft […] allenthalben […] als Fremder [erscheint]" (Simmel. Exkurs über den Fremden, S. 765). Mit Derrida ist angesichts der Supplementarität der Fremden jedoch der Begriff der Wechselwirkung dekonstruktiv zu befragen, wenn damit zwei voneinander *getrennte* Elemente *vorausgesetzt* werden, die in Interaktion zueinander treten.

[168] Derrida. *Von der Gastfreundschaft*, S. 96.

[169] Simmel. Exkurs über den Fremden, S. 768.

mit ihnen zusammen von allen Anderen unterscheiden. Eine solche Beziehung zum Fremden spielt sich, mit Derrida gedacht, vollständig im Rahmen der *bedingten* Gastfreundschaft ab. Denn hier wird nicht „Gastfreundschaft dem *Anderen* gewährt, ihm geschenkt, bevor er sich identifiziert", sondern *Fremden* im Horizont einer mit ihnen geteilten Allgemeinheit eine bestimmte Identität unterstellt, die sie von Nicht-Fremden unterscheidet.[170] Nach Maßgabe der bedingten Gastfreundschaft, wir haben es im vorherigen Abschnitt ausgeführt, erbitten Fremde die Gastfreundschaft in der Sprache der Gastgebenden. Und ‚Sprache' wird von Derrida in diesem Zusammenhang durchaus auch in einem weiten Sinne verstanden als „diejenige, in der man sich an den Fremden wendet oder in der man ihn hört, wenn man ihn anhört, die *Gesamtheit der Kultur,* die Werte, Normen, Bedeutungen, die der Sprache innewohnen".[171] Somit wird dem Anderen durch seine Identifikation als ‚Fremder' bereits seine Andersheit ein Stück weit geraubt, er wird aus dem Blickwinkel der ‚eigenen' Kultur als Fremder bestimmt. Simmel hebt in diesem Zuge, wie Sonja Engel es über den *Exkurs* schreibt, die dabei mitlaufenden Grenzziehungs- und Ausschlussmechanismen deutlich hervor, denn

> „[…] der Fremde befindet sich im Außen, weil er mit einem ‚fremden' Merkmal ausgestattet ist, dagegen sind diejenigen im Innen, die Gemeinsamkeiten teilten. Durch den brutalen Akt der Reduktion auf *ein* Merkmal wird *der Andere zum Fremden gemacht,* er erscheint den Gruppenmitgliedern eindeutig als Nicht-Mitglied und er ist qua Typisierung ausgeschlossen".[172]

Die für Derrida entscheidende Spannung zwischen der unbedingten Gastfreundschaft, die dem Anderen als „anonymen Ankömmling" zuteilwerden würde,[173] und der bedingten, immer schon begrenzten Gastfreundschaft gegenüber dem Fremden, findet sich also in gewisser Weise so auch bei Simmel. Für die soziologische Analyse bedeutet das, präziser zu untersuchen, was jeweils genau als ‚eigene' Kultur gilt, wer festlegt, welche Merkmale inhärente Bestandteile dieser Kultur sein sollen und inwiefern dadurch andere kulturelle Einstellungen ausgeschlossen werden.

---

[170] Derrida. *Von der Gastfreundschaft,* S. 28, Herv. von uns, ME/FM.

[171] Ebd., S. 96, Herv. von uns, ME/FM.

[172] Engel, Sonja. 2013. Der Typus des Fremden im Zentrum der Vergesellschaftung bei Georg Simmel. In *Der Begriff der Kultur. Kulturphilosophie als Aufgabe,* hrsg. Arbeitskreis Kultur- und Sozialphilosophie. Bielefeld: Transcript, S. 127–148, hier S. 136.

[173] Derrida. *Von der Gastfreundschaft,* S. 25.

Drittens übersteigt die supplementäre Beziehung zwischen Fremden und Nicht-Fremden sowie die dabei durchaus folgenreiche Voraussetzung von Identität in gewisser Weise die Figur des Fremden – und zwar in Gestalt sozialtheoretischer Verallgemeinerung. Denn es bedingt „alle Verhältnisse der Menschen untereinander", dass „[w]ir den *Andern* in irgend einem Maße verallgemeinert [sehen]. Vielleicht, weil es uns nicht gegeben ist, eine von der unsern abweichende Individualität völlig in uns zu repräsentieren".[174] Dabei geht es nicht nur um das Scheitern daran, die Subjektivität einer anderen Person in der eigenen Vorstellung vollständig erfassen oder abbilden zu können. Vielmehr zeigt sich am besonderen Fall der Fremden, wie Nähe und Ferne jede Beziehungsform prägen – und damit eine Spur von ‚Fremdheit' die soziale Welt durchzieht. Nähe und Ferne erscheinen besonders deutlich in der soziologischen Form des Fremden, gelten aber grundlegender als „Bedingung" und „Symbol der Verhältnisse zu Menschen".[175] Denn in den Merkmalen, die wir mit einem Mitglied der ‚eigenen' Gruppe teilen, verharrt immer die Möglichkeit, dass „diese Gleichheiten über ihn und uns hinausreichen und uns beide nur verbinden, weil sie überhaupt sehr Viele verbinden. In diesem Sinne kommt leicht auch in die *engsten* Verhältnisse ein *Zug von Fremdheit*".[176]

Eine unbegrenzte Empfänglichkeit für diese Fremdheit – mit Derrida können wir von der unbedingten Gastfreundschaft gegenüber Anderen sprechen – stellt zwar in der konkreten Ausgestaltung von sozialen Beziehungen eine Unmöglichkeit dar, prägt sie aber, weil die Fremdheit „wie Schatten zwischen die Menschen, wie ein jedem bezeichnenden Worte enthuschender Nebel [drängt]".[177] Eine Möglichkeit, Derridas systematische und ethische Überlegungen über die Gastfreundschaft für soziologische Beschreibungen des ‚Fremden' fruchtbar zu machen, besteht darin, die in konkreten politisch-sozialen Ordnungen auffindbaren Formen der Beziehung zu Fremden daraufhin zu befragen, inwiefern sie für die Beziehung zum Anderen aufschlussreich sind. Vielleicht lässt sich damit starten, wie Simmel im *Exkurs* beginnt und endet: den ‚Fremden' zuerst einmal in Anführungszeichen zu setzen.[178]

---

[174] Simmel, Georg. 2013. Exkurs über das Problem: Wie ist Gesellschaft möglich? In *Soziologie. Untersuchungen über die Formen der Vergesellschaftung. Gesamtausgabe Band 11*, hrsg. Otthein Rammstedt. 7. Auflage. Frankfurt am Main: Suhrkamp, S. 42–61, hier S. 47 f.

[175] Simmel. Exkurs über den Fremden, S. 764.

[176] Ebd., S. 769, Herv. von uns, ME/FM.

[177] Ebd., S. 769.

[178] Vgl. Ebd., S. 764 und S. 771.

4.3   Derridas politische Philosophie

Die bisherigen Abschnitte dieses Kapitels haben auf sehr unterschiedliche Weise Derridas Beschäftigung mit der unmöglichen Möglichkeit des Ereignisses offengelegt und einige soziologische Anschlussmöglichkeiten daran ausgelotet. In diesem abschließenden Teil unseres Buches wollen wir nun auf einige Texte Derridas zu sprechen kommen, in denen *Politik* und *Gerechtigkeit* explizit thematisiert werden. Wie es nicht überraschen wird, finden sich bei Derrida keine Stellen, in denen er uns belehrt, wie die ‚richtige' Politik, eine besonders gerechte Gesellschaft oder ein umfassend inklusives Rechtssystem auszusehen haben. Vielmehr geht es auch angesichts dieser Fragen darum, wie sich Politik und Gerechtigkeit auf einer ganz basalen Ebene verstehen lassen und auf welchen Spannungen sie beruhen. Aber nicht nur die Exposition von Spannungen und Aporien steht innerhalb dieser Texte des Spätwerkes im Fokus, es lassen sich nämlich auch klare affirmative Momente aufspüren, die gelingende Formen von Politik aufzeigen. So stellen Derridas Selbstverortung innerhalb der Tradition des Marxismus auf der einen Seite und seine bejahende Einstellung zur Demokratie auf der anderen Seite vermeintlich Gegenpole dar, die jedoch gerade die Energie der Dekonstruktion zu entfesseln vermögen. Denn Derridas politische Perspektive beruht sowohl in einer radikalen Kritik gegenwärtiger Herrschafts- und Gewaltformen als auch in einem Bekenntnis zu einer demokratischen Praxis, die wesentlich durch Gastfreundschaft geprägt ist. Und hier lassen sich auch spannende Schlüsse angesichts der Infragestellung einer geschlossenen, assimilierenden und ausgrenzenden ‚europäischen Identität' ziehen.

Wir wollen uns auf den folgenden Seiten drei Aspekten von Derridas Beschäftigung mit Politik im Speziellen zuwenden. *Erstens* werden wir die Beziehung zwischen einer unerschöpflichen Gerechtigkeit und einem die Gerechtigkeit bannenden Recht betrachten, wie sie insbesondere in *Gesetzeskraft* entworfen wird.[179] Hier findet sich die bereits zu Beginn des vierten Kapitels erwähnte berühmte Stelle, in der Derrida die Dekonstruktion mit der Gerechtigkeit gleichsetzt. Die Gerechtigkeit wird als eine Form der Andersheit verstanden, die sich nicht in eine rechtliche und moralische Form bannen lässt und deren Singularität immer schon allgemeine, normative Vorschriften übersteigt (Abschn. 4.3.1). *Zweitens* widmen wir uns Derridas Auseinandersetzung mit Marx und dem Gespenst

---

[179] Derrida. *Gesetzeskraft.*

des Marxismus, wie er sie in *Marx' Gespenster* und *Marx & Sons* führt.[180] Besonderes Augenmerk gilt dabei dem Konzept der *Hantologie*. Derrida dekonstruiert
mit diesem Ausdruck den Terminus der Ontologie, indem er ihm eine gespenstische, eine ‚hantologische' Dimension einschreibt: Politik wird stets von einer
Vergangenheit affiziert, die sich niemals ganz auslöschen lässt und die Gegenwart
mit ihren unerfüllten Versprechungen heimsucht. Dekonstruktion als eine Kritikform insistiert damit auf dem Unerfüllbaren und Unabschließbaren, das von
politischen Ordnungen überdeckt wird (Abschn. 4.3.2). Diese komplexe Struktur der Zeitlichkeit lässt sich *drittens* in Derridas Entwurf einer „kommenden
Demokratie" aufspüren. Die Offenheit gegenüber dem Kommenden ist irreduzibel mit einer Offenheit gegenüber Anderen und Fremden verbunden, wie sie uns
in unserer Auseinandersetzung mit der Gabe bereits begegnet ist. Eine Lektüre
ausgewählter Stellen von Derridas kurzem Text *Das andere Kap* zeigt in diesem
Zusammenhang den anti-kolonialistischen Gestus der Dekonstruktion auf, der die
Selbstidentität Europas und die Ausgrenzung derjenigen, die nicht dem europäischen Normengefüge entsprechen, problematisiert.[181] Hier soll noch einmal
ersichtlich werden, inwiefern für Derrida die Beziehung zu Anderen ein integrales
Element der Politik und damit der sozialen Welt ist (Abschn. 4.3.3).

4.3.1 Die Beziehung zwischen Gerechtigkeit und Recht

Worum es Derrida bei seiner Untersuchung der Beziehung zwischen Gerechtigkeit und Recht geht, ist uns im Kern bereits aus unserem Abschnitt über die Gabe
vertraut.[182] Die Gabe, so lautete Derridas Argumentation diesbezüglich, entzieht
sich in ihrer Ereignishaftigkeit immer schon dem Recht und der Moral: Rechtliche Codierung und moralische Verpflichtung kontaminieren die Gabe, sie rauben
ihr ihre radikale Geste des Gebens und lassen sie so ihren Ereignischarakter
einbüßen. Die Gabe lässt sich nämlich in keinen rechtlichen und ökonomischen
Kreislauf einbinden, sie verliert ihren Charakter als Ereignis, wenn sie als etwas
verstanden wird, das eine Person einer anderen schuldet oder das rechtlich oder
moralisch eingefordert werden kann.

---

[180] Derrida. *Marx' Gespenster;* Derrida, Jacques. 2003. *Marx & Sons.* Frankfurt am Main:
Suhrkamp.

[181] Derrida, Jacques. 1992. Das andere Kap. In *Das andere Kap. Die vertagte Demokratie.
Zwei Essays zu Europa.* Frankfurt am Main: Suhrkamp, S. 9–80.

[182] Vgl. Abschn. 4.2.3.

Analoges gilt nach Derrida für die Gerechtigkeit und ihre Differenz zum
Recht. Noch stärker als es sich im Falle der Gabe verhält, besitzt die Gerechtigkeit eine besonders hohe Stellung innerhalb der Dekonstruktion. Derrida schreibt
in *Gesetzeskraft* gar:

> „Mit dem Namen der Gerechtigkeit – der Justiz versehen, wird uns in mehr als
> einer Sprache etwas vererbt, was der Dekonstruktion in ihrem Herzen die Aufgabe
> eines geschichtlichen und auslegenden Gedächtnisses überträgt […]. Die Forderung
> nach unendlicher Gerechtigkeit, die unendliche Forderung nach Gerechtigkeit, die die
> von mir erwähnte Gestalt einer ‚Mystik‘ annehmen kann, verpflichtet bereits die/zur
> Dekonstruktion. Man muss der Gerechtigkeit gegenüber gerecht sein; es muss ihr
> zunächst in dem Sinne Gerechtigkeit widerfahren, dass man auf sie hört, sie liest,
> sie deutet, dass man versucht, zu verstehen, woher sie kommt und was sie von uns
> will, dessen gewahr, dass sie in besonderen Sprachen, Wendungen, Ausdrücken uns
> überkommt".[183]

Die Rede von der „unendlichen Gerechtigkeit" und der „unendlichen Forderung
nach Gerechtigkeit" darf auch hier nicht theologisch oder – was für Derrida
dasselbe ist – normativ verstanden werden. Gerechtigkeit ist nichts, dessen vollständige Erfüllung wir deshalb verfehlen, weil sie die irdische Welt übersteigt
oder weil sie eine nicht zu verwirklichende Utopie darstellt. Die Gerechtigkeit
kennt vielmehr kein Maß, sie trägt keine Norm in sich, mit der ihre Verwirklichung gemessen werden kann, und sie ist auch kein Ideal, das wir nur deshalb
verfehlen, weil wir fehlbare Menschen und keine Götter sind. Die Gerechtigkeit ist unendlich, weil sie sich nicht in endlichen Kategorien – und damit auch
nicht in unserer Sprache – *darstellen* lässt, sie ist die „Erfahrung der absoluten
Andersheit".[184] Mit der Sprache ordnen wir Phänomene immer schon in Kategorien ein, um sie uns vorzustellen und zu eigen zu machen; die Gerechtigkeit ist
aber nichts, was wir uns vor-stellen können, was sich uns wie ein Gegenstand zu
präsentieren vermag, sie entzieht sich stets schon einer Vorstellung und Präsenta-
tion. Dieses Argument ist uns inzwischen vertraut. Wenn wir der „Gerechtigkeit
gegenüber gerecht sein" wollen, dann müssen wir zunächst diesen Entzugscha-
rakter und ihre radikale Andersheit gegenüber dem Recht herausarbeiten. Wir
dürfen die Gerechtigkeit nicht vorschnell als etwas verstehen, dessen sich Recht
und Moral anzunehmen haben, oder als etwas, das durch rechtliche Vorschriften
und moralische Verpflichtungen in der Welt verwirklicht wird. Insofern ist es für
Derrida wesentlich, eine Differenz einzuführen,

---

[183] Derrida. *Gesetzeskraft,* S. 40.
[184] Ebd., S. 57.

„eine Unterscheidung zwischen der Gerechtigkeit (die unendlich ist, unberechen-
bar, widerspenstig gegen jede Regel, der Symmetrie gegenüber fremd, heterogen und
heterotrop) und ihrer Ausübung in Gestalt des Rechts, der Legitimität oder Legalität
(ausgleichbar und satzungsgemäß, berechenbar, ein System geregelter, eingetragener,
codierter Vorschriften)".[185]

Wenn der Dekonstruktion eine solche Nähe zur Gerechtigkeit zukommt, wenn
sie die Gerechtigkeit „in ihrem Herzen" trägt,[186] deutet das auf eine ethische
Komponente der Dekonstruktion hin, die sich dem Recht und der Moral entzieht.
Der Untertitel *der 'mystische Grund der Autorität'* weist darauf hin, dass die
Gerechtigkeit als solch mystischer Grund fungiert, weil sie das Recht ermöglicht,
ohne dessen Fundament zu sein. Weil sich in die Gerechtigkeit immer schon eine
Entzugsdimension eingenistet hat, kann sie unmöglich über einen festen Grund
verfügen und der Terminus „mystisch" lässt vor diesem Hintergrund anklingen,
dass hier etwas nicht klar zu fassen ist.

Worauf bezieht sich nun dieses Nicht-Fassbare? Die Konturen von Derridas Gerechtigkeitsbegriffs treten klarer zutage, wenn wir sie von normativen
politischen Theorien unterscheiden, die an das Universale, Allgemeine und Ange-
messene gebunden sind.[187] Derridas politischer Philosophie geht es nicht um den
Entwurf universeller Normen, die derart *allgemein* ausformuliert sind, dass sie
alle Subjekte gleichermaßen ansprechen und keine Unterschiede zwischen ihnen
machen. Vielmehr bezieht sich sein Verständnis von Gerechtigkeit auf das *Besondere*: „Wir müssen dabei auch wissen, dass sich diese Gerechtigkeit immer an
das vielfältig Besondere [*singularités*] richtet, an die Besonderheit des anderen,
unbeschadet oder gerade aufgrund ihres Anspruchs auf Universalität".[188] Der
französische Begriff der Singularität verdeutlicht an dieser Stelle noch besser,
dass es hier nicht um eine klassische dialektische Beziehung zwischen dem Allgemeinen und dem Besonderen geht, wie es etwa bei Hegel der Fall ist, und bei der
letztendlich Besonderes und Allgemeines in einer scheinbar harmonischen Syn-
these verschmelzen, die den Primat des Allgemeinen unangetastet lässt. Derridas
Verständnis von Gerechtigkeit bezieht sich stattdessen auf die irreduzible Singularität des Einzelnen. Damit ist nicht gemeint, dass das Individuum einen absoluten

---

[185] Ebd., S. 44 f.

[186] Ebd., S. 40.

[187] Ein Beispiel für eine solche zeitgenössische normative politische Theorie wäre diejenige
von Jürgen Habermas, auf die wir in Abschn. 3.1.2 im Zusammenhang mit Begründungsfiguren von Herrschaft eingegangen sind.

[188] Derrida. *Gesetzeskraft,* S. 41.

Vorrang vor dem Allgemeinen, der Gemeinschaft, besitzt. Die Gerechtigkeit richtet sich deshalb auf das Besondere, weil *jeder* Fall, in dem die Forderung nach
der Gerechtigkeit zur Sprache kommt, ein *singulärer* Fall ist und die darin einge-
bundenen Subjekte ebenfalls singulär und damit nicht austauschbar sind. Derrida
wendet sich auch an dieser Stelle gegen ein Denken von Totalität, das sowohl singuläre Forderungen als auch singuläre Subjekte zum Ersticken bringt, indem es
diese in ein umfassendes und geschlossenes Normensystem eingliedert, das keine
Unterschiede zwischen den einzelnen Forderungen und Ansprüchen der Subjekte
kennt. In diesem Sinne lässt sich auch nicht von vornherein formulieren, welche
Forderungen nach Gerechtigkeit angemessen sind:

> „Es bedeutet sogar, dass die Forderung nach Gerechtigkeit von einer hyperbolischen
> Überbietung ergriffen wird, es bedeutet, dass man empfindlich ist für eine wesentliche
> Disproportion, die dieser Forderung das Unmäßige und das Unangemessene einzeich-
> net und die dazu drängt, dass man nicht allein die theoretischen Grenzen anzeigt,
> sondern auch konkrete Ungerechtigkeiten denunziert".[189]

Die Gerechtigkeit ist unangemessen und unmäßig, weil sie eben kein umgrenz-
tes Maß besitzt, mittels dessen sich ihre Ansprüche konkretisieren lassen. Nicht
das Errichten von Grenzen, die Zurückweisung ungerechtfertigter, weil maßloser
Ansprüche ist ihr Inhalt, sondern eine Sensibilität gegenüber ganz *gegenläufigen*
Ansprüchen. Natürlich behauptet auch Derrida nicht, dass jede vorgebrachte Forderung legitim ist; der Begriff des Legitimen ist auf dieser Ebene erst einmal
überhaupt kein sinnvoll einsetzbarer Begriff. Auch wenn sie sich der Klassifi-
zierung als legitim und illegitim entzieht, findet die Gerechtigkeit jedoch nicht in
einer Sphäre statt, die dem Recht radikal äußerlich ist. Wir haben es auch hier mit
einem komplexen Beziehungsgefüge zu tun, das wir nun zur Sprache zu bringen
versuchen.

Aus der Perspektive des Rechts bzw. einer rechtsphilosophischen Erfassung
lässt sich festhalten, dass rechtliche Codierungen wesentlich durch ihren Bezug
auf die Gerechtigkeit getragen sein *sollen.* Dem Recht kommt zwar die wesentliche Funktion zu, Rechtssicherheit zu garantieren – und damit steht es in
Opposition zur Gerechtigkeit –, legitimieren lässt sich das Recht jedoch nur über
die Integration eines Anspruches auf Gerechtigkeit. Aber auch die Gerechtigkeit
verlangt im umgekehrten Falle nach dem Recht:

> „Alles wäre viel einfacher, wenn der Unterschied zwischen Gerechtigkeit und Recht
> ein wahrer Unterschied wäre, ein Gegensatz, dessen Wirken sich logisch regeln und

---

[189] Ebd.

beherrschen ließe. Das Recht enthält aber den Anspruch einer Ausübung, die im Namen der Gerechtigkeit geschieht; die Gerechtigkeit wiederum erfordert, dass sie in einem Recht sich einrichtet, das ‚enforced' werden muss".[190]

Genau wie es bei der Gabe und der Gastfreundschaft der Fall ist, kann sich auch die Gerechtigkeit nicht einfach in sich selbst, in einem dem Recht gänzlich äußerlichen Raum einrichten. Angesichts dessen würde sie wieder zu einer Utopie oder einer theologischen Idee gerinnen, die uns nicht berührt. Die Gerechtigkeit verfügt hingegen über eine Kraft, die nicht in sich selbst ruht, die vielmehr danach drängt, sich zu exponieren. Obwohl die Gerechtigkeit maßlos ist, strebt sie nach einer Bemessung, sie verlangt danach, quantifiziert und damit in eine rechtliche Codierung überführt zu werden. Die Gerechtigkeit „fordert" ihre Niederschrift in rechtlichen Kategorien, aber eine rechtliche Festschreibung vermag ihre unendlichen Forderungen dennoch nicht zum Verstummen zu bringen. Der *Entzug* der Gerechtigkeit gegenüber dem Recht und ihr *Bezug* zum Recht sind damit ein und dieselbe Bewegung und das charakterisiert die Schwierigkeit dieser Beziehung.

Derrida formuliert in *Gesetzeskraft* eine Reihe an Aporien, um die Ausweglosigkeit einer Glättung der Spannung zwischen Gerechtigkeit und Recht zu veranschaulichen. Ohne die Aporien im Einzelnen hier auszubreiten und angesichts der in diesem Kapitel nachvollzogenen Denkbewegungen wenig überraschend,[191] lässt sich vorwegnehmen, dass ihr Resultat die *Unmöglichkeit* einer rechtlichen Codierung der Gerechtigkeit ist. Spannend und für uns an dieser Stelle von Interesse sind Derridas Äußerungen über das Verfahren der Dekonstruktion:

> „Ich bewege mich nun geradewegs (ohne mich auf den Umweg eines geschichtlichen Gedächtnisses zu begeben) auf die formale, abstrakte Formulierung einiger Aporien zu; diese Aporien sind die bevorzugte Gegend, der bevorzugte Ort der Dekonstruktion, oder vielmehr: die Dekonstruktion findet hier, zwischen Recht und Gerechtigkeit, ihr bevorzugtes Ungleichgewicht".[192]

Die Dekonstruktion hat bei der Bestimmung der Aporien zwischen Gerechtigkeit und Recht deshalb ihren „bevorzugten Ort", weil sie ein Verfahren ist, das den Dingen Gerechtigkeit zu widerfahren versucht, indem es sich auf sie einlässt, *und* indem es zugleich darum weiß, dass es bei diesem Versuch letztlich scheitert. Dieses Scheitern sorgt aber nicht für einen Abbruch, ein Verschwinden der

---

[190] Ebd., S. 46.
[191] Die drei Aporien befinden sich in Derrida. *Gesetzeskraft*, S. 46–56.
[192] Ebd., S. 44.

Gerechtigkeit, sondern stoppt eine destruktive Bewegung, indem die Dekonstruktion die Gerechtigkeit *trotz allem* im Recht festzuhalten versucht. Das bedeutet, dass das Recht darum weiß, der Gerechtigkeit nicht gerecht werden zu können, sich trotz dieses Scheiterns seiner Aufgabe aber nicht einfach entzieht. Wenn Derrida schreibt „Die Dekonstruktion ist die Gerechtigkeit",[193] dann ist sie kein Verfahren, das den Anspruch einer vollständigen Realisierung der Gerechtigkeit erhebt, sondern das immer schon die Unreinheit dieser Realisierung in sich trägt. Die Dekonstruktion ringt mit der Gerechtigkeit, sie lässt sich auf sie ein, sie versucht sensibel gegenüber der sozialen Welt zu sein, und sie weiß zugleich immer um die Asymmetrie zwischen Gerechtigkeit und Recht.

Diese *Offenheit* der Gerechtigkeit – und dieses Motiv durchzieht alle Texte Derridas in den 90er Jahren – beinhaltet letztlich ein bestimmtes Verständnis von *Zeitlichkeit.* Denn dass die Gerechtigkeit etwas ist, das nicht vorgestellt und nicht präsentiert werden kann, impliziert auch, dass sie etwas Nicht-Gegenwärtiges ist. Auch hier lässt sich eine Form von Zeitlichkeit aufspüren, wie wir sie im ersten Teil unseres Buches anhand der Différance,[194] der Iterabilität[195] und der Gramma[196] vorgestellt haben. Vergangenheit und Zukunft sind innerhalb der Gerechtigkeit verschränkt, die Gerechtigkeit existiert in der Spannung zwischen Vergangenheit und Zukunft. Konkret bedeutet das für Derrida: „Die Gerechtigkeit bleibt *im Kommen,* sie muss noch kommen, sie hat, sie ist Zu-kunft, sie ist die Dimension ausstehender Ereignisse, deren Kommen irreduktibel ist".[197] Dass sie im Kommen bleibt, bedeutet, dass sich die Gerechtigkeit nicht vollständig zu realisieren vermag, dass es keine Gesellschaften, Institutionen und Beziehungen zwischen Menschen geben kann, die vollkommen gerecht sind. Auch wenn das Recht dazu aufgerufen ist, die Gerechtigkeit zu verwirklichen, existiert immer ein Überschuss, ein Rest an Gerechtigkeit, der sich ihrer Verwirklichung entzieht und der deshalb *im Kommen* bleibt – und es auch soll. Wenn Derrida in seinen späten Schriften von ‚kommenden Gerechtigkeit' oder der ‚kommenden Demokratie' spricht, dann meint er genau diesen unanzueignenden Rest, dieses Unverwirklichbare. Derridas Blick auf die Politik ist von diesem Kommenden geprägt.

---

[193] Ebd., S. 30.

[194] Vgl. Abschn. 2.2.2.

[195] Vgl. Abschn. 2.3.

[196] Vgl. Abschn. 2.4.2.

[197] Derrida. *Gesetzeskraft,* S. 56.

4.3.2 Politik als Hantologie – Derridas Auseinandersetzung mit dem Marxismus

Die Politik nicht auf die Moral zu beziehen, nicht zu deklarieren, worin eine ,gute' und ,richtige' Politik, eine für alle Zeiten ideale politische Ordnung besteht, ist das Herzstück von Derridas politischer Philosophie. Dieses ,nicht' deutet auf keine bloße Verweigerungshaltung hin, auf kein reines Opponieren gegen eine auf einen Rationalismus abgestellte normative Theorie der Politik. Es erhebt vielmehr die Forderung, dass unser Verständnis des Politischen auf radikale Weise umgekrempelt werden muss. Wenn wir im Verlauf dieses Buches gelernt haben, dass diese Form des Umkrempelns nicht als ein bloßes Reformieren der Philosophie zu verstehen ist, nicht als Korrektur eines Systems, das im Grunde schon in die richtige Richtung läuft, sondern als weiträumige Problematisierung von vertrauten Denkbewegungen, dann sollte es uns nicht überraschen, dass Derrida auch bezüglich der Politik bei äußerst basalen philosophischen Grundbegriffen ansetzt.

In vorderster Reihe steht vor diesem Hintergrund der Begriff der Ontologie. Es lohnt sich, in Erinnerung zu rufen, dass sich Derridas früheste Arbeiten mit einer Problematisierung der Geschichte der Philosophie angesichts ihrer Abwertung der Schrift befassen.[198] Es ging Derrida also bereits in seinen frühesten Texten, auch wenn sich dort scheinbar gar keine politische Pointe aufspüren lässt, um die Kritik an einer bestimmten Struktur, einer Ordnung, die das Soziale durchzieht und die ihre Wirksamkeit zugleich unkenntlich macht. Wenn wir uns nun Derridas Beschäftigung mit der Politik in der Mitte der 90er Jahre genauer vergegenwärtigen, erkennen wir auch hier einen Widerstand gegenüber dem Begriff der Ontologie. Anders als es in den Texten der 60er und 70er Jahre der Fall ist, bezieht sich Derrida nun aber direkt auf die Politik und das heißt auf politische Grundbegriffe und zeitgenössische politische Fragestellungen.

Diese Verbindung legt Derrida in seinem berühmten Buch *Marx' Gespenster,* dem wir uns im Folgenden zuwenden, besonders eindrücklich dar.[199] Der Begriff, der in diesem Zusammenhang auftaucht, und der häufig zur Charakterisierung von Derridas politischem Denken herangezogen wird, ist derjenige der *Hantologie.* In einem komplizierten Abschnitt zu Beginn des Buches setzt Derrida dieses Wort in Relation zum Begriff des Ereignisses und der Ontologie:

---

[198] Vgl. Abschn. 2.1 und unsere Werkbiographie (Kap. 5).

[199] *Marx' Gespenster* hat eine breitere Auseinandersetzung entfacht, dessen wichtigste Beiträge in dem Band Sprinker, Michael. Hrsg. 1999. *Ghostly demarcations. A symposium on Jacques Derrida's Spectres of Marx.* London: Verso versammelt sind. Derrida selbst hat darauf wiederum geantwortet in Derrida. *Marx & Sons.*

„Wiederholung *und* erstes Mal, aber auch Wiederholung *und* letztes Mal, denn die Einzigartigkeit jedes *ersten Mals* macht daraus zugleich ein *letztes Mal*. Jedesmal ist ein erstes Mal ein letztes Mal, das ist das Ereignis selbst. Jedesmal anders. Inszenierung für ein Ende der Geschichte. Nennen wir das eine *Hantologie*. Diese Logik der Heimsuchung wäre nicht nur umfassender und machtvoller als eine Ontologie oder ein Denken des Seins [...]. Sie würde selbst der Eschatologie und der Teleologie bei sich Unterschlupf gewähren, aber als genau umgrenzten Orten oder besonderen Wirkungen".[200]

In den ersten vier Sätzen dieses Zitats charakterisiert Derrida seine Vorstellung vom Ereignis, indem er implizit auf das Phänomen der Iterabilität zurückgreift.[201] Das Ereignis, so hatten wir in Abschn. 4.1 festgehalten, ist etwas Einmaliges, etwas Singuläres, es verlangt jedoch zugleich danach, wiederholt zu werden. Dass etwas Einzigartiges zum ersten Mal stattfindet, beinhaltet logischerweise, dass es auch zugleich sein letztes Mal ist: Das erstmalige Stattfinden der Französischen Revolution war gleichzeitig ihr letztes Mal. Nachfolgende Revolutionen, auch wenn sie in Frankreich stattfanden, erhielten andere Namen, denn es handelte sich um andere Ereignisse. Dass Ereignisse jedes Mal anders stattfinden, lässt sich ebenfalls anhand von Revolutionen unterstreichen: Die russische Oktoberrevolution hat einen anderen Verlauf als die Französische Revolution genommen, auch wenn beide etwas Gemeinsames haben, nämlich den Umsturz der vorherigen sozialen Ordnung. Diese Struktur ist uns vertraut, aber warum spricht Derrida hier nun von einer „Heimsuchung"?

Für Derrida *erscheint* ein Ereignis nicht nur ein einziges Mal und verschwindet dann wieder – es bleibt in einem gewissen Sinne, aber nicht, wie etwas Präsentes, sondern eher wie etwas Spukhaftes. Die Französische Revolution liegt zwar in der Vergangenheit, sie ist ein historisches Ereignis, das einer Zeit angehört, die nicht die unsere ist, aber sie sucht uns noch immer heim. Ereignisse suchen uns nach Derrida deshalb heim, „weil dieses Element selbst weder lebendig noch tot ist, weder anwesend noch abwesend: Es spukt".[202] Ereignisse präsentieren sich, wie schon des Öfteren betont, nicht in der Gegenwart, wir versuchen sie zwar zu charakterisieren, aber sie entziehen sich stets unserem fixierenden Zugriff. Sie sind weder in der Gegenwart anwesend noch existieren sie im Sinne einer reinen Abwesenheit gar nicht, sondern sie besetzen einen ontologischen *Zwischenraum*. Die Französische Revolution ist für Derrida nichts ‚wirklich‘ Lebendiges, ihre Ereignishaftigkeit ist uns nämlich fremd, denn sie gehört einer anderen Zeit an.

---

[200] Derrida. *Marx' Gespenster*, S. 25.

[201] Vgl. insbesondere zur Struktur von Wiederholung und Andersheit Abschn. 2.3.1.

[202] Derrida. *Marx' Gespenster*, S. 77.

Sie ist jedoch auch nicht lediglich ‚tot‘, sondern hat die Struktur eines Gespensts, sie spukt. Derrida spielt mit dem Wort ‚Hantologie‘, das ins Deutsche übersetzt ‚Spuk‘ bedeuten kann, und macht damit zugleich kenntlich, inwiefern hier eine Abweichung von der Ontologie vorliegt:

> „Es untersteht nicht der Ontologie, dem Diskurs über das Sein des Seienden oder über das Wesen des Lebens und des Todes. Es erfordert das, was wir hier, eher aus ökonomischen Gründen als um ein Wort zu prägen, *Hantologie* nennen wollen. Eine Kategorie, die wir für irreduzibel halten, und zwar in erster Linie irreduzibel auf all das, was durch sie erst möglich wird: die Ontologie, die Theologie, die positive oder negative Onto-Theologie“.[203]

Wenn die Ontologie die klassische philosophische Disziplin bezeichnet, die sich dem Sein zuwendet und damit als ‚Lehre vom Sein‘ benannt werden kann, dann ist die Hantologie die ‚Lehre‘ dessen, was den Zwischenraum zwischen Sein und Nichts besetzt. Während die antike Philosophie mit der Frage ringt, wie es sein kann, dass es etwas gibt und nicht vielmehr nichts, widmet sich Derrida der Frage, wie es sein kann, dass etwas existiert, das weder ist noch nicht ist. Im ersten Teil unseres Buches haben wir gesehen, dass die Différance ein solches Phänomen ist, das den Zwischenraum zwischen Sein und Nicht-Sein durchfließt und erst ermöglicht, dass sich etwas in der Welt zu präsentieren vermag.[204] Die Hantologie hat hier eine ähnliche Funktion, denn Derrida schreibt explizit, dass sie die Ontologie und die Theologie „erst möglich“ macht. Dasjenige, was präsent ist, wird also durch das erzeugt, was weder da noch abwesend ist. Etwas anders formuliert: Dass etwas in der Welt existiert, ist davon abhängig, dass dieses ‚etwas‘ von etwas Anderem heimgesucht wird. Auf die soziale Ordnung gewendet bedeutet dies, dass die Existenz sozialer Ordnungen von demjenigen abhängig ist, was nicht Teil der Ordnung ist, was von der Ordnung ausgeschlossen wird und die Ordnung dennoch und gerade deshalb heimsucht. Die Französische Revolution könnte in diesem Sinne ein solches Ereignis sein, das uns heimsucht: Unsere politischen Ordnungen existieren nicht im Modus der Französischen Revolution, sie gründen aber auf einer Struktur, die erst durch diese Revolution ermöglicht wurde und noch weiter: Sie werden weiterhin vom Gespenst der Revolution heimgesucht.

In *Marx' Gespenster* steht nun aber nicht das Ereignis der Französischen Revolution im Vordergrund, sondern, wie es der Titel des Buches bereits ausdrückt, das Ereignis des Marxismus. Das mag überraschen und das Erscheinen dieses Buches hat in Frankreich auch für eine gewisse Verwunderung gesorgt, zeichnete

---

[203] Ebd.
[204] Vgl. Abschn. 2.2.2.

sich Derridas dekonstruktives Denken doch stets für einen gewissen Abstand zum Marxismus aus, auch wenn er diesen nie so explizit kenntlich machte, wie es sein Zeitgenosse Michel Foucault tat.[205] *Marx' Gespenster* ist nun jedoch von einer besonderen Beziehung zwischen Dekonstruktion und Marxismus geprägt und diese Beziehung ist – wie könnte es anders sein – äußerst ambivalent. Wenn Derrida davon spricht, dass er in der Tradition des Marxismus steht und vom Marxismus heimgesucht wird,[206] dann ist damit keine bestimmte marxistische Lehre, sondern eine Form der Kritik gemeint:

> „Sich weiter von einem gewissen Geist des Marxismus inspirieren zu lassen, das würde heißen, dem treu zu bleiben, was aus dem Marxismus im Prinzip immer zuerst eine *radikale* Kritik gemacht hat, das heißt ein Vorgehen, das bereit ist, sich selbst zu kritisieren. Diese Kritik *will sich* im Prinzip und ist explizit offen für ihre eigene Veränderung, ihre Neubewertung und ihre Selbstumdeutung".[207]

Die Offenheit gegenüber einer Transformation, gegenüber dem Werden, ist integrales Element von Derridas Dekonstruktion. Sie steht in harschem Gegensatz zu einer marxistischen Methode, die fundamentalistisch agiert, indem sie bestimmte Hierarchien, etwa den Primat des Ökonomischen gegenüber dem Politischen, als unhintergehbar begreift. Die Trennung zwischen einer kritischen Methode, die sich universell ausarbeiten lässt, und einer Realität, die sich jenseits der Methode befindet, ist für Derrida kein sinnvolles Denkmodell. Insofern ist Derridas Umgang mit dem Marxismus auch an dieser Stelle von einer unauflösbaren Paradoxie gekennzeichnet: Wenn er davon spricht, sich vom „Geist des Marxismus inspirieren zu lassen", dann ist damit eine erhebliche Distanz zu einer marxistischen Kritik verbunden, wie sie von Marx und Engels, Adorno und Horkheimer, Georg Lukács und Louis Althusser ausgearbeitet und in einen

---

[205] Am ausdrücklichsten lässt sich die Zurückweisung des Marxismus wohl nachvollziehen in Foucault, Michel. 2003. Methodologie zur Erkenntnis der Welt: Wie man sich vom Marxismus befreien kann. In *Dits et Ecrits. Schriften. Band 3*, hrsg. Daniel Defert und François Ewald. Frankfurt am Main: Suhrkamp, S. 748–775. Die Opposition gegen den Marxismus, der zur Zeit von Derridas akademischer Sozialisation in den philosophischen Institutionen Frankreichs vorherrschend war (bzw. als vorherrschend empfunden wurde), lässt sich neben Derrida und Foucault auch bei Zeitgenoss*innen wie Gilles Deleuze, Luce Irigaray, Julia Kristeva und Jean-François Lyotard aufspüren.

[206] Vom Gespenst ist bei Marx im berühmten ersten Satz des *Manifests der kommunistischen Partei* die Rede: „Ein Gespenst geht um in Europa – das Gespenst des Kommunismus" (Marx, Karl und Engels, Friedrich. 1990. Manifest der kommunistischen Partei. In *Werke. Band 4*, hrsg. Institut für Marxismus-Leninismus beim ZK der KPdSU. Berlin: Dietz, S. 459–493, hier S. 461).

[207] Derrida. *Marx' Gespenster*, S. 125.

methodischen Zement gegossen wurde. Derrida ist dafür offen, sich vom Geist –
oder besser: dem Gespenst – des Marxismus berühren zu lassen, von seiner Geste
der Heimsuchung, die alle diejenigen Herrschaftsordnungen in Unordnung bringt,
die angeblich unhintergehbar sind. Die Kritik darf für ihn aber nicht beim ‚eigenen‘ Denken haltmachen, sie muss dafür empfänglich sein, die Art und Weise,
wie auf die soziale Welt Bezug genommen und wie mit Begriffen umgegan-
gen wird, immer wieder einer Befragung zu unterziehen. Derrida stellt seine
Beziehung zum Marxismus dementsprechend wie folgt dar:

> „Eine solche Dekonstruktion wäre in einem prämarxistischen Raum unmöglich und
> undenkbar gewesen. Die Dekonstruktion hat, zumindest in meinen Augen, immer
> nur Sinn und Interesse gehabt als eine Radikalisierung, das heißt auch *in der Tra-
> dition* eines gewissen Marxismus, in einem gewissen Geist *des Marxismus*. Es hat
> diese versuchte Radikalisierung des Marxismus gegeben, die sich Dekonstruktion
> nennt".[208]

Die Geste der Radikalisierung verfährt dabei jedoch nicht bloß einseitig. Sie radikalisiert nicht nur den Marxismus, sondern *lässt* sich vom Marxismus selbst auch
radikalisieren:

> „Aber eine Radikalisierung ist immer dem verschuldet, was von ihr radikalisiert wird.
> Deswegen habe ich vom marxistischen Gedächtnis und von der marxistischen Tradi-
> tion der Dekonstruktion, von ihrem marxistischen ‚Geist‘ gesprochen".[209]

Dieses Radikalisieren-Lassen deutet die Einspannung der Dekonstruktion zwischen Aktivität und Passivität an. Die Dekonstruktion setzt sich von traditionellen – nach Derrida: metaphysischen – Denkformen ab, indem sie sich selbst nicht
als Methode im Sinne eines aktiven Parts begreift, welcher der Welt ihre Idealität
oder Utopie überzustülpen versucht.[210] Die Dekonstruktion lässt auch etwas mit
sich machen, sie ist offen dafür, berührt zu werden, von etwas heimgesucht zu

---

[208] Ebd., S. 130.

[209] Ebd., S. 131 f.

[210] Rodolphe Gasché führt im Folgenden aus, warum es sich bei Derridas dekonstruktivem
Verfahren nicht um eine Methode handelt: „Although deconstruction is an eminently philo-
sophical operation, an operation of extreme sensibility toward the immanence or inherence
of the ways of thought to that which is thought – the subject matter – it is not strictu sensu
methodical, since it does take place from a certain point outside such an identity. Therefore,
deconstruction is also the deconstruction of the concept of method (both scientific and phi-
losophical) and has to be determined accordingly" (Gasché, Rodolphe. 1986. *The Tain of
the Mirror. Derrida and the Philosophy of Reflection*. Cambridge: Harvard University Press,
S. 123). Kurz gesagt, problematisiert die Dekonstruktion eben jene Trennung zwischen einer

werden, das ihr fremd erscheint und das ihr ihre Selbstsicherheit und Selbstzufriedenheit raubt. Wenn Derrida über Identität schreibt, dass sie immer von einem
konstitutiven Moment der Andersheit durchzogen ist, gilt das auch für sein ‚eigenes' Denken: Es ist der Welt ausgesetzt, nicht nur dem Denken Anderer, mit
und gegen die Derrida denkt und vor denen Derrida seine Texte zu rechtfertigen versucht, sondern auch gegenüber der *sozialen* Welt, gegenüber politischen
Ereignissen und gegenüber sozialen Werdensprozessen. Das Denken der Dekonstruktion steht deshalb nicht still, es ist rastlos und muss diese Rastlosigkeit auf
sich selbst beziehen, wenn es die Form einer radikalen und also selbstbezüglichen
Kritik annehmen möchte. Derrida unterscheidet diesen marxistischen Geist von
einer „Doktrin", welche diese Offenheit nicht kennt:

> „Wir werden diesen Geist von anderen Geistern des Marxismus unterscheiden, jenen,
> die ihn dem Körper einer marxistischen Doktrin einverleiben, ihrer vorgeblichen sys-
> temischen, metaphysischen oder ontologischen Totalität (namentlich der ‚dialekti-
> schen Methode' oder der ‚materialistischen Dialektik'), ihren grundlegenden Begrif-
> fen der Arbeit, der Produktionsweise, der sozialen Klasse, und infolgedessen der
> ganzen Geschichte ihrer (projektierten oder realen) Apparate: den Internationalen der
> Arbeiterbewegung, der Diktatur des Proletariats, der Einheitspartei, dem Staat und
> schließlich der totalitären Monstrosität".[211]

Was Derrida in diesem Zitat aufzählt, sind die Grundbegriffe und Grundbewegun-
gen, die den Marxismus auszeichnen. Es lässt sich zwischen einem methodischen
Teil, der „dialektischen Methode" und der „materialistischen Dialektik", den
Grundbegriffen und schließlich den historischen Auswirkungen der Theorie unterscheiden. Für Derrida gibt es keinen Bruch zwischen einer Methode und einer
Begrifflichkeit, die ‚korrekt' sind, und einer geschichtlichen Welt, die bei der
Umsetzung einer solchen Methode gescheitert ist.[212] Methode, Begriffe und
geschichtliche Welt sind für Derrida vielmehr Teil *derselben* metaphysischen
Struktur, die eine Hierarchie zwischen Denken und Welt einsetzt: Das Denken
hat demnach im Modus einer methodischen und begrifflichen Reinheit zu agieren
und Fehler entstehen lediglich in Folge eines mangelhaften Übersetzungsprozes-
ses in die Wirklichkeit. In dieser Hinsicht lässt sich die Totalität, die Derrida

---

inneren Welt und einer der Welt äußerlichen Methode, die gerade nötig ist, um von einem
methodischen Vorgehen sprechen zu können.

[211] Derrida. *Marx' Gespenster,* S. 125.

[212] Diese marxistische Argumentationsform wird in ihrer Naivität vielleicht nirgends so klar
wie in Žižek, Slavoj. 2018. *Lenin heute. Erinnern, Wiederholen und Durcharbeiten.* Darmstadt: Wissenschaftliche Buchgesellschaft.

in der geschichtlichen Umsetzung des Marxismus diagnostiziert, bereits in seiner theoretischen Grundstruktur aufspüren: Die Setzungen einer ausgezeichneten Methode, mittels derer die befreite Gesellschaft gedacht werden kann, und einer ausgezeichneten sozialen Klasse, des die Gesellschaft von der Herrschaft befreienden Proletariats, operieren gleichermaßen im Modus der Totalität. Totalitär ist ein Marxismus, der die Spannungshaftigkeit der Wirklichkeit aus seinem Denken auszuschließen versucht, indem er zwischen einem reinen Innen seiner Theorie und einer unreinen äußeren Welt separiert. Wenn sich Derridas Dekonstruktion als radikale Form einer Kritik ausflaggt, dann muss sie konsequenterweise auch all denjenigen kritischen Theorien Paroli bieten, die mit einer Hierarchie zwischen einer utopischen und erlösenden Theorie auf der einen Seite sowie einer die Theorie entstellenden Wirklichkeit auf der anderen Seite arbeiten.

Letztlich beruht Derridas Vorgehen in *Marx' Gespenster* darin, die Totalität und also die Geschlossenheit einer bestimmten marxistischen Tradition durch eine dekonstruktive Öffnung zu ersetzen. Die Fixierung auf die Gegenwart, der Entwurf einer auf ewig ,erlösten' oder ,befreiten' Gesellschaft, den Derrida dem Marxismus vorwirft, wird auf ein komplexeres Verständnis von Zeitlichkeit hin geöffnet. Dass die Vergangenheit weiterhin wirkmächtig ist, haben die Figuren des Gespensts und der Heimsuchung bereits veranschaulicht, worum es Derrida in politischer Hinsicht nun geht, ist ein Entwurf auf die Zukunft hin:

„Diese Kritik gehört der Bewegung einer Erfahrung an, die für die *absolute Zukunft dessen, was kommen wird*, offen ist, das heißt der Bewegung einer notwendig unbestimmten, abstrakten, wüstenhaften, ausgelieferten, ausgesetzten, ihrer Erwartung des anderen und des Ereignisses überantworteten Erfahrung".[213]

Es ist diese Ausgesetztheit gegenüber etwas Fremden und Unbestimmten, welche die Tradition des Marxismus nicht zu ertragen vermochte und die sie daher in institutioneller Form durch repressive Apparate ,festzustellen' versuchte.[214] Derrida geht über diese Tradition hinaus, indem er die Ausgesetztheit gegenüber der

---

[213] Derrida. *Marx' Gespenster,* S. 127, Herv. von uns, ME/FM.

[214] Derrida gibt das Aussparen der Zukunft an einer Stelle in *Marx' Gespenster* auch als Grund dafür an, warum er angesichts einer Auseinandersetzung mit dem Marxismus bisher so zurückhaltend agierte: „Wenn dieses Unterfangen in der Strategie seiner Bezugnahmen auf Marx vorsichtig und sparsam, aber selten negativ war, dann deswegen, weil die marxistische Ontologie, die Nennung des Namens Marx, die Legitimation nach Marx in gewisser Weise zu fest *gestellt* waren. Sie schienen mit einer Orthodoxie, mit Apparaten und Strategien verlötet, deren geringster Fehler nicht darin bestand, dass sie als solche keine Zukunft hatten, der Zukunft selbst beraubt waren" (ebd., S. 130 f.).

Zukunft mit dem Übergang von Sozialismus bzw. Kommunismus in eine Demokratie verknüpft, die für diese Zukunft wesentlich offen ist und stets im Kommen
liegt. Dieser Denkbewegung Derridas ist unser letzter Abschnitt gewidmet.

4.3.3　Die kommende Demokratie und Derridas Kritik am kolonialistischen Gestus Europas

Wenn wir bisher die eher abstrakt anmutenden Ausführungen Derridas zur Beziehung zwischen Gerechtigkeit und Recht sowie seine Einordnung in die Tradition
des Marxismus zur Sprache gebracht haben, dann hat uns das noch nicht so
viel über seine eigene ‚positive‘ Situierung innerhalb der politischen Philosophie
gesagt. Wie sieht die Bezugnahme der Dekonstruktion auf konkrete politische
Ereignisse der Gegenwart aus? Welche Antworten vermag ein dekonstruktives
Verfahren genau zu liefern, das um Offenheit und Gastfreundschaft kreist?

Um in diesen Problemkreis vorzustoßen, ist es zunächst spannend zu verfolgen, wie Derrida in einem Abschnitt in *Marx' Gespenster* die Dekonstruktion mit
der demokratischen Öffnung des Sozialismus in der Sowjetunion Ende der 80er
Jahre verknüpft:

> „In ihrer Möglichkeit wie in der Erfahrung des Unmöglichen, durch die sie immer
> konstituiert sein wird, ist sie dem Ereignis: ganz einfach dem Kommen dessen, was
> da kommt, niemals fremd. Gewisse sowjetische Philosophen sagten mir vor einigen
> Jahren in Moskau: Die beste Übersetzung für ‚Perestroika‘ ist immer noch ‚Dekon-
> struktion‘“.[215]

Derrida greift diese Übersetzung auf, weil sie in seinen Augen den
Transformations- und Werdensprozess, welcher der Dekonstruktion inhärent eingeschrieben ist, sehr schön hervorhebt. Solche Prozesse lassen sich für ihn gerade
nicht in denjenigen Staaten aufspüren, die sich an einer ‚Verwirklichung‘ des
Marxismus erprobt haben. Die „Erfahrung des Unmöglichen", mit dem das Ereignis der Dekonstruktion verwoben ist, ist mit Staatsformen unvereinbar, die ihre
Herrschaft damit legitimieren, Gerechtigkeit in einer repressiven Gesetzesform
durchzusetzen. Die Offenheit und Gastfreundschaft gegenüber dem Kommenden, durch welche die Dekonstruktion gekennzeichnet ist, muss sich also an dem
Entwurf einer sozialen Ordnung versuchen, der dem Kommenden *ausgesetzt* ist.
Oder etwas anders formuliert: Sie muss das Kommende in die soziale Ordnung
einschreiben und sie so auf eine konstitutive Unordnung hin öffnen.

---

[215] Ebd., S. 126.

In dem im Jahre 1989, also mitten zur Zeit der Perestroika, vorgetragenen Text *Das andere Kap* führt Derrida seine Gedanken zur kommenden Demokratie mit einer von ihm eher selten zu vernehmenden tagespolitischen Kontextualisierung zusammen. Kern dieses Textes ist die These, dass das Selbstverständnis Europas in einer ‚Kapitalisierung' begründet liegt. Europa begreift sich als Kap, als

„Kopf, das Haupt, das äußerste Ende eines Außenglieds, einer Verlängerung oder eines Extrems, es meint das Ziel, die Spitze und den Zipfel, jenes Äußerste, das zuletzt kommt, das Letzte, die letzte Verlängerung oder das letzte Ende".[216]

Diese auf den ersten Blick etwas widersprüchlichen Charakterisierungen vereinen ein zentrales Merkmal: Beim Kap handelt es sich um eine Herrschaftsinstanz, die nicht aus einer Mitte heraus agiert und damit einen Knotenpunkt zwischen anderen Elementen bildet, sondern die den anderen Elementen hierarchisch vorgelagert ist und sie damit zu diktieren vermag. Die Hierarchie zwischen Geist und Körper, von der wir in der Regel ausgehen, wenn wir vom Kopf sprechen, ist dem Kap integral eingeschrieben. Es ist die „Spitze" und „jenes Äußerste", etwas, das hierarchisch ‚oben' liegt, aber auch wie ein Wachturm die Position des Äußerlichen einnimmt. Für Derrida präsentiert sich Europa in Form eines solchen Kaps. Es ist nämlich nicht nur geographisch „das äußerste Ende eines Außenglieds", und zwar dasjenige Asiens, sondern versteht sich selbst als Kopf der Welt, indem es seine politischen, ökonomischen, kulturellen und wissenschaftlichen Prinzipien universalisiert und zu für andere Teile der Welt verbindliche Normen erhebt. In einer für Derrida ebenfalls eher ungewöhnlichen Schärfe hebt das folgende Zitat diesen imperialistischen Gestus hervor:

„Europa hält sich für einen Fortschritt oder einen Vor-stoß, als solches rückt es vor: Es hält sich für die Vorhut der Geographie und der Geschichte. Es tritt hervor wie ein Vorsprung; dem anderen ist es unentwegt entgegengekommen, unentwegt hat es ihm Avancen gemacht: um hervorzuholen und hervorzubringen, um zu verführen und zu lenken, um sich auszubreiten und zu kultivieren, um zu lieben und zu vergewaltigen – das Vergewaltigen liebend –, um zu kolonisieren und selber besiedelt zu werden".[217]

Dass sich Europa für die „Vorhut der Geschichte" hält, scheint in politischer und ökonomischer Hinsicht nicht sehr begründungsbedürftig zu sein, aber auch in philosophischer und soziologischer Perspektive leuchtet dieser Punkt schnell

---

[216] Derrida. Das andere Kap, S. 15.
[217] Ebd., S. 38 f.

ein. Unsere Beschäftigung mit *Begründungsfiguren* hat schließlich an die Oberfläche gebracht, dass sich die philosophischen Theorien von der Antike bis in
die Moderne sowie die klassischen soziologischen Theorien nicht nur einer uni-
versellen Begründung von Wissen zuwenden, sondern diese Begründung auch
mit spezifischen europäischen Werten verbinden, die zugleich verschleiert werden.[218] Sei es das europäische Verständnis von Ideen und Logos, wie es sich
bei Platon und Aristoteles finden lässt, der christliche Gottesbegriff oder die
europäische Rationalität, wie sie Descartes und Kant entwerfen, – stets geht es
um vermeintlich universelle, ahistorische und akulturelle Prinzipien, die in ihrer
geschichtlichen und kulturellen Verortung nachhaltig unsichtbar gemacht werden.
Europa als „Vorhut der Geschichte" legitimiert sich nicht nur aufgrund dieser
Prinzipien, sondern auch durch ihre Überführung in die nicht-europäische Welt.
Was philosophische und soziologische Theorien in ihren Texten vertreten haben,
haben politische Herrschaftssysteme in Form von Kolonialisierung gewaltsam in
die Tat umgesetzt. Der obszön anmutende Ausdruck „das Vergewaltigen liebend",
von dem Derrida im obigen Zitat spricht, betont die gewaltsame Aneignung der
nicht-europäischen Welt, die Assimilierung unter den europäischen Wertekata-
log und das damit einhergehende Selbstverständnis, die Gewalt drücke doch im
Grunde nur die Fürsorge gegenüber den Anderen, Rückständigen aus.

Wichtig ist an dieser Stelle zu betonen, dass sich Derridas harsche Kritik nicht
nur gegen das klassische Zeitalter des Kolonialismus richtet, sondern er sich –
quasi postkolonialistisch – mit dem kolonialen Impetus von vermeintlich liberalen
Politik- und Gesellschaftsmodellen auseinandersetzt.[219] So schreibt Derrida:

> „Noch die wohlmeinendsten europäischen Projekte, dem Anschein nach und auch
> ausdrücklich pluralistisch, demokratisch und tolerant ausgerichtet, können in diesem
> schönen Wettkampf um die ‚Eroberung der Geister' versucht sein, die Homogenität
> eines Mediums und diskursiver Modelle, die Homogenität von Diskussionsnormen
> durchzusetzen".[220]

Derrida bezieht sich also nicht nur auf Formen der ‚humanitären Intervention',
d. h. auf Kriege, die unter dem Vorwand, das Wohl der Bevölkerung zu steigern,
durchgeführt werden und die Einführung ‚demokratischer' Regierungsformen
zum Ziel haben, sondern auch auf eine Missionierung auf Grundlage europäischer

---

[218] Vgl. Abschn. 3.1.

[219] In dem für die postkoloniale Theoriebildung enorm einflussreichen Text *Can the Subaltern Speak?* verknüpft Spivak ihre Argumentation auch mit einer affirmativen Lektüre
Derridas.

[220] Derrida. Das andere Kap, S. 41.

Vorstellungen von Pluralismus und Toleranz. Die hier zutage tretende Problematik wird dann ersichtlich, wenn wir uns vergegenwärtigen, dass es sich weder bei ‚Pluralismus' noch bei ‚Toleranz' um normative Begriffe handelt, denn die *Maximierung* von Pluralismus und Toleranz stellen *per se* kein Ziel dar. Gemäß dem europäischen Verständnis kann es nämlich auch ein Zuviel an Pluralität und Toleranz geben: Eine ‚zu plurale' und ‚zu tolerante' Gesellschaft lässt zu viel durchgehen, sie toleriert ein Verhalten, das nicht tolerabel ist und sie verunmöglicht durch übermäßigen Pluralismus die Bildung einer sozialen Einheit. Wo die Grenzen von Pluralismus und Toleranz gezogen werden, wird dann keinem außereuropäischen Aushandlungsprozess überlassen, es gilt vielmehr die „Homogenität von Diskussionsnormen durchzusetzen". Und exakt darin besteht nach Derrida der kolonialistische Gestus des liberalen europäischen Gesellschaftssystems.

Spannend ist vor diesem Hintergrund – wenn wir diese Ausführungen zum kolonialen Gestus Europas nun wieder mit dem Kap zusammenführen –, dass Derrida ausdrücklich die *geschlechtliche* Markierung dieses Gestus hervorhebt:

> „Dieses Zuweisen geschieht meistens durch jemanden, der keine Frau ist: Im allgemeinen – und vor allem in Kriegszeiten – ist es ein Mann, der über das Ziel, über die vorgeschobene Spitze entscheidet, die er selber ist, er, der Bug, als Haupt dem Schiff oder Flugzeug vorstehend, das er steuert".[221]

Anhand des Begriffs ‚Kap' lässt sich also ein umfangreicher Apparat an Herrschaftsformen freilegen, ein seine eigene kulturelle Verortung universalisierender politischer Mechanismus, der ganz bestimmte Vorstellungen darüber, wie eine soziale Ordnung zu errichten und zu stabilisieren ist, als für alle Kulturen verbindlich erachtet und dabei die männliche Konnotation dieser Herrschaft unkenntlich macht.[222] Die Hierarchie zwischen Geist und Körper, welche die an Derrida anknüpfenden materialistischen Feminismen einer umfangreichen Problematisierung unterziehen,[223] kann folglich anhand des ‚Kap' klar ersichtlich gemacht werden: Es ist der (männliche) Kopf, der die Herrschaft über den (weiblichen) Körper auszuüben hat. Die Frage lautet nun, wie Derrida eine Kritik dieser Herrschaftsform mit der „kommenden Demokratie" zusammenführt.

Wie wir im Laufe unserer Beschäftigung gelernt haben, führt Derridas Weg der Problematisierung nicht einfach über den Entwurf einer normativen Alternative,

---

[221] Ebd., S. 15.

[222] In *Das andere Kap* wird ‚Kap' immer wieder als Maskulinum, nicht nur als Neutrum gebraucht, wie die deutsche Grammatik es vorschreibt. Derrida möchte auch damit die männliche Struktur dieses Ausdrucks unterstreichen.

[223] Vgl. Abschn. 3.3.

die er einer metaphysischen Denkbewegung, einer gewaltsamen Herrschaftsform oder einer ungerechten sozialen Ordnung gegenüberstellt. Seine Lösung beruht nicht in der Setzung einer Andersheit, sondern in der Offenheit gegenüber der Affizierung von Anderen. In diesem Sinne ist es nicht Derridas Ziel, Europa zu enthaupten, sondern das Kap auf das *andere Kap* hin zu öffnen. Nicht die Anderen, außerhalb Europas Lebenden sollen von den europäischen Ideen affiziert werden. Vielmehr soll sich dasjenige, was die europäische Denktradition ausmacht und in der sich ja auch Derrida in einem gewissen Maße situiert, vom Nicht-Europäischen, vom nicht auf einer europäischen Metaphysik Gründenden berühren lassen. Deswegen plädiert Derrida für die Annahme einer produktiven Spannung: Die „Idee" der Demokratie soll aus der europäischen Tradition entnommen und zugleich muss vor einer erschöpfenden Realisierung dieser Idee zurückgewichen werden:

> „*Dieselbe* Pflicht trägt uns auf, das – *ausschließlich* – europäische Erbe der demokratischen Idee anzunehmen, zugleich aber auch zu erkennen, dass diese Idee der Demokratie – nicht anders als die des internationalen Rechts – niemals eine (vor)gegebene Idee ist: Ihr Rang ist nicht einmal der einer regulativen Idee im Sinne Kants; eher ist diese Idee der Demokratie etwas, was noch gedacht werden muss und was noch *im Kommen bleibt*, womit wiederum nicht behauptet werden soll, dass sie morgen uns mit Sicherheit erreichen wird, so, als ginge es bloß um eine *in der Zukunft gegenwärtige* (nationale oder internationale, staatliche oder zwischenstaatliche) Demokratie. Gemeint ist eine Demokratie, die sich durch die Struktur des Versprechens ausweisen muss – *und folglich durch das Gedächtnis dessen, was hier und jetzt zukunftsträchtig ist*".[224]

Die „kommende Demokratie" ist also eine Demokratie, die nicht in Präsenz existiert und die sich nicht, wie es ebenso der Marxismus mit der Idee des Sozialismus versucht hat, in institutioneller Form fixieren lässt.[225] Genau wie Sozialismus und Kommunismus machen die ‚real existierenden' europäischen Demokratien nach Derrida den Fehler, eine in sich offene, und das heißt

---

[224] Derrida. Das andere Kap, S. 57.

[225] Derrida schreibt sich hiermit in eine Theorietradition ein, die sich unter dem Label ‚radikaler Demokratie' vereinigen lässt. Gemeinsam ist den sehr unterschiedlichen Ansätzen, die sich unter diese Bezeichnung fassen lassen, eine Kritik der gegenwärtigen, sich durch Marktwirtschaft und Parlamentarismus auszeichnenden ‚Demokratien', und ihre Öffnung auf eine demokratische Form hin, die sich um Freiheit und Gleichheit herum gruppiert. Für einen Überblick über die wichtigsten gegenwärtigen Ansätze vgl. Agamben, Giorgio et al. Hrsg. 2012. *Demokratie? Eine Debatte*. Berlin: Suhrkamp; Comtesse, Dagmar et al. Hrsg. 2019. *Radikale Demokratietheorie. Ein Handbuch*. Berlin Suhrkamp.

stets dynamische und im Werden befindliche politische Form in eine Herrschaftsform zu überführen, die letztlich über ein theologisches Substrat verfügt.
Theologisch sind diese realisierten politischen Herrschaftssysteme deshalb, weil
sie über ihre institutionellen Ordnungen so etwas wie Erlösung herzustellen
versuchen. Sowohl die marxistische als auch die demokratische Tradition ver-
absolutieren historisch spezifische kulturelle Praktiken und Herrschaftssysteme,
die auf Ungleichheiten angesichts von Geschlecht, Ethnie und Klassenzugehörigkeit gründen, und sie versuchen ihre sozialen Ordnungssysteme zugleich
nicht-europäischen Gesellschaften aufzuzwingen. Auch hier lässt sich der Begriff
der *Totalität* situieren, denn ,total' ist in diesem Zusammenhang die globale
Reichweite dieser Herrschaftsform.

Soll diese kapitalisierende Herrschaft nun auf das andere Kap hin geöffnet
werden, dann muss in die Struktur der Demokratie ein Element eingraviert werden, das ihre Totalisierung verhindert. Die kommende, nicht an ein vorgegebenes
Ziel gekettete und nicht nach Erlösung heischende Demokratie trägt in sich – wie
Derrida im obigen Zitat formuliert – „die Struktur des Versprechens": ein Versprechen dahingehend, dass die Demokratie stets offen für ihre Affizierung vom
Anderen her *bleibt*.[226] Konkret bedeutet dies, dass die Grenzziehung, die Schließung Europas gegenüber seinem Außen, und das heißt gegenüber Afrika und
Asien, und die Selbstidentifizierung, die aufgrund dieser Grenzziehung erfolgt,
infrage gestellt werden müssen:

> „Das Heute, die Gegenwart dieses Europa ist die eines Europa ohne festgesetzte,
> vorgegebene Grenzen, ja ohne festgelegten Namen: Europa fungiert an dieser Stelle
> nur als *paleonymische* Bezeichnung. Wenn es heute ein Ereignis gibt, so glaube ich,
> dass es gerade dort statthat, wo der Akt der Erinnerung eine bestimmte Ordnung
> des Kapitals verrät, um den anderen Kap oder dem anderen des Kaps die Treue zu
> halten".[227]

Das auf die Zukunft hin gerichtete Versprechen und die in die Vergangenheit schauende Erinnerung sind es, welche die Zeitlichkeit in die Demokratie
einführen und so ihre Präsenz und damit ihre Gerinnung in Herrschaftssysteme verhindern. Das Ereignis existiert als „Verrat" an der auf Abschottung
und Ausschluss von Anderen verwirklichten europäischen Demokratien und als
„Treue" gegenüber denjenigen Affizierungen, welche die Selbstzufriedenheit und
Selbstidentität dieser Herrschaftsformen herausfordern. Es umfasst eine Gastfreundschaft, die eine Assimilation unter die europäische Identität nicht zur

---

[226] Derrida. Das andere Kap, S. 57.
[227] Ebd., S. 26.

Voraussetzung einer Aufnahme macht. Und es widersteht dem kolonialistischen Impuls, sich außerhalb seines Kaps so zu benehmen, als wäre man Herr im eigenen, die Anderen immer schon ausgrenzenden Haus.

4.4   Schwelle

Wir sind in diesem dritten Teil unseres Buches bei Derridas paradoxer Beziehung zwischen Möglichkeit und Unmöglichkeit gestartet und bei der Problematisierung ausgrenzender Identitäten gelandet. All diese unterschiedlichen Themenbereiche sind dabei vom Begriff des Ereignisses geprägt. Wenn Derridas Werk zwischen Mitte der 80er Jahre und seinem Tod im Jahre 2004 der Vorwurf einer zu starken Ausfransung, einer Abwesenheit eines Fluchtpunktes, der seine dekonstruktive Perspektive zusammenhält, gemacht wurde, dann lässt sich darauf antworten, dass eben jener Fluchtpunkt das *Ereignis* darstellt. Derrida gelingt es mit einer Freilegung dieses Phänomens die für die Dekonstruktion so wichtigen Aspekte der Offenheit, Ausgesetztheit, Singularität und Heimsuchung zur Sprache zu bringen. Sie alle deuten auf eine Ethik hin, die normativen Rahmungen, Identifizierungs- und Assimilierungsbewegungen und letztlich totalitären Bewegungen entgegentritt. Derrida gibt uns keine Leitlinien an die Hand, wie wir uns in bestimmten sozialen Situationen zu verhalten haben und er entwirft auch keine einfachen Auswege aus verzwickten politischen Konfrontationen. In diesem Sinne bietet die dekonstruktive Befragung Subjekten und Regierungsformen keinen Halt. Was sie uns jedoch ermöglicht, ist eine Vervielfältigung von Identitäten, ein Offensein für verschiedene Lebensformen und ethische Forderungen, ein Innehalten gegenüber einer reflexartigen Abwehr von Beziehungsformen, die nicht mit unseren vertrauten sozialen Normen einhergehen.

Ein Begriff, auf den wir in dieser abschließenden und zugleich ein weiteres Nachdenken über politische Fragen eröffnenden Schwelle noch eingehen möchten, ist derjenige der *Erfahrung*. Mit diesem Begriff wird kein gänzlich neuer Themenkomplex eingeführt, sondern vielmehr im Ausgang der in diesem Teil unseres Buches erörterten Phänomene noch einmal eine andere Perspektive einholbar. In *Marx' Gespenster* führt Derrida den Erfahrungsbegriff mit demjenigen der Kritik und des Kommenden zusammen:

„Diese Kritik gehört der Bewegung einer Erfahrung an, die für die absolute Zukunft
dessen, was kommen wird, offen ist, das heißt der Bewegung einer notwendig unbestimmten, abstrakten, wüstenhaften, ausgelieferten, ausgesetzten, ihrer Erwartung des
anderen und des Ereignisses überantworteten Erfahrung".[228]

In diesem Zitat ist vieles von dem vereinigt, was in unseren Augen Derridas
politische Philosophie und seinen dekonstruktiven Blick auf die soziale Welt
charakterisiert. Derrida exponiert hier, wie das Verfahren der Dekonstruktion im
Sinne einer Gastfreundschaft ausgestaltet oder vielmehr eröffnet werden kann.
Der anti-normativistische Gestus, den seine Texte und die an ihn anknüpfenden Theorien durchziehen, lässt sich am Terminus der Erfahrung noch einmal
besonders eindrücklich aufweisen. Viele der feministischen, antirassistischen und
postkolonialistischen Ansätze der letzten Jahrzehnte gruppieren sich um das Element der Erfahrung bzw. der Selbsterfahrung herum.[229] Sie treten damit in
Opposition zu einer philosophischen und sozialwissenschaftlichen Tradition, die
eine Distanz zwischen einem die soziale Welt betrachtenden Subjekt und der
sozialen Welt als in die Ferne gerücktes Objekt voraussetzt, das uns nicht wirklich berührt. Die theoretische Arbeit agiert vor diesem Hintergrund im Modus
einer Abstraktion, einer Distanzierung von dem, was uns affiziert, und einer Verleugnung unseres Involviertseins in die Welt. Die uns umgebende Welt wird im
Zuge dessen etwa als kausal Determiniertes oder als etwas in Normativität zu
Gießendes verstanden.

Wenn wir aber der „Erwartung des Anderen" ausgeliefert und ausgesetzt sind,
dann ist dieses Verfahren der Abstraktion und Distanzierung immer schon zu
einer Unmöglichkeit geworden. Wie wir auf die Welt reagieren und wie wir uns
gegenüber der sozialen Welt verhalten, ist davon abhängig, wie wir sie erfahren,
wie sie uns affiziert und heimsucht. Unser theoretischer Umgang mit ihr ist von
unserer ganz konkreten, *persönlichen* Erfahrung abhängig.

Worum es nun den feministischen, antirassistischen und postkolonialistischen
Ansätzen geht, die wir eben angedeutet haben, ist dieser unerhörte Übergang von
der Erfahrung zur Selbsterfahrung. Das mag wenig spektakulär klingen, muss
doch Erfahrung immer von konkreten, in der Welt situierten Subjekten vollzogen
werden. Innerhalb der Tradition der westlichen Philosophie und der Sozialwissenschaften stellt der Ausgang von persönlichen Erfahrungen jedoch nach wie

---

[228] Derrida. *Marx' Gespenster,* S. 127.

[229] Drei Texte aus ganz unterschiedlichen Jahrzehnten möchten wir hier stellvertretend gerne
nennen: Ahmed. *Feministisch leben!;* hooks, bell. 1981. *Ain't I a woman. Black women and
feminism.* Boston, Mass.: South End Press; Lorde, Audre. 2017. *Your silence will not protect
you.* London: Silver Press.

vor eine Art Eklat dar. Die Tradition, gegen die sich Derrida im Kern seines Denkens richtet, nötigt uns zu einer Trennung zwischen dem Innen unserer
Erfahrungen und dem Außen einer gemeinsam geteilten Welt, die unser Beziehungsgefüge durchsetzt oder vielmehr durchtrennt. Im letzten Abschnitt über das
andere Kap haben wir aufzuzeigen versucht, inwiefern Derrida die sich selbst als
neutral ausflaggende Struktur der westlichen Metaphysik mit einer politischen
Struktur zusammenführt, die um Männlichkeit, ‚Weißsein‘ und Europäisch-Sein
herum gruppiert ist. Wenn wir diese Argumentation nun mit den Phänomenen der
Erfahrung und Selbsterfahrung zusammenführen, dann ergibt sich, dass die westliche Metaphysik nicht einfach von jeglichen Erfahrungen abstrahiert, sondern
von einer ganz bestimmten Selbsterfahrung ausgeht, die sie zugleich totalisiert:
Der weiße europäische Mann ist das einzige Subjekt,[230] das solche Erfahrungen
gemacht hat, die sowohl eine philosophische und sozialwissenschaftliche Welter-
fassung als auch die Herrschaft über die soziale Welt zu legitimieren vermögen.
Andere Erfahrungen, und das heißt die Erfahrungen derjenigen, die aus der herrschenden wissenschaftlichen und politischen Ordnung ausgeschlossen sind, gelten
deshalb als nicht-legitim, weil sie nicht ‚unvoreingenommen‘ die Funktionali-
tät des wissenschaftlichen Diskurses und der politischen Ordnung sicherstellen
können.

Derridas Denken kann uns dafür sensibilisieren, mehr Offenheit für diejenigen Erfahrungen zuzulassen, die nicht unseren eigenen Rastern der Erfahrung
genügen. Es kann uns dafür empfänglich machen, nicht vorschnell feste Kategorien zu verwenden, mit deren Hilfe dasjenige artikuliert werden muss, was nicht
unserer vorherrschenden geschlechtlichen, ethnischen oder kulturellen Identität
entspricht. Es ruft uns dazu auf, gegenüber assimilierenden Reaktionswei-
sen wachsam zu sein, nicht im Voraus festzulegen, worin die Normen der
Gastfreundschaft genau bestehen und auf welche Weise sich die uns – vermeintlich – Fremden zu äußern haben, um überhaupt gehört zu werden. Es vermag den
Primat der Rationalität infrage zu stellen und die Artikulation von Erfahrungen
zuzulassen, die deshalb nicht gehört werden, weil sie in einem Zustand zu großer
emotionaler Erregung vorgebracht wurden. Und es vermag anzuerkennen, dass
wir selbst, worin auch immer dieses Selbst besteht, an einem konkreten Ort und
zu einer konkreten Zeit in der Welt situiert sind und uns von dieser Situierung
und der damit verbundenen Affizierung anderer Erfahrungen niemals freimachen
können.

---

[230] In diesem Sinne sollte ‚Subjekt‘ als ‚Institution‘ begriffen werden, wie es auch Sara
Ahmed formuliert. Vgl. Ahmed. *Feministisch leben!*, S. 29.

Derridas Dekonstruktion ist von Beginn an der Gestus einer Infragestellung des Unbefragbaren eingeschrieben. Seine Problematisierung gilt unserem sozialen Konsens bezüglich Denken, Interagieren und Leben. Doch wenn wir Dekonstruktion heute betreiben, so können wir nicht einfach Derridas Verfahren wiederholen. Es reicht nicht aus, die Problematisierung auf jene Gegenstandsbereiche zu beschränken, auf welche sie Derrida selbst bezogen hat. Wir müssen sie auf eben solche sozialen Normen ausweiten, die mit einem ‚Tabu' belegt sind, die deshalb als unbefragbar gelten, weil im gegenteiligen Falle der vermeintliche soziale Konsens brüchig wird und die soziale Ordnung von einer Unordnung durchflutet wird. Hier gilt es zu fragen: Was verschleiert der Verweis auf eine vermeintliche Unbefragbarkeit? Welche Akteure sind bei der Bildung des Konsenses beteiligt und welche werden von vornherein ausgeschlossen? Wie werden Tabus abgesichert? Und was gilt als Pfeiler sozialer Ordnungen?

Zur Werkbiographie Jacques Derridas entlang einiger Textmarken   5

Es gehört zu den Allgemeinplätzen (werk-)biographischer Einordnungen, auf die eigensinnige Bewegung biographischer Verläufe sowie die imposante Vielfalt des Œuvre hinzuweisen, Wirkungen in Wissenschaft, Politik und Öffentlichkeit nachzuzeichnen und mittels eines Überblicks über die Rezeption die vergangene Wirkung und gegenwärtige Relevanz der Autor*in zu bescheinigen. Aus mehreren Gründen wollen wir an dieser Stelle anders verfahren. Um auszuloten, wie sich mit Derrida soziologisch denken lässt, greifen wir einige seiner Denkbewegungen heraus, beziehen uns auf ausgewählte Schriften und markieren ebenso selektiv Anknüpfungspunkte. Folglich geht es uns nicht um einen auf Fülle oder Ganzheit zielenden werkbiographischen Abriss. Einerseits liegen bereits neben autobiographischen Selbstbekundungen Derridas umfangreiche Biographien, Bibliographien, Gesamtüberblicke und Einführungen vor.[1] Andererseits würde eine solche Einordnung der von uns für dieses Buch gewählten

---

[1] In einer kollaborativen Monographie haben Geoffrey Bennington und Derrida etwas Besonderes versucht: Systematische Begriffserläuterungen zum dekonstruktiven Denken Derridas verlaufen nämlich neben bzw. über dessen autobiographische Reflexionen, vgl. Bennington, Geoffrey und Derrida, Jacques. 2017. *Jacques Derrida. Ein Portrait.* 3. Auflage. Frankfurt am Main: Suhrkamp. Autobiographische Anspielungen finden sich zudem literarisch verarbeitet in Derrida, Jacques. 2006. *Glas. Totenglocke.* München, Paderborn: Fink und in den beiden Bänden Derrida, Jacques. 1982. *Die Postkarte – von Sokrates bis an Freud und jenseits. Envois/Sendungen.* Berlin: Brinkmann & Bose und Derrida, Jacques. 1987. *Die Postkarte – von Sokrates bis an Freud und jenseits. Spekulieren – über/auf ,Freud'.* Berlin: Brinkmann & Bose. Benoît Peeters hat eine ebenso voluminöse wie lesenswerte intellektuelle Biographie vorgelegt, die zahlreiche Verbindungslinien zwischen Schriften, Kontexten und persönlichen Beziehungen zieht: Peeters, Benoît. 2013. *Derrida. Eine Biographie.* Berlin: Suhrkamp. Aus den unzähligen Einführungswerken möchten wir auf zwei aufmerksam machen: Kofman,

© Der/die Autor(en), exklusiv lizenziert an Springer Fachmedien Wiesbaden GmbH, ein Teil von Springer Nature 2023
M. Eldracher and F. Meyhöfer, *Soziologisch denken mit Jacques Derrida,*
Philosophische Grundlagen der Soziologie,
https://doi.org/10.1007/978-3-658-41802-1_5

Strategie der Annäherungsbewegungen an Derridas Denken und dessen soziologischen Gehalt eine andere Zielrichtung geben. Wir halten uns deswegen im Folgenden hauptsächlich an diejenigen Schriften und Werksequenzen, auf die wir im Rahmen dieses Buches zurückkommen, und situieren sie ‚mit dem groben Pinsel' in ihren jeweiligen biographischen, wissenschaftlichen und politischen Kontexten.[2] In diesem Sinne soll das Kapitel Leser*innen hauptsächlich als werkbiographische Orientierungshilfe dienen – nach, vor oder auch während der Lektüre.

Jacques Derrida, der bis zu seiner ersten Publikation noch den Vornamen Jackie trägt, wird am 15. Juli 1930 in El Biar, einem Vorort der Hauptstadt Algeriens, geboren und wächst dort „in-einer-assimilierten-kleinbürgerlichen-jüdischen-Familie" auf.[3] Algerien, das seit 1830 eine französische Kolonie war und nach dem 1954 beginnenden Algerienkrieg 1962 die Unabhängigkeit erlangt, bildet immer wieder nicht nur einen biographischen, sondern auch philosophischen Bezugspunkt für Derrida. Die Ambivalenz dieser Beziehung zu Algerien benennt er wiederholt als ‚Nostalgérie'.[4] Nachdem den algerischen Juden ihre seit 1870 per Dekret verliehene französische Staatsbürgerschaft im Zuge des Vichy-Regimes 1940 entzogen wurde, wird Derrida 1942 am ersten Schultag an der *Lycée* in Ben Aknoun aus Gründen antisemitischen Ressentiments der Schule verwiesen. Durch die Erfahrung dieses Ausschlusses und der in diesen Jahren auch unter Altersgenoss*innen herrschenden verbalen und physischen Gewalt entwickelt Derrida eine gewisse „Sensibilität für den Antisemitismus wie für jeden Rassismus" als „Antwort eines ‚Verwundeten' auf die Xenophobie", die sich auch in einer anhaltenden „Ungeduld angesichts jeder herdenhaften Identität und des militanten Charakters der Zugehörigkeit im allgemeinen" niederschlägt.[5]

Sarah. 2000. *Derrida lesen*. 2. Auflage. Wien: Passagen Verlag; Lüdemann, Susanne. 2017. *Jacques Derrida. Zur Einführung*. 3. Auflage. Hamburg: Junius.

[2] Für einen kompakten Überblick über die verschiedenen institutionellen Gefüge, in denen sich Derrida bewegt, vgl. Descombes, Vincent. 1981. *Das Selbe und das Andere. Fünfundvierzig Jahre Philosophie in Frankreich 1933–1978*. Frankfurt am Main: Suhrkamp, S. 13–16; Schwibs, Bernd. 1992. Erläuterungen zum französischen Hochschulsystem. In Pierre Bourdieu. *Homo academicus*. Frankfurt am Main: Suhrkamp, S. 437–455. Für eine Kartierung des Hochschulwesens und intellektuellen Felds zu Zeiten des (Post-)Strukturalismus in Frankreich vgl. Angermüller, Johannes. 2007. *Nach dem Strukturalismus*. Bielefeld: Transcript, S. 46–94.

[3] Derrida, Jacques. 1998. (‚Die alte neue Sprache') entsiegeln. In *Auslassungspunkte. Gespräche*, hrsg. Peter Engelmann. Wien: Passagen Verlag, S. 125–141, hier S. 129 f.

[4] Peeters. *Derrida*, S. 180.

[5] Bennington, Derrida. *Jacques Derrida*, S. 332.

Wie es Benoît Peeters treffend formuliert, lassen sich auch noch die späten Schriften zu ethischen und politischen Fragen, insbesondere *Von der Gastfreundschaft*, als „Nachwirkungen dieser algerischen Wunde" lesen.[6] Im darauffolgenden Jahr setzt Derrida seine Schulbildung in Ben Aknoun und Algier fort und widmet sich dabei bereits Lektüren, die sich zwischen Philosophie und Literatur bewegen – beispielsweise zwischen Rousseau und Paul Valéry, Nietzsche und Albert Camus.[7] Derrida wird 1957 inmitten des Algerienkrieges seinen obligatorischen Militärdienst als Lehrer für Französisch und Englisch in der Kleinstadt Koléa verrichten und danach erst wieder 1971 nach Algerien zurückkehren, um an der Universität Algier Vorträge zu halten und Seminare zu geben.

Das Interesse für Philosophie und Literatur zeigt sich nicht nur in Derridas Lektüren, die sich unter anderem auf Heidegger auszuweiten beginnen, sondern auch in seinem weiteren Bildungsweg: Zuerst noch an der angesehenen *Lycée Bugeaud* in Algier verweilend, wechselt Derrida an die *Lycée Louis-le-Grand* in Paris, um sich dort weiter auf die Aufnahmeprüfung für die renommierte *Ecole normale supérieure* vorzubereiten – er besteht sie mit einigem Leid im dritten Anlauf. An der *Ecole* studiert er ab 1952 unter Betreuung von Louis Althusser, dem er kollegial wie freundschaftlich verbunden bleiben wird. In politischer Hinsicht verweilt Derrida gegenüber der nicht nur unter Studierenden gewichtig vertretenen Kommunistischen Partei in Distanz. Bezüglich seiner philosophischen Verortung nimmt Derrida wiederum einen gewissen Abstand zur Phänomenologie ein, wie sie seinerzeit in Frankreich vor allem durch Jean-Paul Sartre und Maurice Merleau-Ponty geprägt war, indem er sich lieber auf eine intensive Lektüre der wenigen ins Französische übersetzten oder derer noch harrenden Schriften Husserls einlässt. Husserl wird eine bleibende Größe im Denkraum Derridas einnehmen und wir wollen ihr im Folgenden vergleichsweise größere Aufmerksamkeit schenken, als wir es in den anderen Kapiteln unseres Buches getan haben.

---

[6] Peeters. *Derrida,* S. 181.

[7] Seine Faszination für Philosophie *und* Literatur, besonders die Beziehung *zwischen* beiden, ordnet Derrida rückblickend in einem Gespräch von 1989 folgendermaßen ein: „Ich schwankte zwischen Philosophie und Literatur, wollte weder auf das eine noch das andere verzichten […]. Und weil das, was mich heute immer noch interessiert, im strengen Sinne weder Literatur noch Philosophie heißen kann, amüsiert mich der Gedanke, dass mich mein jugendliches Begehren sozusagen zu einer Art des Schreibens angespornt hat, die weder das eine noch das andere ist" (ebd., S. 52).

Derrida verfasst seine Diplomarbeit über *Das Problem der Genese in Husserls Philosophie*,[8] besteht 1956 nach einem Forschungsaufenthalt im Husserl-Archiv im belgischen Löwen die schriftlichen und mündlichen Prüfungen der *agrégation* und reist danach dank eines Forschungsstipendiums für ein Jahr nach Amerika, um an der Harvard-Universität unveröffentlichte Manuskripte Husserls zu sichten. Im Rahmen eines im Schloss Cerisy in der Normandie abgehaltenen Kolloquiums hält Derrida am 31. August 1959 einen in mehreren Hinsichten folgenreichen Vortrag über ,*Genesis und Struktur' und die Phänomenologie*.[9] Der Vortrag wendet sich unter anderem der Art und Weise zu, wie in der Phänomenologie Husserls Objektivität begründet wird – und was sich ihr gegebenenfalls zu entziehen vermag. Derrida führt von dieser Fragestellung hinüber zum Verhältnis von Geschlossenheit und Offenheit der Theoriearchitektur Husserls. Entscheidend ist an dieser Stelle, dass Derrida nicht nur nachzeichnet, wie die Präsenz des Sinns bei Husserl auf den „Umweg einer Schrift" angewiesen ist und zugleich durch sie bedroht wird.[10] Wichtiger ist, dass Derrida hier zum ersten Mal von der Différance als „einem endlosen *Aufschub*" spricht.[11] Seine Teilnahme am Kolloquium betrachtet er als Initiation in den intellektuell-philosophischen Diskurs seiner Zeit und trifft die Entscheidung, sich von nun an mit dem Vornamen Jacques in ihn einzuschreiben.[12] 1962 erscheint dann – Derrida lehrt mittlerweile als wissenschaftlicher Assistent an der *Sorbonne* – mit *Husserls Weg in die Geschichte am Leitfaden der Geometrie* eine von Derrida angefertigte Übersetzung von Husserls *Vom Ursprung der Geometrie*.[13] Die der Übersetzung vorangestellte Einleitung gleicht eher einer minutiösen Interpretation, in der wie im Vortrag von 1959 einige Motive sichtbar werden, die weit über eine unmittelbare Auseinandersetzung mit Husserl hinausgehen. Hier argumentiert Derrida etwa für die radikale Infragestellung eines Ursprungs und eines absoluten, idealen und mit sich selbst identischen Sinns.

---

[8] Derrida, Jacques. 2013. *Das Problem der Genese in Husserls Philosophie*. Zürich: Diaphanes. Die Diplomarbeit wird erst 1990 für ein breiteres Publikum verlegt. Für einen Überblick über die Bedeutung, die sie für Derridas weitere Denkbewegungen wie für die Phänomenologie bis ins 21. Jahrhundert hat, vgl. Schnell, Alexander. 2021. *Der frühe Derrida und die Phänomenologie. Eine Vorlesung*. Frankfurt am Main: Klostermann.

[9] Derrida, Jacques. 2016. ,*Genesis und Struktur' und die Phänomenologie. In *Die Schrift und die Differenz*. 12. Auflage. Frankfurt am Main: Suhrkamp, S. 236–258.

[10] Ebd., S. 255.

[11] Ebd., S. 246.

[12] Vgl. Peeters. *Derrida*, S. 157.

[13] Derrida, Jacques. 1987. *Husserls Weg in die Geschichte am Leitfaden der Geometrie. Ein Kommentar zur Beilage III der „Krisis"*. München: Fink.

Diese Linien führt Derrida allesamt in *Die Stimme und das Phänomen* in Form einer eng an den Schriften Husserls geführten Beschäftigung mit dem Zeichenbegriff zusammen, die aufzeigt, dass das Ideal einer ‚reinen‘ Gegenwart eine implizite metaphysische Voraussetzung seiner Phänomenologie darstellt. Die dekonstruktive Lektüre, die Derrida hier entfaltet, beginnt bei der herausgehobenen Stellung, welche die Stimme und die gesprochene Sprache in Prozessen der Sinnkonstitution einnehmen. Indem er sich entlang der „ererbten Begriffe durchlaufend vorantastet",[14] zeigt Derrida auf, wie sich selbst in den scheinbar ‚reinsten‘ Formen des Sinns – sich selbst als „sprechende[s] Subjekt" in der Gegenwart des eigenen Sprechens zu hören[15] – eine Entzugsdimension ankündigt, die den Sinn verschiebt und ihn nicht mit sich selbst zur Deckung kommen lässt. Die Spur, die davon hinterlassen wird und sogar Subjektivität und ‚reines‘ Denken‘ überhaupt erst ermöglicht, bezeichnet Derrida als Différance.[16] Im siebten und letzten Kapitel, das schon in der Überschrift *(Das Ursprungs-Supplement)* buchstäblich Verbindungslinien zur dekonstruktiven Kritik von Begründungs- und Ursprungsfiguren zieht, führt Derrida verschiedene Denkbewegungen zusammen, die er in weiteren Schriften an anderen Gegenständen und aus anderen Anlässen immer weiter ausarbeitet. Damit Sinn und Bedeutung als mit sich selbst identisch und in der Präsenz erfahren werden können, sind sie „voll und ganz von der Möglichkeit von Akten einer Wiederholung" abhängig.[17] Auch wenn in diesem Buch der Begriff der Iterabilität noch nicht genannt wird, so illustriert Derrida am Zeichenbegriff, wie jeder Sinn von der Bewegung der Différance in sich selbst getrennt und aufgeschoben wird. Von hier aus ist es nur ein weiterer Schritt, die nicht nur von Husserl gesetzte, sondern in der Philosophiegeschichte zementierte Vormachtstellung der gesprochenen Sprache gegenüber der Schrift zu problematisieren: Die Schrift repräsentiert nicht lediglich einen ‚reineren‘ oder ‚volleren‘ Sinn, sondern geht vielmehr als *Urschrift* der Sprache und Schrift im gewöhnlichen Sinne voraus. *Die Stimme und das Phänomen* erreicht vor allem das universitäre Lesepublikum, das sich Spezialfragen der zeitgenössischen Phänomenologie und französischen Husserl-Rezeption widmet und vor diesem Hintergrund Derridas vergleichsweise schmale Studie zu schätzen weiß. Zusammen mit *Die Schrift und die Differenz* und der *Grammatologie* erscheint *Die Stimme und das Phänomen* 1967 mehr oder weniger auf einen Schlag – ein Publikationsereignis, das nicht nur im philosophischen Diskurs Frankreichs

---

[14] Derrida. *Die Stimme und das Phänomen*, S. 104.

[15] Ebd., S. 106.

[16] Vgl. Ebd., S. 112.

[17] Ebd., S. 73.

und im Pariser Intellektuellen-Milieu, sondern auch in der US-amerikanischen Literaturwissenschaft seine Wellen schlagen wird.

Die Schrift und die Differenz versammelt in chronologischer Reihe mehrere bereits zuvor publizierte Zeitschriftenaufsätze und für die Veröffentlichung überarbeitete Vorträge. Ohne en détail auf die Beiträge einzugehen, ergeben sich zwei allgemeinere Beobachtungen, die für Derridas Werkbiographie und im Zusammenhang unseres Buches aufschlussreich sind: Die ohne übergreifende Einleitung oder vermittelnde Kapitel zusammengestellten Beiträge spiegeln Derridas Interesse für die Überschneidungs- und Kontaktzonen zwischen Philosophie und Literatur wider. Aufsätze zu literarischen Werken von Edmond Jabés und Antonin Artaud fügen sich in eine Reihe mit Beiträgen ein, in denen Derrida den philosophischen Dialog sucht. Neben Georges Bataille und Foucault ist hier insbesondere Levinas zu nennen, dokumentiert *Gewalt und Metaphysik* doch ausführlich, wie sich Derrida bereits in seinen frühen Schriften der ethischen Pointe seiner dekonstruktiven Kritik zuwendet.[18] Mit Blick auf den damaligen philosophischen Diskurs und Derridas zeitgenössische Rezeption sind *Kraft und Bedeutung* sowie *Die Struktur, das Zeichen und das Spiel im Diskurs der Wissenschaften vom Menschen* von besonderer Bedeutung.[19] Denn Derrida gibt sich in seinen frühen Schriften nicht nur als jemand zu erkennen, der die Auseinandersetzung mit den seinerzeit prestigeträchtigsten Größen der deutschen Philosophie – Hegel, Husserl, Heidegger und Nietzsche – virtuos beherrscht.[20] In diesen beiden Aufsätzen unterzieht er den Strukturalismus, der während der 60er Jahre seine Hochphase in der französischen Philosophie erlebt, einer grundlegenden Kritik. Oder besser

---

[18] Ob die Beschäftigung mit ethisch-politischen Fragestellungen eine das Spätwerk Derridas prägende ‚Wende‘ darstellt oder ob sie von Anfang an die Dekonstruktion kennzeichnet, wird in der Forschung kontrovers diskutiert; vgl. beispielsweise Gondek, Hans-Dieter und Waldenfels, Bernhard. 1997. Derridas performative Wende. In *Einsätze des Denkens. Zur Philosophie von Jacques Derrida,* hrsg. Hans-Dieter Gondek und Bernhard Waldenfels. Frankfurt am Main: Suhrkamp, 7–18; Flügel-Martinsen, Oliver. 2004. Démocratie à venir. Jacques Derrida. In *Die Rückkehr des Politischen. Demokratietheorien heute,* hrsg. Oliver Flügel-Martinsen, Reinhard Heil und Andreas Hetzel. Darmstadt: Wissenschaftliche Buchgesellschaft, S. 19–42. Für unsere Belange lässt sich jedenfalls registrieren, dass Levinas' ethische Frage danach, inwiefern die abendländische Philosophie die Beziehung des Subjekts zum Anderen verschüttet, in den späteren Schriften ausdrücklich Kontur gewinnt.

[19] Derrida, Jacques. 2016. Kraft und Bedeutung. In *Die Schrift und die Differenz.* 12. Auflage. Frankfurt am Main: Suhrkamp, S. 9–52.

[20] Vgl. Lamont, Michele. 1987. How to Become a Dominant French Philosopher: The Case of Jacques Derrida. In *American Journal of Sociology* 93 (3), S. 584–622, hier S. 593; Descombes. *Das Selbe und das Andere,* S. 11 f.

formuliert: Er problematisiert die ‚Struktur' als Begründungsfigur einer abgeschlossenen Totalität und entzieht damit dem strukturalistischen Denken den
Boden.

In der *Grammatologie*, seiner Dissertationsschrift, führt Derrida seine Dia-
loge mit ‚Klassikern' der abendländischen Metaphysik einerseits und mit dem
Strukturalismus als disziplinübergreifende Strömung der zeitgenössischen Geisteswissenschaften andererseits zusammen, indem er den für beide geltenden
Logozentrismus entlarvt. Die Einsätze sind also erdenklich hoch, wenn Derrida
dem seit Platon die Geschichte der Philosophie beherrschenden Logozentrismus,
der sich als Phonozentrismus entpuppt und die gesamte Welt auf eine höchste
Wahrheit zentriert, eine Grammatologie entgegenhält, die den eklatanten Rissen
in konventionellen Zeichen-, Subjekt- und Weltverständnissen nachspüren soll.
Das für ein solches Unternehmen eingesetzte dekonstruktive Begriffsvokabular
entwickelt Derrida im ersten Teil der *Grammatologie*, während der zweite Teil
aus einer verhältnismäßig kurzen Lektüre von Lévi-Strauss' *Traurige Tropen* und
langen Lektüre von Rousseaus *Essay über den Ursprung der Sprache* besteht.

In Anbetracht dieser Zweiteilung der *Grammatologie* und ihrem fast zeit-
gleichen Erscheinen mit *Die Schrift und die Differenz* und *Die Stimme und
das Phänomen* legt Derrida in einem Interview, nicht ohne etwas Ironie, einen
verschlungenen Weg durch dieses Textdickicht nahe: Die zwei Teile der *Grammatologie* sind „theoretisch, systematisch, aber nicht empirisch miteinander
verbunden", weswegen sich *Die Schrift und die Differenz* in deren Mitte einfügen lässt.[21] Allerdings lässt sich wiederum die *Grammatologie* in die Mitte
dieser Sammlung platzieren, weil die ersten sechs Aufsätze „faktisch und von
Rechts wegen älter sind", während die letzten fünf „zur grammatologischen
Ouvertüre" gehören.[22] *Die Stimme und das Phänomen* ist „an erster Stelle" zu
platzieren und zugleich als „lange Anmerkung an den einen oder anderen der beiden anderen Texte" anzufügen.[23] Unerheblich davon, ob Leser*innen tatsächlich
diesem Weg folgen, gewinnt die Dekonstruktion mit dem publikationstechnischen
Dreiklang von 1967 eine deutliche Gestalt in Form von „beständig gefährlichen
Bewegungen, die immer wieder dem zu verfallen drohen, was sie dekonstruieren möchten".[24] Derrida versucht, die „kritischen Begriffe in einen vorsichtigen

---

[21] Derrida, Jacques. 2009. Implikationen. Gespräch mit Henri Ronse. In *Positionen. Gespräche mit Henri Ronse, Julia Kristeva, Jean-Louis Houdebine, Guy Scarpetta*, hrsg. Peter
Engelmann. 2. Auflage. Wien: Passagen Verlag, S. 23–37, hier S. 24.

[22] Ebd., S. 24 f.

[23] Ebd., S. 25.

[24] Derrida. *Grammatologie*, S. 28 f.

und minuziösen Diskurs" einzubetten, damit „mit äußerster Sorgfalt ihre Zugehörigkeit zu jener Maschine bezeichnet [wird], die mit diesen Begriffen zerlegt
werden kann".[25] Die „Maschine" ist dann dasjenige, was Derrida immer wieder
mit Begriffen wie ‚Metaphysik', ‚Logozentrismus' und ‚Totalität' benennt.

Einen werkbiographisch folgenreichen Text möchten wir diesem Lektüreweg
noch hinzufügen: 1968 hält Derrida vor der an der *Sorbonne* versammelten
Société française de philosophie einen Vortrag über *Die différance*. Noch in der
Nacht vor dem Vortrag geschrieben und danach in der Zeitschrift der *Société* veröffentlicht, legt Derrida hier sein Verständnis der Différance als einer sich nicht in
der Welt exponierenden, sondern nur im Spiel der durch sie hinterlassenen Spuren aufflimmernden Bewegung dar, die Präsenz, Identität, Sinn und Bedeutung
ermöglicht. Die drei Publikationen von 1967 werden in diesem Aufsatz so einge-
rahmt, dass Derrida schrittweise ausführt, warum „die *différance*, die weder ein
Wort noch ein Begriff ist, [ihm] strategisch am besten geeignet schien, das Irre-
duzibelste unserer ‚Epoche' zu denken"[26] und diese Denkbewegung maßgeblich
„von der Problematik des Zeichens und der Schrift" aus anzustoßen.[27] Was hier
noch sehr abstrakt, theoretisch und trocken klingt, wird im Laufe der Zeit zu einer
Programmatik, mit der Derridas Denken und dessen politische Implikationen in
anerkennender wie auch abwertender Weise in Wissenschaft und Öffentlichkeit
verbunden werden.

Im kommenden Jahrzehnt intensivieren sich die Vortragsreisen und deren Aus-
dehnungen innerhalb Frankreichs, Deutschlands und Großbritanniens. Aber vor
allem in den USA bahnen sich mehrere Lehraufenthalte Derridas und kollegiale
wie freundschaftliche Beziehungen an, die für seine Rezeption entscheidend sein
werden. Von diesen fast schon den Charakter von „Vortragstournee[n]" gleichen-
den Aufenthalten[28] möchten wir hier nur eine Auswahl betrachten: Bereits 1966
wird Derrida – neben manchen ‚Schwergewichten' des französischen intellektuellen Diskurses wie beispielsweise Jean Hyppolite, Roland Barthes und Jacques
Lacan – dazu eingeladen, in einem Kolloquium der Johns-Hopkins-Universität in
Baltimore vorzutragen. Gegenüber der US-amerikanischen Zuhörerschaft, der zu
dieser Zeit der Strukturalismus und die Denkbewegungen, die in den nächsten
Jahrzehnten als *french theory* den sozial- und geisteswissenschaftlichen Diskurs
prägen werden, noch weitgehend unbekannt sind, hält Derrida den bereits erwähnten Vortrag *Die Struktur, das Zeichen und das Spiel im Diskurs der Wissenschaften*

---

[25] Ebd.
[26] Derrida. Die différance, S. 35 f.
[27] Ebd., S. 37.
[28] Peeters. *Derrida*, S. 295.

vom Menschen.[29] Der Kontakt Derridas zur Johns-Hopkins-Universität wird stetig wachsen; am deutlichsten wohl in Form seiner Freundschaft zu Paul de Man, den er zuerst dort kennenlernt und der zusammen mit anderen Literaturwissenschaftler*innen und Philosoph*innen der sogenannten *Yale Critics,* wie beispielsweise J. Hillis Miller, Ende der 70er eine entscheidende Rolle für die Rezeption Derridas in den USA spielen wird.[30]

Derridas Denkbewegungen stoßen seinerzeit in den USA aber nicht nur auf wohlwollendes Interesse, sondern auch auf erheblichen Widerstand: 1977 erscheint in der Schriftenreihe *Glyph* die Übersetzung von Derridas bereits 1972 in *Randgänge der Philosophie* publizierten Vortragstext *Signatur Ereignis Kontext.* Vor allem Derridas Rückgriff auf die Sprechakttheorie von Austin zieht die harsche Kritik des Sprachphilosophen Searle auf sich. Auf Searles Einwände, zu denen auch der Vorwurf mutwilliger Fehllektüre und des strategischen Obskurantismus gehören,[31] antwortet Derrida kurz darauf und äußerst umfangreich mit *Limited Inc a b c ....* Fast eine Dekade später werden Derridas Texte aus dieser Debatte im Sammelband *Limited Inc* wiederabgedruckt und um *Unterwegs zu einer Ethik der Diskussion* ergänzt. Dieses Nachwort ist auch über die Debatte zwischen Derrida und Searle hinaus lesenswert, weil Derrida nicht nur sein Verständnis von Iterabilität und Dekonstruktion klarzustellen und etwaige Missverständnisse aus dem Weg zu räumen versucht, sondern auch, weil er dabei über allgemeinere Fragen des verantwortlichen Umgangs mit Texten sowie der Verantwortung gegenüber ihren Autor*innen reflektiert.

---

[29] Vgl. Cusset, François. 2008. *French Theory. How Foucault, Derrida, Deleuze, & Co. Transformed the Intellectual Life of the United States.* Minneapolis: University of Minnesota Press.

[30] Vgl. Lamont. How to Become a Dominant French Philosopher: The Case of Jacques Derrida, S. 608–614. Diese Entwicklung – und Derridas eigene aktive Mitgliedschaft in dieser Konstellation – ist beispielsweise gut durch die Textsammlung *Deconstruction and criticism* dokumentiert: Bloom, Harold et al. Hrsg. 1979. *Deconstruction and criticism.* London: Routledge. Zur Personenkonstellation der *Yale Critics* vgl. Arac, Jonathan; Godzich, Wlad und Martin, Wallace. Hrsg. 1983. *The Yale critics. Deconstruction in America.* Minneapolis: University of Minnesota Press.

[31] Mehr oder weniger wird sich dieser Tonfall in der anglo-amerikanischen Kritik an Derrida und der Dekonstruktion durchhalten. Vielleicht am klarsten kommt dieser ablehnende Gestus – und damit die provokative Sprengkraft, die Derridas Denkbewegungen und der Stil, in dem er sie äußert, haben – in einem 1992 in der Londoner *Times* veröffentlichten und von prominenten Philosoph*innen signierten Protestbrief zu Wort, der letztendlich die Verleihung der Ehrendoktorwürde der Universität Cambridge an Derrida verhinderte. Für einen Wiederabdruck des Protestbriefs sowie einem Interview mit dem Initiator vgl. Smith, Barry und Sims, Jeffrey. 1999. Revisiting the Derrida affair with Barry Smith. In *Sophia* 38 (2), S. 142–169.

In Frankreich bewegt sich Derrida Ende der 60er und während der 70er Jahre durch einige Turbulenzen, die nicht zuletzt diverse persönliche Beziehungen und Publikationszusammenhänge umfassen, in denen Derrida involviert ist und mit denen er gelegentlich brechen wird. Dazu zählt beispielsweise die unter anderem von Philippe Sollers und Julia Kristeva herausgegebene Literaturzeitschrift *Tel Quel,* deren Beiträge namhafter Autor*innen der Pariser Intellektuellenszene einen Glutkern der theoretischen Debatten bildeten.[32] Die prägendsten Ereignisse dieser Zeit sind aber wohl die am 3. Mai 1968 an der *Sorbonne* beginnenden Studierendenproteste, die nicht nur die Kommunistische Partei und *Tel Quel,* sondern auch Althusser und Derrida an der *Ecole normale supérieure* überraschten, „obwohl sie doch täglich mit den politisiertesten Studenten in Kontakt standen".[33] Bis weit in die 70er Jahre hinein wirbeln die langanhaltenden Proteste und Demonstrationen das intellektuelle Leben und seinen institutionellen Rahmen aus Gruppen, Publikationsorganen und letztlich gar dem Hochschulwesen durcheinander, weswegen wir im Folgenden einigen Spuren folgen, welche die Ereignisse von 1968 in Derridas Werkbiographie hinterlassen.

Während in manchen Kreisen der maoistische Druck auf kommunistisch Überzeugte zunimmt, stellt sich für den intellektuellen Diskurs Anfang der 70er Jahre die allgemeine Frage des Marxismus-Leninismus.[34] Derrida verwehrt sich einer überhasteten politischen Indienstnahme seines Denkens und sieht zwischen der Dekonstruktion und dem Marxismus „keine *unmittelbare* Verbindung".[35] Die Gewichte verschieben sich im theoretischen Denken in den 70er Jahren noch weiter, insofern man sich verstärkt darum bemüht, wie es Vincent Descombes markant zusammenfasst, „die politische Standardtheorie (den Marxismus) durch

---

[32] Werkbiographisch lässt sich abseits der Feinheiten der Beziehungen zwischen Derrida und den in *Tel Quel* Involvierten zusammenfassen, dass die Zeitschrift es ihm seinerzeit erlaubt, „unter förderlichen Bedingungen eines gemeinsamen Einverständnisses die philosophischen, anthropologischen und literarischen Fragen, die ihm wichtig sind, als ein Ganzes zusammenzuhalten" (Peeters. *Derrida,* S. 240). Die Verbindung von philosophischen und literarischen Fragen äußert sich in unübersehbarer Weise im 1974 veröffentlichten Buch *Glas.* Dort überblendet Derrida mit zwei nebeneinander verlaufenden Textsträngen über Hegel und Jean Genet diese Fragen in einer experimentellen Schreibweise, die auch die technischen Fähigkeiten des Verlags an die Grenzen bringt.

[33] Peeters. *Derrida,* S. 286.

[34] Vgl. Angermüller. *Nach dem Strukturalismus,* S. 49 f.

[35] Derrida, Jacques. 2009. Positionen. Gespräch mit Jean-Louis Houdebine und Guy Scarpetta. In *Positionen. Gespräche mit Henri Ronse, Julia Kristeva, Jean-Louis Houdebine, Guy Scarpetta,* hrsg. Peter Engelmann. 2. Auflage. Wien: Passagen Verlag, S. 63–129, hier S. 91.

Injektionen von Betrachtungen über das *Begehren* und die *Lust* wieder flottzu-
machen. Man muss Marx mit Freud ergänzen".[36] Über das Verhältnis zwischen
der Grammatologie und der Psychoanalyse Freuds äußerte sich Derrida bereits
vor den Ereignissen von 1968,[37] auf mögliche Berührungspunkte zwischen der
Dekonstruktion und dem Marxismus – besser: dem Marx'schen Geist – wird er
jedoch erst im Laufe der 90er Jahre eingehen.

Nicht weniger ereignisreich gestalten sich die späten 60er und 70er Jahre mit
Blick auf Derridas Engagement in hochschulpolitischen Angelegenheiten und den
damit einhergehenden institutionellen Fragen: Während der Studierendenproteste
vom Mai 1968 organisiert Derrida die erste Generalversammlung an der *Ecole
normale supérieure* und fungiert im Nachgang als „Geheimberater"[38] von Hélène
Cixous, die mit der Gründung der Universität Vincennes beauftragt wurde, deren
Organisationsweise und Lehrangebot ein experimentelles Gegenprogramm zum
damaligen französischen Hochschulsystem umsetzen sollte. Zwar lehrt Derrida ab
1975 als Gastprofessor an der Yale-Universität, beginnt aber mit der ‚Gruppe zur
Erforschung der philosophischen Lehre' *(Groupe de recherches sur l'enseignement
philosophique),* die er gemeinsam mit Kolleg*innen und Studierenden 1975 offizi-
ell und mit informellem Sitz an der *Ecole* gründet, einen Kampf in Frankreich, der
nicht von seinen philosophischen Denkbewegungen zu trennen ist. Die Ereignisse
vom Mai 1968 und die darauf folgenden Entwicklungen stellten den französischen Intellektuellen auch unter hochschulpolitischen Gesichtspunkten die zwei
drängenden Fragen, wieso erstens „Mächte das eine Mal akzeptiert und das
andere Mal verworfen" werden und ob zweitens „Revolutionen immer auf Restau-
rationen der Ordnung hinaus[laufen]" müssen.[39] Die Debatten der *Groupe de
recherches* entzünden sich zuerst an einem Bildungsbericht, der dem Einfluss
zeitgenössischer Philosophie auf Studierende die Verpflichtung auf traditionelle
akademische Normen entgegenhält, und auf den ein Reformvorhaben des neu
ernannten Erziehungsministers René Haby folgt, das unter anderem den Abbau
des obligatorischen Philosophieunterrichts in der Oberstufe der *Lycéens* vorsieht.
Derrida und seine Mitstreitenden erfahren die geplante ‚Haby-Reform' als Teil

---

[36] Descombes. *Das Selbe und das Andere,* S. 202.

[37] Vgl. Derrida, Jacques. 2016. Freud und der Schauplatz der Schrift. In *Die Schrift und die
Differenz.* 12. Auflage. Frankfurt am Main: Suhrkamp, S. 302–350.

[38] Cixous zitiert in Peeters. *Derrida,* S. 292.

[39] Descombes. *Das Selbe und das Andere,* S. 199. Für einen Überblick über die hochschulpolitischen Dimensionen der Ereignisse von 1968 und ihre Wirkungen auf das intellektuelle
Feld in Frankreich vgl. Angermüller. *Nach dem Strukturalismus,* S. 76–80.

einer „Rückeroberung des Universitätsapparats durch die konservativen Kräfte"[40] die bestenfalls jungen Schüler*innen und Student*innen den Kontakt mit philosophisch-kritischem Denken verwehrt und schlimmstenfalls der politischen Repression Vorschub leistet. Mit Zeitungsbeiträgen, Stellungnahmen und einem Kollektivband intervenieren die Mitglieder der stark anwachsenden Gruppe sichtbar in der Öffentlichkeit.[41] Derridas Engagement mündet im März 1979 in der Beteiligung an einem Aufruf zur Versammlung der ‚Generalstände der Philosophie', der 2500 Unterzeichnende findet und – auch aufgrund eines Handgemenges an der *Sorbonne* – ein großes Medienecho nach sich zieht. Haby äußert sich noch am selben Abend im Fernsehen beschwichtigend und seine Reform lässt den Philosophieunterricht letztlich unangetastet.[42]

Für unsere Belange zeigt sich an dieser Episode deutlich, dass sich dekonstruktives Denken nicht nur auf die Philosophie und ihre Texte konzentriert, sondern ebenso auf den institutionellen Rahmen zielt, in dem Philosophie als Praxis gleichermaßen kultiviert und verwaltet wird. Die „Analyse dieser institutionellen Phänomene" ist für Derrida „stets eine theoretische Aufgabe und etwas, wofür es sich zu engagieren gilt".[43] Diese Reflexionsbewegung, welche die Philosophie auch mit Fragen der Lehre zusammenbringt, verfolgt Derrida institutionell auch nach erfolgreicher Verteidigung seiner kumulativen Habilitation an der *Sorbonne* 1980 als erster Direktor des 1983 gegründeten *Collège international de philosophie* und als Studienleiter an der *École des hautes études en sciences sociales* weiter. Schriftlich schlägt sie sich während der nachfolgenden Jahrzehnte in drei Bänden über das *Recht auf Philosophie*[44] und Überlegungen zur *unbedingten Universität* nieder.[45] Letzterer Text geht unter anderem auf einen Vortrag zurück, den Derrida zuvor in Stanford und dann erneut auf Einladung von Habermas im Juni 2000 an der Goethe-Universität Frankfurt am Main hält. Ein Jahr darauf wird Derrida der Adorno-Preis der Stadt Frankfurt am Main verliehen – fast 20 Jahre

---

[40] Peeters. *Derrida*, S. 396.

[41] Für eine ausführliche Einordnung der *Groupe de recherches sur l'enseignement philosophique* sowohl in den zeitgenössischen Kontext als auch in Derridas Werkbiographie vgl. Orchard, Vivienne. 2017. *Jacques Derrida and the institution of French philosophy*. Boca Raton: Routledge.

[42] Vgl. Peeters. *Derrida*, S. 437–443.

[43] Bennington, Derrida. *Jacques Derrida*, S. 337.

[44] Derrida, Jacques. 2003. *Privileg. Vom Recht auf Philosophie I*. Wien: Passagen Verlag; Derrida, Jacques. 2004. *Mochlos oder Das Auge der Universität. Vom Recht auf Philosophie II*. Wien: Passagen Verlag; Derrida, Jacques. 2005. *Transfer. Sprache und Institutionen der Philosophie. Vom Recht auf Philosophie III*. Wien: Passagen Verlag.

[45] Derrida, Jacques. 2001. *Die unbedingte Universität*. Frankfurt: Suhrkamp.

nach Habermas' Preisempfang und 16 Jahre nachdem dieser ‚die‘ Dekonstruktion nicht ohne philosophische Polemik disqualifizierte.[46] In seiner Dankesrede entfaltet Derrida die paradoxe Beziehung von Möglichkeit und Unmöglichkeit und zusammen – jedoch nicht im Dialog – mit Habermas äußert er sich kurze Zeit später über die Anschläge des 11. Septembers, unter deren Zeichen die Preisverleihung bereits stand.[47]

Mitte der 80er Jahre wird Derrida in der US-amerikanischen Literaturwissenschaft intensiv rezipiert, gar in ersten Zügen kanonisiert, jedoch freilich nicht ohne dabei einige Missverständnisse zu produzieren.[48] Kurz nach dem Tod de Mans hält Derrida im Frühjahr 1984 ihm gewidmete Vorträge in Yale und an der Irvine-Universität, die zusammen mit später gesammelt veröffentlichten Nachrufen eine Reflexion darüber anstoßen, wie die radikale Abwesenheit eines einzigartigen Anderen das philosophische Denken und das Gedächtnis gleichermaßen herausfordern und verpflichten.[49] Die abendländische Metaphysik bleibt während der 80er und 90er Jahre die Zielscheibe dekonstruktiver Zersetzungsarbeit, ebenso wie die Grenzen der Philosophie weiterhin von Derrida befragt und durch literarische Erfahrungsverarbeitung überschritten werden.

Wir wollen abschließend drei Themenfelder herausgreifen, zu denen sich Derrida in dieser Zeit expliziter zu äußern beginnt, obwohl sich dafür argumentieren lässt – und er wird stets daran erinnern –, dass sie von jeher mit seinen Denkbewegungen verwoben und der dekonstruktiven Kritik ausgesetzt waren: Sie betreffen die Beziehung zwischen Gerechtigkeit und Recht, die Demokratie sowie das spannungsgeladene Verhältnis der Dekonstruktion zum Marxismus. Anfang Oktober 1989 hält Derrida an der *Cardozo Law School* in New York den Eröffnungsvortrag im Rahmen eines Kolloquiums über ‚Deconstruction and the Possibility of

---

[46] Vgl. Habermas, Jürgen. 1985. *Der philosophische Diskurs der Moderne. Zwölf Vorlesungen*. Frankfurt am Main: Suhrkamp, S. 191–247.

[47] Vgl. Derrida, Jacques. 2003. *Fichus. Frankfurter Rede*. Wien: Passagen Verlag; Habermas, Jürgen und Derrida, Jacques. 2004. *Philosophie in Zeiten des Terrors. Zwei Gespräche, geführt, eingeleitet und kommentiert von Giovanna Borradori*. Berlin: Philo.

[48] Vgl. beispielsweise Culler, Jonathan D. 1982. *On deconstruction. Theory and criticism after structuralism*. Ithaca: Cornell University Press. Neben der tatkräftigen Verbreitungsarbeit durch die bereits erwähnten *Yale Critics* bieten Derridas Schriften – deren Übersetzungen nun allmählich erscheinen – US-amerikanischen Literaturwissenschaftler*innen die Möglichkeit, als Antwort auf fachpolitische Pressuren ihre Arbeit mit einem Surplus an ‚Theorie‘ aufzuladen. Vgl. Lamont. How to Become a Dominant French Philosopher: The Case of Jacques Derrida, S. 613 f.

[49] Derrida, Jacques. 2005. *Mémoires. Für Paul de Man*. 2. Auflage. Wien: Passagen Verlag; Derrida, Jacques. 2007. *Jedes Mal einzigartig, das Ende der Welt*, hrsg. Peter Engelmann. Wien: Passagen Verlag.

Justice'. Eine noch ausstehende, in diesem Sinne ,kommende Gerechtigkeit' und die ,kommende Demokratie' sind zwei der prominentesten Denkfiguren im Spätwerk Derridas und mit *Gesetzeskraft* beginnt eine zweite Rezeptionswelle seiner Schriften in den USA – nicht länger auf Literaturwissenschaft und *cultural studies* beschränkt, sondern nun in der Rechtstheorie und Philosophie.

Im Horizont von Recht und Politik, von kommender Gerechtigkeit und kommender Demokratie steht das kurz darauf publizierte *Das andere Kap.* In der Problematisierung der Selbstidentität Europas tritt die anti-kolonialistische Stoßrichtung der Dekonstruktion deutlich hervor und kommt über ein Jahrzehnt später in *Schurken* nochmals zur Geltung.[50] Im Rahmen eines an seiner Denkbewegung der ,kommenden Demokratie' orientierten Kolloquiums in Cerisy[51] scheut Derrida nicht die tagesaktuelle Kritik der US-amerikanischen Außenpolitik, um dann darauf hinzuweisen, dass jede staatliche Macht und jeder Fall ihrer Anwendung der Gefahr ausgeliefert ist, verraten zu werden bzw. sich selbst zu verraten. Von hier aus wird allerdings nicht die Demokratie zu Grabe getragen; dieser prinzipielle Verrat wird gerade als Ausgangspunkt für das Versprechen der Demokratie begriffen: Die Demokratie ist „das einzige System, das einzige Verfassungsmodell, in dem man prinzipiell das Recht hat oder sich nimmt, alles öffentlich zu kritisieren, einschließlich der Idee der Demokratie, ihres Begriffs, ihrer Geschichte und ihres Namens".[52]

Vom Themenfeld des Rechts und der Politik ist es nur ein kurzer und gleichzeitig ein sehr großer Schritt zu Marx und zum Marxismus. Mit *Marx' Gespenster* äußert sich Derrida 1993 nicht nur wie mit *Das andere Kap* zu hochaktuellen Fragen der Weltpolitik, sondern bezieht auch erstmals explizit Stellung zu Fragen des Marxismus.[53] Er bricht damit ein Schweigen, das ihm seine Zeitgenoss*innen fast dreißig Jahre lang vorhielten.[54] Das Verhältnis zwischen Dekonstruktion und Marxismus ist für Derrida weder eines der intellektuellen

---

[50] Derrida, Jacques. 2019. *Schurken. Zwei Essays über die Vernunft.* 2. Auflage. Frankfurt am Main: Suhrkamp.

[51] Es handelt sich um das insgesamt vierte seinem Werk gewidmete Kolloquium, nachdem Derrida sich fast 43 Jahre zuvor in Cerisy als ,Jacques' zu Wort zu melden begann.

[52] Derrida. *Schurken. Zwei Essays über die Vernunft,* S. 124.

[53] Ein Jahr zuvor läutete Francis Fukuyama das triumphale Ende der Geschichte ein, das mit dem Sturz kommunistischer Regime nun begonnen haben soll. Vgl. Fukuyama, Francis. 1992. *Das Ende der Geschichte. Wo stehen wir?* München: Kindler.

[54] Zum ,Schweigen' über den Marxismus, das Derrida mit *Marx' Gespenster* bricht, vgl. Peeters. *Derrida,* S. 659–662. Neuere Forschungen zum Gesamtwerk Derridas führen jedoch zu einer Relativierung dieser Wahrnehmung. *Öffentlich* mag Derrida zu Marx geschwiegen haben; das Archiv zeigt allerdings, dass er sich bereits in den 60er und 70er Jahren mit dem Marxismus beschäftigt, genauer: mit zeitgenössischen marxistischen Autor*innen

Komplizenschaft noch der grundbegrifflichen Opposition. Vielmehr versteht Derrida die Dekonstruktion als eine Radikalisierung des Marxismus, weil sie deren Geste umfassender Infragestellung der politisch-sozialen Ordnung aufnimmt. Das dekonstruktive Denken steht zeitgenössischen politischen Ereignissen und Diskursen nicht indifferent gegenüber, sondern lässt sich gleichermaßen von ihnen berühren. In *Marx' Gespenster* visiert Derrida eine Öffnung der marxistischen Tradition auf ein komplexeres Verständnis von Zeitlichkeit an, wie es bereits in *Gesetzeskraft* zur Sprache kam. Utopischen Zukunftsentwürfen, die theoretisch abgedichtet oder mit politischen Zwangsapparaten durchgesetzt werden sollen, hält Derrida die Sensibilität für eine maßlos unbestimmte, kommende Zukunft entgegen. Auf Derridas Überlegungen zu Marx und dem Marxismus haben seine Kolleg*innen – Freund*innen wie Kritiker*innen gleichermaßen – nicht nur lange gewartet, sie antworten ihnen auch unmittelbar und umfangreich. Einen guten Einblick in die durch *Marx' Gespenster* ausgelöste Debatte gibt der 1999 erscheinende Sammelband *Ghostly Demarcations,* an dessen Ende Derrida mit *Marx & Sons* in Form einer Replik einige seiner Denkbewegungen zu präzisieren und Missverständnisse aufzuklären versucht.

Es ließen sich nun noch viele weitere Facetten des die Geistes- und Sozialwissenschaften prägenden, stets abenteuerlichen dekonstruktiven Denkens Derridas beschreiben, unzählige weitere Schriften auflisten und Anekdoten erzählen.[55] Derrida steigert zum Ende seines Lebens hin die Veröffentlichungen seiner Schriften noch einmal beträchtlich und interveniert in ganz unterschiedlichen philosophischen und politischen Diskursen. Betonen möchten wir zum Schluss, dass die Auswahl der Gegenstandsbereiche der Dekonstruktion keiner festen Ordnung unterliegt. Worüber Derrida schreibt, ist ein Stück weit dem Zufall geschuldet; es ist akademischen und politischen Ereignissen, aber auch persönlichen Beziehungen ausgesetzt. Der Schriftsteller Derrida ist kein autonomer Akteur, der streng rational das Feld auswählt, über das er arbeiten möchte. Er lässt sich vielmehr von demjenigen berühren, was um ihn herum passiert, er reagiert auf das, was sich ereignet, aber dieses Reagieren darf nicht mit Passivität verwechselt werden, sondern stellt eine Interaktion mit der sozialen Welt dar. Die Trennung zwischen

---

und den möglichen Beziehungen zwischen dem dekonstruktiven und dem dialektisch-materialistischen Denken, so Mercier, Thomas Clément. 2020. Silence, in the Archives: Derrida's Other Marx(s). In *Aisthesis. Pratiche, Linguaggi E Saperi Dell'Estetico* 13 (2), S. 31–46.

[55] Vgl. Derrida. Die Struktur, das Zeichen und das Spiel im Diskurs der Wissenschaften vom Menschen, S. 441; Haensler, Philippe; Heine, Stefanie; Hubmann, Philipp und Traupmann, Thomas. 2022. *Der Alltag der Dekonstruktion. Über das Anekdotische bei Hélène Cixous und Jacques Derrida.* Wien: Passagen Verlag.

dem aktiven, stoisch verharrenden Philosophen und der passiv ausharrenden Realität wird aus den Angeln gehoben. Person und Werk sind untrennbar miteinander verschränkt.

Am 9. Oktober 2004 stirbt Derrida mit 74 Jahren im Pariser *Hôpital Curie* – in unmittelbarer Nähe zur *Ecole normale supérieure*.

Literatur

Adloff, Frank und Mau, Steffen. 2005. Zur Theorie der Gabe und Reziprozität. In *Vom Geben und Nehmen. Zur Soziologie der Reziprozität,* hrsg. Frank Adloff und Steffen Mau. Frankfurt, New York: Campus Verlag, S. 9–57.

Adorno, Theodor W. und Horkheimer, Max. 1988. *Dialektik der Aufklärung. Philosophische Fragmente.* Frankfurt am Main: Fischer.

Agamben, Giorgio; Badiou, Alain; Žižek, Slavoj; Ranciére, Jacques; Nancy, Jean-Luc; Brown, Wendy; Bensaïd, Daniel und Ross, Kristin. Hrsg. 2012. *Demokratie? Eine Debatte.* Berlin: Suhrkamp.

Ahmed, Sara. 2021. *Feministisch leben! Manifest für Spaßverderberinnen.* 3. Auflage. Münster: Unrast.

Alexander, Jeffrey C. 1994. Modern, Anti, Post, and Neo. How Social Theories Have Tried to Understand the „New World" of „Our Time". In *Zeitschrift für Soziologie* 23 (3), S. 165–197.

Angermüller, Johannes. 2007. *Nach dem Strukturalismus.* Bielefeld: Transcript.

Arac, Jonathan; Godzich, Wlad und Martin, Wallace. Hrsg. 1983. *The Yale critics. Deconstruction in America.* Minneapolis: University of Minnesota Press.

Aristoteles. 1995. *Metaphysik.* Hamburg: Meiner.

Aristoteles. 2012. *Politik.* Hamburg: Meiner.

Aristoteles. 2017. *Über die Seele. De anima.* Hamburg: Meiner.

Aristoteles. 2019. *Kategorien.* Hamburg: Meiner.

Badiou, Alain. 2005. *Das Sein und das Ereignis.* Berlin: Diaphanes.

Badiou, Alain. 2010. *Logiken der Welten. Das Sein und das Ereignis 2.* Berlin: Diaphanes.

Barad, Karen. 2007a. Getting Real: Technoscientific Practices and the Materialization of Reality. In *Meeting the universe halfway. Quantum physics and the entanglement of matter and meaning.* Durham: Duke University Press, S. 189–222.

Barad, Karen. 2007b. *Meeting the universe halfway. Quantum physics and the entanglement of matter and meaning.* Durham: Duke University Press.

Barad, Karen. 2010. Quantum Entanglements and Hauntological Relations of Inheritance. Dis/continuities, SpaceTime Enfoldings, and Justice-to-Come. In *Derrida Today* 3 (2), S. 240–268.

Barad, Karen. 2012. Nature's Queer Performativity. In *Kvinder, Køn & Forskning* (1–2), S. 25–53.

© Der/die Herausgeber bzw. der/die Autor(en), exklusiv lizenziert an Springer Fachmedien Wiesbaden GmbH, ein Teil von Springer Nature 2023
M. Eldracher and F. Meyhöfer, *Soziologisch denken mit Jacques Derrida,*
Philosophische Grundlagen der Soziologie,
https://doi.org/10.1007/978-3-658-41802-1

Barad, Karen. 2017. *Agentieller Realismus. Über die Bedeutung materiell-diskursiver Praktiken.* 2. Auflage. Berlin: Suhrkamp.

Bauman, Zygmunt. 2005. *Moderne und Ambivalenz. Das Ende der Eindeutigkeit.* Hamburg: Hamburger Edition.

Bayly, Christopher Alan. 2009. *The birth of the modern world 1780–1914. Global connections and comparisons.* 15. Auflage. Malden, Mass.: Blackwell.

Beauvoir, Simone de. 2019. *Das andere Geschlecht. Sitte und Sexus der Frau.* 20. Auflage. Reinbek bei Hamburg: Rowohlt.

Beck, Ulrich. 1986. *Risikogesellschaft. Auf dem Weg in eine andere Moderne.* Frankfurt am Main: Suhrkamp.

Beck, Ulrich. 2007. *Weltrisikogesellschaft. Auf der Suche nach der verlorenen Sicherheit.* Frankfurt am Main: Suhrkamp.

Bennett, Jane. 2020. *Lebhafte Materie. Eine politische Ökologie der Dinge.* 2. Auflage. Berlin: Matthes & Seitz.

Bennington, Geoffrey und Derrida, Jacques. 2017. *Jacques Derrida. Ein Portrait.* 3. Auflage. Frankfurt am Main: Suhrkamp.

Benveniste, Émile. 1974. *Probleme der allgemeinen Sprachwissenschaft.* München: List.

Berger, Peter L. und Luckmann, Thomas. 2010. *Die gesellschaftliche Konstruktion der Wirklichkeit. Eine Theorie der Wissenssoziologie.* 23. Auflage. Frankfurt am Main: Fischer.

Binder, Werner. 2014. Die Robinsonade. In *Gründungsszenen soziologischer Theorie,* hrsg. Sina Farzin und Henning Laux. Wiesbaden: Springer VS, S. 139–154.

Blau, Peter M. 2005. Sozialer Austausch. In *Vom Geben und Nehmen. Zur Soziologie der Reziprozität,* hrsg. Frank Adloff und Steffen Mau. Frankfurt, New York: Campus Verlag, S. 125–137.

Bloom, Harold; Derrida, Jacques; Man, Paul de; Miller, J. Hillis und Hartman, Geoffrey H. Hrsg. 1979. *Deconstruction and criticism.* London: Routledge.

Blumenberg, Hans. 1981. *Die Lesbarkeit der Welt.* Frankfurt am Main: Suhrkamp.

Blumenberg, Hans. 1987. *Das Lachen der Thrakerin. Eine Urgeschichte der Theorie.* Frankfurt am Main: Suhrkamp.

Bourdieu, Pierre. 1992. *Homo academicus.* Frankfurt am Main: Suhrkamp.

Bourdieu, Pierre. 1993. *Sozialer Sinn. Kritik der theoretischen Vernunft.* Frankfurt am Main: Suhrkamp.

Bourdieu, Pierre. 1998. *Die feinen Unterschiede. Kritik der gesellschaftlichen Urteilskraft.* 10. Auflage. Frankfurt am Main: Suhrkamp.

Bourdieu, Pierre. 2001. *Die Regeln der Kunst. Genese und Struktur des literarischen Feldes.* Frankfurt am Main: Suhrkamp.

Bourdieu, Pierre und Wacquant, Loïc. 1996. *Reflexive Anthropologie.* Frankfurt am Main: Suhrkamp.

Braidotti, Rosi. 1994. *Nomadic Subjects. Embodiment and Sexual Difference in Contemporary Feminist Theory.* New York: Columbia University Press.

Braidotti, Rosi. 2002. *Metamorphoses. Towards a materialist theory of becoming.* Cambridge: Polity Press.

Braidotti, Rosi. 2014. *Posthumanismus. Leben jenseits des Menschen.* Frankfurt am Main: Campus.

Butler, Judith. 1991. *Das Unbehagen der Geschlechter.* Frankfurt am Main: Suhrkamp.

Butler, Judith. 2006. *Haß spricht. Zur Politik des Performativen.* Berlin: Suhrkamp.

Caillé, Alain. 2022. *Das Paradigma der Gabe. Eine sozialtheoretische Ausweitung.* Bielefeld: Transcript.

Comtesse, Dagmar; Flügel-Martinsen, Oliver; Martinsen, Franziska und Nonhoff, Martin. Hrsg. 2019. *Radikale Demokratietheorie. Ein Handbuch.* Berlin: Suhrkamp.

Coole, Diana und Frost, Samantha. 2010. *New Materialisms. Ontology, Agency, and Politics.* Durham: Duke University Press.

Crenshaw, Kimberlé. 2022. Das Zusammenrücken von *Race* und Gender ins Zentrum rücken: Eine Schwarze feministische Kritik des Antidiskriminierungsdogmas, der feministischen Theorie und antirassistischer Politiken (1989). In *Schwarzer Feminismus. Grundlagentexte,* hrsg. Natasha A. Kelly. 2. Auflage. Münster: Unrast, S. 143–184.

Culler, Jonathan D. 1982. *On deconstruction. Theory and criticism after structuralism.* Ithaca: Cornell University Press.

Cusset, François. 2008. *French Theory. How Foucault, Derrida, Deleuze, & Co. Transformed the Intellectual Life of the United States.* Minneapolis: University of Minnesota Press.

Därmann, Iris. 2016. *Theorien der Gabe zur Einführung.* 2. Auflage. Hamburg: Junius.

Deleuze, Gilles. 1993. *Spinoza und das Problem des Ausdrucks in der Philosophie.* München: Fink.

Derrida, Jacques. 1982. *Die Postkarte – von Sokrates bis an Freud und jenseits. Envois/ Sendungen.* Berlin: Brinkmann & Bose.

Derrida, Jacques. 1983. *Grammatologie.* Frankfurt am Main: Suhrkamp.

Derrida, Jacques. 1985. Deconstruction in America: An Interview with Jacques Derrida. In *Society for Critical Exchange* 17, S. 1–33.

Derrida, Jacques. 1987a. *Die Postkarte – von Sokrates bis an Freud und jenseits. Spekulieren – über/auf ‚Freud'.* Berlin: Brinkmann & Bose.

Derrida, Jacques. 1987b. *Husserls Weg in die Geschichte am Leitfaden der Geometrie. Ein Kommentar zur Beilage III der „Krisis".* München: Fink.

Derrida, Jacques. 1991. *Gesetzeskraft. Der ‚mystische Grund der Autorität'.* Frankfurt am Main: Suhrkamp.

Derrida, Jacques. 1992. Das andere Kap. In *Das andere Kap. Die vertagte Demokratie. Zwei Essays zu Europa.* Frankfurt am Main: Suhrkamp, S. 9–80.

Derrida, Jacques. 1993. *Falschgeld. Zeit geben I.* München: Fink.

Derrida, Jacques. 1994. Den Tod geben. In *Gewalt und Gerechtigkeit. Derrida – Benjamin,* hrsg. Anselm Haverkamp. Frankfurt am Main: Suhrkamp, S. 331–445.

Derrida, Jacques. 1995. Platons Pharmazie. In *Dissemination,* hrsg. Peter Engelmann. Wien: Passagen Verlag, S. 69–190.

Derrida, Jacques. 1998. (‚Die alte neue Sprache') entsiegeln. In *Auslassungspunkte. Gespräche,* hrsg. Peter Engelmann. Wien: Passagen Verlag, S. 125–141.

Derrida, Jacques. 1999a. *Adieu. Nachruf auf Emmanuel Levinas.* München: Hanser.

Derrida, Jacques. 1999b. Die différance. In *Randgänge der Philosophie,* hrsg. Peter Engelmann. 2. Auflage. Wien: Passagen Verlag, S. 31–56.

Derrida, Jacques. 1999c. Signatur Ereignis Kontext. In *Randgänge der Philosophie,* hrsg. Peter Engelmann. 2. Auflage. Wien: Passagen Verlag, S. 325–351.

Derrida, Jacques. 2001a. *Die unbedingte Universität.* Frankfurt: Suhrkamp.

Derrida, Jacques. 2001b. Limited Inc a b c …. In *Limited Inc,* hrsg. Peter Engelmann. Wien: Passagen Verlag, S. 53–168.

Derrida, Jacques. 2001c. Nachwort. Unterwegs zu einer Ethik der Diskussion. In *Limited Inc*, hrsg. Peter Engelmann. Wien: Passagen Verlag, S. 171–238.

Derrida, Jacques. 2003a. *Die Stimme und das Phänomen. Einführung in das Problem des Zeichens in der Phänomenologie Husserls*. Frankfurt am Main: Suhrkamp.

Derrida, Jacques. 2003b. *Eine gewisse unmögliche Möglichkeit, vom Ereignis zu sprechen*. Berlin: Merve.

Derrida, Jacques. 2003c. *Fichus. Frankfurter Rede*. Wien: Passagen Verlag.

Derrida, Jacques. 2003d. *Marx & Sons*. Frankfurt am Main: Suhrkamp.

Derrida, Jacques. 2003e. *Privileg. Vom Recht auf Philosophie I*. Wien: Passagen Verlag.

Derrida, Jacques. 2004. *Mochlos oder Das Auge der Universität. Vom Recht auf Philosophie II*. Wien: Passagen Verlag.

Derrida, Jacques. 2005a. *Mémoires. Für Paul de Man*. 2. Auflage. Wien: Passagen Verlag.

Derrida, Jacques. 2005b. *Transfer. Sprache und Institutionen der Philosophie. Vom Recht auf Philosophie III*. Wien: Passagen Verlag.

Derrida, Jacques. 2006. *Glas. Totenglocke*. München, Paderborn: Fink.

Derrida, Jacques. 2007. *Jedes Mal einzigartig, das Ende der Welt*. Wien: Passagen Verlag.

Derrida, Jacques. 2009a. Implikationen. Gespräch mit Henri Ronse. In *Positionen. Gespräche mit Henri Ronse, Julia Kristeva, Jean-Louis Houdebine, Guy Scarpetta*, hrsg. Peter Engelmann. 2. Auflage. Wien: Passagen Verlag, S. 23–37.

Derrida, Jacques. 2009b. Semiologie und Grammatologie. Gespräch mit Julia Kristeva. In *Positionen. Gespräche mit Henri Ronse, Julia Kristeva, Jean-Louis Houdebine, Guy Scarpetta*, hrsg. Peter Engelmann. 2. Auflage. Wien: Passagen Verlag, S. 39–61.

Derrida, Jacques. 2009c. Positionen. Gespräch mit Jean-Louis Houdebine und Guy Scarpetta. In *Positionen. Gespräche mit Henri Ronse, Julia Kristeva, Jean-Louis Houdebine, Guy Scarpetta*, hrsg. Peter Engelmann. 2. Auflage. Wien: Passagen Verlag, S. 63–129.

Derrida, Jacques. 2012. Psyche. Erfindung des Anderen. In *Psyche. Erfindungen des Anderen I*, hrsg. Peter Engelmann. Wien: Passagen Verlag, S. 15–76.

Derrida, Jacques. 2013. *Das Problem der Genese in Husserls Philosophie*. Zürich: Diaphanes.

Derrida, Jacques. 2016a. ‚Genesis und Struktur' und die Phänomenologie. In *Die Schrift und die Differenz*. 12. Auflage. Frankfurt am Main: Suhrkamp, S. 236–258.

Derrida, Jacques. 2016b. *Das Tier, das ich also bin*, hrsg. Peter Engelmann 2. Auflage. Wien: Passagen Verlag.

Derrida, Jacques. 2016c. Die Struktur, das Zeichen und das Spiel im Diskurs der Wissenschaften vom Menschen. In *Die Schrift und die Differenz*. 12. Auflage. Frankfurt am Main: Suhrkamp, S. 422–442.

Derrida, Jacques. 2016d. Ellipse. In *Die Schrift und die Differenz*. 12. Auflage. Frankfurt am Main: Suhrkamp, S. 443–450.

Derrida, Jacques. 2016e. Freud und der Schauplatz der Schrift. In *Die Schrift und die Differenz*. 12. Auflage. Frankfurt am Main: Suhrkamp, S. 302–350.

Derrida, Jacques. 2016f. Gewalt und Metaphysik. Essay über das Denken Emmanuel Levinas'. In *Die Schrift und die Differenz*. 12. Auflage. Frankfurt am Main: Suhrkamp, S. 121–235.

Derrida, Jacques. 2016g. Kraft und Bedeutung. In *Die Schrift und die Differenz*. 12. Auflage. Frankfurt am Main: Suhrkamp, S. 9–52.

Derrida, Jacques. 2018. *Von der Gastfreundschaft*. 5. Auflage. Wien: Passagen Verlag.

Derrida, Jacques. 2019a. *Marx' Gespenster. Der Staat der Schuld, die Trauerarbeit und die neue Internationale.* 6. Auflage. Frankfurt am Main: Suhrkamp.

Derrida, Jacques. 2019b. *Schurken. Zwei Essays über die Vernunft.* 2. Auflage. Frankfurt am Main: Suhrkamp.

Descartes, René. 1993. *Meditationen über die Grundlagen der Philosophie.* Hamburg: Meiner.

Descombes, Vincent. 1981. *Das Selbe und das Andere. Fünfundvierzig Jahre Philosophie in Frankreich 1933–1978.* Frankfurt am Main: Suhrkamp.

Dimbath, Oliver. 2016. *Soziologische Zeitdiagnostik.* Stuttgart: UTB.

Dolphijn, Rick und van der Tuin, Iris. 2012. *New materialism. Interviews & cartographies.* Ann Arbor: Open Humanities Press.

Durkheim, Émile. 1970. *Die Regeln der soziologischen Methode.* 3. Auflage. Neuwied: Luchterhand.

Durkheim, Émile. 1992. *Über soziale Arbeitsteilung. Studie über die Organisation höherer Gesellschaften.* Frankfurt am Main: Suhrkamp.

Durkheim, Émile. 1999. *Der Selbstmord.* 7. Auflage. Frankfurt am Main: Suhrkamp.

Engel, Sonja. 2013. Der Typus des Fremden im Zentrum der Vergesellschaftung bei Georg Simmel. In *Der Begriff der Kultur. Kulturphilosophie als Aufgabe,* hrsg. Arbeitskreis Kultur- und Sozialphilosophie. Bielefeld: Transcript, S. 127–148.

Farzin, Sina und Laux, Henning. 2014. *Gründungsszenen soziologischer Theorie.* Wiesbaden: Springer VS.

Farzin, Sina und Laux, Henning. 2014. Was sind Gründungsszenen? In *Gründungsszenen soziologischer Theorie,* hrsg. Sina Farzin und Henning Laux. Wiesbaden: Springer VS, S. 3–11.

Flügel-Martinsen, Oliver. 2004. Démocratie à venir. Jacques Derrida. In *Die Rückkehr des Politischen. Demokratietheorien heute,* hrsg. Oliver Flügel-Martinsen, Reinhard Heil und Andreas Hetzel. Darmstadt: Wissenschaftliche Buchgesellschaft, S. 19–42.

Foucault, Michel. 1974. *Die Ordnung der Dinge. Eine Archäologie der Humanwissenschaften.* Frankfurt am Main: Suhrkamp.

Foucault, Michel. 1981. *Archäologie des Wissens.* Frankfurt am Main: Suhrkamp.

Foucault, Michel. 2003. Methodologie zur Erkenntnis der Welt: Wie man sich vom Marxismus befreien kann. In *Dits et Ecrits. Schriften. Band 3,* hrsg. Daniel Defert und François Ewald. Frankfurt am Main: Suhrkamp, S. 748–775.

Fukuyama, Francis. 1992. *Das Ende der Geschichte. Wo stehen wir?* München: Kindler.

Gasché, Rodolphe. 1986. *The Tain of the Mirror. Derrida and the Philosophy of Reflection.* Cambridge: Harvard University Press.

Giddens, Anthony. 1992. *Kritische Theorie der Spätmoderne.* Wien: Passagen Verlag.

Gondek, Hans-Dieter und Waldenfels, Bernhard. 1997. Derridas performative Wende. In *Einsätze des Denkens. Zur Philosophie von Jacques Derrida,* hrsg. Hans-Dieter Gondek und Bernhard Waldenfels. Frankfurt am Main: Suhrkamp, 7–18.

Grosz, Elizabeth. 2004. *The nick of time. Politics, evolution, and the untimely.* Durham: Duke University Press.

Grosz, Elizabeth. 2005. *Time travels. Feminism, nature, power.* Durham: Duke University Press.

Grosz, Elizabeth. 2008. Darwin and Feminism. Preliminary Investigations for a Possible Alliance. In *Material feminisms*, hrsg. Stacy Alaimo und Susan J. Hekman. Bloomington: Indiana University Press, S. 23–51.

Grosz, Elizabeth. 2011. *Becoming undone. Darwinian reflections on life, politics, and art.* Durham: Duke University Press.

Grosz, Elizabeth. 2017. *The incorporeal. Ontology, ethics, and the limits of materialism.* New York: Columbia University Press.

Gumbrecht, Hans Ulrich. 2006. Modern, Modernität, Methode. In *Dimensionen und Grenzen der Begriffsgeschichte.* München: Fink, S. 37–80.

Habermas, Jürgen. 1981. *Theorie des kommunikativen Handelns.* Frankfurt am Main: Suhrkamp.

Habermas, Jürgen. 1985. *Der philosophische Diskurs der Moderne. Zwölf Vorlesungen.* Frankfurt am Main: Suhrkamp.

Habermas, Jürgen. 2015. *Legitimationsprobleme im Spätkapitalismus.* 13. Auflage. Frankfurt am Main: Suhrkamp.

Habermas, Jürgen und Derrida, Jacques. 2004. *Philosophie in Zeiten des Terrors. Zwei Gespräche, geführt, eingeleitet und kommentiert von Giovanna Borradori.* Berlin: Philo.

Haensler, Philippe; Heine, Stefanie; Hubmann, Philipp und Traupmann, Thomas. 2022. *Der Alltag der Dekonstruktion. Über das Anekdotische bei Hélène Cixous und Jacques Derrida.* Wien: Passagen Verlag.

Hall, Stuart. 1996. The West and the Rest: Discourse and Power. In *Modernity. An introduction to modern societies.* Malden, Mass.: Blackwell, S. 184–227.

Hamacher, Werner. 2021. Le Sans de l'Etre (ad Derrida). In *Mit ohne Mit.* Zürich: Diaphanes, S. 89–154.

Haraway, Donna. 1995a. Ein Manifest für Cyborgs. Feminismus im Streit mit den Technowissenschaften. In *Die Neuerfindung der Natur. Primaten, Cyborgs und Frauen.* Frankfurt am Main: Campus, S. 33–72.

Haraway, Donna. 1995b. Situiertes Wissen. Die Wissenschaftsfrage im Feminismus und das Privileg einer partialen Perspektive. In *Die Neuerfindung der Natur. Primaten, Cyborgs und Frauen.* Frankfurt am Main: Campus, S. 73–97.

Harding, Sandra G. 1999. *Feministische Wissenschaftstheorie. Zum Verhältnis von Wissenschaft und sozialem Geschlecht.* 3. Auflage. Hamburg: Argument.

Heidegger, Martin. 2003. Die Zeit des Weltbildes. In *Holzwege*, hrsg. Friedrich-Wilhelm von Herrmann. 2. Auflage. Frankfurt am Main: Klostermann, S. 75–113.

Heller, Ágnes. 1980. *Theorie der Gefühle.* Hamburg: VSA-Verlag.

Hetzel, Andreas. 2019. Ereignis. In *Radikale Demokratietheorie. Ein Handbuch,* hrsg. Dagmar Comtesse, Oliver Flügel-Martinsen, Franziska Martinsen und Martin Nonhoff. Berlin: Suhrkamp, S. 513–522.

Hobbes, Thomas. 1966. *Leviathan. Oder Stoff, Form und Gewalt eines kirchlichen und bürgerlichen Staates.* Frankfurt am Main: Suhrkamp.

Hobsbawm, Eric J. 1988. *The Age of Revolution. Europe 1789–1848.* London: Abacus.

hooks, bell. 1981. *Ain't I a woman. Black women and feminism.* Boston, Mass.: South End Press.

Hoppe, Katharina und Lemke, Thomas. 2021. *Neue Materialismen zur Einführung.* Hamburg: Junius.

Irigaray, Luce. 1991. *Ethik der sexuellen Differenz.* Frankfurt am Main: Suhrkamp.

Jaggar, Alison M. 1989. Love and knowledge: Emotion in feminist epistemology. In *Inquiry* 32 (2), S. 151–176.

Kant, Immanuel. 1974. *Kritik der reinen Vernunft*. Frankfurt am Main: Suhrkamp.

Kant, Immanuel. 1983. *Zum ewigen Frieden. Ein philosophischer Entwurf*. Stuttgart: Reclam.

Kant, Immanuel. 2000. *Kritik der praktischen Vernunft. Werkausgabe Band 7*. Frankfurt am Main: Suhrkamp.

Khurana, Thomas. 2004. Zum Ereignis bei Derrida. In *Ereignis auf Französisch. Von Bergson bis Deleuze,* hrsg. Marc Rölli. München: Fink, S. 235–256.

Kirby, Vicki. 2011. *Quantum Anthropologies. Life at Large*. Durham: Duke University Press.

Klossowski, Pierre. 2002. *Die Gesetze der Gastfreundschaft*. Berlin: Kadmos.

Knorr Cetina, Karin. 2002. *Wissenskulturen. Ein Vergleich naturwissenschaftlicher Wissensformen*. Frankfurt am Main: Suhrkamp.

Kofman, Sarah. 2000. *Derrida lesen*. 2. Auflage. Wien: Passagen Verlag.

Koselleck, Reinhart. 2015a. Vergangene Zukunft der frühen Neuzeit. In *Vergangene Zukunft. Zur Semantik geschichtlicher Zeiten*. 9. Auflage. Frankfurt am Main: Suhrkamp, S. 17–37.

Koselleck, Reinhart. 2015b. Wie neu ist die Neuzeit? In *Zeitschichten. Studien zur Historik*. 4. Auflage. Frankfurt am Main: Suhrkamp, S. 225–239.

Krause, Monika. 2016. 'Western Hegemony' in the Social Sciences: Fields and Model Systems. In *The Sociological Review* 64 (2), S. 194–211.

Krause, Monika. 2021. *Model Cases. On Canonical Research Objects and Sites*. Chicago: University of Chicago Press.

Lacan, Jacques. 2015. *Die vier Grundbegriffe der Psychoanalyse. Das Seminar, Buch XI*. Wien, Berlin: Turia + Kant.

Lacan, Jacques. 2016. *Die Ethik der Psychoanalyse. Das Seminar, Buch VII*. 3. Auflage. Wien, Berlin: Turia + Kant.

Lamont, Michele. 1987. How to Become a Dominant French Philosopher: The Case of Jacques Derrida. In *American Journal of Sociology* 93 (3), S. 584–622.

Langenohl, Andreas. 2014. Börsenhandel als Gründungsszene soziologischer Theorieauseinandersetzung. In *Gründungsszenen soziologischer Theorie,* hrsg. Sina Farzin und Henning Laux. Wiesbaden: Springer VS, S. 125–137.

Latour, Bruno. 2015. *Wir sind nie modern gewesen. Versuch einer symmetrischen Anthropologie*. Frankfurt am Main: Suhrkamp.

Lawson, George. 2017. A Global Historical Sociology of Revolution. In *Global historical sociology,* hrsg. George Lawson und Julian Go. Cambridge: Cambridge University Press, S. 76–98.

Levinas, Emmanuel. 1998. *Jenseits des Seins oder anders als Sein geschieht*. 2. Auflage. Freiburg, München: Alber.

Lévi-Strauss, Claude. 1968. *Das wilde Denken*. Frankfurt am Main: Suhrkamp.

Lévi-Strauss, Claude. 1978. *Traurige Tropen*. Frankfurt am Main: Suhrkamp.

Lévi-Strauss, Claude. 1981. *Die elementaren Strukturen der Verwandtschaft*. Frankfurt am Main: Suhrkamp.

Lévi-Strauss, Claude. 2000. *Mythologica I. Das Rohe und das Gekochte*. Frankfurt am Main: Suhrkamp.

Lorde, Audre. 2017. *Your silence will not protect you*. London: Silver Press.

Lüdemann, Susanne. 2017. *Jacques Derrida. Zur Einführung*. 3. Auflage. Hamburg: Junius.

Luhmann, Niklas. 1987. *Soziale Systeme. Grundriß einer allgemeinen Theorie.* Frankfurt am Main: Suhrkamp.

Luhmann, Niklas. 1997. *Die Kunst der Gesellschaft.* Frankfurt am Main: Suhrkamp.

Luhmann, Niklas. 1998. *Die Wissenschaft der Gesellschaft.* 3. Auflage. Frankfurt am Main: Suhrkamp.

Makropoulos, Michael. 2004. Kontingenz. Aspekte einer theoretischen Semantik der Moderne. In *European Journal of Sociology* 45 (3), S. 369–399.

Marchart, Oliver. 2013. *Das unmögliche Objekt. Eine postfundamentalistische Theorie der Gesellschaft.* Berlin: Suhrkamp.

Marx, Karl. 1982. *Das Kapital. Kritik der politischen Ökonomie.* Berlin: Dietz.

Marx, Karl und Engels, Friedrich. 1990. Manifest der kommunistischen Partei. In *Werke. Band 4,* hrsg. Institut für Marxismus-Leninismus beim ZK der KPdSU. Berlin: Dietz, S. 459–493.

Mauss, Marcel. 1990. *Die Gabe. Form und Funktion des Austauschs in archaischen Gesellschaften.* Frankfurt am Main: Suhrkamp.

Meier, Christian und Koselleck, Reinhart. 1975. Fortschritt. In *Geschichtliche Grundbegriffe. Historisches Lexikon zur politisch-sozialen Sprache in Deutschland. Band 2,* hrsg. Otto Brunner, Werner Conze und Reinhart Koselleck. Stuttgart: Klett-Cotta, S. 351–423.

Mercier, Thomas Clément. 2020. Silence, in the Archives: Derrida's Other Marx(s). In *Aisthesis. Pratiche, Linguaggi E Saperi Dell'Estetico* 13 (2), S. 31–46.

Merz-Benz, Peter-Ulrich und Wagner, Gerhard. 2002. Der Fremde als sozialer Typus. Zur Rekonstruktion eines soziologischen Diskurses. In *Der Fremde als sozialer Typus. Klassische soziologische Texte zu einem aktuellen Phänomen,* hrsg. Peter-Ulrich Merz-Benz und Gerhard Wagner. Konstanz: UVK, S. 9–37.

Moebius, Stephan. 2006. Die Gabe – ein neues Paradigma der Soziologie? In *Berliner Journal für Soziologie* 16 (3), S. 355–370.

Moebius, Stephan. 2006. *Marcel Mauss.* Konstanz: UVK.

Müller, Hans-Peter. 2021. *Krise und Kritik. Klassiker der soziologischen Zeitdiagnose.* Berlin: Suhrkamp.

Münch, Richard. 1984. *Die Struktur der Moderne. Grundmuster und differentielle Gestaltung des institutionellen Aufbaus der modernen Gesellschaften.* Frankfurt am Main: Suhrkamp.

Nancy, Jean-Luc. 2008. *Dekonstruktion des Christentums.* Zürich, Berlin: Diaphanes.

Orchard, Vivienne. 2017. *Jacques Derrida and the institution of French philosophy.* Boca Raton: Routledge.

Osrecki, Fran. 2015. Constructing Epochs: The Argumentative Structures of Sociological Epochalisms. In *Cultural Sociology* 9 (2), S. 131–146.

Osrecki, Fran. 2019. Zeitdiagnosen. Funktionen und Krisen eines Genres. In *Deutungsmacht von Zeitdiagnosen. Interdisziplinäre Perspektiven,* hrsg. Heiner Hastedt. Bielefeld: Transcript, S. 35–47.

Osterhammel, Jürgen. 2020. *Die Verwandlung der Welt. Eine Geschichte des 19. Jahrhunderts.* 3. Auflage. München: C.H. Beck.

Park, Robert E. 1928. Human Migration and the Marginal Man. In *American Journal of Sociology* 33 (6), S. 881–893.

Peeters, Benoît. 2013. *Derrida. Eine Biographie.* Berlin: Suhrkamp.

Platon. 2016. Politeia. Der Staat. In *Werke in acht Bänden. Band 4,* hrsg. Gunther Eigler. Darmstadt: Wissenschaftliche Buchgesellschaft.

Porter, Theodore M. 2003. Genres and Objects of Social Inquiry, from the Enlightenment to 1890. In *The Modern Social Sciences*. Band 7, hrsg. Theodore M. Porter und Dorothy Ross. Cambridge: Cambridge University Press, S. 13–39.

Rawls, John. 1979. *Eine Theorie der Gerechtigkeit*. Frankfurt am Main: Suhrkamp.

Reckwitz, Andreas. 2013. Moderne. Der Kampf um die Öffnung und Schließung von Kontingenzen. In *Poststrukturalistische Sozialwissenschaften*, hrsg. Stephan Moebius und Andreas Reckwitz. 2. Aufl. Frankfurt am Main: Suhrkamp, S. 226–244.

Reckwitz, Andreas. 2019. *Das Ende der Illusionen. Politik, Ökonomie und Kultur in der Spätmoderne*. Berlin: Suhrkamp.

Reuter, Julia und Villa, Paula-Irene. 2009. Provincializing Soziologie. Postkoloniale Theorie als Herausforderung. In *Postkoloniale Soziologie. Empirische Befunde, theoretische Anschlüsse, politische Intervention*, hrsg. Julia Reuter und Paula-Irene Villa. Bielefeld: Transcript, S. 11–46.

Rheinberger, Hans-Jörg. 1992. *Experiment, Differenz, Schrift. Zur Geschichte epistemischer Dinge*. Marburg, Lahn: Basilisken-Presse.

Rheinberger, Hans-Jörg. 2007. Spurenlesen im Experimentalsystem. In *Spur. Spurenlesen als Orientierungstechnik und Wissenskunst*, hrsg. Sybille Krämer, Werner Kogge und Gernot Grube. Frankfurt am Main: Suhrkamp, S. 293–308.

Rheinberger, Hans-Jörg. 2019. *Experimentalsysteme und epistemische Dinge. Eine Geschichte der Proteinsynthese im Reagenzglas*. 3. Auflage. Göttingen: Wallstein.

Rölli, Marc. Hrsg. 2004. *Ereignis auf Französisch. Von Bergson bis Deleuze*. München: Fink.

Rosa, Hartmut. 2016. *Resonanz. Eine Soziologie der Weltbeziehung*. 4. Auflage. Berlin: Suhrkamp.

Rosa, Hartmut; Strecker, David und Kottmann, Andrea. 2007. *Soziologische Theorien*. Konstanz: UVK.

Rousseau, Jean-Jacques. 1989. Essay über den Ursprung der Sprachen, worin auch über Melodie und musikalische Nachahmung gesprochen wird. In *Musik und Sprache. Ausgewählte Schriften*, hrsg. Peter Gülke. Leipzig: Reclam, S. 99–168.

Rousseau, Jean-Jacques. 2010. *Vom Gesellschaftsvertrag oder die Grundsätze des Staatsrechtes*. Stuttgart: Reclam.

Saar, Martin. 2013. Klasse/Ungleichheit. Von den Schichten der Einheit zu den Achsen der Differenz. In *Poststrukturalistische Sozialwissenschaften*, hrsg. Stephan Moebius und Andreas Reckwitz. 2. Aufl. Frankfurt am Main: Suhrkamp, S. 194–207.

Salomon, Albert. 1955. *The tyranny of progress. Reflections on the origin of sociology*. New York: Noonday Press.

Saussure, Ferdinand de. 2001. *Grundfragen der allgemeinen Sprachwissenschaft*. 3. Auflage. Berlin: De Gruyter.

Schnell, Alexander. 2021. *Der frühe Derrida und die Phänomenologie. Eine Vorlesung*. Frankfurt am Main: Klostermann.

Schroer, Markus. 2010. Funktionale Differenzierung versus soziale Ungleichheit. Ein Beitrag zur Debatte über die Grundstruktur der modernen Gesellschaft. In *Soziologische Kontroversen. Beiträge zu einer anderen Geschichte der Wissenschaft vom Sozialen*, hrsg. Georg Kneer und Stephan Moebius. Berlin: Suhrkamp, S. 291–313.

Schütz, Alfred. 1944. The Stranger. An Essay in Social Psychology. In *American Journal of Sociology* 49 (6), S. 499–507.

Schütz, Alfred. 1971. Wissenschaftliche Interpretation und Alltagsverständnis menschlichen Handelns. In *Gesammelte Aufsätze. Das Problem der sozialen Wirklichkeit*. Den Haag: Nijhoff, S. 3–54.

Schwibs, Bernd. 1992. Erläuterungen zum französischen Hochschulsystem. In Pierre Bourdieu. *Homo academicus*. Frankfurt am Main: Suhrkamp, S. 437–455.

Schwinn, Thomas. 2004. Von der historischen Entstehung zur aktuellen Ausbreitung der Moderne. Max Webers Soziologie im 21. Jahrhundert. In *Berliner Journal für Soziologie* 14, S. 527–544.

Searle, John. 1977. Reiterating the Differences. A Reply to Derrida. In *Glyph* 1, S. 198–208.

Simmel, Georg. 2013a. Der Arme. In *Soziologie. Untersuchungen über die Formen der Vergesellschaftung. Gesamtausgabe Band 11*, hrsg. Otthein Rammstedt. 7. Auflage. Frankfurt am Main: Suhrkamp, S. 512–555.

Simmel, Georg. 2013b. Die Selbsterhaltung der sozialen Gruppe. In *Soziologie. Untersuchungen über die Formen der Vergesellschaftung. Gesamtausgabe Band 11*, hrsg. Otthein Rammstedt. 7. Auflage. Frankfurt am Main: Suhrkamp, S. 556–686.

Simmel, Georg. 2013c. Exkurs über das Problem: Wie ist Gesellschaft möglich? In *Soziologie. Untersuchungen über die Formen der Vergesellschaftung. Gesamtausgabe Band 11*, hrsg. Otthein Rammstedt. 7. Auflage. Frankfurt am Main: Suhrkamp, S. 42–61.

Simmel, Georg. 2013d. Exkurs über den Fremden. In *Soziologie. Untersuchungen über die Formen der Vergesellschaftung. Gesamtausgabe Band 11*, hrsg. Otthein Rammstedt. 7. Auflage. Frankfurt am Main: Suhrkamp, S. 764–771.

Smith, Barry und Sims, Jeffrey. 1999. Revisiting the Derrida affair with Barry Smith. In *Sophia* 38 (2), S. 142–169.

Sombart, Werner. 1987. *Der moderne Kapitalismus. Dritter Band. Das Wirtschaftsleben im Zeitalter des Hochkapitalismus*. München: Deutscher Taschenbuch Verlag.

Sophokles. 1996. *Ödipus auf Kolonos*. Stuttgart: Reclam.

Spencer, Herbert. 1898. The Principles of Sociology. Volume 2. In *The Principles of Sociology. In three Volumes*. New York: Appleton and Company.

Spinoza, Baruch de. 2006. *Ethik in geometrischer Ordnung dargestellt*. Hamburg: Meiner.

Spivak, Gayatri Chakravorty. 2011. *Can the subaltern speak? Postkolonialität und subalterne Artikulation*. Wien: Turia + Kant.

Sprinker, Michael. Hrsg. 1999. *Ghostly demarcations. A symposium on Jacques Derrida's Spectres of Marx*. London: Verso.

Srubar, Ilja. 2015. Wozu Geschichte der Soziologie? Die Soziologiegeschichte als historische Wissenssoziologie. In *Soziologiegeschichte. Wege und Ziele*, hrsg. Christian Dayé und Stephan Moebius. Berlin: Suhrkamp, S. 465–487.

Stamm, Marcelo. 2005. Konstellationsforschung – Ein Methodenprofil: Motive und Perspektiven. In *Konstellationsforschung*, hrsg. Martin Mulsow und Marcelo Stamm. Frankfurt am Main: Suhrkamp, S. 31–73.

Stollberg-Rilinger, Barbara. 2011. *Die Aufklärung. Europa im 18. Jahrhundert*. 2. Auflage. Stuttgart: Reclam.

Taylor, Charles. 1996. *Quellen des Selbst. Die Entstehung der neuzeitlichen Identität*. Frankfurt am Main: Suhrkamp.

Tenbruck, Friedrich H. 1981. Emile Durkheim oder die Geburt der Gesellschaft aus dem Geist der Soziologie. In *Zeitschrift für Soziologie* 10 (4), S. 333–350.

Tönnies, Ferdinand. 2005. *Gemeinschaft und Gesellschaft. Grundbegriffe der reinen Soziologie.* 4. Auflage. Darmstadt: Wissenschaftliche Buchgesellschaft.

Varouxakis, Georgios. 2019. The Godfather of „Occidentality". Auguste Comte and the Idea of „The West". In *Modern Intellectual History* 16 (02), S. 411–441.

Wagner, Peter. 1998. Certainty and Order, Liberty and Contingency. The Birth of Social Science as Empirical Political Philosophy. In *The Rise of the Social Sciences and the Formation of Modernity. Conceptual Change in Context, 1750–1850,* hrsg. Johan Heilbron, Lars Magnusson und Björn Wittrock. Dordrecht: Springer Netherlands, S. 241–263.

Wagner, Peter. 2021. *Sozialwissenschaften und Staat. Frankreich, Italien, Deutschland 1870–1980.* 2. Auflage. Frankfurt am Main, New York: Campus.

Waldenfels, Bernhard. 1997. Das Un-Ding der Gabe. In *Einsätze des Denkens. Zur Philosophie von Jacques Derrida,* hrsg. Hans-Dieter Gondek und Bernhard Waldenfels. Frankfurt am Main: Suhrkamp, S. 385–409.

Weber, Max. 1972. *Wirtschaft und Gesellschaft. Grundriss der verstehenden Soziologie.* 5. Auflage. Tübingen: Mohr.

Weber, Max. 1988a. Die protestantische Ethik und der Geist des Kapitalismus. In *Gesammelte Aufsätze zur Religionssoziologie I.* 9. Auflage. Tübingen: UTB, S. 17–206.

Weber, Max. 1988b. Die Wirtschaftsethik der Weltreligionen. In *Gesammelte Aufsätze zur Religionssoziologie I.* 9. Auflage. Tübingen: UTB, S. 237–573.

Weber, Max. 1988c. Vorbemerkung. In *Gesammelte Aufsätze zur Religionssoziologie I.* 9. Auflage. Tübingen: UTB, S. 1–16.

Wilson, Elizabeth A. 2004. *Psychosomatic. Feminism and the neurological body.* Durham: Duke University Press.

Wilson, Elizabeth A. 2015. *Gut Feminism.* Durham: Duke University Press.

Wittrock, Björn; Heilbron, Johan und Magnusson, Lars. 1998. The Rise of the Social Sciences and the Formation of Modernity. In *The Rise of the Social Sciences and the Formation of Modernity. Conceptual Change in Context, 1750–1850,* hrsg. Johan Heilbron, Lars Magnusson und Björn Wittrock. Dordrecht: Springer Netherlands, S. 1–33.

Žižek, Slavoj. 2001. *Die Tücke des Subjekts.* Frankfurt am Main: Suhrkamp.

Žižek, Slavoj. 2014. *Weniger als nichts. Hegel und der Schatten des dialektischen Materialismus.* Berlin: Suhrkamp.

Žižek, Slavoj. 2018. *Lenin heute. Erinnern, Wiederholen und Durcharbeiten.* Darmstadt: Wissenschaftliche Buchgesellschaft.

The manufacturer's authorised representative in the EU is Springer
Nature Customer Service Centre GmbH, Europaplatz 3, 69115 Heidelberg,
Germany. If you have any concerns regarding our products, please
contact ProductSafety@springernature.com

Printed and bound by CPI Group (UK) Ltd, Croydon, CR0 4YY
24/04/2026
02096351-0002